本书由世界喻氏宗亲总会喻正其资助出版

【学者文库】

三元草堂族史著作丛刻之一

族史管窥

喻学才◎著

中国书籍出版社
China Book Press

图书在版编目（CIP）数据

族史管窥/喻学才著 . —北京：中国书籍出版社，
2019.9

ISBN 978－7－5068－7470－0

Ⅰ.①族⋯　Ⅱ.①喻⋯　Ⅲ.①氏族谱系—中国　Ⅳ.
①K820.9

中国版本图书馆 CIP 数据核字（2019）第 208695 号

族史管窥

喻学才　著

责任编辑	刘文利　刘　娜
责任印制	孙马飞　马　芝
封面设计	中联华文
出版发行	中国书籍出版社
地　　址	北京市丰台区三路居路 97 号（邮编：100073）
电　　话	（010）52257143（总编室）　　（010）52257140（发行部）
电子邮箱	eo@ chinabp. com. cn
经　　销	全国新华书店
印　　刷	三河市华东印刷有限公司
开　　本	710 毫米×1000 毫米　1/16
字　　数	494 千字
印　　张	27.5
版　　次	2020 年 9 月第 1 版　2020 年 9 月第 1 次印刷
书　　号	ISBN 978－7－5068－7470－0
定　　价	95.00 元

序一

高介华

中华文化的基础是家族文化和宗族文化。似可认定：家族文化和宗族文化是中华文化的根文化。

家族文化和宗族文化的基因是血缘，也正因如此，家族文化、宗族文化的内涵和形态比较稳定，但家族和宗族的相异也使家族文化与宗族文化有其相异性。

家族文化和宗族文化的凸显也是中华文化的一大特色。

对于家族文化和宗族文化的起源似可追溯到旧石器时代，到了新石器时代，以家族、宗族为根本的人居聚落便已产生。

中国在进入夏、商时代后，家族、宗族便与政治结缘。

由于中华民族很重视家族、宗族这一社会存在，因此，家族、宗族问题在春秋战国时代便已进入学术领域。无论经、史、子、集四大部类皆有反映，并有所延续、发展，作为家族、宗族祭祀祖先的祠堂布满了神州大地，成为中国古代建筑中的一个重要系列。

随着时代的发展及人们生活方式的变化，家族、宗族观念也相应淡化。

家族文化、宗族文化的根本是和平共处，引人向善，正因如此，也造成了中国古代社会的稳定。

既然如此，对于家族文化和宗族文化，不但要承传，而且要发扬，不但政府要重视，在教育、人文社科领域都宜有相应的举措。

我有幸读到喻学才教授的所著——《族史管窥》书稿，便有许多感受。

学才教授是当代鸿儒，诗人，他所涉的领域广泛，且必升堂入奥。如对古代典籍的校勘，尤其是对中国旅游文化研究的开创，单具功勋。这些年来，由于喻氏族史研究会之相请，他又深入到家族、宗族文化领域，特别是对喻姓族史这一主题。为此，他不但蒐集了大量的有关文史资料，而且在神州大地上做了大面积的实地调研、考察。

《族史管窥》的第一编对中华谱牒文化及喻氏做了论述，第二编对喻姓的来源做了考证，第三编对喻氏得姓的始祖、始迁祖进行了考证研究，第四编对喻氏家族世系源流做了考辨，然后，第五编对族史研究方法及修谱的实践皆有所探究，第六编对家谱祠堂与祖坟遗产的保护和利用提出了建议。

综观此书，系统完备，论述周密切实，它不但是当代喻氏族史研究的经典之作，而且在中华文化中的家庭史、宗族文化领域具有引领作用和学术价值。

是为序。

2019 年 5 月 24 日

序二

梁白泉

古希腊智者派哲学家普罗泰戈拉（Protagora，约前 180 – 前 408 年）说："人是万物的尺度。"另一个哲学家柏拉图（Plato，约前 407 – 前 307）提问："我是谁？我从哪里来？我到哪里去？"刻于希腊德尔非（Delphi）圣地的另一块石碑发声："认识你自己！"

还有一个古希腊哲学家苏格拉底（Socrates，约前 469 – 前 399）曾向人们提出："人啊，认识你自己！"

鲁迅（1881 – 1938）先生批评过我们："中国人总不肯研究自己！"

要认识人，认识自己，德国哲学家尼采（F W. Nietgsche，1844 – 1900）向人们指出："我们只有站在现在的顶峰，才能解释过去。"

友人喻学才先生新著《族史管窥》行将付梓。承他不弃，嘱我说一点什么。我自然是乐于应命。只是对于国人来讲，这个课题很大。又具根本的重要性。不能不尽一己之力，赴蹈去做。是否有当，心中忐忑不安。谨请读者诸君批评教正。

人类祖先之一的猿人直立人（Homo eretas）发现于地质学的中更新世，距今大约已有 55 – 250 万年，其中包括爪哇人，中国猿人，和县猿人，南京猿人，下草湾人等等。

他们像一切脊椎高等动物一样，初始阶段只能是免遭伤害，为自己的生存，在地球上各处奔走。

人类学家吴泽霖（1889 – 1990）在论及蒙古人种（Mongoloid）时除指出种种体质特征外，指出具有这些特点的人种，包括中美洲的玛雅人，南方和北方的中国人，蒙古人，西北利亚人，爱斯基摩人和美洲印第安人。基本上可以分成标准的蒙古人种和北极蒙古人两大类。他们都具有内眼褶，血型以 B 型为主。从语言上分，有卡尔梅克语、布里亚特语、喀尔喀语、达斡尔语、萨拉语和裕

1

固语。在体质人类学上，主要指居住在太平洋沿岸的一个种族群。

李济（1896－1979）先生说：中国人的祖先，可以分为五个族群。他们是："短头狭鼻型的黄帝子孙。长头狭鼻型的通古斯族、长头阔鼻型的藏缅语诸民族、短头阔鼻型的孟—高棉语民族以及掸语族群。还详细勾画出他们迁徙的情况。次要的族群有三个：匈奴、蒙古和矮人（即侏儒），穿插在这三个主要族群之间的是北方的匈奴人和南方的小矮人以及遍布中国本部各地的蒙古人。

李济先生还认为，东方民族和他们的文化源于两河流域。（这可与马克思论"亚细亚生产方式"以家庭为本，农耕和没有私有制这三个特点并提而论）。

以中国人种为主的蒙古人种，遍布整个的太平洋。澳大利亚可能除外。

在中国本土，蒙文通（1899－1987）先生曾论及古代民族可分为三个集团：分布在北方河洛地区的以黄族（华夏）为代表，传说人物有黄帝、颛顼、尧舜，为游牧民族。长于立法度，制器用；分布在东方海岱地区的为泰族，代表人物有伏羲氏、女娲和燧人氏，为最早的土著居民，长于科学；分布在南方江汉流域的为炎族（三苗、九黎），以共工、神农、炎帝和蚩尤为代表，是农耕民族。明祆祥，崇宗教。

徐旭生（1888－1976）先生著《我国古代部族三集团考》有类似划分。并为当代考古学者的区分所证实。

钱穆（1895－1990）先生论华夏文化的发祥，认为尧舜禹的禅让，只是古代一种君主推选制，经后人之传述而理想化。唐、虞当为今山西南部之两部落：陶唐氏殆为今山西南部一精于烧窑的氏族。"陶""唐""尧"皆指烧窑事业而言。有虞氏则为一山泽渔猎的氏族。"虞人"掌山泽猎事，与陶唐氏居地略相近。舜都蒲坂，附近有虞乡县。

夏人则起于今河南省中部。正是所谓中原华夏之地。

鲧与禹又别为一族。居地殆起于河南嵩山山脉中。曰："有崇伯鲧"。崇即嵩地。禹都阳城。阳城在嵩山下。华夏连称者。嵩山山脉里亦得华名。华在洛东，即今嵩山。舜之故事，其先亦起于与夏氏族相近之地。

《世本》："舜居妫汭。"在汉中西城县。舜二女为湘神。湘即襄水，今汉水也。

"四岳三涂"齐称，亦皆在嵩山山脉。

夏氏族自此北向移动。河南陕西山西三省相交，环黄河西岸之一隅，有几许天然之渡口，殆为古代虞、夏氏族活动之区。当时尚未有国家之组织。各部落间互推一首长为诸部落之共主。

禹之后有启。盖至是而始进于君主世袭之时代。则已俨然有国家之规模矣。启以后因君位世袭之制既定，遂有夏朝之建立。大抵夏代年历四、五百年之间。虞夏大事最要者，厥为舜禹与苗族之斗争，又有禹、启与有扈之战事。

商民族亦在东方。初似服膺于夏人势力之下。继则起而革命，遂代夏为当时之王朝而称商代。

若以虞夏时代为中国上古史之第一期，则殷商可为第二期。大抵论之，殷商时代，年历皆坒五百年左右。

汉人传说："夏尚忠，商尚鬼，周尚文。"此论三代文化特点。据《诗经·江汉》："匪安匪游，淮夷来求""于疆于理，至于南海"。

《诗经·常武》"率彼淮浦，省此徐土。""如雷如霆，徐方震惊。"

《诗经·泮水》："至于海邦，淮夷来通。""至于海邦，淮夷蛮貊。"

《诗经·长发》："洪水茫茫，禹敷下土方。""相土烈烈，海外有截。"相土为商契之孙，殷商第11代君主。同时，《尚书·商书·伊训》："终于四海""于有万邦"。《商书·说命》："四海之内，咸仰朕德。"《周书·泰誓》："永清四海，时哉弗可失。"

李济先生等论定，商代已是海洋民族。商文化"是一种普遍传播在太平洋沿岸的原始文化。"这个结论已为语言学、民俗学、考古学、文化民族学等多学科的研究结论所证明。

相对于游牧部落，我们的祖先属于农业部落。夏商周以来就在黄河流域"定居"。这种"定居"是一个短暂的历史概念。不断的移动迁徙则是"常态"。其原因有自然资源消耗过度，战争的摧残，边境游牧民族的入侵，气候的异常出现，水灾或山体滑坡的摧残，疾病瘟疫的流行……

《周易·益卦》："君子以见善则迁，有过则改。"

《礼记·月令》：季夏"民乃迁徙。"

《荀子·非相》："居错迁徙，应变不穷。"

《史记·李斯传》："盖由圣人迁徙无常，就变而崇时，见末而知本。"

历史上最近一次流动迁徙出现在明初洪武、永乐年间。出发地是山西省洪洞县，所谓大槐树老鹳窝下。性质是军事强迫迁徙。据统计从洪武七年（1374）到永乐十五年（1417）不到五十年的时间内，从洪洞县强制进行了十八次，向十八个省498个县移民。光山东地区总计接受移民就达121万人。

洪洞县乡土作家李存葆说："流动是人类的基本命运"！

移民多自称是"客家人"。

裴矩（? －627）在《西域图记·序》中曾说："复以春秋递谢，年代久远，兼并诛讨，互有兴亡。或地是故乡，政从今改；或人非旧类，因袭昔名。"

在浙江省遂昌县的客家人钟氏家族中流传着一首《流迁诗》：

> 人禀乾坤志四方，任君随处立常纲。
>
> 年深异境犹吾境，身入他乡即故乡。

客家人第一步移居地在今浙、闽、赣三省交界处。该处今存的"土楼群"被认为是他们的流迁地。第二步，就向海外流迁。

此前，元末明初也有一次著名的移民。曾参加编修《元史》的贝琼（约1318－1378）在《秋思》诗中记元末明初的移民：

> 两河兵合尽红巾，岂有桃源可避秦？
>
> 马上短衣多楚客，城中高髻半淮人。

在谭其骧（1911－1992）先生指导下，葛剑雄主编的《中国移民史》概述了这样的观点："移民的历史与中国的历史，世界的历史共同开始。移民的作用与影响无所不在，无时不在。""人是文化最活跃的载体。在信息交流主要靠人工传递的古代社会尤其是如此。文化传播一般都是借助于人的迁移和流动来实现的。""特别是在制度文化和物质文化的传播过程中，移民具有明显的优势。""在现存的超过千万余种的家谱中，每一种家谱都详细记载了先辈在何时由何地迁到了何地，比较完整的反映了该家族迁移的历史。对于一些自发的，小规模的，分散的移民，有关的家谱可能已成为唯一的文字记载来源了。因为普通的一家一姓的迁移，对社会自然不会有什么大的影响。自然不可能有载诸史籍的价值。但对于该家族的后裔来说，却是一种极其重大的事情。"

古人聚族而居。《礼记·仲尼燕居》说，"是故以之居处有礼，故长幼辨也；以之闺门之内有礼，故三族和也"。注："三族，父、子、孙也。"

清陈立《白虎通疏证》："族者，凑也，聚也。谓恩爱相流凑也。上凑高祖，下及玄孙。一家有吉，百家聚之。合而为亲，生相亲爱，死相哀痛。有会聚之道，故谓之族。"南宋时朱熹（1130－1206）曾为族祠设计：祠必背山，山为骨；两侧流水，水为血也。

北美印第安人为亚洲蒙古人种东迁渡海而居者。

世界名著摩尔根（L. H. Morgan，1818－1881）的《古代社会》1871年在北美出版时，当时住在中国广东的罗伯·哈特（Robert Hart）写信给他说："现今中国大约有400个姓。好些是由于动物、果物、矿物、自然物等等而来的名称：这些可译为马、羊、牛、鱼、鸟、凤、梅、花、叶、米、林、河、山、水、云、金、皮、毛等等。在这个国家中，有好些地方，都聚于大村落之中。但在每个村落中，都只有一姓。例如某个地方有三个村落，每个村落各包含两千或三千人。其中第一个便姓马，第二个便姓羊，第三个便姓牛。在中国，其妻与夫也会属于不同的家族，即各属于不同的姓。子女属父之家族，以父之姓为姓。"

许慎《说文》：家，居也。从宀，豭省声。历来被解读为"从豕"。清段玉裁（1735－1815）注《说文》纠正说："家，尻也。尻，各本作居。今正。尻，处也。处，止也"。他认为，家之本义，"乃豕之尻也。引申假借以为人之尻"如"牢，牛之尻也。""蓁豕之生子最多，故人尻聚处，借用其字，久而忘其字之本义。使引申之义得冒据之。"《尔雅·释宫》："牖户之间谓之扆，其内谓之家。""丈夫曰家"。

《孟子·滕文公》："丈夫生而愿为之有室，女子生乃愿为之有家。"儒家文化奠基在"家族"文化之上："修身、齐家、治国、平天下。"由此衍生出来家山、家乡、家门、家人、家童、家丁、家室、家境、家常、家私、家事、家产、家属、家道、家贼、家塾、家祭、家学、家语、家眷、家嗣、家业、家财、家藏、家族、家规、家教、家戒、家祀、家牒、家谱等等词汇。甚至石虎（295－349）苏轼（1036－1101）都有"家妓"。

钱穆先生说："家族是中华文化一个最重要的柱石。""中国文化，全部都从家族观念上筑起。"

鲁迅先生也曾感慨：与西方不同，"家"为中国人的"根""本"。"家是我们的生处。也是我们的死所。"

居家，在黄河流域黄土高原的北方，最初多为"土穴"；南方长江流域气候潮湿，多为"干栏"楼居。

当代建筑学家张良皋（1923－2015）曾说："建筑是家的物化，是环境的组成部分。环境造就人们的故乡情结。""城市可持续发展正是传统与创新的衔接。城市是人类创造的最大活体。建筑是城市的细胞。把格格不入的建筑塞进城市，无异制造癌细胞。"

宋·郑樵（1103－1160）《通志·氏族略》说："三代以前，姓氏分而为二：男子称氏，妇人（女子）称姓。氏所以别贵贱。贵者有氏，贱者有名无氏；姓所以别婚姻，故有同族异姓，氏同姓不同者，婚姻可通；姓同氏不同者，婚姻不可通。三代之后，姓氏合而为一。皆所以别婚姻而以地望明贵贱。"

顾炎武（1613－1682）《日知录·氏族》指出："姓氏之称自太史公始混而为一。"

郑樵又说："秦灭六国，子孙皆为民庶。或以国为氏，或以姓为氏。或以氏为氏。姓氏之失由此始……兹姓与氏混为一者也。"

5

南北朝时，北方草原游牧民族先后入主中原。各种原因，纷纷改为汉族的氏，实际上也就是姓。北魏鲜卑族拓跋氏的孝文帝（467－499）从大同迁都洛阳，将语言、籍贯、姓氏、服饰等都改为汉族所宗。改自己的名字为"元宏"。

据郑樵所记：改阿史那氏为史氏。拔列兰氏为梁氏。步陆孤氏为陆氏。叱罗氏为罗氏。独孤浑氏为杜氏。贺鲁氏为周氏。俟力氏为鲍氏。宿久斤氏为宿氏等等。

《魏书·官氏志》记：改渴单氏为单氏。竭独浑氏为朱氏，没鹿回氏为窦氏。破多罗氏为潘氏。统万氏为万氏。温盆氏为温氏等等。

南朝宋何承天《姓苑》说南昌有喻氏。望出南昌。东晋有喻归，撰《西河记》三卷。（见郑樵《通志·氏族略》）

宋·洪迈（1123－1202）曾断言：姓氏不可考。他说："姓氏所出，后世茫不可考。不过证以史传，然要为难晓。自姚、虞、唐、杜、姜、田、范、刘之外，余盖纷然杂出。且以左传言之，申氏出于四岳。周有申伯，然郑又有申侯。楚有申舟，又有申公巫臣。鲁有申繻，晋有申书。齐有申鲜虞。贾氏，姬姓之国。以国氏。然晋有贾华，又狐射姑亦曰贾季，齐有贾举。黄氏，嬴姓之国。然金天氏之后，又有沈、姒、蓐、黄之黄。晋有黄渊。孔氏出于商，孔子其后也。然卫有孔达，宋有孔父，郑有孔叔，陈有孔宁，齐有孔虺，而郑子孔之孙，又有孔张。高氏出于齐，然子尾之后又有高强，郑有高克，宋有高哀。国氏亦出于齐，然邢有国子。郑子国之孙又有国参。晋有庆郑，齐有庆克，陈有庆虎。卫有石碏，齐有石之纷如。郑有石㝵，周有石尚，宋有石驱。晋有阳处父，楚有阳丐。鲁有阳虎。孙氏出于卫，而楚有叔敖，齐有孙书，吴有孙武。郭氏出于虢，而晋有郭偃，齐有郭最，又有所谓郭公者。千载之下，遥遥世祚，将安所指质究乎？"（见《容斋随笔》）

唐人宴饮，对赴宴亲友常以排行互相称呼。韩愈（768－824）《昌黎集》载有同水部张员外曲江春游寄白二十二舍人》诗，将白居易（772－846）称作"白二十二"，《叹春风兼赠李二十侍郎》诗把李绅（772－846）称作"李二十"。王昌龄有《送任五之桂林》诗，韦应物有《月下会徐十一草堂》诗，高适有《别王八》诗，王建有《寄杨十二秘书》诗，武元衡有《酬陆三与邹十八侍御》诗，《和杨三舍人晚秋与崔二舍人……》诗，刘禹锡也有《春日书怀寄东洛白二十二，杨八二庶子》诗等等。

岑仲勉（1886－1961）先生有专著《唐人行第录》帮助我们知道唐人（后来宋人）有此称谓习惯。明清时期为家谱编纂的兴盛年代。像前述唐人喜欢以行第相称的习惯虽然有所改变。但在众多的家谱中，行第还是在大量的使用着。

因为行第称谓法便于区分同族同辈份的兄弟之间的长幼顺序。比方说白居易之所以被人称为白二十二，那是因为他所在的家族中他那一辈到他自己已经是第二十二个男孩。其他类推。

国人所谓的"家"，都是古人聚族而居的大型之"家"。今人的"家"为小家，始于六朝时长江流域下游的"江南"。跟当时北方"五十、三十家方为一户"不同，江南是只一代人的家。

南朝梁时任临川王萧宏（473—526）中军录事参军的周朗上书说："今士大夫以下父母在而兄弟异计，十家而七矣。庶人父子殊产，亦八家而五矣。"河东士族裴叔业归魏前，祖父三代仕于南朝。其子裴植入魏后，历任兖州刺史，扬州大中正，瀛洲刺史等。长期在江南生活。深受南方风俗文化影响。曾说："植虽自州送禄奉母及赡诸弟，而各别资财，同居异爨。一门数灶，盖亦江南之俗也。植母既老，身又长嫡，其临州也，妻子随去。分违数岁，论者讥焉。"

唐长孺（1911—1994）先生认为这可能是在大土地所有制主导下，江南宗族组织存在衰弱的情况。

《隋书·地理志·扬州》记江南之俗也说："信鬼神，好淫祀，父子或异居。此大抵然也。"孙吴到南朝安定而富有。左思（约350—约305）《三都赋·吴都赋》述建业"煮海为盐，采山铸钱。国税再熟之稻，乡贡八蚕之绵"、"水浮陆行，方舟结驷；唱棹转毂，昧旦永日。""轻舆案辔以经隧，楼船举帆而过肆。""戎车盈于石城，戈船掩乎江湖。"

梁时殷芸著《小说》十卷，记一故事：有客相从，各言其志。或愿为扬州刺史，或愿多资财，或愿骑鹤上升。其一人曰："腰缠十万贯，骑鹤下扬州。"南京在当时称扬州。

万物有生有死，死则墓葬之。

《说文》："墓，丘也。从土，莫声。""坟，墓也。从土，贲声。"析言之则墓为平处，坟为高处。故《礼记·檀弓》记"孔子曰：古者墓而不坟。"《周礼·春官》："墓大夫，掌凡邦墓之地域。为之图，令国民族葬"。墓地边界设藩篱。在中心地域，令人守护墓地。"凡丧，陈乐器。则率乐官，及序哭"。制作乐器、明器陈设。明器入圹时，墓大夫率领乐官依年龄大小顺序奏乐作舞祭墓。

不止是人，脊椎动物也有悲哀死者的行为，动物学家做了仔细的观察：

在荷兰毛驴农庄，一群毛驴悲伤地围在一只倒地老年雄驴的尸体傍，对着它发出吓人的响亮叫声。

在加拿大一个动物保护区，白驴十分悲伤，因为与她共同生活三年之久的另一头驴死了。那头驴已经三十二岁。生了重病。兽医对它进行了安乐死。兽医在它身上盖上防水布等待掩埋时，这头驴扯掉了防水布，一整晚都在那里打转，不愿离开。第二天，兽医掩埋死去的老驴时，它跟着尸体走到了兽医为其所挖的坑旁，一连好几天都在这坟墓前刨土。整夜嘶鸣。甚至不愿意离开去进食饮水。

美国得克萨斯州休斯敦（Houston）一家名为生命之友（Friendes For Life）的动物庇护所里的雪貂（Mustela putorius furo）同样会在同伴死去时表现出悲伤情绪。庇护所在六周内抚养的四只年龄在7-8岁的雌性雪貂因为未知的疾病全部死亡。最后死亡的两只因为肾上腺疾病已经非常严重被进行安乐死。在此之前，其中一只在屋里拼命寻找它那已经死去的伙伴。伙伴被安乐死时，它的反应十分激烈。兽医用听诊器要听同伴的心率时，发现它钻到听诊器下面，舔着同伴的耳朵。最后躺在同伴傍边不动了。同伴死后两个多小时里，它没有再动一下。第二天，它也因为心力衰竭死亡了。

2016年中国陕西动物研究所观察到秦岭地区的一只雄性金丝猴（Snub-nosed monkey）从树上掉落，头部撞在一块石头上，受了重伤。它躺着的时候，猴群里的其他猴子围在它身边，细心照顾它。注视和嗅闻它的脸，搂着它为它理毛。并轻轻地拉它的手。

2011年，美国马萨诸塞州一群野生火鸡围着马路上的一只猫的尸体，一直不愿离开。

2011年，赞比亚（Zanbia）野生动物育幼园里，一只九岁的雄性黑猩猩死于急性肺部感染。其他四十三名成员来到他的尸体旁。当工作人员用水果将其引诱离开时，其中一只留下来了。它用由草做成的工具为死者清理了牙齿。

2018年7月，在美国东北海岸的虎鲸（Orcinas orca）群里，科学家观察到一场"史无前例的守灵仪式"。一条雌性虎鲸经过一年半的孕期，分娩了它的第二个孩子——一条雌性幼鲸。这条幼鲸也是这个数量不断下降的种群三年来的第一个活胎。但仅仅30分钟后这条幼鲸就夭折了。这条虎鲸不愿放弃自己的孩子。它将幼鲸的尸体顶在头上，在尸体掉落时再潜水将它重新托举上来。它的同伴也觉察到了它悲痛的心情。一群雌性虎鲸以它为中心围成了一个圈，这种明显出于情感宣泄的行为持续了至少两个小时。在接下来的十七天里，她托着幼鲸的尸体游了将近1600公里，才最终放弃了它（《动物会为死亡哀悼吗？》，见《光明日报》2019年4月4日）

作为脊椎动物"领袖"的人类，更需要成为尊崇祖先的"模范"了！

我国古史，从图腾崇拜、生殖崇拜到祖先崇拜。从"万物有灵"到宗亲奉养。逐渐出现家谱。

最初的家谱，出现在商代甲骨文中，后来记录在竹（木）简和缣帛之上。从《尚书·周书·多士》："惟殷先人，有册有典。"到六朝时的东晋、南朝，江南一带盛产大麻纸、藤纸、麻纸、桑皮纸、楮皮纸、竹纸。纸张书写最终取代了简帛。中间长达大约 2300 年，简帛时代才告结束。

古书中所言"书"，实际上都以简帛为载体。到此才真正靠纸张书写、镌刻而普及、流传。文献记载：东晋时江南藤纸产量大增。王羲之时任会稽内史。谢安向他求纸作书写、文书之用。王羲之将库存藤纸九万张悉数赠之。江南藤纸，当时一直营销到中原的长安、洛阳。左思《三都赋》流传到洛阳，富贵人家竞相传抄，一时间纸张为之涨价，出现了"洛阳纸贵"的成语。

据说春秋时代姓氏不超过 50 个。汉史游《急就篇》列姓 130 个。唐高宗李世民（599－649）令温彦博（573－636）定姓为 193 个。宋《百家姓》438 个。元马端临（1259－1323）《文献通考》3736 个。明王圻《续文献通考》列 4657 个。《隋书·经籍志》正式著录谱牒 41 部 360 卷。其中有《世本·王侯·大夫谱》2 卷、《汉世帝王谱》3 卷，《百家辑谱》10 卷。

王僧儒（465－522）撰《百家谱》30 卷，贾执《百家谱》20 卷，傅昭《姓氏英贤谱》100 卷。《后魏皇帝宗亲谱》4 卷，《魏孝文之列姓族牒》1 卷，《益州谱》30 卷，《百家谱》15 卷，等等。《旧唐书·经籍志》著录《杂谱牒》55 部，691 卷。《宋史·艺文志。谱牒类》著录 110 部 437 卷。

章学诚（1738－1801）著《文史通义》在理论上立说："且有天下之史，有一国之史，有一家之史，有一人之史。传状志述，一人之史也；家乘谱牒，一家之史也；部府县志，一国之史也；综记一朝，天下之史也。比人而后有家，比家而后有国，比国而后有天下。惟分者极其详，然后合者能择善而无憾也。"

梁启超（1873－1929）承其义，说："最古之史，实为方志。""方志，一方之史也；族谱家谱，一族一家之史也。年谱，一人之史也。三者皆为国史取材之资。"（《中国近三百年学术史》）

当代学者来新夏（1923－2014）著《中国的年谱与家谱》说："家谱是一种以表谱形式记载一个血缘关系为文体的家族世系繁衍及其重要人物事迹的特殊图书体裁。"认为家谱产生于上古时期，完善于封建时代。三千年来，家谱在不同时代显现出不同的形态，发挥着不同的作用。流传至今的有两万余种。他把家谱最早的形态上溯到商代。举出三件家谱性质的甲骨文为例。其中由陈梦家（1911－1966）收藏考释的一片被定为武丁时所刻，13 行，每行一句：

儿先祖曰吹，吹子曰戈天，戈天子曰夐。夐子曰雀，雀子曰壹，壹弟曰启。壹子曰丧。丧子曰养。养子曰洪，洪子曰御。御弟曰夐。御子曰尹次，尹次子曰闭。

这片甲骨文记录了 13 个人名。其中父子关系的 11 人。兄弟关系的 2 人。记录了这个家族 11 代的世系。

他又举几件青铜器铭文、石刻碑文中具家谱性质的实例。还指出已佚的《春秋公子血脉》一书。为"血脉"一词最早的出现。顾炎武（1613－1682）《日知录·通谱》引《宋书·王懿传》："北土重同姓，谓之骨肉。有远方来相投者，莫不竭力营赡。若不至者，以为不义。不为乡里所容。""南人则有比邻而各自为族者。"这里又有了"骨肉"一词。

据不完全统计，存世家谱约有 2 万多种。有人说 5 万种。国内上海图书馆收藏 1 万种，10 万册。国外收藏以美国犹他（Utah）州的世界家谱学会藏有家谱约 3240 种，最为著名。其中 1 万多种家谱手稿全部制成缩微胶卷，编成《美国家谱学会中国家谱目录》，其中有地区可考的有 2747 种。他们拥有会员 400 多万。在全世界 40 多个国家设立了 1000 多个家谱阅览室，供人查阅使用。

中国古代文献典籍在战乱等天灾人祸中损失的情况特别严重。

六朝时梁元帝萧绎（508－554）焚书的故事最为著名。他曾被封为湘东王。后任荆州刺史。都督荆雍九州军事。命大将王僧辩（？－555）陈霸先（503－559）讨平侯景，公元 552 年在江陵自立为帝。改年号为"承圣"。部下引西魏军入城。萧绎好学，阁竹殿内有图书 14 万卷，眼见自己读书万卷仍不免亡国，命令舍人高善宝纵火将图书焚毁。自己也要跳入火中自尽，被左右臣子劝住。但终于被西魏的于谨处死。

古书早毁，被认为有"四厄"：一，统治者禁书、焚书；二，兵燹中毁书；三、历代收藏家主观取舍而弃书；四，火灾水灾厄及虫害、腐烂（见陈登原（1900－1974）《古今典籍聚散考》）。

另一个优良传统是国人有"报恩"观念。

郑和（1371－1435）《优婆塞戒经》有"谢天地盖载、日月照临、感皇上厚德、父母生成"的"四恩"。佛经《心地观经》有父母恩、众生恩、国王恩、王宝恩。

明代中期，山东有名罗清（1442－1527）者，在运河沿线的山东传教。教名"无为"。简称"罗教"。其经典《五部六册》有报"五恩"之说：一报天地盖载恩，二报日月照临恩。三报皇王水土恩。四报爹娘养育恩。五报祖师传法恩。此可能是后世家宅堂屋中供奉神主"天地君亲师"位所谓"五字"牌的出处。

再回到李济先生商代已经是海洋文明的观点，试论其观点的一些引申事实。

上世纪80年代末，在广东珠海的高栏岛宝镜湾发现了5处7幅岩画。距今约4000—4500年之间。岩画的内容十分丰富。主要是一组连环画式的巫术表达。宝镜湾是一个"大祭台"。记录了一次巨大的氏族部落会议。作出迁徙远航的全过程：载王之舟，图腾族徽，祭祀人牲，群船云集。男觋女巫围绕着"载王之舟"做出迁徙决定。在龙与王舟率领下，浩浩荡荡向前进发，进行历史性的南迁壮举。（李世源著《珠海宝镜湾岩画判读》）。

李宝嘉（1951— ）著《论华夏汉语混成发生的考古文化与历史传说背景》，杨楣（1917— ）著《史前吴越文化与太平洋民族文化的渊源》——证实李济先生太平洋即汉民族文明所载的学术观点。

古人以"四海为家"，常走出国门。

《史记》卷38《宋微子世家》，记商纣王亲戚箕子朝周，过故殷墟。感宫室毁坏，生长禾黍。箕子伤之。欲哭则不可。欲泣为其近妇人。乃作《麦秀》之诗以歌咏之。其诗曰：

麦秀渐渐兮，禾黍油油。

彼狡童兮，不与我好兮。

所谓"狡童"者，纣也。殷民闻之，皆为流涕。

周武王克殷，释箕子之囚。以箕子归镐京。箕子为武王陈《洪范》论治国大法。今存《尚书》中。后箕子避往朝鲜。遂为朝鲜始主。周武王封箕子朝鲜而不臣。今平壤有箕子陵。后被金日成拆毁。

另一显示商代已经是海洋文化，向海洋进军的历史大事，是商末诸侯攸侯喜向美州进军创建玛雅商代辉煌文明的故事。

周武王姬发在文王死后即位，继续用姜子牙为相。在兄弟周公旦、召公奭的助力下，在孟津大会诸侯，于公元前1057年以战车300辆，虎贲3000人，甲兵45000人，在牧野大败商军。攻灭商朝。建立西周。定都镐京。

商末诸侯攸侯喜勤王不成，带领25个部族从淮河入海处漂洋过海到达美洲，创建玛雅（Maya）光辉灿烂的商代文明。北美印第安人中，流传一首《攸侯喜歌》：

二十五族为兄弟，跟着攸侯过天之浮桥。

途中艰难不能忘，分发麦黍众相亲。

兄弟莫将兄弟辱，天国相逢冬复春。

　　所谓天之浮桥，应指太平洋的暖流。可使从淮河口出发的船只即便是木船也能顺利抵达美洲。

　　玛雅文明中有玉器龙，甲骨文字，先后建立的2500多处城市和聚居点，玛雅人具有典型的蒙古利亚人种的全部体质特征。

　　二十五史中的《南史》《梁书》记录扶桑国的历史十分具体。甲骨文"舟"字是一段剖开的竹子。原产中国的"涕竹"，在本土已经绝迹，却在美洲幸存至今。

　　墨西哥海岸出土距今3000多年的陶器上刻有20多个"舟"字。人们认为是25族会师时留下的盟书。

　　美国存有一具大约三万年前的男孩干尸，不久前DNA鉴定是中国人。

　　康有为（1858－1927）到美洲亚士瑞时，见到的印第安石屋已2000多年，形似中国房屋。他在诗中说"逸民似是自华来"。到了墨西哥，秘鲁，发现殷代遗物。黑发黑瞳的人民见了他以酒食招待，视为同胞。他又为文发出"南、北美洲，皆吾种旧地"的感慨。

　　最后再提一事，国人都以郑和（1371－1435）六百多年前已经七下西洋为下西洋的"第一人"。上世纪八十年代，在陕西省咸阳市泾阳县云阳镇小户杨村出土了《唐故杨府君神道之碑》和碑座。上千字的碑文记载了杨氏家族的起源、侍奉皇帝内平祸乱，外抚异邦等史实。还特别记载了杨良瑶（736－806）"借兵回纥：'出使岭南'"出使大食'"平叛淮西'等历史事件中的功勋。杨良瑶，云阳县龙云里人。20岁左右成为朝廷的宦官，先后侍奉过唐朝肃宗李亨（711－762）、代宗李豫（726－779），德宗李适（742－805）顺宗李诵（761－806）四代皇帝。在唐朝中后期，他的权力、声势越来越大。在掌控军政权力和皇帝废立方面，甚至有当时宰相大员都难以企及的权力。

　　据上述《唐故杨府君神道之碑》记载，杨氏世代荣耀。曾祖为唐初功臣。官至云麾将军。右威武中郎将。祖父为许州别驾。唐肃宗永泰元年（765）杨良瑶奉命说服在慈隰一带叛乱的狼山部落；代宗大历六年（711）宣慰安南、广府，不辱使命。德宗兴元元年（784）赴回纥求师成功，挽救了唐王朝的危局。

　　贞元元年（785）四月，受命出使黑衣大食，成为我国第一位航海抵达地中海沿岸的外交使节。他先从广州南海登船，沿南中国海向南行，至门毒国（今东西竺昆仑洋）、古笪国（一说是真腊）经海峡（今新加坡海峡）北岸的逻越（暹罗）和南岸的佛逝（今苏门答腊岛南部），过天竺（今印度国一带）等一百数十个国家，抵达大食国弗剌利河（今伊拉克境内幼发拉底河），改乘小船北行至末罗国（今伊拉克巴斯拉镇），再向西北陆行千里，到达茂门王所都缚达城（今伊拉克首都巴格达）。

回国后受命主持修葺历代唐陵。参与洛阳平叛。至顺宗永贞元年（805）取得平藩战役的胜利。最后以本官领右三军僻仗，凭借功勋，成为唐顺宗非常倚重的披庭重臣。

文献记载，唐玄宗天宝十载（751）恒逻斯战役后，大唐帝国与黑衣大食基本确定了各自在中亚细亚的势力范围。但天宝十四载（755）崛起于青藏高原的吐蕃政权趁机夺取了长安至天山丝绸之路上的河西诸镇。为了抵御吐蕃，唐肃宗制订了"北和回纥，南通云南（南诏），西结大食天竺"以困吐蕃的外交政策。同时，大食与唐王朝长期保持着通使外交关系。从唐高宗李治（628－683）永徽二年（651）八月大食遣使节朝贡开始，至德宗贞元十四年（798）九月最后一次外交使节离唐回国，前后148年间进入唐都长安的大食使节有39次之多。中国的造纸术，炼丹术曾由大食传到西方（见《新唐书·西域传·大食》）

大食为回教创立者穆罕默德（Muhammad　570－632）所建立的"阿拉伯帝国"。我国中古史书依波斯语音译为"大食"大食最强盛时领土东到亚洲西部，南至北非。西至西班牙。后分裂为二：以"报达"（Baghdad）为都者是"黑衣大食"，以西班牙"多尔多华"为都者为"白衣大食"

唐朝杨良瑶之"下西洋"比郑和"下西洋"整整早了620年。

以上啰嗦多言，实因题大。作为我个人对《管窥》一书的导读才至于此。临篇惭愧，不知所云。谨请读者多加指正。

2019年6月9日于南京仙林咏梅山庄

序三

喻正其

1884 年，恩格斯在《家庭私有制和国家的起源》第一版序言中写道："依据唯物主义的理解，历史上的决定要素，归根结蒂，乃是直接生活底生产与再生产。不过生产本身又是两重性的：一方面是生活资料食、衣、住及为此所必须的工具底生产；另一方面是人类自身的生产，即种的蕃衍。一定历史时代及一定地区内的人们生活于其下的社会制度，是由两种生产所制约的。即一方面是劳动的发展阶段，另一方面，是家庭的发展阶段。"（见人民出版社 1954 年版第 3 页）这里所说的"家庭的发展阶段"，应该包括对家庭伦理以及扩大的家庭亲情追求这样的高级发展阶段。中华民族在自己数千年不曾中断的历史长河中，为人类社会创造和积淀了宝贵的家庭伦理遗产。这些家庭伦理的遗产实际上充满了修身的智慧，管理家庭的智慧以及治理国家的智慧。这三者构成了一条完整的由个人治理到家庭治理到国家治理的清晰的路线图。这是我们国家历代先民对人类文明的伟大贡献。

如果我们将中国古代先民发明创造的家国一体伦理遗产放在整个人类文明的大背景上来考察，我们就会发现，《礼记·大学》所说的："古之欲明明德于天下者，先治其国；欲治其国者，先齐其家；欲齐其家者，先修其身；欲修其身者，先正其心；欲正其心者，先诚其意；欲诚其意者，先致其知，致知在格物。物格而后知至，知至而后意诚，意诚而后心正，心正而后身修，身修而后家齐，家齐而后国治，国治而后天下平。"这段话可以说是古代中国修身齐家治国平天下的路线图，也可以说就是亚细亚农耕文明人际关系整合的智慧结晶。或者说就是传统的中国模式。它在世界历史舞台上可能都属于绝无仅有的存在。如何看待这份遗产在人类历史上的地位，是一个需要深入研究的问题。任何简单的否定和过分的肯定，都是值得商榷的。但本人认为，第一位的工作是要深入解剖这份遗产。只有充分研究认识了这份遗产，并将其放在全人类普世价值的天平上来称量，我们才有可能得出科学的结论。

《族史管窥》一书的作者喻学才教授所做的家族史研究就属于该领域的基础

性研究工作。他希望通过解剖喻氏家族这只麻雀，从而以管窥豹，以蠡测海。总结出家族文化的一般规律。希望借此研究促进和谐社会的发展，增强中华民族的凝聚力。为中华民族伟大复兴贡献力量。关于他的族史研究历程，以及主要研究心得，包括他在方法论上的一些探索，他在本书自序中都说的很清楚。兹不赘述。

喻学才教授，湖北大悟人。系 1978 年国家恢复高考制度后的第一届本科生。在母校湖北大学接受教育和留校工作 15 年。1993 年调入东南大学，其最初 10 年负责东南大学旅游学系的学科建设，担任系主任行政工作。2003 年至今，则主持东南大学旅游研究所的工作。十多年来仍然从事以旅游遗产活化为目标的研究工作。包括学术研究和应用开发两块。学术研究方面他出版了《中国旅游文化传统》，《山水文学研究》，《旅游文化研究》《遗产保护研究》（属于《三元草堂文钞》丛书系列），《文化遗产保护与风景名胜区建设》，《中国旅游名胜诗话》《中国红色名胜旅游诗话》《老戏台》、《中国历代名匠志》《中国历代名建筑志》等著作。应用开发方面，25 年来他先后主持编制了各类旅游遗产规划近百个。其规划成果已经作为相关市县的旅游开发成果列入县志等地方文献。他本人的总结性著作《旅游规划通论》尚在写作中。据他自称，他的学术道路一直在围绕遗产研究和利用这根主线做文章。最初是研究山水文学遗产，后来进而扩大为旅游文化遗产。而人在旅途不仅仅是游山玩水，还要出入亭台楼阁，来往食肆酒店。他又进而将研究领域拓展到建筑文化遗产领域。而在建筑文化遗产中，有一个十分常见的存在就是祠堂。为了研究祠堂这种家族文化的物质载体和礼仪空间，他又进而将研究领域拓展到家族文化的领域。对传统的中国乡村文化遗产付出了大量的心血。它还性喜诗词创作。有《三元草堂诗词联抄》《喻学才诗品》等诗词创作问世。

他是一个关注国计民生的读书人。从这本书后面三篇规范研究不难看出，他很希望我们国家有关部门 关注这个中国传统文化中影响面最广，影响时间最长，影响力最大的修身、修谱、修祠堂、修祖坟问题。因为他不仅早年生活在农村，而且几十年来编制旅游规划，长期活动在农村这个广阔的天地里，对广大农民兄弟的所思所想相当了解。

我也衷心希望，喻教授这本《族史管窥》的出版，能引起社会的重视。特别是有关职能部门的重视。曾子曰："慎终追远，民德归厚矣"。（《论语·学而》）修身是提升个人品格的重要途径。而修谱、修祠、修祖坟则是慎终追远的具体体现。比如，中国文化根在农村，我们的公墓为什么一定要建在城市？过去农村传统一个家族公用一块墓地，实施族葬。是不是更有利于节约土地？是不是更有利于增强凝聚力？而随着城市化的推进，城市公墓的商业化运作，是不是有割断各个家族之间的城乡联系纽带的隐忧？中国的城市化一定要走欧洲城市化的老道吗？我们以牺牲农村为代价的城市化代价究竟有多大？或许喻学才教授的这本新著能引起我们的相关思考。

喻学才教授在教书育人，进行学术研究之余，还热心家族的族史文化工作，多次参加喻氏族史的研讨会并发表了不少很有见地很有价值的族史文章，在族史研究科学化方面为喻氏族史的深入探讨和研究起到了强大的推动作用。

2020 年 8 月 6 日

自 序

我国的历代文献，从大处看，由三个层次构成：最基础的是家族文献即家谱；比家谱高一个层次的是地方文献，也就是地方志；最高端的是国史。包括公、私两个著述系统。古代家谱是封建王朝选拔任用人才的依据，因此一直是官修。地方志和国史更不用说，也主要是官修。发展到晚唐五代，世家大族的谱牒大多数被战乱所毁，朝廷已经无法主持修谱工作。于是从宋朝开始，国家谱局就正式退出历史舞台，家谱就由各个姓氏自己修纂。地方志和国史则仍旧以官修为主。晚清以来，中国为自强计，除了政治体制不肯放弃封建专制体制外，其他各方面都开始效法西方。回顾这最近的百年岁月，我们推翻了半殖民地半封建社会，也抛弃了影响中国几千年的封建家族文化。1978 年改革开放后，我们传统的修家谱、修地方志和修国史的工作逐步得以恢复开展。现在的问题是，修地方志也好，修国史也好，都是政府行为。有经费，有编制，有学术力量支撑。而家谱呢？则没有那么幸运，这是一块自生自灭的土地。许多人对修家谱、研究族史一脸茫然。好像这个东西跟他八竿子打不着似的。近 40 年来新修的族谱虽然数量不少，规模不小，很多家族都修了全国甚至全球性质的通谱，互联网上也有成千上万个 qq 群和微信群在讨论修谱的问题，族史的问题。但毋庸讳言的是，这些行为都是纯民间的行为，很难得到官方的支持和学界的支撑。比较地方志研究和国史研究，族史研究虽然热闹非常，但整体水平还有待提升。因为我们毕竟连根拔起了家族文化这株古老的文化之树近百年，要它重新生根开花结果，还需要时间培养才能恢复元气。

本人踏入族史领域，实在有些偶然。因为我的本行是研究旅游文化遗产的保护和应用，按理说，我不应该旁骛到族史这个地盘。十年前的 2009 年 6 月 22 日，我收到一封来自重庆江津署名中华喻氏族史研究会秘书处的信函。这封信告知我喻氏家族现在有这么一群退休的干部和企业家组织在一起修纂《中华喻氏通谱》，亟待高校文史学科的教授们支持。我一时激动，给这些可敬的宗亲写了一首七言诗，名曰《赠喻氏族史研究会》。诗曰：

天下喻氏一藤青，瓜瓞连绵到而今。

恰似长江流万里，九派茫茫一脉分。

源一流殊五千春，桑田沧海感微尘。

今来古往人多少，英雄豪杰造乾坤。

喜闻喻氏研究会，欲著通谱连城村。

上穷碧落下三坟，补缺拾遗集大成。

中华文化将复兴，诸君即为拓荒人。

殷勤寄语我宗亲，奋斗能留不朽名。

　　我情不自禁地称道他们正在从事的神圣事业。接着收到第二封来信，提请我注意将老家大悟喻氏的谱牒复印送到总会以便录入到全国通谱的世系之中。就这么两封信，改变了我最近十年的人生轨迹。

　　自2009年和族史研究会接上头至今，不知不觉中就是十个年头过去了。十年来，我除了本职工作外，业余时间几乎全部奉献给了《中华喻氏通谱》的参编和喻氏族史的研究准备上。我做的有关通谱工作主要是应编委会之邀，负责编辑了第二部和第三部通谱的艺文志。外人不知道，以为我在985、211系列重点大学工作，编纂喻氏艺文志找几个学生帮忙弄弄就可以了。其实不然。我所工作的东南大学是工科为主的大学，非文史学科的学生对古代没有标点的原始文献陌生得很，他们很难帮上我的忙。我从南京图书馆等处查阅到相关喻氏文献后，将其复印下来，然后回到家里逐字逐句敲在电脑里。那几十万字的喻氏艺文志，除了当代年轻作者寄来的少数稿件不用我劳神外，绝大多数喻氏文献都是我一个字一个字敲出来的。

　　严格说来，编辑喻氏艺文志还算不上族史研究。它的积极意义在于，让我明白了一个事实，喻氏这个姓虽然在今天全国总人口中所占比例不大，但她的历史很辉煌。喻氏姬姓，最早的得姓记载是周公姬旦的长子伯禽的第五代孙，因辅佐周穆王贡献卓著而被周穆王赐姓喻。晚一点的还有周宣王赐同父异母弟姬友即郑桓公的后人得姓喻等说法。从2900多年发展的主流看，喻氏得姓虽有西周和东周之区别，但都是在周朝800年中完成的。南北朝时期梁武帝萧衍赐云旗将军、安州刺史俞药姓喻、后唐明宗李嗣源赐南梁将军俞药姓喻，那只是补充。喻姓从西周得姓祖即祭公相如，到东周末代天子周赧王的大司徒喻宪，都是备受推崇的政治家。至于汉代的始祖喻猛，晋初的高士喻合，东晋大臣喻归，南朝宋的工部尚书喻希，梁武帝时得到赐姓的云旗将军喻药，唐代开国元勋喻伯洪（迪冲），诗人喻凫，喻峙，后唐得到唐明宗赐姓的喻药，宋代的杰出木工喻浩，祖孙三代皆著名于朝的喻汝砺、喻樗、喻良能，明代的刑部尚书喻茂坚，三边御史、兵部侍郎喻时，兵部尚书喻思恂，兵学专家喻龙德，清代名医喻嘉言，诗人喻文鏊，民国奇人喻云纪、文人喻血轮等。真是指不胜屈，精彩纷呈。我搜寻这些历代喻氏先贤的著述，仿佛在做一次次家族文化史的纸上行旅。虽然辛苦，也很享受。

2017年，浙江桐庐砚石喻氏找到我，请我担任他们砚石喻氏族谱续修委员会的总顾问。其中最重要的使命就是帮他们弄清楚家族源流。因为他们家族上一次修谱是民国十四年（据残谱世系所记载的族人生卒信息判断），至今近百年，而旧谱只找到了一本没有卷首的残本。为了做好这个"接头"手术，我用了一年半的时间，在全国各地访谱，读谱，研谱。可以说正是砚石喻氏重修族谱这个契机把我真正逼进族史研究的领域，也因此而弄明白了家谱文化中的许多问题。

当我系统深入地阅读全国各地的喻氏族谱时，我忽然发现族史研究中的问题真是多如牛毛，要彻底理清实在太难。但不深入研究又于心不忍。我自然明白，造成族史研究的重重困难，换句话说，家谱中出现那么多的问题，不能完全怪我们的编修家谱的祖先和当代宗亲，因为数不清的天灾人祸毁掉了我们众多的家谱。本来清清楚楚的世系传承，由于缺少谱牒文献支撑而变得扑朔迷离，难于考证。归纳我这两年来的研究经历，我有关喻氏族史的研究心得大致如下：

族史也是历史。一般历史研究的方法毫无疑问都适合家族史研究，但家族史又有别于地方史和国史。我们研究家族史，要随时记得族史的特殊性。比如移民现象，国家有迁徙，家族也有迁徙。一般来说，家族的迁徙会和国家的移民政策息息相关。但不同的家族，迁徙会呈现出自家的特点。比如喻氏家族，除开国家强制性政策移民，如湖广填四川，湖广地区的喻氏家族不得不按政策标准去四川。但喻氏家族由于历来有重视谱牒保存的家族传统，故每逢战乱前夕，族中贤达就会安排自己的某个子孙带着家谱等重要物件隐藏到深山老林人迹罕至的地方躲避战乱。也正因此，喻氏谱牒总有重要的世系档案得以躲过历次浩劫而流传后世。这里举个例子，东晋初年，喻归担任朝廷尚书司徒期间，尚书郎钟雅给晋成帝上书，发起世家大族修纂谱牒的活动。晋成帝司马炎接受了钟雅的建议，委任钟雅暂时负责修谱这件工作。当时的尚书司徒喻归第一个带头，率先给尚书省提供本家族的谱牒资料，钟雅组织文人学士编纂。第一本成书的就是《喻氏家谱》。又如，我们南昌喻氏，有个叫喻合的老祖宗。多种家谱和江西地方志等文献均记载说他不慕荣宠，隐居庐山北阜30年。但我在细心阅读南昌罗舍瑶湖的喻氏族谱时，却意外地发现《东晋恩宠记》是晋武帝颁发给喻合的一份丹书铁券式的诰敕。这份诰敕记载了魏晋易代之际，喻合帮晋武帝制定战略决策，如何不战而屈人之兵这一事实。当时晋武帝明确表示不仅要感谢喻合，还要恩荫喻合的子孙后代。文中对喻合的高尚品质和文武全才有具体的评价和记述。这份史料可以补唐人所修《晋书》之不足。看了这篇文献，我们更加体会到喻合的境界之高深。晋武帝赐封他银青光禄大夫，殿前监察御史兼国子监祭酒上柱国，他都能弃若敝屣，坚决放弃。

族史研究如前所述，会面临很多矛盾。但在众多的矛盾中必有起主要作用的，对其他次要矛盾起制约作用的主要矛盾。研究族史，必须尽快找到主要矛盾。这主要矛盾是什么呢？是世系，是姓原，是始迁祖。我读族谱，很早就对明户吏部陕西清吏司郎中喻思恪在万历二十五年整理的《喻氏二十六世宗派大略谱纲》这一影响了世仁堂喻氏后来谱牒修撰几百年的历史文献之科学性产生怀疑。但我只是存疑。在我没大量阅读喻氏家谱之前，我一直没有写文章。某日我在阅读江西富溪喻氏族谱，江西奉新县遐富村《苍梧世家喻氏族谱》和《奉新赤岸遐富喻氏族谱》的相关世系时，我终于找到了可以纠正喻思恪老祖宗错误的样本了。《喻氏二十六世宗派大略谱纲》是一份为了指导世仁堂各地后裔修谱参考的世系档案。那份世系总体看还是考虑得很周到的，对于东汉始祖喻猛以下，唐朝喻迪冲以前的喻氏历代先祖，因为没有谱牒文献支撑，对于喻猛、喻合等家族名人采取列小传而不入世系图的处理办法。这样做很科学。另一段是上起唐初的喻迪冲即喻宣公，下到他们自己那一代。喻思恪老祖宗将喻迪冲以下的历代先祖采取世系连贯的办法处理。这样问题就来了。我看前两代就感觉不对劲。因为第一代喻迪冲是唐朝初年人。他是帮李渊打天下的功臣，曾经以兵马大元帅身份替唐王朝守御关西，也就是今陕西河南地区。在他的儿子位置上列入唐代诗人喻凫的名字。我最初的怀疑就是从这里开始的。我不相信晚唐诗人喻凫会是初唐元帅喻迪冲的儿子。因为这中间相差200多年。人间哪有相差200多年的父子！当我通读所能看到的各地喻氏族谱后，终于明白《喻氏二十六世宗派大略》世系错误的原因——他没有机会看到完整无缺的世系记载，即《奉新赤岸遐富喻氏族谱》中保存下来的古老的世系。根据该谱所载世系，喻凫是喻迪冲的八世孙（南昌有些家谱说到喻凫是九世，那是因为起算时间不同。他们是从喻迪冲的父亲喻重华算起的）。古人结婚早，平均25年一代是合乎常情的。我研究族谱，发现通谱中的历代著名祖先的传记多有错误。这主要因为前人修谱，大多因陋就简，承袭前人不加分析批判。陈陈相因，因此错误不少。于是，我在弄清楚了大脉络的前提下，重新整理了族史中重要的祖先资料，写成了一批祖宗考的文章。如喻猛生平考，喻宣公生平考，等等。在阅读各地喻氏族谱过程中，我发现很多谱书沿袭《宋史·喻樗传》的观点，将喻樗说成是喻药的十六世孙。我的直觉是《宋史》错了。这方面给我胆气的是为桐庐砚石喻氏重修族谱这一实践性工作。为了弄清砚石喻氏的来龙去脉，我走访了江浙皖多地喻氏宗亲，自然也就看了多部喻樗后裔保存的谱书，结果发现所有喻樗后裔的谱书都无人提及喻樗是喻药十六世孙这种说法。为了彻底弄清楚这个问题，我又深入到江西万载、湖南长沙浏阳等地的喻氏谱书之中，因为那是喻药后裔分布比较集中的地区。看了万载、浏阳等地喻药公后裔的谱书，益发坚定了我的信念：《宋史》错了！为什么？因为如果喻樗果真是喻药的后裔，那喻樗后裔的谱书中不会只字不提这件事，而喻药后裔的谱书中也只字不提。结论只有一个：《宋史》编者弄错了。

喻良能宋绍熙三年为喻氏族谱所写的那篇著名的序言，此前有人认为属于伪序。我的看法不同。我相信那篇序是真的，但我必须找到佐证。结果在今年五月浙江富阳会议前一天，我在昌化访谱过程中，看到了一份破破烂烂的残谱，总共三卷，有两卷几乎无法阅读。苍天有眼，偏偏在一本保存尚算完好的那一册卷首，保存了几篇谱序，有一篇宋代序言正是喻良能绍熙三年所撰，且序名和安徽旌德仕川村喻氏族谱小有区别，上面赫然写明《喻氏始修家世源流序》，首尾文字跟仕川喻氏族谱的那篇绍熙三年谱序也小有不同。很显然，昌化谱上保存的那篇序言时间最早。有了这个佐证，我就放心了。第一，我敢说没有哪个祖先会无聊到伪造一篇长篇谱序，且其中涉及自周朝到南宋2000多年岁月的100多位各个朝代的喻姓祖先，而且还有跟他们有交集的君臣。且有这些祖先读书考试的科目，如有的长于《诗经》，有的长于《左传》，《周易》，等等。而且这些祖先都有或大或小的官职。如何能伪造？这是第一个理由。第二个理由，该序开头介绍得姓始祖喻相如的内容，即可得到《逸周书》，《清华大学藏战国竹简》，东晋《喻氏家谱》，洪武四年朝廷和喻氏签订的《喻氏合同》等历史文献的佐证。第三，昌化喻氏所藏喻氏族谱残本序文可以和安徽旌德仕川喻氏族谱所载谱序相佐证。第四，谱序中提到的晚唐喻鉴、喻德修等祖先或在平定黄巢之乱前，或在平定黄巢之乱后，前者择居鄱阳县桐木街定居，后者看中了歙县东门问政山。桐木街居住的喻鉴是祖父，喻德修属于孙辈。这个地点是问政山之前该宗支的一个居住场所。及至南宋喻良能绍熙初修谱，还曾专门前往老家访谱。时间地点历史事件，都可互相匹配。

我沿着这个思路前行，研究了始祖问题。此前，族史会普遍认为喻猛公是最早的得姓始祖，但我的研究改变了这一定论。喻相如和喻猛实际是一条线下来的，相如公比猛公要早1000年左右。1000年要繁衍40代。而期间经历春秋战国，秦始皇焚书，汉代董卓之乱等可称之为文献浩劫的历史时段。因为中间不知是在秦汉或先秦时期，喻相如的后人分支较多，而这种开枝散叶的具体情况暂时还没有看到相应的完整文献。家谱中东鳞西爪的还是有一些遗存。需要我们去考证整理。

收录在这本族史研究著作中的文章，虽然以喻氏族史研究为主，但并不局限于喻氏。因为同一片蓝天下的各个姓氏，所遭遇的时代相同，所经历的社会相同，族史研究所面临的问题也是大同小异。因此，我相信这些研究文章对于其他姓氏的族史研究，也会有些借鉴和参考价值。

我衷心希望，这本我用心血写成的小书不仅仅对喻氏家族子孙有用。总之，能够为喻氏族史理清头绪，还历史以本来面目。我感觉安慰。

当然，族史问题涉猎太广。文献占有很不容易。加之事属新创。可参考的现成学术成果太少。因此，错误在所难免。恳望一切关心族史研究的读者，以及相关家谱文献的拥有者有以教我。

本书的出版，首先要感谢中华喻氏族史研究会和世界喻氏宗亲总会为首的家族骨干和众多喻氏族人，本书的写成，没有家族组织和全国各地喻氏族人提供众多的谱牒资料，包括许多外姓朋友的无私支持，是根本不可想象的。比如安徽屯溪的收藏家吴敏，热情地让我看《唐昌喻氏宗谱》，使我得到了不少重要的族史信息。我们还要浓重表达谢意的是南京博物院老院长梁白泉先生和《华中建筑》杂志社原主编高介华先生两位先生。二老都已年过九十，还热情洋溢地给本书赐序，提携后进。我们还需要感谢华中科技大学艺术系原主任李春富教授为本书所插的祖宗画像。鉴于族史人物众多，也为了避免重复。我们选取了《族史管窥》所涉及到的一些历史上没有留下画像的重要族史人物，请李教授为之造像。为了本书中喻相如等十三幅祖宗画像的绘制，他多次反复发电子邮件和我讨论。我则尽其所能的提供资讯。他的敬业精神令我十分感动。最后需要说明的是，本书《祠堂修建管理规范之初步研究》中的多数插图出自西安建筑科技大学喻梦哲博士的硕士学位论文《跨文化视野下的中韩民间祠祀建筑文化关联性研究》。在此一并致谢。

2019 年 3 月 5 日于三元草堂

目　录
CONTENTS

1

第七编　家谱祠堂与祖坟规范研究

第一编

01

| 谱牒通论 |

论族谱的过去、现在和未来

喻氏在中国，虽然代有闻人，但属于人数较少的姓氏。宋代以来，从来没有修成全国性的通谱。20世纪90年代以来，四川、贵州、江西、湖北等地喻氏族人都开始着手修编本地域的喻氏宗谱。重庆荣华集团董事长喻贵祥等族中贤达顺势而为，将各地正在修谱的喻氏族人团聚起来，筹备成立了中华喻氏族史研究会，团结贵州省的喻忠桂将军、江西省的喻德华、浙江省的喻正其、湖北省的喻友生、湖南省的喻国英等喻氏宗亲，以中华喻氏族史研究会为常务编辑单位，硬是在短短的七八年时间内，先后编撰并由巴蜀书社正式出版了分量多达20公斤重的精装《中华喻氏通谱》第一部和第二部。将全国各地一盘散沙的喻氏族人，喻氏族谱凝聚到了一起。此功甚伟，不可磨灭。由于国家大，喻氏族人居住分散。特别是不少喻氏分支的老祖宗为了避免战乱等原因，故意选择人烟稀少，相对封闭的偏僻地区，因此，修编全国通谱的信息获得有早有迟。第二部通谱修成后，还有很多喻氏分支没有得到消息，他们纷纷表示希望能将自己的支谱融入全国通谱之中。中华喻氏族史研究会为此特别安排喻泽先、喻儒麟、喻富全三人根据有关族人提供的线索，万里寻亲，继续搜集未曾进入通谱的分支谱牒，促成了第三部《中华喻氏通谱》的修撰。

改革开放以来，各个姓氏都在做着同样的事情，民间修谱在刚刚过去的20世纪冷寂了一段岁月后，现在开始在全国范围内出现新的高潮。各个姓氏的宗亲会，中华姓氏文化促进会、中国家谱网总群，以及数以万计的各姓氏的qq群，在当今十分的活跃。为什么在互联网技术空前普及的今天，人们的寻根意识会如此的强烈？这就需要了解族谱编修的意义和价值。

一、族谱过去说

如果说会制造和使用工具，发明文字和使用文字是人类区别于其他动物两大特点的话，那么完全可以说，懂得自觉地记录自己的谱系，并将其一代一代传承下去，是人类区别于一般动物的第三大特点。

人类社会发展自当遵循其客观发展的进程。先有只知其母不知其父的母系社会，后来才进入父系社会。根据中国古史的记载，商朝的老祖宗是玄鸟，夏朝的老祖宗是薏苡。一个说老祖母吃了燕子蛋而生下商朝的祖先。一个说老祖母吃了植物薏苡而生下夏朝的祖先。这正好是母系社会存在的证据。但"夏后兴，母系始绝。往往以官、字、谥、邑为氏，而因生赐姓者寡。自是女子称姓，男子称氏。氏复远迹其姓以别婚姻。故有《帝系》《世本》，掌之史官。所以辨章氏族，旁罗爵里，且使椎髻鸟言之族，无敢干纪，以乱大从。"（章太炎《訄书·序种姓上第十七》，徐复详注本第221页）华夏民族特别重视姓氏文化或曰家族文化，所以才有"天下之俗不能自成，由乎一国之俗。国俗之所兴，由乎一乡之俗。乡俗之所起，由乎一族之俗"的总结（明方孝孺《逊志斋集》卷之十三《葛氏族谱序》徐光大校点本第418页）。当然，方孝孺的总结来源于儒家修齐治平说。儒家认为，治理天下当从修身开始。只有每个人都重视修身，则家可齐。家齐，则国可治。虽然真正意义上的封建制度早在秦始皇统一六国废封建行郡县就结束了，但封建宗法制度却在汉朝以后的社会中得以长期保存，直到今天。

在母系社会，"大道之行也天下为公。故人不独亲其亲，子其子"（宋卫湜撰《礼记集说》卷五十四《礼运第九》，四库本）。也就是说不仅爱敬自己的亲人，喜欢自己的孩子，且爱敬别人的亲人，喜欢别人的孩子。但到了父系社会，则出现了天下为私的巨大变化。天下虽然整个价值观转变为私心主导社会，但原有的公天下的价值观必然还会部分存在着，这就是公的概念残存在部落或族姓之间。家族之间虽然财产私有了，出现了贫富不均的差别。但在本族群内部，仍可奉行"贫能相收，患能相恤，丧相助而死相葬，喜相庆而戚相忧"（明方孝孺《谢氏族谱序》，《逊志斋集》徐光大校点本第415页）的互相帮衬的原则。随着时间的推移，人类社会自从进入父系时代，谱系制度便逐步健全。其原始时代如传说中的结绳记事，古人可能用结之大小来区别辈分也未可知。到了文字记录的时代，先民们用特殊的符号（文字）来区别世系的先后。这个可以从甲骨文中的殷人家谱世系得到说明。

在古代中国，人口流动少。除了做官、游学、经商之外，罕有人口流动。且人自少年读书于家乡，青壮年求仕于朝廷。纵使宦游四方，致仕之后多数人还是选择还乡定居。生意人亦同。故叶落归根一说，在传统中国人心目中可谓根深蒂固。清人汪辉祖在《学治臆说》中专门谈了官员退休后应该回到故乡定

居的道理："去官之后即为乡人。自当归故乡，依先垅。"（见岳麓书社 2005 年
"古人云"政书系列本第 59 页）

要认识中国古代的族谱文化，以下几篇文章是必须要读的：

（一）宋朝苏洵的《谱例》

古者诸侯世国，卿大夫世家，死者有庙，生者有宗，以相次也。是以百世
而不相忘。此非独贤士大夫尊祖而贵宗，盖其昭穆存乎其庙，迁毁之主存乎其
太祖之室。其族人相与为服，死丧嫁娶相告而不绝，则其势将自至于不忘也。
自秦汉以来，仕者不世。然其贤人君子犹能识其先人，或至百世而不绝，无庙
无宗而祖宗不忘宗族不散其势宜亡而独存，则由有谱之力也。盖自唐衰，谱牒
废绝。士大夫不讲而世人不载，于是乎由贱而贵者，耻言其先；由贫而富者，
不录其祖。而谱遂大废。昔者洵尝自先子之言而咨考焉，由今而上得五世，由
五世而上得一世，一世之上失其世次。而其本出于赵郡苏氏，以为苏氏族谱。
它日欧阳公见而叹曰：吾尝为之矣。出而观之，有异法焉，曰：是不可使独吾
二人为之，将天下举不可无也。洵于是又为大宗谱法以尽谱之变，而并载欧阳
氏之谱以为谱例。附以欧阳公题刘氏碑后之文以告当世之君子，盖将有从焉者。
欧阳氏谱及永叔题刘氏碑后不具于此。（《嘉祐集》卷十四）

在秦汉之前的先秦时期，"诸侯世国卿大夫世家，死者有庙，生者有宗，以
相次也。是以百世而不相忘。"因为诸侯世国卿大夫世家，每死一个人，家庙里
都有档案，死者名讳，生卒年月，职位等等，这些信息大多刻在甲骨或木片上，
一代代延续。万一有大的动乱，家长应该把家庙里祖先牌位等资料首先设法转
走，以免落入敌手。《东周列国志》第一回"周宣王闻谣轻杀，杜大夫化厉鸣
冤"中写周宣王大祭前夜宿斋宫，梦见的那个美貌女子"走入太庙之中，大
笑三声，又大哭三声，不慌不忙，将七庙神主做一束捆着，望东而去。"（人
民文学出版社 1974 年大字本）就暗喻周朝要东迁洛阳。那个美貌女子所捆走
的"七庙神主"就相当于当时的族谱。族谱的发展也遵循着由简入繁的路径。
最初的族谱必然只是简明扼要地记载最主要的人丁信息。进入青铜时代以后，
帝王世系自然会有更坚固的载体。即所谓金縢玉牒。秦朝以前，中国奉行的
是封建宗法制度。天子诸侯卿大夫士等级森严，并没有族谱家谱之说。但秦
始皇废除封建而行郡县，彻底摧毁了历史上长期存在的封建宗法制度，自然
也破坏了原来的世系传承文化。祖庙制度被破坏了，原来的宗主制度被破坏
了。没有家庙，没有宗子负责保存本宗族的昭穆信息，人们一下子有了身世
如浮萍的感觉。但人不能忘记自己的来源。这是本能。于是家自为谱成为普

遍现象。就像官学下移，读书人可以像孔子在民间办私学一样。汉魏六朝，谱牒十分发达。在六朝时期甚至出现了有的人嫌自己出身寒微花重金买通官员到谱牒库里去篡改族谱的情况。但到了晚唐时期，社会动乱不已，谱牒毁失现象严重。因此缘故，欧阳修、苏洵的族谱文章就成了重要的修谱依据。某种意义上讲，欧阳修、苏洵延续了几乎断绝的谱牒传统。这也就是为什么后世修谱者多在序文中提及他们两家的缘故。

　　苏洵的《谱例》的价值在于指明了封建制度改为郡县制度后，只有通过族谱修编才能延续血统的记录。其次，他说明了自己和欧阳修决定将两家的修谱模式公之于世。因为社会需要。他们明白在遭受重大的社会动乱之后，千家万姓都需要凭借修谱的体例来保存族群信息。欧阳修的格式比较适用于小宗谱修撰；而苏洵的格式则比较适用于大宗谱的表达需求。这是两家谱例最大的区别之所在。

　　（二）宋朝苏洵的《族谱引》

　　苏氏之谱，谱苏氏之族也。苏氏出自高阳，而蔓延于天下。唐神龙初长史味道刺眉州，卒于官。一子留于眉。眉之有苏氏自是始。而谱不及焉者，亲尽也。亲尽则曷为不及？谱为亲作也。凡子得书而孙不得书何也？以著代也。自吾之父以及吾之高祖，仕不仕、娶某氏、享年几、某日卒，皆书而他不书何也？详吾之所自出也。自吾之父以至吾之高祖皆曰讳某而他则遂名之，何也？尊吾之所自出也。谱为苏氏作而独吾之所自出得详与尊，何也？谱吾作也。

　　呜呼！观吾之谱者，孝弟之心可以油然而生矣。情见乎亲，亲见于服，服始于衰而至于缌麻，而至于无服。无服则亲尽，亲尽则情尽，情尽则喜不庆忧不吊。喜不庆，忧不吊，则涂人也。吾之所以相视如涂人者，其初兄弟也。兄弟其初，一人之身也。悲夫！一人之身分而至于涂人，此吾谱之所以作也。其意曰分而至于涂人者，势也。势，吾无如之何也已。幸其未至于涂人也，使之无至于忽忘焉可也。呜呼！观吾之谱者孝弟之心可以油然而生矣。系之以诗曰：吾父之子，今为吾兄。吾疾在身，兄呻不宁。数世之后，不知何人。彼死而生，不为戚欣。兄弟之情如足于手，其能几何，彼不相能，彼独何心！（《嘉祐集》卷十四）

　　苏洵的《族谱引》最重要的思想是提出了通过不间断的修谱来维系血统关系。也就是可持续发展。他的这篇短文深刻揭示了谱牒的不朽价值。他明确告诉世人，血缘关系虽然是亲情，但亲情有时间限制，一般是五服而止（即五代）。为了解决数世之后一个祖宗的后裔就像途人一样互不相识互不关心的问题，他认为修谱是唯一的好办法。因为通过修谱既可达到敬祖的目的，也可实现收族的愿望。有了家谱，无论走到哪里，辈分可以不乱。还可以激发族人做睦族的善事，比如通过 20 年左右一次的修谱机会，就可以发现族人的家庭变迁。困难的可以利用宗族的力量给予补助。遭遇天灾人祸的，族人可给予安慰鼓励。外出读书参加考试，取得好成绩，做官有行政声的，或有其他突出贡献者，宗族可以给予嘉奖。在社会交往过程中，遇到同姓之人，追溯老祖宗有依据。自有一种血脉相连的亲切感。这就是谱牒的力量。

（三）宋朝苏洵的《苏氏族谱亭记》

匹夫而化乡人者，吾闻其语矣。国有君，邑有大夫，而争讼者诉于其门；乡有庠，里有学，而学道者赴于其家。乡人有为不善于室者，父兄辄相与恐曰：吾夫子无乃闻之？呜呼！彼独何修而得此哉？意者其积之有本末而施之有次第邪？今吾族人犹有服者不过百人，而刚时蜡社不能相与尽其欢欣爱洽，稍远者至不相往来，是无以示吾乡党邻里也。乃作苏氏族谱，立亭于高祖墓茔之西南而刻石焉。既而告之曰：凡在此者死必赴，冠、娶妻必告。少而孤则老者字之，贫而无归则富者收之；而不然者族人之所共诮让也。岁正月相与拜奠于墓下，既奠列坐于亭，其老者顾少者而叹曰：是不及见吾乡邻风俗之美矣。自吾少时见有为不义者则众相与疾之，如见怪物焉，慄焉而不宁；其后少衰也，犹相与笑之；今也则相与安之耳。是起于某人也。夫某人者是乡之望人也，而大乱吾俗焉。是故其诱人也速，其为害也深。自斯人之逐其兄之遗孤子而不恤也，而骨肉之恩薄；自斯人之多取其先人之资田而欺其诸孤子也，而孝弟之行缺；自斯人之为其诸孤子之所讼也而礼义之节废；自斯人之以妾加其妻也而嫡庶之别混；自斯人之笃于声色而父子杂处欢哗不严也而闺门之政乱；自斯人之渍财无厌惟富者之为贤也而廉耻之路塞。此六行者吾往时所谓大惭而不容者也。今无知之人皆曰：某人何人也，犹且为之。其与马赫奕婵妾靓丽足以荡惑里巷之小人；其官爵货力足以摇动府县；其矫诈修饰言语足以欺罔君子。是州里之大盗也。吾不敢以告乡人而私以戒族人焉。仿佛于斯人之一节者愿无过吾门也。予闻之惧而请书焉。老人曰：书其事而阙其姓名，使他人观之则不知其为谁。而夫人之观之则面热内惭汗出而食不下也。且无彰之庶其有悔乎？予曰：然。乃记之。（《嘉祐集》卷十四）

苏洵的《族谱亭记》的不朽价值在于，他为保持宗族血缘联系的稳定性找到了具体的操作办法。这就是虽然在一个村里五服之内的亲族不过百余人，但要想强化这服内之族人的紧密联系，必须要通过日常婚丧嫁娶逢年过节的大事节点来体现，这就是喜相庆，丧相吊，守望相助，疾病相扶持。"少而孤则老者字之，贫而无归则富者收之；而不然者族人之所共诮让也。"另外就是每年固定时间的族长训话教育。每年正月大家相聚拜祖墓，在族谱亭集中，听族长训话。苏洵在文中详细记述的一段族长训话的内容原本有特殊的针对性，即针对本族某不良分子破坏族规旧俗，为的是教育族人学习正直为人。但对众多家族的谱牒而言，这种训话就演变成了家训祖训或族规等内容了。根据宋人周密的《齐东野语》，我们知道苏洵没有点名批评的渎乱族俗的坏人就是他妻子的兄弟程某。因为程某的儿子娶了苏洵的女儿，却对苏女实行家庭冷暴力。

（四）宋朝欧阳修的《欧阳氏谱图序》

吉州庐陵县儒林乡欧桂里

欧阳氏之先出夏禹之苗裔，自帝少康封庶子于会稽，使守禹祀。传二十余世至允常子曰勾践，是为越王。越王勾践卒，子王鼫与立，传五世至王无疆，为楚威王所灭。其诸族子孙分立于江南海上，受封于楚，为欧阳亭侯。亭侯在今湖州乌程欧余山之阳。子孙遂以为氏。汉高灭秦，得无疆七世孙摇，复封为越王，使奉越后。而欧阳亭侯之后因有仕汉为涿郡太守者，子孙遂居于北：一居冀州之渤海，一居青州之千乘。居千乘者曰和伯，仕于汉，最显世为博士，以经名家。所谓欧阳尚书是也；其居渤海者，仕于晋，最显曰建，字坚石。所谓渤海赫赫欧阳坚石是也。建遇赵王伦之乱，见杀。兄子质以其族奔长沙，由是子孙复居于南，仕于陈者曰顾，威名著于南海。顾之孙曰询，询之子通仕于唐，尤显，皆为名臣。其世居长沙，犹以渤海为封望。自通三世生琮为吉州刺史，子孙因家焉。琮八世生万，万为安福县令，生和，和生雅，雅生效、楚。效生谟、讬、詃，讬生皇高祖府君，府君生子八人，于世次为曾祖。今图所列子孙皆八祖之后，盖自安福府君以来遭唐末五代之乱，江南陷于僭伪，欧阳氏遂不显。然世为庐陵大族，而皇祖府君以儒学知名当世，至今名其所居乡曰儒林云。及宋兴，天下一统。八祖之子孙稍复出而仕宦。然自宋三十年，吾先君伯父叔父始以进士登于科者四人。后又三十年，某与丽兄之子乾曜又登于科。今又殆将三十年矣，以进士仕者又才二人。盖自八祖以来，传今百年，或绝或微，分散扶疏，而其达于仕进者何迟而又少也。今某获承祖考余休，列官于朝，叨窃荣宠，过其涯分而才卑能薄，泯然遂将老死于无闻。夫无德而禄，辱也。适足为身之愧。尚敢以为亲之显哉？呜呼！自通而上，其行事见于史。自安福府君而下，遭世故无所施焉。某不幸，幼孤不得备闻祖考之遗德。然传于家者："以忠事君，以孝事亲。以廉为吏，以学立身。"吾先君诸父之所以行于其躬、教于其子弟者获承其一二矣。某又尝闻长老言：当黄巢攻破江西州县时，吉州尤被其毒。欧阳氏率乡人扞贼，赖保全者千余家。子孙宜有被其阴德者。顾某不肖，何足以当之！传曰：积善之家必有余庆。今八祖欧阳氏之子孙甚众，苟吾先君诸父之行于其躬教于其子孙者守而不失，其必有当之者矣。嘉祐四年己亥四月庚午嗣孙修谨序。（［宋］欧阳修《文忠集》，卷七十一）

这篇文章是欧阳修对自己所主修的欧阳氏族谱的谱图所作的说明。因为谱图是要有依据的，不能光凭传说。欧阳修在这里等于为后世修谱图立了规矩。欧阳修说，这次修谱，所列谱图只列八世祖以后。八世祖之前的由于时代久远，以及战乱等原因，谱系失载。八世祖以后，欧阳氏族基本定居庐陵儒林乡，为地方大族。文献保存完整。故列入谱图的都有根据。

不知祖姓，是很没文化的表现。南宋时孝宗皇帝有一天随口问一个叫木应之的"待问"官："木姓起于何时？"结果那个木待问张口结舌，不知道该怎么回答。孝宗皇帝提示他说："端木本子贡之姓，其后有木玄虚者，岂去复字之苗裔乎！"木应之还是回答不了。后来孝宗见到木应之的岳父洪迈，说：你家女婿"以明经擢高第而不知祖姓所出，卿宜劝之读书。"（［明］田汝成《西湖游览志余》卷二）

族谱编撰是有法度的。今天中国的各大姓氏的族谱，其编撰理论不外欧阳修所撰之《谱例》。其要点是："姓氏之出，其来也远。故其上世多亡，不见谱图之法，断自可见之世即为高祖。下至五世玄孙而别自为世，如此世久，子孙多则官爵功行载于谱者不胜其繁，宜以远近亲疏为别。"这样一来，各家谱牒必然会出现"凡远者疏者略之，近者亲者详之"的规律性现象。他说这样处理"玄孙既别自为世，则各详其亲。各系其所出。是详者不繁而略者不遗也。凡诸房子孙各纪其当纪者，使谱牒互见，亲疏有伦。宜视此例而审求之。"（［宋］欧阳修《文忠集》卷七十一）由于六朝至隋唐时代的谱牒毁于战乱，没有完整的私家谱书传世，因此不知道当年欧阳修所定的这个谱例是自己创造的，还是他从幸存下来的古谱中看到的。不管怎样，这是一种科学的谱例。自宋至今1000余年各大小家族都普遍采用，足以证明其科学性。比如，各姓氏都有自己的远源，即先有氏，后有姓。如我们喻姓就属于姬氏。这是首先要理清楚的。其次比较难办的是始祖的确定。各姓都有关于祖宗的传说，但岁月悠久，加之战争火灾等原因，谱牒焚毁，记载缺失。如何确定始祖就是一件很麻烦的事情。欧阳修的"断自可见之世即为高祖"的原则非常科学。这个高祖也可以是某姓的始祖。只要有可见的，也就是说，只要有足够的文献能证明，只要谱系能联的上即可。

欧、苏谱式的比较观：

1. 从世系表看，欧繁苏简。欧式如树木株株，林林立立，但看不到大片的森林。苏式则既见树木，也见森林。先以简洁之垂注线链接人名，附注最核心信息，如迁徙某处，让人一目了然。此苏式优越于欧式之处。

2. 从传记看。欧式称小传为世表，苏式称小传为列传。此则两家称呼传记之名称之不同。

3. 从世系嫡庶分别称谓看，两家各有不同。苏式更适用大宗世系的谱牒。而欧式较适用于小宗谱牒编撰。特别是苏式适合造布谱，即俗称的吊谱。因为用线段连缀人名，按层级分代数，上下垂直为父子，左右平行为弟兄。一块寻丈白布，就可罗列上千年的各房主要世系信息。万一纸谱损坏或遗失，有此一图，全局在胸。此苏式高明之所在。

实际上，绝大多数谱书都是将欧、苏二式结合运用。纯粹运用欧式或苏式的并不多见。

在欧苏体式之外，南宋名臣喻樗在谱式上也有创造。它所创造的谱式主要表现为世系的处理上。他修的谱，以及他直系后裔所修的谱，都采用远纪世系和近纪世系两段分立并存的办法。欧式的局限如前所述，主要在于他看重的是近五代或近八代，总之是可见的世系。但如果局限在这个框框里，就有问题了。有的家族还保存有老谱，几百年几千年的世系基本完整。遇到这种情况怎么办？难道弃时间久远的古代世系不管吗？显然不合适。因为即使小宗的世系比较简单。但作为谱式，还应该考虑发展。今天的小宗，几十年后，100 年后，开枝散叶，人丁兴旺了，小宗中也会继续分化出大宗与新的小宗。这是一个动态的过程。比较而言，还是喻樗的考虑比较周全。

家谱的完善，事实上集中了多位名家的智慧。比如说，在北宋词人宰相晏殊的家族，他们上交给朝廷的东南晏氏族谱，里面还列有义方、义田、义庄、义塾，此外还有艺文志。在重视家族教育方面，重视家族弱势群体的制度性关爱方面，毫无疑问，晏殊父子所确定的谱式亦有过人之处。晏殊身后，欧阳曾在其书房见到义方即家训，赞叹不已。

总之，中国家谱的体例是集思广益，日臻完善。是中华民族贡献给人类社会的宝贵精神财富。

二、族谱现在说

城市化对农村的蚕食，必然会对农耕文化产生重大的影响。当代族谱编撰出现热潮，正是对城市化的一种本能的应急反应，或者说是一种农耕文化自我保护意识的觉醒。

当代族谱编撰虽然有些不同于以往的特点，如修撰全国性通谱的多，互联网技术使族谱修撰相对于以往变得容易些。传统文化虽然被割断了近一个世纪，但农村还存在，古老的传统通过口耳相传仍然会产生影响。我们这个时代修撰谱牒因此也存在不少问题：

第一，现在修撰族谱，几乎都是民间兴起。企业家赞助，不少家族缺少真正有学问的人主持和参加。谱牒质量存在问题较多。

第二，绝大多数族谱都是沿用宋代欧阳修、苏洵所传承的模式。谱牒研究可资参考和作为指导思想的创新性成果无多。

第三，高等学校、科研机关、政府工作人员重视谱牒者少。且能热心投入其事者更少。因极"左"路线盛行的岁月，官方视族谱家乘为封建迷信。在打倒之列。尽管经过了四十年的改革开放，但国人的兴奋点由原来的闹革命转移到现在的发大财上去了。对于修身齐家，根本不认为与己有关。也就是说，国人对修谱与修身齐家治国平天下的关系认识还有待进步提升。

生当互联网时代，真是我们这一辈的幸运。但考察20世纪以前的谱牒，因为交通通信的不便，喻氏从东汉猛公算起，虽不及两千年，其分支也十分复杂。也是一本千干，一源千流。各房各支，散居各地。按照谱例，各支派修谱，必然详近而略远，详今而略古。设若各支各派，都有有心之人，能文之士，都能各创详其本支之谱，则今日修撰天下喻氏之通谱，汇百川而为海，也就比较省事。但实际上由于各地历代宗亲情况千差万别，重视程度也不尽一样。因此，或有或无。或优或劣，或详或略，或存或亡。或系统，或残缺。欲整齐划一，实非易事。但当代中国，也确有史无前例的方便之处，如自从本族族人在网上公布各地族谱电子版以来，较之以前靠人工游走四方的方式收集族谱，其便利程度不可同日而语。加之中华喻氏族史研究会网站的多年经营，已经成为联络全国各地喻氏宗亲的一个公共平台。有了网络平台的交流沟通，有了网络的便利传输，给《中华喻氏通谱》的修撰创造了极大的方便。凭借互联网的方便，当然主要还是中华喻氏族史研究会的各位宗亲的多年运作，我们在短短十年时间里，先后修成中华喻氏通谱第一部和第二部，现在又正在修撰第三部。这真是旷古未闻的事情。列祖列宗地下有知，也应感到格外欣慰。

当代全国通谱修撰固然成就辉煌，但问题肯定也是存在的。这就是：我们国家由于极"左"思潮的深刻影响，许多国人连繁体字都不能认识，古文不能阅读。因此，必然给所修谱牒的质量带来隐患。我曾看过若干姓氏的全国通谱，或者地方支谱，错字连篇，校对严重疏忽。此其一。其次，谱头所保存的前人文章，原来没有标点的现在也照样没有标点。并非不知应该标点，实因无人能断句标点。这就形成了同一部谱书，有的有标点，有的无标点。如此一则不便阅读，二则也没有时代感。三是当代中国正在城镇化的进程中，大量人口进入城镇。古老的农村呈现萧条凋敝之状。如欲统计上谱的族人名字，出生年月，死亡年月，都很难准确。四是部分通谱和支谱标准不统一，如进入人物传记的人选，在古代要求是很高的。如德行政事学问等要能够传世的。按照史家的规矩，一是需要确定入录标准；二是对所录入的人物需要等到盖棺论定。但现在多数谱书已经改变了古老的传统。某些谱书还有自己的标准，有的谱书完全没有标准。只要捐赠钱物多的，都可以上。这样就会出现杂乱不经的问题。五是部分姓氏思想不解放。认为族谱是本姓本支的事情，跟外人无涉，不肯将所修族谱或保存旧谱捐赠图书馆等公益机构保存，也不肯将有关谱书公诸网上任人阅览。特别是大姓通谱，动辄数十本，甚至上百本。体量庞大，携带困难。即使小姓支谱，篇幅也很浩大。当今之世，为知识爆炸之时代，又是一个移动时代。因为携带不方便，族谱的载体不应继续固守纸质这一种载体，可以开发网络版族谱等形式。最好的办法是将修好的族谱挂在互联网上。如果有错误，当事人或跟当事人熟悉的人看到了，还可以随时联系版主修订。岂不比纸质谱牒省事安全实惠？

我们这个时代，是各姓氏大修特修全国通谱的时代。历史上只有帝王家族和孔、孟、曾、颜、张等少数姓氏有全国通谱的时代一去不复返了。任何一个姓氏，只要有热心人肯出钱支持，有热心人肯张罗此事，编纂全国通谱的梦想都不难变成事实。

我们这个时代，除了史无前例地涌现出大量的全国性通谱外，一般家谱族谱的编纂也会出现很多划时代的特点。诸如图片更传真，信息量更大，谱系会比历史上其他朝代更清晰。从体例上看，也必然会出现很多新的创举。比如过去的谱祖宗画像靠人绘制，现在可直接用照片。村落地图过去靠手工绘制，现在可以直接用卫星地图截图。

由于互联网时代的学习资源，较之历史上任何时期都容易取得。热心谱牒之学的人才正在像雨后春笋般涌现出来。当代的谱谍编纂已经开始出现很多新的形式。随着人口流动速度的加剧，传统的聚族而居的古老村落慢慢地就会演变成散居全国各地甚至世界各地族人的共同精神家园。这些散居各地的族人会通过网络建立以留住乡愁为名目的家族网站，与之相联系，必然有很多新的分支谱牒出现。

随着社会文明程度的提升和图书借阅方式的现代化，不同地区，不通国别的人阅读了解家谱比以往任何时候都要容易许多。

当然，家谱这样涉及千家万户并且不断更新的领域，要想真正进入大数据的时代，还需要假以时日，还需要国家地方政府和民间热心人士的共同努力。首先要做到家谱数据数字化。只有全国各姓氏的家谱，不仅是图书馆藏的，还包括千家万户私藏的，以往不肯轻易示人的谱书，都变成数字化的信息，家谱研究上的大数据时代才会来临。而要想取得准确可靠的数据，就要有更多的高素质的热心家谱者参与，当然更需要宗教般虔诚的态度。如果所有热心人都能像全世界的佛教信徒进行大藏经数字化那样绝对认真，一丝不苟的录校，则大数据就可放心使用。如果大家缺少对祖先的恭敬心，把祖先的姓名，祖居点的地址写错一个字，则差之毫厘，失之千里，大数据就没法利用了。这是一切热心家谱事宜的人都必须注意的。

三、族谱未来说

传统的谱牒文化是植根于农耕社会的产物，那些经过许多世纪无数先贤不断摸索不断改进不断总结的谱牒修撰经验，是客观记录人类生活的重要模板。按照这个模板来输入有关数据，就能保存原真的历史信息。明代一个叫范昌的读书人归纳了谱牒图录的十大好处，现引述如下：

"夫长子直书于下者，所以著大宗也；支子引于旁下者，所以同一宗也。若字若行若娶兼书，详其所有也；书名不书字者，因其缺也；或析或迁，著其地者，俾有以考其族也；卒葬必以地者，俾有以识其归也；拜官进爵悉书者，表其贤也；推爵贻勋兼书者，昭其孝也；宸翰尊于朝者，见其得于君也。铭文详于后者，见其称于后也。纲举目张，巨微毕备。譬之大川分派所同归者在一源也；巨木条干，所同出者在一本也。"（《东南晏氏重修族谱》明序文）

我们现在也许有人会担心，随着城市化的强力推进。传统的农耕社会被蚕食瓦解。与农耕社会相伴随的族谱文化是否也会寿终正寝呢？我说，这是不可能的。因为谱牒文化起源于氏族社会，它是一种对血缘关系的持续性记载，并非农耕社会的专利。只不过我们有文字记载的历史农耕文明这一段比较长些罢了，当代人看到网络技术的应用，看到大量农村人口进入城市，就被这种时代变化吓住了。早期的族谱是用结绳或者甲骨或其他的载体记录的，到了农耕文明发达的时代，当时的人看甲骨文时代的家谱，还不是跟我们今天看农耕时代一样。其实，用不着担心。族谱文化必然代复一代地传承下去，只是它的载体会随着时代技术进步不断的由一种载体改变为另外一种载体罢了。

（一）传统族谱修撰中形成的优良传统必然还会继续传承下去的。如家谱的血缘关系谱系的保存功能："谱之不修，则尊卑上下之分，亲疏之别，长幼之序俱无以辨。"（《钟氏重修族谱跋》）

（二）家谱的伦理约束功能："纂修家谱，其善者录之，其不善者摈之，斥之。夫是以族之人无所劝而自为善。无所惩而自不为恶。"（《钟氏重修族谱跋》）

（三）家谱的社会学统计功能："家有谱所以溯源流、扬宗功，昭祖德，详里居，志生娶，载殁葬。历百世而弥彰。"（《钟氏重修族谱跋》）我们要研究社会发展的规律，要研究地方病、遗传基因等生物医学问题，离不开统计数据。统计数据从哪里来？现在我们会去求助于地方志，但地方志不可能取代家谱。因为家谱记载的更详细，数据更丰富。要研究人类聚落变迁的规律，也要借助家谱。因为任何姓氏，对于自己祖先迁徙的路线，记载都比较清晰。舍弃家谱，光靠地方志的信息，这只能是一笔笔糊涂账。我们要研究各个学科，都不可避免地会涉及学科历史人物的里居及葬地。舍家谱无法进行。因为任何时代的人才，不可能有能耐的都出来做事，有些杰出人才由于政治等原因，在生前得不到客观公正的评价，身后若有慧眼识才者，要开发这笔遗产，只有到家谱中去搜集资料。

以后的社会，不管怎么变，家谱睦族的四大功能仍会继续存在：1. 阅读族谱以识本根。2. 修撰族谱以联族属。3. 公祭始祖以系其心。4. 加强交流以增其财。

以后很多事情可能就在网上进行。比如各姓宗亲会网站会在自家的网站上公布一些规矩，类似过去祠堂里定的诸如修谱、读谱、扫墓、祭祖等执事公文一样。

未来社会，虽然科学技术会较今日更趋进步，但有一点是不用怀疑的，那就是家族文化还将存在。因为共同的血缘关系不是科技进步就能使其消亡的。像喜能相庆，戚能相忧。贫能相收，患能相恤，丧能相助，死能相葬这些优良的家族文化传统，在农耕时代，自然会有空间地域限制。距离远些的地方，即使是本宗族，也不一定能及时。但在网络时代，空间是无远弗届的，族人表达对同宗的亲情，是即时的。跟传统社会相比，不同的是只不过这些活动大多是在网上进行的，族人之间的实体接触跟古代中国不同罢了。

未来的社会，传统中国所形成的以家族为基本单位的保障制度将复活。古代很多地方先富起来的人们设置义庄，保障本族因天灾人祸遭遇不幸的家庭，包括救济贫苦，支持读书经商等。比如，我们当代中国人多，要想由国家安排每个人的社会福利保障。特别是农村，很难奏效。即使设立制度，要么杯水车薪，不敷使用。要么执行起来，弊窦丛生，当事人得不到好处。如果有了当地热心且有实力的人士出力解决，则等于在政府微薄的福利之外，又增加了一层保障。且当地人知根知底，帮助起来有的放矢。这种复活是对传统社会伦理遗产的活化。作为一种补充，对于社会的安定，有重要建设意义。

由于现代科技手段的飞速进步，不难预料，未来族谱的存在方式会跟传统族谱的存在方式有很大的不同。大体说来，有以下几点不同：

（一）和传统的族谱修撰不同，未来的族谱修撰很可能是同一个祖宗的后裔在互联网或者光联网上合作进行。无论你在世界的那个角落，只要你们有共同的祖先，有清晰的世系，大家就可以在网上认祖归宗，就像现在的 qq 群一样。以后很可能各个氏族都会在网上建设祖宗祭祀场所。各个姓氏都会建设自己的姓氏网站。很快，宗亲网就会成立各个姓氏的网上祠堂。要看家谱，用不着回家，随时随地手机上就可以操作，因为未来的家谱必定挂在网上，成为公共信息。

（二）和传统社会因为交通阻隔信息不畅等原因认祖归宗困难重重不同，未来的社会各族群之间的联系和沟通，分散在世界各地的谱牒资料很快都会被公布在互联网上。人们可以通过日益进步的互联网技术很快找到自己的祖先，弄清自己的根之所在。搞明白自己家族的历史。以后两个陌生的有共同祖宗的人坐在一起喝茶，要想查清彼此的分支以及辈分，打开电脑或光脑，输入关键词，也许几秒钟就能搞定。

（三）和传统的族谱领谱方式不同。过去族谱修成后，按照房头编号领取族谱。今后只要是该姓氏人，根据密码，都可到本姓氏宗亲网上去查阅。网上族史，网上祠堂，网上家庙，网上本家族名人传记。网上世系图，在世界任何地方都可看到。要跟本宗族的人交往，通过手机，或电子邮件，通过 qq 或微信，均可很轻易就联系上，极其方便。还有一点，就是随着互联网等高科技的进步，千百年来分别收藏在千家万户的族谱资料，不久的将来都会上网。也就是说，当那些古色古香的族谱被数字化后，就会成为一种公共资源。那时候，必然是谱牒文化研究成果的高峰期，因为以往的阻隔没有了。研究者获取资源的方便程度，超越了历史上任何一个朝代。

（四）和传统的清明节族人齐集于祠堂祖庙祭祀祖先，接受族长训话不同，未来的清明节，将逐渐演变成为家族寻根的旅游节日。届时全国各地的宗亲，会乘坐各种交通工具，回到他们的祖居所在。游览旧居，祭祀先祖。并进行生意洽谈，学术交流等活动。

（五）和传统的认祖归宗不同，现代社会各个姓氏族人血统的判定，除族谱辈分等文字信息可资鉴定外，还可以利用现代基因比对技术等新技术手段确定相关人员是否为一祖之后。

（六）传统修谱约定俗成的时限是 30 年。但许多家族的一些分支多达 200 年未曾修谱的也并不少见。这是因为经济不发达，社会不安定，通信手段，交通手段落后等缘故。今后修谱再也没有以前那么困难了。只要在社会上进行谱牒编修的知识普及，今后会用互联网的人都会自己修谱。即每个人都可以修自己这本谱。学术名词叫作年谱，比这个范围大一点的是自己的家庭。我们可以通过标准的模板。每个有文化会互联网的人都可以写有关我们自己所在的小家庭的"一家清"。如果每个家庭都能以自己为中心，把自己上面的父母亲，祖父母，曾祖父母，高祖父母的信息填写正确，把自己以下的儿子孙子的家庭信息填写准确，然后一代一代往下传。根据设计的模板则连缀成规模庞大的家族大谱也非难事。

（七）未来的家谱，其主要载体将以互联网为主，纸制品为辅。以后宣纸印刷的谱书或者丝织品印刷的谱书，将作为重要的礼品送人。日常使用家谱将主要借助网络平台查阅，其方便快捷程度和准确率也将史无前例地提高。

（2014 年 2 月 27 日）

论家训在国民教育中的重要作用

近日出席在重庆江津召开的中华喻氏族史研讨会，在会上做了一场关于家训的演讲，题目是《论家训在国民教育中的重要作用》。受到中华喻氏族史研究会喻贵祥会长、喻正其副会长等领导和广大喻氏宗亲的赞许。其实，我只是实话实说。我感觉我们中华民族的国民道德素质滑坡严重，诚信传统缺失严重，素质教育现状（家自为战，望子成龙，望女成凤，只重学习成绩不问其他）令人十分担忧。历代家谱中的家训传统可能是我们的救世良药。我们民族需要找回失落的传统，找回我们坚持了 5000 年的民族精神！我的演讲从遗传学、国民教育结构层面、人类智慧创造总结传承、国民综合素质提升途径四个方面论证继承家训遗产的重要性。

一、家谱与家训

在中国古代，家国一体是其显著特征。比如，各姓氏家族都有修谱的传统。帝王家族也是一样，不同的只是普通家族的家谱或族谱由族长管理，而帝王的族谱则由专门的官员管理。夏、商两朝的情况因为文献不足，还有待进一步研究。周朝专门替皇室掌管谱牒的官叫小史。这个官职的职责是：负责记录皇室的世系，区别族人的尊卑长幼和远近亲疏，每逢祭祀典礼举行，还要负责提醒君王先祖的名字以及生卒时间（《周礼·小史》）。不仅天子有这样的专门官员掌管王室谱牒。诸侯国也一样重视谱牒。大家熟悉的楚国屈原，官职三闾大夫。这个官就是替楚王掌管屈、景、昭三大姓的谱牒（王逸《楚辞注》）。秦王朝首创宗正之官，掌管皇室谱牒。汉朝沿袭秦制，也是置宗正官以叙九族。而后历代王朝，或为宗正，或为太常，或为宗人府，名称虽有变化，实质则一。所以，氏族之修谱，正与地方之修志，国家之修史同。家谱文化可以补方志、国史之不足，实为重要的社会文化遗产，应该引起治国者的高度重视。

正因为家国一体的文化特征，所以古代中国圣贤论治国纲领，总是遵循着修身、齐家、治国、平天下的路径展开。这在整个人类文明史上，都属于比较奇特的存在。

由于家国一体文化传统的长久影响，所以修谱不仅是记录辈分和人名。它更重要的意义在于可以增强国家的凝聚力，可以传承先进文化。北宋末年天下将亡尚存之际，有一天谢枋得跟同朝为官的文天祥谈及修撰谢氏族谱的事，文天祥一开始有点误会，认为谢公在国难当头的时节这么做是不是"得非无意于朝廷乎？"（意思是把小家族看得比国家还重要）。谢枋得说，我这个时候和你讲究谱法，正是为了让整个家族都有姓赵的自觉，也就是说，要让大家意识到自己应尽的爱国责任。他说我这样做正是为了让子子孙孙不忘记赵宋王朝，勉励大家讲忠讲孝，以恢复中原，扫除绝漠为念。（《江西信州叠山谱·序》）

家谱是一门专门的学问，其中涉及很多内容。家训就是家谱中的一个重要组成部分。家训的产生历史很早。早在4000多年前的黄帝时代就已出现。黄帝教训儿子颛顼："爱有大圆在上，大矩在下。汝能法之，为民父母"（《吕氏春秋》卷十二）。黄帝的意思是教导儿子颛顼上法天，下法地，按照客观自然规律办事，要爱民如子。

西周初年，周文王（姬昌）、周公（姬旦）就有家训留传于世：在《尚书》中，至今我们可以读到周公告诫侄子周成王（姬诵）的一篇诰辞。他告诫成王不要贪图安逸享乐，不要荒废政事，要安定民心，"知稼穑之艰难"。早期家训，多为他人记录和整理的形式出现。我国家训史上第二篇由作者本人写成文字的教子遗书，是春秋时期齐国名臣晏婴。他在病重时，写了一封给儿子的遗书，"断楹"纳入（也就是把柱子锯开，将遗书藏于柱子中间），并要妻子等儿子长大后取出。遗书的内容是说：布帛不可用尽，用尽了就无法再做衣服；牛马不可将其力气用尽，用尽了就无法再使用牛马耕田驾车；任事者不可对其过分苛刻，否则就无人帮你做事了。此事见于刘向的《说苑·反质》。至于诸葛亮的诫子书中的"君子静以修身，俭以养德。非淡泊无以明志，非宁静无以致远"则更是格言式的家训。颜之推的以专著训诫后代子孙，也是中国古代家训史上的重要经典。普通姓氏一般家族的谱牒中也大多有专门篇章罗列家训或族训。通观历代家谱中的家训，虽然有详略之别，但核心信息都差不多。简而言之，就是教忠教孝，修身应世。如果分析而言，则大体涵盖中华民族的优良传统的全部内容，如尊长敬老，爱族忠国。勤劳简朴，自强不息。宽厚待人，谨言慎行。近君子，远小人。善待乡邻，爱惜下人。洁身自好，远离诱惑。志存高远，励志成材。珍惜名节，重视家声。

　　家训也称家令、家戒、家规、家法、家范、家约、家仪、家语、劝言、世范、药言、庭训、女训。广义的家训也包括族规、斋规、遗言、遗训。这些家训，有的写成家信，有的留为遗命，有的编作故事，有的著为专书，内容也更加丰富、全面。其作者，有社会贤哲、政府官吏、名人学士、能工巧匠，宗族长老。不论其社会地位、政治态度、宗教信仰、贫富程度如何，上至帝王将相，下至贩夫走卒，都希望留下家训教育子孙，和谐生存，健康发展。

　　《颜氏家训》以后，家训著作渐多，差不多每个朝代都有一些代表性家训产生。如唐代李世民的《帝范》，宋若莘的《女论语》，李恕的《戒子拾遗》，司马光的《家范》，陆游的《放翁家训》，袁采的《袁氏世范》，陆九韶的《居家正本制用篇》，明代姚舜牧的《药言》，杨继盛的《杨忠愍公遗笔》，何伦的《何氏家规》，孙奇逢的《孝友堂家规》，清代康熙皇帝（爱新觉罗·玄烨）的《庭训格言》，朱柏庐的《朱子家训》，张英的《聪训斋语》，汪辉祖的《双节堂庸训》，郑燮的《家书十六通》，曾国藩的《教子书》，甘树椿的《甘氏家训》，邹歧山的《启后留言》等等。不少家训（如《朱子家训》）朗朗上口，通俗易懂，因而家喻户晓，在民众中广泛流传，并产生了重要影响和积极作用，成为社会教化的教科书。

二、从遗传学角度看家训的重要性

　　一个家族，在繁衍生息的过程中，代复一代地传承着两个重要的东西，一是生物基因，二是文化基因。过去有句俗谚，名曰：龙生龙，凤生凤，老鼠生儿会打洞。这句俗谚曾经被作为血统论言论批判。但若从遗传学的角度看，这句话却没有什么毛病。因为从生物基因上的继承以及文化基因方面的习得而言，"近水楼台先得月，向阳花木早逢春"是客观存在的事实。虽然每个人自出生以来，不能不秉承父母的基因，即先天的生物基因和后天父母所创造的生存环境学习条件，不能不受父母的影响。但"人的本质不是单个人所固有的抽象物，在其现实性上，它是一切社会关系的总和"（恩格斯《费尔巴哈与德国古典哲学的终结》）。人情似纸张张薄，世事如棋局局新。世界不是一成不变的。儿子生存的环境不会重复父母的环境，社会环境会左右一代又一代人的命运。所以，先秦时期，中国先贤就已经总结出"君子之泽，五世而斩"的规律。这句古语，也就是民间所说的"穷不过三代，富不过三代"的意思。

　　家训的出现，反映了中华民族民性的聪敏。因为古人观察总结太多的案例，获得了上述经验。但古人在认识社会的过程中，也发现了另外一种情况，就是在同一个村落，有的人家子子孙孙繁荣昌盛。有的人家则父祖显赫一时，儿孙飘零败落。国家也是一样，开国君主大多励精图治，而子孙每每骄奢淫逸。所以有人对此类现象进行总结："养儿胜似我，留钱做什么？养儿不如我，留钱做什么？"显然是兴家立业者的角度观察总结的。这是就普通民众而言的。那么作为帝王家族又如何呢？也有人进行总结："历览前贤国与家，成由艰苦败由奢。"中国是一个只有祖宗信仰的国家，国民思考问题十分实际。于是，一个共识便形成了：普通家族也好，世家大族也好，只有每一代人都自强不息地积极进取，都如临深渊，如履薄冰似的重视修身养性，保持良好的社会关系。这样的家族才能历万世而常存。最有代表性也最有说服力的是五代吴越王钱镠的家训，对后代子孙自强敬业、处事待人多方面进行了规范。该家训的制定使钱氏子孙一千多年不仅子孙繁衍，人丁兴旺，而且代代有闻人，成为文化教养一流的著姓。这里我把《剡西长乐钱氏宗谱》所载之《钱氏家训》抄录于下：

心术不可得罪于天地，言行皆当无愧于圣贤。曾子之三省勿忘。程子之中箴宜佩。持躬不可不谨严。临财不可不廉介。处事不可不决断。存心不可不宽厚。尽前行者地步窄，向后看者眼界宽。花繁柳密处拨得开，方见手段；风狂雨骤时立得定，才是脚跟。能改过则天地不怒，能安分则鬼神无权。读经传则根柢深，看史鉴则议论伟。能文章则称述多，蓄道德则福报厚。

上面这一段是谈个人修养的。

欲造优美之家庭，须立良好之规则。内外六间整洁，尊卑次序谨严。父母伯叔孝敬欢愉。妯娌弟兄和睦友爱。祖宗虽远，祭祀宜诚；子孙虽愚，诗书须读。娶媳求淑女，勿计妆奁；嫁女择佳婿，勿慕富贵。家富提携宗族，置义塾与公田；岁饥赈济亲朋，筹仁浆与义粟。勤俭为本，自必丰亨，忠厚传家，乃能长久。

上面这一段谈家庭管理经营要点。

信交朋友，惠普乡邻。恤寡矜孤，敬老怀幼。救灾周急，排难解纷。修桥路以利从行，造河船以济众渡。兴启蒙之义塾，设积谷之社仓。私见尽要铲除，公益概行提倡。不见利而起谋，不见才而生嫉。小人固当远，断不可显为仇敌。君子固当亲，亦不可曲为附和。

上面这一段谈如何处理社会关系。

执法如山，守身如玉，爱民如子，去蠹如仇。严以驭役，宽以恤民。官肯著意一分，民受十分之惠。上能吃苦一点，民沾万点之恩。利在一身勿谋也，利在天下者必谋之；利在一时固谋也，利在万世者更谋之。大智兴邦，不过集众思；大愚误国，只为好自用。聪明睿智，守之以愚；功被天下；守之以让；勇力振世，守之以怯；富有四海，守之以谦。庙堂之上，以养正气为先。海宇之内，以养元气为本。务本节用则国富；进贤使能则国强；兴学育才则国盛；交邻有道则国安。

上面这一段谈身在仕宦者应该如何处理个人利益和国家利益的关系。

家训中还有更简洁易记的，如潘德兴的《示儿长语》所约定的六条：

事亲看其孝。临财看其廉。立言看其直。处久远看其信。临患难看其仁。常相见看其敬。

一个人，如能做到以上六条所标举的孝、廉、直、信、仁、敬，其人就是一个高素质的人，一个有道德的人。换句话说，这六条标准可以成为我们衡量人之素质的标尺。无论你是当朝重臣，还是普通百姓，在为人处世上都逃不出这六条标准的范围。中国文化认为一个人虽然无法选择出身，但却可以选择如何做人。某些人可能会取得辉煌的业绩，但做人一塌糊涂。世人也不会因其成就而忽略其人品。

三、从国民教育结构层面看家训的重要性

我们今天的教育是从古代教育发展而来的。今天的教育同样包含有古代教育的基因。纵览古今教育，人的一生，所受教育不外乎三个方面：一曰家庭教育，二曰学校教育，三曰社会教育。在信息闭塞的古代，人们只能通过自己所生活其中的地理空间，通过家庭父母兄长，通过村塾老师，通过家族影响来接受教育，个人所能接触到的教育空间十分狭窄。现代社会信息发达，科技手段先进。一个人的受教育途径已经呈现前所未有的多样性特征，其受教育的空间也呈现出前所未有的宽阔。

但无论时代怎么进步，科技如何发展，家庭不会解体。一个人的成长道路上，家庭教育有着至关重要的作用。一个人学好还是学坏，积极进取还是消极应世。无论成就大小，总有其家庭教育的影子存在。除开家庭教育，一个人的

成长，还离不开家族文化的影响。当他还没有进入官场或商场之前，他已经在接受家族的教育与影响。正式步入社会后，一个人所受影响就要复杂得多。但无论诱惑有多少，他自幼所受的家教和宗族教育的印记是抹不掉的。因为在传统的宗法制度背景下，在家，如果不遵循家训约束，做出违背伦常的事情，可以家法处置。如果家庭不处以家法，宗族也会处以族法。即使你做了官，如果触犯族规，死后不会被允许埋进本族公墓区，你的名字也会被从族谱上削去。包公祠里有一块留给后人的家训碑，那上面说得非常严厉："后世子孙仕宦，有犯赃滥者，不得放归本家；亡没之后，不得葬于大茔之中，不从吾志，非吾子孙。仰珙刻石，竖于堂屋东壁，以照后世。"元末的罗贯中，就因为结社反对朝廷，被视为叛逆，山西罗氏家族的族谱上就找不到他的大名。这是研究三国演义的学者都知道的事情。我到山东开会，游览晁家庄。由当地领导告诉我，晁盖在他的家谱中就被作削名处理。所以，传统的中国社会，教育分三个层次，即家庭教育、宗族教育和社会教育。在古代中国，有些社会底层的"引车卖浆者流"往往深明大义，能做出许多读书人都做不出来的惊人壮举。此无他，因为他们虽然没有条件进学堂接受正规教育，但他们可以通过听戏说书等途径接受优秀民族文化传统教育。潜移默化，见义勇为。

家训的价值集中表现在它可以塑造一个人的灵魂，或者说可以较早地确立一个人处世待物的价值观。一个人在幼小时如果能接受正确的价值观熏陶，那么他的一生就会有了正确的航向，也就是说他心中就会有了主心骨，长大后学坏的可能性就要少许多许多。

如果我们千千万万个家庭都只要求自己的小孩学好数理化，学好外语，考上名牌大学，找到理想工作。而不能对他们给以正确的价值观教育，这些孩子将来当然会成材，但很多都会成为只知做事，不懂做人的心志残缺的人。其中许多人会因为竞争激烈满足不了自己的愿望而危害社会，或者做出自杀等选择。这就是功利主义实用主义教育理念的巨大危害性之所在。

四、从人类智慧创造总结传承角度看家训的重要性

在2500多年前的我国，曾诞生了一位圣人，他就是老子。老子的学说是建立在观察自然现象总结自然规律的基础之上的。他的学说本于自然，合乎常理，不仅了解认识不困难，就是实施也不困难。但世人为贪念所蒙蔽，被私利所诱惑，很少人肯照着他的学说去实现自然大道，而尽去干违背自然规律、不合人

世常情的蠢事。舍本逐末，舍近求远，买椟还珠，歧路亡羊者比比皆是。一句话，就是让贪欲牵着自己的鼻子走。老子十分寂寞。他说："吾道甚易知，甚易行。天下莫能知，莫能行"（《老子》七十章）。老子总结了他之前历代先民对自然界规律的认识经验，写成《道德经》这样的后人无法逾越的不朽名著。在他身后，历代先贤，仍有很多人继续思考总结人生的智慧，并以家训等形式影响后人。这里略举数例：孟母三迁择邻断机以教育孟子，郑国公孙黑肱教导儿子生于乱世的人应"贵而能贫"，应常存"敬戒之心"，不要过分追求财富方能自保。齐相田稷子把下属贿赂他的钱拿回去交给母亲时，母亲感觉不对，询问后知为来路不正的钱财，便教育儿子"非义之事，不计于心；非理之利，不入于家。"教育他作为官员，应该"言行若一，情貌相符"（刘向《列女传·母仪传》）。刘备临终告诫儿子刘禅说："善不积不足以成名，恶不积不足以灭身。小人以小善为无益而弗为也，以小恶为无伤而弗去也，故恶积而不可掩，罪大而不可解"（《三国志·关张马黄赵传》）。蔡邕（133－192）告诫女儿文姬说："面一旦不洗饰，则尘垢秽之；心一朝不思善，则邪恶入之。人咸知饰其面，而莫修其心，惑矣"（《女诫》）。晋代王祥给子孙留下《遗令》，其文曰："夫言行可覆，信之至也；推美引过，德之至也；扬名显亲，孝之至也；兄弟怡怡，宗族欣欣，悌之至也；临财莫过乎让；此五者，立身之本。"这份《遗令》的意思是：言行一致，是最大的诚信；把荣誉让给别人，把过错归于自己，是最高的德行；努力精进，创造美好的名声以显扬父母的姓名，是最大的孝道；兄弟团结，宗族和谐，是最大的居家之道；面对财富取舍，要礼让而不要争夺，这五条标准是立身的根本，处世的准则。南朝刘宋时期的颜延之（531－591）专门写了《庭诰》以训子，其中如谈到读书人修养时告诫儿子"不以所能干众，不以所长议物"。他鼓励子孙读书提高自己，"幼而学者，如日出之光；老而学者，如秉烛夜行，犹贤乎瞑目而未见者也"（《颜氏家训·勉学》）。徐勉（466－535）。为梁武帝时中书侍郎，门生故旧劝其营产业以求利，他说："人遗子孙以财，我遗之清白。子孙才也，则自致辎軿；如不才，终为他有"（《南史·徐勉传》）。南宋袁采在《袁氏世范》中谈到如何处世待人时，一则批评那种以富贵而骄傲乡曲的做派（富贵乃命分偶然，岂能以此骄傲乡曲），继则主张"财物交加，不损人而利己，所谓忠也；有所许诺，纤毫必偿，有所期约，时刻不易，所谓信也。处事近厚，处心诚实，所谓笃也；礼貌卑下，言辞谦恭，所谓敬也。"这些话可以作为对忠信笃敬的最好注解。宋朝大诗人陆游的家训没有板着面孔教训人的感觉，他和儿子做朋友，晚上一块灯下读书，孩子小时，白天还和小孩子玩过家家。在亲密无间的天伦共享中完成教训子弟的任务，可谓家训文化中的另类成功的典范。举个例子，如《秋晴每至园中辄抵劳动戏示儿子》："老翁七十如童儿，置书不观事游嬉。园中垒瓦强名塔，庭下埋盆聊作池。青蒲红蓼相掩隐，来往尚如黄犊驰"（《剑南诗稿》卷三十），生动刻画出一个老顽童的可爱形象。在这样的长者训导下，自然个个孩子成材。孔凡礼先生曾经有专文研究陆游后代的繁衍及仕宦情况，可以参看《孔凡礼文存》。

五、从国民综合素质提升途径看家训的重要性

宋明理学家强调克制欲望，用了很多办法劝说世人清心寡欲以求人生的完美，社会的安定。但在极"左"路线影响下，宋明理学成为被批判的对象，认为克制人欲的观点是代表剥削阶级利益，是愚弄人民群众等等。直到今天，流毒尚存。好像宋明理学是毒草，是欺骗世人的说教。这是很大的误导。

实际上，从先秦时期的老子、孔子、庄子等圣贤开始，甚至更早的殷商时期的统治者，就已经发现人欲的膨胀与社会的安定成反比。要想社会安定，必须遏制人欲。先秦郑国智者子罕曾经智慧地指出："我以不贪为宝。"老子透彻地说过："甚爱必过费，多藏必厚亡。"孔子去洛阳拜访老子，老子告诫他的临别赠言中就有"去子之骄气与多欲，态色与淫志，是皆无益于子之身"这样的话语。孔子在《周易·乾卦·文言》中就曾批评那种让人欲肆意释放"知进而不知退，知存而不知亡，知得而不知丧（失）"的人，他认为：只有圣人才"知进退存亡而不失其正"。孔子的思想是反对走极端的。周易中的这种思想是古人近取诸身，远取诸物观察分析后得出的经验性判断。也就是说，这种持盈思想是观察天地自然万物运行规律后获得的真知。前引晏子临终留给儿子的遗书中所言福不可享尽，牛马力不可用尽的教导就是中华民族持盈智慧的显示。

（2010 年 4 月 22 日）

《中华喻氏通谱》（第三部）·总序

　　我们这个时代，全国性的城镇化，导致平均每天 1.6 座传统村落的消失，许多家族的祠堂、老宅都被拆除。许多在城里工作的人还没等到告老还乡，乡已经回不去了，因为那承载着家乡和宗族记忆的载体消失了。近年来，随着城镇化速度的加快，全国各地各大小姓氏都像比赛一样忙着修撰家族谱牒，许多进城多年的老干部也忙着修纂自己的家史和家谱。特别是各姓氏修撰全国性的通谱已经蔚然成风，成为中华民族伟大复兴的一道亮丽的风景。覆盖全国的修谱热也可以看作是乡村文明遭受城镇化威胁的应急反应。

　　谱牒如大树。有根基，有主干，有分支，还有千千万万的细枝小叶。而一棵参天的大树，最初来自一粒种子。现代人利用计算机等现代合成技术，可以将千枝万叶的一棵大树一步步还原其成长衍生过程，最后可以还原到一粒种子。各个家族的始祖就犹如这一粒种子。他的后裔就像树根树干、树枝、树叶一样。代复一代地繁衍着。我们的祖先，从很早就开始记录自己的谱系。但由于战争、天灾等各种原因，古代的谱系并没有完整地传承下来。但应该说，还是保存了不少宗族繁衍发展的信息。我们现在各个姓氏热火朝天地编纂自己族姓的通谱，其实就是想根据各分支谱牒和支谱中残留的祖宗信息，复原我们各自的家族之树，找到自己和历代先祖存在的证明。

　　也许我们现在编纂全国性的通谱，还会留下这样那样的种种缺憾，但我们毕竟做了先辈们没有做成的事业。这棵族史之树，虽然还有缺枝少叶的情况。但根深叶茂的轮廓已然呈现。再过几百年，当后人回过头来审视我们这个时代的贡献时，汗牛充栋的各族姓通谱将是我们在这个伟大时代存在的证明。各姓氏积极编纂全国性通谱，无论如何将成为我们这个时代谱牒文化的最显著特点。古代只有孔、孟、颜、曾、张、赵、李、刘等姓，或因本姓出将入相，或因本姓贵为天子，或因本姓诞生过大圣大贤。家族没有诞生历史伟人的，一般都没有通谱之成果。但互联网造成了天大的平等，没有诞生过帝王将相古圣先贤的一般姓氏，在今天照样可以修撰全国性通谱。这是我们今天所处高科技时代对生民最丰厚的馈赠。谱牒有若干类别，有小宗之谱牒，有大宗之谱牒，有聚合许多大、小宗谱牒于一书的通谱性质的谱牒。请分别言之：何为大宗之谱？何为小宗之谱？何为通谱？要弄明白这些，需要明白我国周朝所确立的宗法制度中的大宗、小宗概念，才容易明白大宗小宗谱牒的内涵。根据周代的文献，我们知道：同一始祖的嫡系长房继承系统为大宗，长子之外的其他儿子为小宗。《礼记·大传》上指出："别子为祖，继别为宗，继祢者为小宗，有百世不迁之宗，百世不迁者，别子之后也，宗其继别子者，百世不迁者也"。当时公卿、大夫、士阶层家族的始祖，一般是国君的别子，别子无权继承君位，必须自立一家，成为某一家支的始祖，即"别子为祖"，继承始祖别子的也只能是长子、长孙、长曾孙这一系统，这种制度性规定就是"大宗"的内涵。《仪礼·丧服》："大宗者，尊之统也。……大宗者，服族也，"极言大宗政治地位和社会地位之高：别子的继承人是世代不断的，故称"百世不迁者，别子之后也。"别子除有长子，还有其他儿子。如老二、老三，等等，都属于庶子，庶子系统属小宗，小宗仅继承其父，故称继祢者为小宗，小宗超过五世，即无丧服规定。随着世代的推移，一个宗族扩展到旁系林立时，仍然可以通过尊奉大宗的方式被约定在特定的血缘集团之内，而不会导致零乱。上述以家族为中心，按血缘远近区别嫡庶亲疏的法则叫宗法，在周公旦手里得到完善。后世或尊行大宗之法，或恪守小宗之法，但都程度不同地对周代的宗法制度做了变通处理。

简言之，凡同祖之裔为宗，宗人凑聚为族，按古宗法制度所制，大宗和小宗合称为宗族。

聚族而居是古代中国人常见的居住形式，族人常恪守的事宗礼包括：平居遇事应咨告宗祠，如祭祀、嫁女、娶妻、凶事、生子、易名、出外求学、荣归故里等。如遇族内发生吉凶大事，宗子需率全体成年男性族人赴祠禀告，祭祀先祖。祭毕合族会食。"凡所告事，宗子皆书于宗籍，大宗无后则支子以昭穆之后宗之，则宗道存，而诸义有主也。"（《续通典》卷67）

判别大宗谱还是小宗谱，按道理只要把本分支的始祖的来历搞清楚了就很好区分。问题是经过几千年的岁月，许多族姓的分支始祖跟最初的远祖的演变传承关系出现中断。因此，后世谱牒中的所谓大小宗也只是清理旧谱的一个依据。许多时候实际上很难操作。只能是根据存世的族谱始祖的后裔之昭穆去区分大宗小宗了。

所谓通谱，简单的说，就是涵盖大宗小宗两个系统的同一始祖的所有族人的总谱。一般而言，这样的通谱都可以涵盖全国甚至世界。

对本族历史、分布情况纵横两个层面都进行过透彻研究的前提下所编纂的通谱才是真正意义上的通谱。其次，体例科学，但研究还没有到位，只是各地分支族谱的谱序、世序图和艺文志、人物志的汇编集成。这样的通谱也有价值。因为通谱虽然自身还不够通，但保存了原始的史料。后世才力、财力、组织力兼具者自可借助前人留下的砖瓦木料盖造大厦。第三种类型的通谱，既无科学的体例，又无全面的史料。过录各地谱书校对不负责任，昭穆错乱，文字错乱，不堪卒读者，属于毫无价值，徒有其名的所谓通谱。按照这三个标准。我们《中华喻氏通谱》第三部当在一、二层次之间。因为编撰者所确定的体例自成一格，具有科学性。所过录的各地分支族谱，经过有关分支后人校对。我们不敢说不出错。但应该是错的不会太多。因为过去的事，有分支谱书为根据，现在的事，有活生生的校对者调查核实。但有些分支至今没有接续成功，这里面有些是历史上战乱等原因，相关分支谱牒被毁，分支的来源脉络不明，只是有个笼统的始祖认同。比如，中华喻氏各地分支都尊喻猛公为始祖。但我们大悟喻氏这一支到明洪武年间到明英宗时期就断落了两百多年。那个阶段我们的祖先怎么从江西筷子巷移民到湖北孝感的，就缺少文献。虽然故乡口头传说很多，但毕竟暂时还找不到可资佐证的文献依据。从这个意义上说，只要还有一个分支无法完全接续上，就不能算纯粹意义的通谱。

　　喻氏在中国，虽然代有闻人，但属于人数较少的姓氏。历史上从来没有修成全国性的通谱。20世纪90年代以来，四川、贵州、江西、湖北等地喻氏族人都开始着手修编本地域的喻氏宗谱。重庆荣华集团董事长喻贵祥等族贤顺势而为，将各地正在修谱的喻氏族人团聚起来，筹备成立了中华喻氏族史研究会，团结贵州省的喻忠桂将军、江西省的喻德华、浙江省的喻正其、湖北省的喻友生、湖南省的瑜国英等喻氏宗亲，以中华喻氏族史研究会为常务编辑单位，硬是在短短的七八年时间内，先后编撰并由巴蜀书社正式出版了分量多达近20公斤重的精装《中华喻氏通谱》第一部和第二部。将全国各地一盘散沙似的喻氏族人，喻氏族谱，凝聚到了一起。此功甚伟，不可磨灭。由于国家大，喻氏族人居住分散。特别是不少喻氏分支的老祖宗为了避免战乱等原因，故意选择人烟稀少，相对封闭的偏僻地区，因此，修编全国通谱的信息获得有早有迟。第二部通谱修成后，还有很多喻氏分支没有得到消息，他们知道后纷纷表示希望能将自己的支谱融入全国通谱之中。中华喻氏族史研究会为此特别安排喻泽先、喻儒麟、喻富全三人根据有关族人提供的线索，万里寻亲，继续搜集未曾进入通谱的分支谱牒，促成了第三部中华喻氏通谱的修撰。和我们这个时代绝大多数姓氏的通谱一样，我们中华喻氏的通谱，学术准备还不是很充分，族史研究可以说还刚刚开始。我们深信，再有20年或者更长一点时间的积累，我们喻氏族史研究的成果必然日益丰厚，加上地下出土文物的佐证，不仅体例完善，而且内涵科学。从形式到内容都堪称经典的中华喻氏通谱必然会诞生。

借此机会，我们呼吁学术界的朋友们，特别是从事历史学、社会学、经济学、教育学、人口学、地理学、政治学、文学、规划学的专家教授，不妨把注意力投向谱牒文献。这里是一个广阔的天地，深入进去一定会斩获多多。同时，由于你们的参与，也必将为中华各大姓氏编撰高水平的通谱注入活力和提供学术支撑。

（2014 年 2 月 24 日）

《中华喻氏通谱》（第四部）·跋文

　　《中华喻氏通谱》第四部下册即将出版。秘书长喻泽先宗亲约我写点文字。我一方面感觉与有荣焉，因为自己的文字能够跟家族文化的重要载体通谱联系在一起，自然高兴。另一方面，我也觉得很为难，因为很难找到切入点。虽然我涉猎家族事务早在十年前就开始了，但那时人还在职，没有更多精力投入其中。期间我为《中华喻氏通谱》所做的工作主要也就是主编了第二部和第三部谱书中的艺文志以及著述录。真正大量阅读全国各地喻氏族谱，把研究重点投放到家族历史研究，开始系统思考喻氏家族族史问题，那是2017年也就是退休以后的事情。事情的来历是这样的：浙江桐庐砚石喻氏委托我帮他们续修谱牒。该宗支牵头修谱的喻春明遍寻各地藏谱机构，只访得桐庐档案馆幸存的一个残本。这个残本《砚石喻氏族谱》是民国十四年修的，谱书没有卷首，只有后面卷二一册，不明源流。砚石喻氏信任我，委托我帮他们理清源流。他们自己则负责逐户登记造册，将民国十四年以后该聚落近百年的各房喻氏子孙的世系连缀起来，考核清楚。为了弄清这一宗支的源流，我花了一年多的时间读谱访谱，终于在2018年5月完成这个"接头手术"，算是给了砚石宗亲们一个交代。也是因为参与砚石喻氏族谱的续修这件工作，使我提高了对阖族努力修撰《中华喻氏通谱》重要性的认识。

　　一、《中华喻氏通谱》能够从第一部编修到第四部很不容易。族人应该珍惜这份数千万字的精神财富。

　　因为成立一个家族组织机构不难，但要想脚踏实地做出成绩，却不是很轻松的一件事情。因为自晋唐以来，就再也没有喻氏全国通谱问世的记载。虽然有很多人想修喻氏大成谱，这些有抱负的家族先贤如宋代的喻汝砺、喻樗、喻良能，明代的喻思恪、喻国人等等。都没能修成真正全国意义的大成谱或曰通谱。这里有很多制约因素，比如战乱不宁，交通不便，谱牒残缺。时局不靖。族中缺少有奉献精神有组织能力的领袖牵头，缺少有谱学知识的读书人主持其事，缺少经济基础支撑，等等。

　　做成《中华喻氏通谱》一至四部这份工作的是一个喻氏族贤的群体，《中华喻氏通谱》上有档案记录，喻氏网站也有为数不少的访谱研谱，族史研究和通谱编修的回忆文章记述其事。兹不赘述。

　　为什么喻氏家族在当代20世纪21世纪之交能做成这样一件大事？党的政策支持传承家族文化遗产，比如家风家训等等，毫无疑问是主要的原因。没有这个前提，即使修一个房头的房谱都难得成功，遑论其他？其次，应该是我们喻氏家族自古以来就有官员退休，族贤年老后即修家谱修祠堂撰家训传承后世的优良传统。这个传统至少从初唐先祖喻迪冲（即喻宣公）就开始了，五代时后周尚书先祖喻球，南宋的喻汝砺、喻樗、喻良能、喻育所等都很以修大成谱保存家族世系为念。历代家谱中的谱序多有记载。因为我们喻氏家族的血液里就有这种重视世系传承，重视祖宗坟墓保护和祠堂建设的基因。任何时代总有这样的有志者从事这样的工作。第三个原因是当代改革开放以来，社会经济得到了前所未有的发展，人民群众的物质生活空前富裕。富而思文，是客观规律。因为喻姓有企业家愿意拿钱出来支持家族族史研究和谱牒修撰。族贤修谱的愿望才得以实现。

　　有非常之世，有非常之人，然后方能成就非常之事。修撰中华喻氏通谱，毫无疑问是喻氏族史上的非常之事。我们伟大的时代就是非常之世，我们牵头组织中华喻氏通谱的修撰工作和实际参与其中的一应族贤，都可谓非常之人。

　　二、中华喻氏通谱虽然按照谱例整合了现有喻氏族谱的众多资料，为后人查阅历史文献提供了方便。但这部通谱缺少扎实的前期学术研究基础。因此，距离科学的通谱还有一定的距离。我们必须注意到这个客观事实。

　　《中华喻氏通谱》四部的编修汇总了目前所能收到的200多种谱牒资料中的几乎所有支系。还有各分支谱书的若干旧序，谱例，家训等家族历史资料。通谱还保存了历代全国各地喻氏族贤的传记，名胜古迹。祠堂坟墓等信息。可以这么说，有了这套通谱做基础，只要潜心研究，定会结出硕果。这套通谱的历史功绩是不容抹杀的。自有天地有喻氏以来，这是第一份破天荒的集大成族谱汇编。其资料价值也是无与伦比的。因为一般读者不可能系统阅读所有的喻氏族谱。从这十巨册通谱所承载的信息就可大致了解喻氏的源流。

　　族谱难修是历代修谱人的共识。而要修一部总括全国喻氏的通谱更是谈何容易。尽管我们家族自古以来就重视实事求是记载世系传承世系的传统。但因兵燹等人祸，洪水等天灾的摧毁，许多家族分支保存的谱书遗失。大家知道，谱书是关于家族祖祖辈辈子子孙孙世系传承的记事簿。一旦遗失，谁能记得清楚那密密麻麻纵横百代的人名，相互关系以及生卒年月婚嫁迁徙？古人考虑到谱牒保存好坏和家族文化传承关系密切这个情况，因此，前人制定了很好的藏谱规矩。任何一个家族发谱前都要编号，落实到人。每年清明和冬至保管人需要带谱来祠堂登记最新的小孩出生，老人离世以及女孩出嫁，新娘过门等信息。夏日晴天管谱人还要翻晒谱书，防治虫蛀和霉变。尽管如此，也不能保证各家谱书能顺利传承到下次修谱的时节。因为外界有太多的我们无法预料的事情发生。那原原本本记载自己家族来源的历史没有了？你怎么修谱？往上追溯，你只能记载祖父、父亲和自己三代！一个村里或一个乡的支谱修撰尚且困难如此，遑论全省全国？我讲这些，是为了说明全国性的通谱虽然修撰了四部，煌煌十巨册，洋洋数千万字。但还不是真正科学意义上的通谱。换句话说，距离科学意义上的的通谱还有相当的距离。为了不占用过大的篇幅，我在这里只举几个例子。第一个例子，世仁堂谱喻迪冲以下的世系错误。我们喻氏家族熟悉族谱的人都知道，世仁堂谱是一本传承有序的老谱，也是喻氏家族最有价值的老谱之一。从宋代到现在，历代续修都有记录。但这套谱也不能说没有任何问题。其中最大的问题是喻思恪老祖宗为了指导丰城、光山、荣昌、郴州四地喻良佐、喻良叔、喻良懋、喻良才四兄弟后裔各分支修谱，他搞了一个《喻氏二十六代宗派图》。那份宗派图以东汉喻猛为始祖，唐初喻迪冲为一世祖。但由于文献缺失。他们将喻迪冲以前喻猛公以下的祖先采取小传入谱不列世系的做法。这个做法很科学。但他们却将喻迪冲以下都按照父子相承的世系来处理。问题就来了。喻迪冲是唐朝初年的开国元勋。这是众多家谱都有记载的。喻凫是晚唐时期常州诗人，做过乌程县尉。和方干等诗人是朋友。这两个人的生活年代相距200年。人间有200年的父子么？显然是误植。喻思恪老祖宗当年如果把喻良才等四兄弟以下做有明确世系传承的处理，而把喻迪冲以下、喻良才等四兄弟以上的唐宋元明历代先祖采用小传形式入谱，就不会有此过于明显的错误。因为这个喻氏26代宗派图的错误，导致了喻从政等一系列唐以后的族史人物生平错乱无序。我费了好几个月的功夫悉心研究，才弄清楚了喻迪冲到喻凫这一段200年的世系传承。因为江西奉新喻大纪后裔等宗支保存的老世系完整传承了那200年间的世系。从喻迪冲到喻凫，一共经过八代传承。这个世系还是可信的。因为平均25年一代，这在古代很正常。

这个错误是经过研究发现的。通谱的主干世系虽然总体上理清了头绪，但仔细推敲，仍有很多类似喻迪冲到喻凫之间的世系的错误。需要更多的学术研究来纠正和补充。因此缘故，我个人认为，通谱不通的问题是客观存在的，因为我们缺少学术研究的基础。这是今后关注喻氏族史研究和喻氏通谱编撰之族贤所需要注意的事项。没有扎实的族史学术研究，通谱就很可能像沙滩上的建筑，出现基础不牢的问题。

第二个例子，喻从政问题。喻从政明明是晚唐僖宗朝的人，因为黄巢之乱，他扈从僖宗有功，最后累死在岗位上。僖宗给他金紫光禄大夫的名义，还给他的后人赐宅第于南昌瀞台门，可能还有其他财物奖赏。但不知何时，修谱的人就乱编一气。以致众说纷纭，无法自圆其说。我的依据是宋朝初年修谱聘请当时名贤所撰的像赞，自然还有世系的铁证。但江西喻氏家谱上，不少谱书在这个问题上都错了。有的甚至错到南宋宁宗时喻从政征兵勤王因此得到诰敕让他镇守豫章瀞台门。包括喻思恪老祖宗的《喻氏二十六代宗派图》也是认为喻从政是宋室南渡以后勤王受封。这就有些离谱。

还有，就是现在通谱上的人物传记，特别是古代部分的，由于缺少学术研究，有很多祖先的生平还不够准确，有的甚至错得离谱。通谱因为是直接从相关人物辞典或族谱人物志抄录而成，因此，也存在很多有待纠正的地方。可见，要想编出一部世系主干不错，重点人物传记不错的好谱，并非易事。

三、"天下无二喻"的说法值得推敲。

湖北仙桃喻氏族谱（江夏堂1991年合谱）所载民国九年该族人所撰的《喻氏源流记略》认为"秦汉二晋以来天下无二喻"。这个观点是对的。因为秦汉以及东西晋以来，喻氏受姓虽有来源上表面上看确有差别，如我们是喻猛公的后裔，属于郑国公族受姓喻的系统，而浙江桐庐喻会蛟他们属于祭公相如受周穆王赐姓喻的系统，但都源出姬姓，血统纯正。他们同出一源，只是后来的分支情况，由于谱牒失传，我们暂时还弄不清楚罢了。但该序言作者说："迨至萧梁，俞药为武帝左右。《南史》陈庆之传：梁世寒门达者，唯陈庆之与喻药。帝谓俞氏无先贤。改姓喻。喻之有二，系自此始。"这个观点从逻辑上看，也没有错。此前，没有姬姓之外的喻氏。但自从梁武帝赐姓俞药为喻氏以后，就不能说天下无二喻了。因为血缘不同，姓源不同，这是明摆着的事实。经过笔者对传世200多部喻氏家谱的分析，六朝时期梁武帝赐姓的喻药，没有世系传承的依据，只有将其作为远祖尊崇的例子。有没有世系传承清晰的谱牒呢？答曰：有。但此喻药非彼喻药。世系传承清晰有据的这个人也叫喻药，也是大将军，也是原来姓俞，后来皇帝赐姓喻。不过，萧梁时期的喻药是安州人，最初就叫俞药，晚唐五代时期的这个喻药最初叫俞本，是桐庐人，其生活的时代不是萧梁，而是晚唐五代时期，中间相隔400多年的岁月。梁武帝的侍从，后来做了安州刺史的喻药，南史没为他立传，只是作为陈庆之传的附传，寥寥百余字。历览各地喻氏家谱，没有看到哪一本家谱中的喻药传有比《南史》所载的内容更多的信息。这说明什么呢？这说明个别家谱虽然将其列为远祖，但实际上没有家族传承的依据。一般而言，家族历史上出了这么有名的人，谱牒上不会完全没有反映。且一般而言，家族谱牒所载信息肯定比正史丰富。但很遗憾，我们没有看到有世系传承和人物传记资料佐证的关于梁武帝时期喻药的喻氏谱牒。但晚唐五代的喻药则不同。江西万载皂山喻氏族谱，湖南平江浏阳长沙等地的喻氏族谱都有明确的喻药及其子孙之世系传承记载，且谱书中还保存有两种版本，内容大同小异的喻药小传。

该源流序又说："考《姓苑》南昌有喻氏。夫喻族几遍天下，何地蔑有？独举南昌。究其著者言也。试以先代名人证之。晋之合公，南昌人也。而宋之樗公亦南昌人。宋史儒林传书樗为俞药16世孙。是为药系世居南昌之确据。而合公生药公之先。则南昌之早有喻氏，则信而有征矣。"

该文作者所说南昌为喻氏代表性聚落，这固然不错。但该作者认同《宋史·喻樗传》所持喻樗乃喻药16世孙的说法是缺少谱牒依据且不合常情。理由如下：

第一，喻药的后裔世居南昌固然不错，但喻药改姓，封大将军之前，举家迁往豫章之前，他的家族是世居桐庐的。这是确凿无误的事实。至今桐庐俞氏还是著姓。喻药举家迁往南昌，是朝廷对他忠义表现的嘉奖。喻药到了南昌后，大约生活了八到十年就去世了。他的坟墓就在南昌西山，也就是今之梅岭。该地俗称喻家坟。该墓地彻底毁坏于20世纪末21世纪初的红谷滩新区开发。今已无迹可寻。清代家谱中还保存有族人前往西山之桐庐山拜谒喻药公墓的记载。注意，这个桐庐山当是南昌梅岭上的喻家坟所在地。是喻药后人不忘故里桐庐的表现，和南北朝时期北方人南迁后喜欢保留原来北方的地名一样，是一种怀旧心理的体现。并不是浙江的桐庐或桐君山。

第二，喻药的后裔主要分布在今江西万载县，湖南浏阳，平江，长沙等省市县，已经蔚成大族。其家族所传承的谱牒体例严谨，法度森然。他们自然是喻氏大家族的重要组成部分。但若说天下无二喻的内涵是说天下喻氏都是一个来源，那就不符合历史事实。因为俞氏非姬姓，且至今还是大姓，客观存在着。喻药虽然改姓喻，但并不能改变俞姓存在的客观事实。如果说喻药原来的姓自从他姓喻后就不复存在，那样才可以说天下无二喻。某些族人不明白这个道理，以为皇帝赐姓喻，原来这个姓氏整个都得姓喻，因此才有天下无二喻之说。其实，帝王赐姓，只是对出身寒微的大臣或者姓氏不显著的爱将的恩宠。他的影响力只能限于该被赐姓对象的直系后裔。对其他宗支没有影响力。别的宗支也不会趋炎附势改姓的。因为姓是祖宗留下来的，大家都很珍惜的。若无大故，不会轻易放弃的。

第三，该文认为："《宋史儒林传》书樗为俞药十六世孙。是为药系世居南昌之确据"。本人不认同这个说法。理由如下：理由一：前已言之，迄今为止，我们还没有看到以六朝梁武帝时喻药为始祖的有世系传承的家谱。那个安州刺史，云骑将军喻药不可能是喻樗的先祖。我们再来看晚唐五代的喻药。这个喻药逝世时约在西元 970 年的样子。喻樗逝世在 1170 年左右。200 年历经 16 代不太符合人类生育规律。退一万步讲，即使喻药后裔传承比一般人家节奏快，200来年繁衍 16 代没有问题。那也无法得到相关的佐证。比如说，喻药的世系传承吊图的佐证。喻樗自己对先祖的追记的佐证，喻良能自己对先祖的追记佐证，喻樗后人传承的谱牒中的追记佐证。很遗憾的是，我们翻遍了喻药后裔传承的皂山老谱，平江浏阳、长沙等地各重要宗支的支谱，都不见有喻汝砺、喻樗、喻良能的身影。如果是喻药的后裔，安有这么有影响的先祖后人不加记载的道理？喻樗撰有《谱说》，他的儿子喻良能撰有绍熙三年喻氏谱序。其中历数自周穆王封祭公相如楚地采邑，并赐姓喻直到他自己在南宋绍熙初从国子监主簿任上退休。该谱序十分特别的是基本上都是概述历代传承的重要人事。但一篇近2000 字的长序，根本没有提及喻药。如果喻药是他的先祖，安有人品学问备受世人赞誉的喻良能不肯认祖的道理！浙江桐庐，义乌、福建莆田等地喻樗后裔繁衍生息的地方所修的谱牒，我看过不少，在他们追述先祖的文字里，都没有提及喻药是其先祖的文字。只有一部新修的谱书虽然增加了喻药和喻皓的画像，但却没有相关的世系传承支撑。也只能看作他们续修家谱时接受了《中华喻氏通谱》祖先画像的影响。因为既有祖先画像，就应该有祖先事迹和相应的世系证明。

这几个方面的证据都证明《宋史·喻樗传》所持的喻樗乃喻药 16 世孙说不能成立。

可见，二喻是客观存在的。

中华民族 56 个民族，还能亲如一家。何况天下喻氏，只有姬姓和米姓两个源头。丝毫不影响天下喻氏一家亲。民国时期，学界有人发明了"中华民族"这个概念，把全国汉族和各少数民族统统整合为一个大家庭。但那毕竟是一个政治概念，或曰文化概念，和汉族、藏族、蒙族等民族学意义上的民族不是一回事。家族团结和民族团结其道理正复相同。即使天下喻氏中还有其他源头的喻氏家族，这也不影响我们家族的团结。但学术研究则必须实事求是。

四、重视修身修谱修祠，创造新时代的喻氏文化。

我们今天生活在一个亘古难逢的时代。这个时代是由中国共产党领导的有中国特色的社会主义新时代。这个时代是一个没有战乱的时代，是一个和平发展的时代。是一个高技术高情感的时代。以习近平总书记为核心的党中央正引领着中国人民在国富民强的康庄大道上阔步前进。中华民族也正在由 1949 年以来的站起来，经过 1978 年以来的富起来和 2013 以来的强起来的历史轨道上一步步走向辉煌。喻氏家族的子孙，应该积极投身于这个伟大的新时代，最大限度地发挥自己的聪明才智，为中华民族的伟大复兴贡献自己的力量。

互联网是我们这个时代的产物。有了互联网，我们的传统生活被彻底颠覆了。比如购物，现在网购的比重越来越大。现在不仅秀才不出门，能知天下事。而且不用你出门，就可吃遍天下美食，任意购买天下各种物品。有了互联网，即使我家徒四壁，也可以阅读免费的海量图书。这个时代，只要你积极努力，不用担心没有资源。

就我们家族历史研究而言，互联网也给我们提供了前所未有的方便。我们可以开博客，发表自己的族史研究文章，供关心族史的宗亲参考讨论。我们可以建微信群，不受空间阻隔的限制，随时交谈，互相提供资讯。我们有电子信箱，随时可以发送重要信息。我们有蓝牙等设施，可以快速传输海量的电子图书信息。我们有高铁，磁悬浮等先进快捷的交通设施，宗亲们开会见面十分方便。

置身这个多媒体的时代，我们喻氏宗亲，应该积极地学习，充分利用这些先进的互联网设施，做好自己的本职工作，不断地创造辉煌，同时也为尽快修补好中华喻氏族史这个"被摔碎的宝瓶"而各显神通，争取早日完成复杂的修复工程。

喻氏的构成较之其他姓氏，比较单一一些。除了药公赐姓喻比较后起一点，其他有关喻氏赐姓的说法，诸如祭公相如的被赐姓喻，周桓王赐公子友喻姓说或汉朝渝糜的被赐姓喻或谕等等，其实，谕，喻都是一样的意思，只是写法不同。之所以用言字旁和口子旁，是因为这在古代中国是一种官职，即负责将天子的旨意晓谕臣民，让大家明白。因为这种工作要么用口说，要么用言论。即文字。比较而言，喻氏没有其他姓氏那么复杂的姓氏来源。因此说天下喻氏是一家，总体看没有问题。大家都是一个老祖宗传下来的，因此可以说都是一家人。近年来，我们国家民政部根据各姓氏的现有人口数在全国总人口数中的比重划分，喻氏占第 247 位，当然是小姓，但我们不是弱姓。我们中华喻氏在各个领域都有国家级的头面人物，我们跟其他姓氏一样，我们所有的族众都在为中华民族的伟大复兴贡献着自己的力量，包括你我。

天下喻氏要团结，要互相补台。因为我们都是一个老祖宗的子孙，团结一致，就能集中力量办大事。只是因为我们自 1900 年以来，中华民族积贫积弱，把落后挨打的账错误的算在家族文化上。这种 100 多年的错误导向对我们喻氏子孙的误导也是非常严重的。2013 年以来，习近平为首的党中央大胆拨乱反正，留住青山绿水，记住家族乡愁。2017 年中共中央、国务院两办联合下了名为《关于实施中华优秀传统文化传承发展工程的意见》一文，大力推进传统文化的复兴。对我们喻氏家族而言，我们一定要把握好这个千载难逢的历史机遇，大家有钱出钱，有力出力。善于组织者出来组织，善于鼓动着出来鼓动。能做研究的就专心做研究，搞企业的就安心搞企业。纵览天下大势，国家企业也在由分散走向集中，例如原来的车辆制造企业有南方车辆制造公司和北方车辆制造公司，现在就合并为中国车辆制造总公司。铁路也是这样，现在中国的铁路管理都归口到中国铁路总公司来了。个人认为，喻氏家族的事业，应该定位为公益事业，而不是把它办成某个公司自己赚钱的企业。如果那样，势必会有得失权衡，就会私心作怪。只有出以公心，才能得族人拥护。也只有出以公心，才能得最大的利益。五代后周时期我们的祖先喻球，为后周的尚书，告老还乡后，不是把财富都留给自己的儿子孙子，而是用自己积攒下来的钱财买田置地，建设义庄、义学，甚至还买了一座山，作为家族穷苦人的公墓。通过周详的制度建设，一代又一代地资助喻氏子孙走读书做官、读书经商等正路。我也想顺便呼吁一下：喻氏的学者专家们，希望有更多的人能参与到族史研究的行列中来。道理很简单，你这个家族的人，不研究自己的历史，没有成果，其他各行各业的都不会知道，互联网上的海量信息中喻氏就会缺席。喻氏在互联网上没有身份，别人如何认识你？同时我也希望喻氏的企业家们能够设立喻氏族史研究的基金，就像国家各部委设置社会科学基金和自然科学基金一样，每年拿出一定数目的经费，通过招标方式，让专家学者研究有关的族史问题。因为没有足够的研究经费，指望专家学者放下养家糊口的生计，拿自己微薄的一点薪水，全力以赴地投入族史研究，既耗费时间，又耗费金钱，看来是不太现实的。这或许也是为什么这方面的专家学者很少，成果不多的原因。因为全国各姓氏的历史像一个堆货如山的大仓库，你自己不进去找出你祖宗留下的宝贝，外面的新闻记者就不会报道你这个家族。出版商也不会主动约你出版族史著作。学术年鉴上你这个家族就必然缺位。以后后人重修晋书、唐书、宋史也就不会参考你喻姓的研究成果。我们喻氏家族应该有在互联网上的身份意识。互联网上要想得到别人承认的身份，我们喻氏家族必须拿出更多的干货来。

喻氏的族史研究还刚刚起步，猛公以下的世系还有不少需要梳理辨正，猛公以前的世系更需要花大气力研究。现在由于早期的谱书被毁，江夏喻相如和豫章喻猛之间的世系还不能完全衔接。虽然有宋朝喻良能所留存的谱序作为主要参照，但两晋以前的族史缺环不少。唐宋以后的多少还有些碎片可寻。西周以来东汉新莽之前的族史则基本断层。只能等待地下考古的新发现。

借此机会，我想呼吁喻氏族人做三件大事：

第一是修身：

修身是最大的学问。以孔子为代表的儒家认为，治国不难，只要每个家长把自己的家治好了，就差不多了。因为要治好家，必须先修身。把自己修炼好了，把自己的兄弟和妻子都影响好了。就有资格管理乡镇县市乃至更高级别的地方了。在家孝顺父母，给妻子弟弟做榜样，给孩子做榜样。到了单位，才能给下属做榜样。人人都严格要求自己，克服私心杂念。朝着正确的人生道路行走。治理天下就像把手掌翻过来那么简单。家族文化研究，族谱修编，祠堂建设，这些工作，只要我们族人少些私心，没有做不好的道理。其实，你有没有私心，换句话说，你的表现是不是出于公心。族人都看得清楚。

我们每个人都是一个小小的个体。在历史的长河中微不足道。但只要我们的德行被世人公认，我们的贡献被历史记载。我们对家族的付出被载入各种谱书。我们有限的人生就拥有了无限的意义。我们的灵魂才算真正找到了归宿！

第二是修谱：

我们的家族文化就像一只古瓷器，本来是完好无缺的。但因为战乱，因为错误路线，因为天灾等原因，这个古瓷器被摔碎了。我们的责任是修复好这个古瓷器。这个瓷器怎么修呢？我们认为，我们还是从最小的单位做起。每个房头，可以把这个房头的小谱先修好，以我为基点，上面到高祖，下面到玄孙。先把这些我们搞得清楚的亲人的姓名，出生年月日，祖宗们的卒年月日，葬在哪里。姑娘们出嫁到了那个村子，嫁给了谁，这些信息都记下来。谁考上了大学，谁念完了硕士和博士，谁得到了上级的奖励。一一记录下来，先修个草谱。等到更大范围的宗谱修撰，例如支谱的修撰，宗谱的修撰，你只需提交这一本你所修的草谱或者叫"一家清"，就行了。这样一层层，如果都有尽心尽力的人张罗其事。即使修编全国性乃至世界性的喻氏大统宗谱，也不是太难的事情。关键是我们每个喻氏族人都要有这个责任感，有能力组织者更应该有一种使命感。现在有的宗支热心人出来承头，但也有宗亲不热心。比较影响情绪。要慢慢做工作，因为人不是猪狗，只管一世，死了拉倒。人活在这个世上，再不济的，只要他没有杀人放火做坏事触犯国法，任何人都可以在家谱中得到一席位置，一份尊严，这就是：世系图上有你，世系表里有你，小传里也有你的最基本的信息。你死了一百年二百年，后人还可看到。知道你曾经在这个世界走过一番，还养育了儿女，成为他们的祖宗。如果你优秀一点，你的德行或功绩还会被记载下来，为后世子孙所骄傲。

讲到这里，顺便说一句，我们喻氏虽然全国有几十万人，但真正研究家族史的人不多。我在这里呼吁一下：第一，希望更多的有条件的喻氏学者专家关注家族历史的研究。人多力量大嘛。第二，也希望更多的族人把自己所拥有的谱书用手机拍成照片，发在网上。如果嫌篇幅大，不好发。可以直接发给我和几凡教授，学忠教授，南昌的喻铭宗亲和济南大学的喻洪教授，还有我不熟悉的对族史研究关心重视的其他学者专家。或者发给相关微信群群主，让学者专家找群主转发，都可以。这样一来，信息沟通就畅通许多。学者专家的研究也就有了依据。许多历史上因为信息不通，交通不畅断掉了联系的分支也就有可能连接起来。换句话说，认祖归宗就变得容易了。目前的情况是全国宗亲热情都很高，我看几个群的宗亲都亲切热闹得很。但一定要公开谱牒资料，因为巧媳妇难为无米之炊。我们做族史研究的只能有几分证据说几分话，不能凭空瞎说。拥有谱牒资料而自己没有力量研究族史的宗亲，深望你们尽早尽快在更大的范围内公开自己的谱书资料。借助网络，借助广大族人和学者专家，使谱牒资料在大范围内得到保存。这是很保险的办法。如果既不肯捐献图书馆，又不肯公开资料。一旦遗失，或遭遇火灾，将是族史研究不可挽回的损失。

第三是修祠：

修祠堂是宗族文化的大事。因为第一，没有祠堂，家族中先人灵魂就没有一个栖息的地方。做子孙的于心能安吗？没有他们能有你吗？并且如果你对祖先都这般冷漠，你的子孙将来也会见样学样。你也会在若干年后的将来成为孤魂野鬼，没地方栖息，没有人祭祀。第二，没有祠堂，虽然大家是一个宗支的，但不经常在一起活动，时间长了，谁也不认识谁。大家就没有亲近感了。有了祠堂，大家每年会有春、秋两祭大活动，都会走在一起，就像大学里上公共课一样，认得的人也多些。平时谁家有红白喜事，还会借用祠堂设宴宴请宗亲。这样就有助于回到古代守望相助，急难相帮的宗族和睦的境界。第三，有个祠堂，大家就有传承祖宗精神遗产的载体。比如我们喻氏的"清白传家"的家风，不曲学阿世的家风，正道直行，只问是非不计利害的"扣膝家风"，廉洁奉公，自觉守法的家风。等等。都是人生处世的重要精神财富。在祠堂里，我们可以经常性接受家史族史的教育和熏陶。比如家训祠规，包括祠堂的对联，祖先的故事，都是滋养我们的精神食粮。第四，贫寒家庭，子女无力读书者，鳏寡孤独，无力自救者，祠堂可以利用集体的力量，帮扶这些弱势群体。

我觉得，如果我们天下喻氏宗亲大家都重视修身，大家都支持修谱，支持修祠的话，这将是一股很大的积极的力量。可以创造出许多前所未有的新生事物，可以光大喻氏列祖列宗。如果做到这些，我们就会在历史上继承先贤，再续辉煌！

也许有人会说，现在城市化，人都跑到城市去了。修了祠堂。谁来主持？谁来维护？这确实是个问题。但我们不要忘记另外一个事实。我们的国家正在日益强大，我们的人民正在日益富裕。随著科学技术的突飞猛进。我们用于谋生的时间会越来越少，而用于休闲的时间会越来越多。旅游和寻根必将成为我们今后人生的重要内容。当物质财富变得唾手可得的时节，人们对精神生活的追求肯定会高度重视。我们不要被眼前的金钱万能社会风气遮住了眼睛。这种恶俗的实用主义和功利主义，用不了多久就会被国人唾弃的。

让我们团结起来，各尽所能，为我们老喻家的伟大复兴多做贡献！为中华民族的伟大复兴多做贡献！祝中华喻氏大团结，祝中华喻氏大繁荣！

（2018 年 11 月 18 日）

《重庆喻氏》序

重庆，历史上属于四川省。民国时期曾有过一次（1939）为时不长的直辖历史。1949 年 –1954 年也曾直辖过一段时间，但很快就撤销了。直到改革开放后的 1997 年重庆才正式成为直辖市，从四川分出。本书介绍重庆全境各喻姓聚落，属于地域性姓氏文化著作，所依据的地理概念是 1997 年以后的重庆。

传统的家族修谱，除了孔、孟、颜、曾等少数有特殊历史背景的姓氏，一般姓氏很难将家族修谱拓展到全国范围。因为古代有交通不便，通讯不便等等限制。明朝后期广西郴州喻氏先祖喻国人曾发心修成全国性通谱，后因联系不畅赍志以殁就是一个例证。

进入 21 世纪以来，中华喻氏族史研究会团结同道先后修成三套全国通谱，完成了全国喻氏族人的心愿，产生了相当大的影响。但毕竟属于草创，还留下了若干遗憾。这主要表现为基础研究还有待深入，分支调查尚覆盖不全，族史悬疑还缺少深入研究，未能定论。

现在世界喻氏宗亲总会以喻氏丛书的形式着手出版《重庆喻氏》，这是一个良好的开端。因为全国各地如果以省和直辖市为单位（海外届时根据具体情况而编出《X 国喻氏》和《X 洲喻氏》），大家都做这最基础的工作。逐步理清全国乃至世界各地喻氏聚落的源流，等全国各省乃至全球各国的《XX 喻氏》出齐，在此基础上修出高质量的全国通谱乃至世界喻氏总谱也就为期不远了。

由于战乱和运动等各种原因，历代谱牒损失惨重，给各姓氏的源流之理清带来很大的困难。因此，族史研究任务繁重，需要众多对家族文化有热情的志士参与。喻氏丛书作为一个开放的学术平台，将面向全球族史研究者开放。只要跟喻姓族史研究关联密切的著作，世界喻氏宗亲宗会都应该支持出版。今后可以成书一本，出版一本，逐渐积累喻氏族史研究的学术成果，自然不会局限于只出世序梳理之类的著作。举凡关于著名族史人物研究，聚落迁徙研究、喻氏著述研究等都将得到支持。

重庆，这座著名的长江古城，在中华民族的发展史上，记录了太多的辉煌和荣耀。在家族文化史上也是一样，中华喻氏聚落星罗棋布地布满全国，乃至延伸到世界各大洲。但 2000 年以来，先后问世的中华喻氏族史研究会和世界喻氏宗亲总会的会址都在重庆，负责人都是重庆喻氏。这也说明重庆喻氏的使命感和奉献精神不同凡响。

（2016 年 5 月 5 日）

第二编

02

得姓来源研究

第一代祭公与周公旦世系关系考

一、关于周公旦

在中国历史上，周公，是黄帝之后、孔子之前贡献最伟大的人物。他的生卒年不详。但我们通过先秦人留下的文字，大体可以了解他是一位兢兢业业，争分夺秒，凡事追求至善之境的圣贤。古书记载周公礼贤下士，唯恐因为自己的懈怠而错失人才。他经常"一沐三握发，一饭三吐哺"。也就是说经常洗一次头，就要中断好几次。吃一次饭，也要中断几回。因为外面有人来访，需要接待。显而易见，他是一位工作第一，事业第一的人。墨子还记载说，周公旦出差，随行车上一定会带上一些书，以便途中阅览学习。可见他是一个惜时如金的人。周公原来的封地在鲁。他因要辅佐朝政，由他的长子伯禽代他前往封地。临行前，周公旦和长子有一段谈话，全文如下："往矣，子勿以鲁国骄士。吾文王之子，武王之弟，成王之叔父也，又相天子，吾于天下亦不轻矣。然一沐三握发，一饭三吐哺，犹恐失天下之士。吾闻德行宽裕，守之以恭者荣。土地广大，守之以俭者安。禄位尊盛，守之以卑者贵。人众兵强，守之以畏者胜。聪明睿智，守之以愚者哲。博闻强记，守之以浅者智。夫此六者，皆谦德也。夫贵为天子，富有四海，由此德也。不谦而失天下亡其身者，桀、纣是也。可不慎欤？"

这段话，译成现代汉语，大意是：

去吧孩子，你不要因为自己是鲁国的一号人物而骄傲自满。我是周文王的儿子，周武王的弟弟，周成王的叔叔，现在又做着协助天子处理朝政的重要工作，我的分量要说也不算轻啊。但我还是一天到晚忙个不停。我常常洗一次头，就接待几次来访者。头发没干，只好把它包起来。我常常吃一顿饭，接待几批客人。含在嘴里的饭来不及咀嚼，只好先吐出来。把碗放着，等来访者走了再吃。即便如此，我还是担心因为我的疏忽而失却天下贤才。我听说德行宏大的人，以谦恭的态度来保持它，其德行的影响力更大，口碑会更好。土地广大，财富众多的人，保持的策略是俭朴。这样做你的财富才安全。位高权重的人，保持的办法是谦虚谨慎。这样他才能更受人尊敬。兵强马壮的人，保持的办法是时刻保持敬畏之心，不敢轻敌。有这样修养的人才能常胜不败。聪明睿智的人，保持自己的最好办法是大智若愚，不要到处显摆卖弄。这样的人处世才有深度。记性好，见多识广的人，用深藏不露的办法才能保持。这种人不显露其聪明才智，不是木讷，是智慧。这六种处世方略，其实可以归结到一个'谦'字上。贵为天子，富有四海的人，只有按照这六条做人，才能保有天下，否则必然败亡。夏朝的桀，商朝的纣。就是典型。我们能不慎之又慎吗？

周公旦一生功勋显赫，德行高尚，治绩辉煌。《尚书大传》曾将其概括为："一年救乱，二年克殷，三年践奄，四年建侯卫，五年营成周，六年制礼乐，七年致政成王。""文王有大德而功未就，武王有大功而治未成，周公集大德大功大治于一身。"这就是历史对他的评价。周公去世后，被追谥为周文公。

周公旦有八个儿子，分别是周姓始祖之一、邢姓始祖之一以及鲁姓始祖、蒋姓始祖、茅姓始祖、凡姓始祖、胙姓始祖、祭姓始祖。祭公传数代，而出祭公相如，因德行政绩卓异，而被周穆王赐姓喻。周公的执政理念最为孔子所推崇，是儒家思想的主要行政实践来源。周公一生功成、名遂、身退；既当仁不让，又知进知退，是历史上能做到这样极致的第一人，也是后代儒家思想的先行者。

二、周公第八子封祭说

周公次子后裔所修《元圣裔周氏族谱》中有明确记载："始祖一世，元圣周公，讳旦，文王第四子，武王同母兄弟也。佐武王定天下，肇封于鲁，未就封，留相王室，食邑岐周，后相王位，冢宰建官立政，制礼作乐。薨谥曰'文'，唐追尊公为'先圣'，宋追封'文宪王'。生子八，长子伯禽，就封于鲁；次子伯羽（《尚书·周书》《汲冢竹书》称君陈），袭周公爵；三子伯瞵，封凡；四子伯龄，封蒋；五子伯羿，封邢；六子伯翔，封茅；七子伯翘，封胙；八子伯翔，封祭。"按诸《元圣裔周氏族谱》的说法，周公的第八子姬伯翔为第一代祭公。

图 2 - 1　祭公稷像

三、周公第五子封祭说

黄怀信等所撰《逸周书汇校集注》第 923 页引潘振集注云："祭，邑名。祭城在河南……祭国，伯爵，周公第五子所封。""祭"读作 zhài 债。

四、周公第六世裔孙稷封祭说

跟《元圣裔周氏族谱》的说法不同，喻氏宗谱上的记载是这样的："周公旦——鲁公伯禽——考公酋——炀公熙——幽公 宰/魏公 濞——厉公擢/稷公。稷公为周卿士。封畿内侯，为祭公。"安徽旌德仕川喻氏宗谱、昌化考坑喻氏宗谱等均如出一辙地这样记载喻氏得姓渊源。

若然，则第一代祭公就是周公的第六世孙子稷。也就是周公长子伯禽的第五世孙。

综合看来，关于祭公的记载，先秦逸周书的记载和周氏、喻氏族谱的记载，竟然各不相同：一个说是周公第五子封祭；一个说是周公第八子封祭；一个说是周公第六世孙，系长子伯禽的后人。从喻氏家谱所保存之世系看，周公六世孙，伯禽派下第五世孙稷公封祭靠谱。

五、喻氏得姓始祖和祭公的关系

按照喻氏宗谱的记载，则周王朝封建祭国。到第三代祭公的时代，就得到赐姓喻氏了。前述喻氏族谱上记载说："（祭公）从昭王南征，与王同胶舟溺死汉水。子祭公谋父克绍前烈，作《祈招》以止穆王。谋父之子相如食采于江夏。以能宣上德达下情，举遗逸，喻德教，赐姓喻。后因以为氏焉。"

这段引文的意思是说，第一代祭公从周昭王南征荆楚，被楚国人暗算。在周天子与随行军队经过汉水时，楚国当局安排工匠在船板之间的黏合剂上做手脚。待到船达汉水中游时，所有船只如期解体。周昭王和他的随行大臣祭公以及六军将士，基本全军覆没。第三代祭公继续担任卿士，辅佐周穆王治理天下。后因功德而被周穆王赐姓喻氏。

六、东晋《喻氏家谱》中的佐证

喻氏家族是一个古老的家族，一向重视家族历史的保护和传承，但经不起历代兵连祸结的破坏。现存完整的喻氏谱牒已经很难找到了。近年来，笔者涉足族史研究，在全国各地访求喻氏族谱。2018 年 4 月，我在安徽黄山市屯溪区收藏家吴敏馆长那里看到了浙江临安唐昌喻氏族谱。后来又得见考坑等几部内容相近的残谱。所幸的是残谱中却保存了重要的古代官方修谱的文献。也因此而获知喻氏得姓始祖的若干记载。如东晋咸和元年，尚书侍中钟雅给晋成帝上奏折，请示编纂世家大族的谱牒。得到晋成帝的认可，并委任钟雅权修谱之事。当时的首辅大臣喻归第一个应诏。费时约三个月，他将自己的家族保存下来的传状等原始谱牒档案送到尚书省。自然，其他大家士族也是积极行动。钟雅等修谱的班子成员最先修成的就是《喻氏家谱》。在编纂这部《喻氏家谱》过程中，弄清楚得姓始祖的问题自然也是题中应有之意。我们从主修官钟雅留下的给晋成帝的奏折文字和《喻氏家谱·序》里可以看清始迁祖是周公的后人："尚书侍中权知谱事臣钟雅奉咸和元年秋八月三日敕旨行令四海巨族各赍先世谱状投上秘阁，品为四海巨姓。于是尚书司徒喻归等与臣千载有幸，荷蒙陛下车书混一，衣冠斐然。百姓更甦，四海荡平。臣等学浅才疏，承宠眷允赍先代名宦奉圣旨敕臣等修撰《喻氏家谱》。考其由来，实帝喾之后也。至周公七世孙食采江夏。锡姓为喻。历秦汉魏以来并有名状。遂用品题喻氏以为天下大姓。备于今录。臣等恭遇皇明启祐，册定士流。四海咸欣，万邦同悦。若失而不记，历代无闻，致绝根昔。后来奚续？但臣等不揣庸昧，辄措斯心。撰录成文，葺为大宗，以示子孙鉴之为不易者矣。臣等下情无任诚惶诚恐，不胜战栗之至。谨以奏闻。咸和二年七月日。"

图2-2　临安唐昌喻氏族谱书影

据晋成帝咸和二年钟雅关于喻氏家谱修成的汇报性质的奏折内容看，喻氏家族在东晋实为天下大姓。其得姓始祖为周公旦第七世裔孙，即食采江夏的祭公，也即喻相如。

尚书侍中权知谱事臣钟雅谨奏奉敕谱序曰："臣钦奉敕旨，命臣权知谱事。观在廷臣工所进先世名宦事迹并支出原由。独尚书司徒喻归家传其先本帝喾之后，实帝王之贵胄，元圣之苗裔。更历秦汉魏以来名公巨卿代不乏人。夫当世搢绅之士，或身居辅弼，或食采屏藩。簪缨蝉联，冠盖相望。当时犯颜谏诤，见危授命。孤忠贯日，壮气凌云。至若留心典籍，着意篇章，乡闾擢秀，儒学蜚声。洁身高蹈，却征聘于庐阜；仁德为怀，留清白于苍梧。凡有行之新书，岂容私而弗录！得使高风播乎万古，美誉动乎千秋。派衍增辉，源流可考。臣等谨序。时大晋咸和二年岁次丁亥吉日奉敕尚书侍中钟雅权知谱事臣钟雅序。"由于时代久远，史料缺失，我们已经没办法弄清楚谱序中所说的那些历史人物所指究竟是哪些喻姓先祖。但我们透过文中描述的当事人的行为，还是可以明白，钟雅所重点提及的喻姓先祖有得姓始祖祭公相如和东汉名臣喻猛，西晋名隐喻合等。

按照这份历史文献的记载，则喻氏得姓始祖当从祭公相如算起。这个记载和安徽旌德仕川喻氏族谱，浙江临安唐昌喻氏族谱所记载的远古世系图相吻合。

但这份史料没有说明得姓始祖这代祭公的名讳。

七、南宋喻良能《喻族始修源流序》的佐证

南宋国子监簿喻良能致仕（退休）后曾致力于家族谱牒修纂工作。绍熙三年谱成，他还专门写了一篇源流序。这篇谱序我有专文解读（详见本书《喻良能绍熙三年谱序释读》）。这里只说得姓始祖问题。"吾喻氏系出于姬姓，祭公谋父子相如公为周穆王卿士，王嘉公能以德喻民，赐姓喻氏，食邑江夏。及子方（芳）公世居焉。"（见《安徽旌德仕川喻氏宗谱》，《浙江临安昌化喻氏族谱》等谱牒）

这里需要说明的是，源流序中所说祭公谋父的儿子，在有些先秦古书如《左传》《逸周书》《竹书纪年》等书中相如公也被写作祭公谋父。这是因为周昭王南征荆楚被楚人算计是一件很不光彩的事情，周王室没有向诸侯发布真实的信息。相如公实际上在周穆王朝对外还是使用祭公谋父的说法。这就是许多史书记载困扰人的真实原因。

八、洪武四年朝廷和喻氏签订的《喻氏合同》之佐证

大明洪武四年十月八日圣旨原文：

《喻姓立合同壹样陆纸各派收执行》

圣旨命讳国公李为严查天下百姓军民巨户人等知悉：各姓供报官给民由始终本末谋处为官以分良贱事。

韩府查得喻姓之族自出太康后周公第五代孙有喻氏居之江夏，子孙以国为姓，是为南阳喻大夫也。据其喻姓之来历，其甚远矣。前有喻书公名盖当时喻思绰绰有余。喻归撰河西记。喻猛字子高，琴书自娱，召征不至。喻樗字元之，关中大豪。喻合迁太傅长卿。喻汝砺字迪孺，靖康初不附和议，号扪膝先生。喻仲弃印解绶即辞归家。喻遵字季孙，浙江人。雅歌投壶。在军旅不忘俎豆，忧国奉公。喻怀舒为交趾太守。喻顺字坤若，江南人，纯性至孝。喻兆字景节，为太守。自种白苋紫茄。诏褒清洁。喻良能字叔奇，宋淳熙中为国子监簿，进忠义传二十卷。喻承先授平东将军，喻湘为府尹，举县无盗贼。苏东坡题额曰江夏世家。又王十朋状元题慷慨丈夫志，生当忠义门之句。历朝多士，科甲不乏。今验喻姓支图并容像诰敕可据。今为子姓蕃衍分派分居昭穆难以序齿。因

而立有支图。流传后代，相传后世。以便关宗会族。以别宗亲之验耳。立此支图一样陆纸，各执一纸，永远存照。

时洪武四年十月八日。

计开：

昆山、安平、常熟、苍坡共一纸

东鹿、定兴、博野共一纸

宝应、桃园、海门共一纸

新安、旌德、太平长乐乡共一纸

富阳、兰溪、淳安共一纸

钱塘、海宁、历山、永康共一纸。

右谕事理。

浙江临安昌化考坑《唐昌喻氏宗谱》卷二

　　该合同保存了大量的喻姓历史信息。如"喻姓之族自出太康后周公第五代孙有喻氏居之江夏，子孙以国为姓，是为南阳喻大夫也。据其喻姓之来历，其甚远矣。"虽然在究竟是周公第几代孙的问题和前述几种家族文献有出入，但那只是计算方法的差异。明朝洪武四年的姓氏调查，之所以认定喻氏得姓始祖是周公第五代孙，那是从封于鲁国的伯禽算起的，也就是只及第一代封祭的祭公。如果加上那两代，就刚好七代。如果只统计到第一代祭公，那就刚好是五代。透过该合同，我们还可以明白诸多喻氏族谱上都加以摹刻的"江夏世家"四字系苏轼所书。还可以明白，明朝统计姓氏，都是统计正统，不涉及外姓赐姓的小系。如俞药之被赐姓喻等不见提及。第三，我们还可以据此合同，知道明朝初年全国喻氏主要分布区域和几大支系的空间位置情况。此外，这份合同中还提及了很多重要族史人物，如清廉的喻兆，做太守还自己种白苋菜和紫茄子等等。就族史世系而言，该合同还消除了困扰我们很久的一个问题，即喻猛系统和喻贵系统的是否同宗问题等等。

　　但本合同在流传的岁月里很可能有遗失错乱。因为从"前有喻书公名盖当时喻思绰绰有余。喻归撰河西记。喻猛字子高，琴书自娱，召征不至。"这一句话中，我们就可发现："喻思绰绰有余"很显然是笔误。另外，说喻猛琴书自娱，诏征不至。这更像说喻合。因为其他喻氏族谱都没有说喻猛隐居不仕的，可见这份合同中间有缺页或缺行，系后世修谱者拼合而成。因此而有明显的错漏残缺的痕迹。这个只有寻访到比较完整的喻氏谱书才可据以修改完善。

（2018 年 11 月 20 日）

周穆王生平事迹考

第一部分　生平大事杂考

背景：周王朝是我国历史上很重要的一个朝代。这个朝代前后持续了800年。大体说来，西周400年，东周400年。这个朝代奠定了中华民族亲亲尊尊的传统，诗礼传家的传统，尊王攘夷的传统。

周武王伐纣第二年，武王姬发崩，幼子诵即位，是为周成王。如果说西伯姬昌、武王姬发是以"小邦周"夺取"大邦殷"统治地位的开国之君，那么周成王、周康王则是真正让"小邦周"成为"大邦周"的治国之君。通过周成王姬诵（早期因为年龄幼小为叔父周公姬旦所辅佐）、周康王姬钊两代的统治，周王朝的统治势力达到顶峰，史载"成康之际，天下安宁，刑措四十年不用"，颇有夜不闭户路不拾遗的盛世气象。

周穆王的父亲是周昭王。"昭王之时，王道微缺。昭王南巡狩，不返，卒于江上，其卒不赴告，讳之也。立昭王子满，是为穆王"（《史记》）。"昭王南巡狩，反，济汉，汉滨之人以胶船进，王至中流，胶液船解。王及祭公溺焉"（《外纪》）。这就是说，周昭王君臣被楚人害死于汉水这件事十分丢人。周王朝一拳头打了鼻子，只得将此事暗忍下来。因为如果通报诸侯，不仅家丑外扬，必然会使诸侯轻视周王朝天子的神圣地位。

一、关于周穆王生卒年的考证

周穆王（西元前1073年－前968年），姓姬名满，是西周第六代天子（从周文王起算），是周昭王的长子，50岁即位做周天子。

按《史记》年表，自厉王以上有世次而无年数；共和以后接乎春秋，年数乃详。盖自穆王传共、孝、懿、夷、厉五王而至于共和。（《集古录》卷一）

共和元年为西元前 841 年，共和共持续 14 年。此前即周厉王、周夷王、周孝王、周共王，再前就是周穆王了。也就是说，从周共王到周厉王，五代君王，才 145 年。平均每个君王 29 年。和周穆王之前的君王比，德行不及，政绩也不及，幸赖制度完善，还得以维持一个半世纪的岁月。

关于周穆王的生卒年，现在有三个官方版本，即夏商周断代工程版本，约前 976 年–约前 922 年在位。第二个版本即据郭伟"夏商周断代工程结论夏商周年表疏证"推算出来的西周年表，周穆王在位时间约前 963 年–约前 909 年。则周穆王生年当在前 1013 年。第三个版本即根据公历干支法研究武王克商日期、西周年谱及铜器铭文的综述推算的西周年表的说法，即约前 977 年–约前 923 年，则周穆王生年当在前 1027 年（360 百科《周朝君主》）。这三种版本都基于对史书所记载的周穆王在位 55 年的信任。那么，周穆王 50 岁即位的记载也应同样同理认同。因此根据这三个版本的推算，则第一个版本的周穆王生于前 1026 年；第二个版本的周穆王生于前 1013 年；第三个版本的周穆王则生于 1027 年。

我推算的周穆王生年是前 1073 年，卒年在前 968 年，依据是元朝陶宗仪和明朝于奕正、刘侗的《帝京景物略》。

明于奕正、刘侗的《帝京景物略》中写道："鹫峰寺旃檀像高五尺许，寒暑晨昏不一色。像造自优阗国。当佛升天时，乃周穆王辛卯，至明熹宗丁卯，凡二千六百一十余年"（《元明事类钞》卷十九）。明熹宗丁卯年是西元 1627 年，往回逆数 2610 年，则释迦穆尼圆寂时间在西元前 973 年。而释迦穆尼一共活了80 岁，则释迦穆尼诞生之年为前 1053 年。周穆王比释迦穆尼大 20 岁，则周穆王生年当为西元前 1073 年。周穆王死时 105 岁，则周穆王卒年当为前 968 年。

而据江西上栗蓝垂芬根据蓝氏族谱推算出来的西周历代天子的在位年表，西周段的历朝朝天子在位时间如下：

周朝：公元前 1119–256 年　历 37 帝 864 年

周武王（姬发）4 年　壬午—乙酉　前 1119 年–1116 年

周成王（姬诵）37 年　丙戌—壬戌　前 1115 年–1079 年

周康王（姬钊）26 年　癸亥—戊子　前 1078 年–1053 年

周昭王（姬瑕）51 年　己丑—己卯　前 1052 年–1002 年

周穆王（姬满）55 年　庚辰—甲戌　前 1001 年–947 年

周共王（姬繄扈）12 年　乙亥—丙戌　前 946 年–935 年

周懿王（姬囏）25 年　丁亥—辛亥　前 934 年–910 年

周孝王（姬辟方）23 年　壬子—甲戌　前 909 年–887 年

周夷王（姬燮）8 年　乙亥—壬午　前 886 年–879 年

周厉王（姬胡）38 年　癸未—庚申　前 878 年–841 年　共和当年改元

周召共和 14 年　庚申—癸酉　前 841 年–828 年

（见天涯社区帖子《惊现夏商周历代帝王在位年表》）

按照蓝垂芬依据家谱记载所做的推算，则周穆王在位时间为公元前 1001 年 – 前 947 年。穆王死在任上，也就是前 947 年。往后倒推 105 年，则周穆王生于前 1052 年。与我据《元明事类钞》一书所记载的那块碑文所做的推测，仅有 21 年的出入。

二、关于周穆王的生平政绩

周穆王 50 岁即位为周天子。最早见于记载的周穆王是一个很有变革精神的开拓者形象。

○周穆王的听政和用人

具体说就是他改变了祖宗的老规矩，改老祖宗的训政为听政。训政是召集朝官和诸侯，发表演讲，对朝官和诸侯进行训令。而穆王上台时周朝已经出现危机，"昭王之时，王道微缺。"具体说，就是周穆王的父亲周昭王巡狩到南方，楚国人使用阴谋手段，让昭王的船只在汉水中间自行瓦解。昭王等被淹死。朝廷不好发作，所以连周昭王的死因都没好意思如实公布。而当时东西南北周边地区的夷人也时常闹事。在这种背景下，已经知天命的周穆王有很深的危机意识，于是主动去看生病的叔祖父大臣祭公谋父。祭公谋父接待了这位侄孙天子，对他有长篇告诫。这些告诫之词收在《逸周书》中，即《祭公解》。该篇训辞即使是今天，对我们的在位者仍有重要的启示意义。兹将原文照录于下：

这篇《祭公解》是祭公谋父跟天子周穆王姬满的一次对话记录。时间大约在周穆王十一年到二十一年之间（公元前 971 – 981 年）。

王若曰："祖祭公！予小虔虔在位，昊天疾威，予多时溥愆。我闻祖不豫，有加予，维敬省不吊，天降疾病，予畏天威，公其告予懿德。"

祭公拜手稽首曰："天子！谋复疾。维不瘳，朕身尚在兹。朕魄在于天。昭王之所勖宅天命。"

王曰：呜呼！公，皇祖文王，烈祖武王，度下国，作陈周，维皇皇上帝，度其心，置之明德。付俾于四方，用应受天命，敷文在下。我亦维有若文祖周公，暨列祖召公，兹申予小子，追学（孝）于文武之蔑。用克龛（会）绍成康之业。以将天命，用夷居之大商之众。我亦维有若祖祭公之执，和周国保乂王家。

王曰："公称丕显之德，以予小子杨文武大勋，弘成康昭考之烈。"

王曰："公无困我哉。俾百僚，乃心率辅弼予一人。"

祭公拜，稽首曰："允乃诏，毕桓于黎民般。"

公曰："天子！谋父疾维不瘳，敢告天子皇天，改大殷之命。维文王受之，维武王大克之。咸茂厥功。维天贞文王之董用威，亦尚宽壮。厥心康受乂之式用休。亦先王茂绥厥心敬恭承之，维武王申大肆命戡厥敌。"

公曰："天子自三公以下辟于文武。文武之子孙，大开方封于下士。天之所赐，武王使，疆土丕维周之基。丕维后稷之受命，是永宅之。维我后嗣旁建宗子，丕维周至始并。呜呼！天子三公监于夏商之既败，丕则无遗后难，至于万亿年，守序终之。既毕丕，乃有利宗，丕维文王由之。"

公曰："呜呼！天子！我不则寅哉，寅哉。汝无以庶反罪，疾丧时二王大功。汝无以臂御固庄后。汝无以小谋败大作，汝无以臂御士疾大夫卿士，汝无以家相乱王室而莫恤其外。尚皆以时中乂万国。呜呼！三公，汝念哉！汝无泯泯芬芳，厚颜忍丑。时维大不吊哉。昔在先王，我亦维丕，以我辟险于难，不失于正。我亦以免没我世。呜呼！三公！予维不起，朕疾。入其皇敬哉！兹皆保之。"

曰："康子之攸保勖教诲之，世祀无绝。不，我周有常刑。"（《逸周书》第六十）

王拜手稽首党言。

周穆王是一个有雄才大略的古代帝王。他即位之后，除了主动听取老臣、大臣们关于国家治理的大政方针外，将国家的日常治理事务委托朝内大臣们照章进行，自己则马不停蹄地东西南北地进行巡狩活动。实际上就是通过巡游调查研究，一则彰显国威，二则掌握情况。从先秦古书《穆天子传》《竹书纪年》以及《世本》等不够完整的记载中，可以看出周穆王是一个十分敬业的古代帝王。根本不是《列子》周穆王篇所艺术化后的对国家治理不感兴趣，对宫廷生活不感兴趣，一心只想远游找乐的无道昏君。在整个周朝，周穆王在位时间最长，长达55年。

周穆王生平的治国用人思想，集中反映在流传下来的《君牙》《伯冏》《吕刑》三篇政书中。这三篇收在孔子所整理的《尚书》之中。此外，在《逸周书》中，还保存有《祭公解》《史记》等相关篇章。也是周穆王治国安邦用人行政的重要历史文献。游记方面有《穆天子传》。这六篇最原始的文章，分别诞生在周穆王人生的不同历史时期。详考文意，《君牙》作于刚即位那段时间，属于急于求治之作。《伯冏》和《穆天子传》作于70到80岁的那段时间，《吕刑》则作于穆王晚年也就是90岁以后。"周穆王时，内史作《穆天子传》。体制与今起居注正同。盖周时内史所记王命之副也，得于汲冢书。"（《册府元龟》卷五百六十）

周穆王三年，命君牙为大司徒；伯冏为太仆正。周穆王对君牙、伯冏等大臣说：

"呜呼！君牙！惟乃祖乃父世笃忠贞，服劳王家，厥有成绩。纪于太常。"（《尚书·君牙篇》）

"惟予小子，嗣守文武成康遗绪，亦惟先王之臣克左右乱四方。心之忧危，若蹈虎尾，涉于春冰。"这里作者连用两个比喻：踩老虎的尾巴，恐被虎吃；在春冰上行走，恐冰裂落水。由此可见周穆王即位后十分勤政，也很谦虚。求贤若渴，主动倾听臣子的建议。

"今命尔予翼作股肱心膂，缵乃旧服，无忝祖考……"周穆王要求君牙等大臣做自己的股肱心腹，知无不言，言无不尽。要向他们的老祖宗学习，赤胆忠心地忠于周王室。

到《伯冏篇》中，语气已经变化了。比如说"思免厥愆"啊，"予一人无良"啊，"匡其不及"啊，"绳愆纠缪，格其非心"啊等等，则都是希望臣僚批评监督自己，少犯错误的口气。

○关于周穆王西征犬戎

犬戎是指中国古代周朝时期活跃在周朝西部（今甘肃省东部、宁夏一带）的少数民族部落。

周穆王在位期间，犬戎的势力逐渐强大，与周朝时有冲突，穆王考虑西征犬戎，祭公谋父谏曰："不可。先王耀德不观兵。夫兵戢而时动，动则威，观则玩，玩则无震。"穆王不听，于穆王十二年（前965年）十月，亲自统领六军向北巡狩，大臣毛公班、共公利、逢公固帅跟从出征，讨伐犬戎。（《今本竹书纪年·周穆王十二年》）翌年（前964年）春天，祭公谋父统领周军跟从周穆王西征，进兵阳纡，周军大胜，获其五王，又得四白狼、四白鹿。同年七月，西戎

派遣使者前往朝见周天子。(《今本竹书纪年·周穆王十三年》)

穆王西征犬戎，往返程途合计一亿九万里。周朝的尺度一里相当现在的半里。即使如此，这数字也够惊人的。他所率领的军队按照周制度，应该是12500人。随行还有专门负责记录天子每天言行的史官。负责人是左史戎夫。《穆天子传》就是戎夫他们这12个史官沿途记录资料的整理本。

周穆王西征所征伐的犬戎，其活动区域大体与后来汉唐时代所言的河西走廊相当。周穆王西征是西周王朝民族关系史上的重要事件。《穆天子传》所记载的西征路线图大体相当经过武威、张掖后折而北上居延，然后再折而西行到鄯善，进而南绕塔克拉玛干沙漠，经过于阗、叶尔羌、越葱岭而西入中亚。这就是后世所言的丝绸之路的南线。周穆王他们所走的西征路线，就是通过河西走廊、新疆，到吉尔吉斯斯坦的古老的商道。

我们看《穆天子传》中的记载，他们两万多人的浩浩荡荡的大部队，所到之处，或者狩猎，或者采集谷物良种，或者采集玉器。沿途的交往也有记录，如赐给沿途部落酋长的礼品，有丝绸，黄金，白银。贝带，车子，肉桂，生姜等。周穆王对于沿途部落酋长的回赠也会登记保管，如良马、骆驼、牛羊、玉器，动物皮毛等。如书中说途中赤乌人"献酒千斛""食马九百，羊牛三千，豪麦百载。"周穆王赐给他们"默乘四，黄金四十镒，贝带五十，朱三百裹"；又如，曹奴人"筋天子于洋水之上，乃献食马九百，牛羊七千，豪米百车"。周穆王则赐给他们"黄金之鹿，白银之麋，贝带四十，朱四百裹"。

周穆王十三年的这次规模庞大的西征行动，始于该年闰二月初十，至次年九月返回镐京，历时一年半之久。史学家岑仲勉所研究的周穆王西征路线我最认同。他认为，周穆王的大队伍自镐京（今陕西长安县西北丰镐村）出发，过漳水，历华亭西北（妍山），泾水正流溥沱河，越六盘山而至今河西走廊的武威以东地区（焉居），过武威、张掖（禺知）后，沿张掖河、弱水北行至居延一带。周穆王在居延稍事休整后即折而西行，进入今新疆境内，至塔里木河流域，沿塔克拉玛干沙漠南缘，过葱岭，经塔什干进入中亚西王母之邦。然后再经大旷原及今吉尔吉斯大草原伊塞克湖、阿尔泰山南麓到渠搜（今甘肃酒泉至新疆鄯善）一带，再顺原路经六盘山、泾水回到镐京。

查阅多种史书，我们发现周穆王之所以被塑造成一个不恤国事，醉心远游的形象，跟列子书中所写他认识西极化人有绝大部分的关系。是西极化人的神通演示让他认识到人生的局限性。"不恤国事，不乐臣妾。"他因此而动了超越常规生活，寻找外部世界的念头。加上其时世代以养马驯马著称的宅皋狼的后人造父给穆王送来八匹良马，于是开启了他欲让自己的车辙马迹，走遍天下的远游之旅。

据《列子·周穆王》篇："周穆王时西极之国有化人来"，"穆王敬之若神，事之若君"。为之筑台，"其高千仞，临终南之上，号曰中天之台。简郑卫处子娥媌靡曼者以满之，奏承云六英九韶晨云以乐之。化人犹不舍。然不得已而临之居亡几何，谒王同游，王执化人之袪腾而上者中天乃止。暨及化人之宫，构以金银，络以珠玉。出云雨之上，"所观听纳尝皆非人间之有，实以为清都紫薇钧天广乐。"化人复谒王同游，所及之处，仰不见日月，俯不见河海""光影所照""百骸六藏悸而不凝"。既寤，化人曰：吾与王神游也。王大说，不恤国事，肆意远游。驾八骏之乘，遂宿于昆仑之阿、赤水之阳，别日升昆仑之邱，观黄帝之宫而封之。遂宾于西王母，觞于瑶池之上，乃观日之所入。"（《尚史》卷五）

○关于周穆王西征会西王母

穆王十七年，西征昆仑邱，见西王母。其年西王母来见，宾于昭宫。（《纪年》）

这次西征，他曾"升昆仑之丘以观黄帝之宫，而封之以诒后世。遂宾于西王母，觞于瑶池之上。西王母为王谣曰：白云在天，山陵自出。道里悠远，山川间之。将子无死，尚能复来！王和之曰予归东土，和合诸夏。万民均平，吾顾见汝。比及三年，将复而野"。穆王这次疯狂的远游，事后他也曾有过后悔.他说："于乎！予一人不盈于德，而谐于乐。后世其追数吾过乎？"乃还以归。（《御批资治通鉴纲目·前编》卷九）

穆王十七年，穆王统领周军西征犬戎至昆仑丘，会见西王母，俘虏犬戎五王东归。同年八月，迁犬戎至太原定居（《今本竹书纪年·周穆王十七年》）。该年，周穆王"北征，行流沙千里，积羽千里。征犬戎、取其五王以东。西征，至于青鸟所解。西征还履天下，亿有九万里。"（引文同上）

关于周穆王西征见西王母，也就是今传本《穆天子传》中的主要内容，因为书缺有间，近百年来中外学者的研究众说纷纭，至今仍无定论。下面将诸家观点简介如次：

德国柏林大学教授福尔克（A. Forke）的研究结论，认为周穆王会西王母，西王母国就是今天的阿拉伯。此论一出，即遭到许培尔和夏德等欧洲学者的反对。他们认为，周穆王诚为游行不倦之主。但遍考中国各种古书，认为周穆王最远所致之地，在西面似乎未必出今天之长城边关。至若昆仑山以及可以证明再进新疆自治区西部的各地，皆为后代人窜入。而西王母之名，亦见于《竹书纪年》。他说，竹书纪年上有"舜时来宾"的记载。舜在穆王前 1100 年，社巴女王若与穆王同时，则不能与舜同时。

日本学者在域外学者中是近 200 年来致力于《穆天子传》研究最勤者。代表性研究者有佐佐木照山。他认为《穆天子传》是可信的实录。小川琢治是搞历史的，对《穆天子传》用功亦深。他亦持信史说，认为可做古代中国历史地理资料来源使用。但他认为此书经魏国史家整理过。后来的市川勇认为《穆天子传》是结合了古代权力者巡守和周代的一个王北征的传说而成的，其中添加了神仙思想。当是当时对西方的地理知识滋养了这个故事。他认为，巡狩的目的除了狩猎，主要是对马匹的需要使穆王远征北方的产马地。

李福清说，在 H. 马博乐之前，欧洲的学者和翻译家认为《穆天子传》是真实的游记，并把它看作可靠的史料。而对西王母和对西王母之邦的史地考证，引出了中华民族族源的激烈争议。代表性的观点是拉克伯利的"中国文化公元说"。拉克伯利也曾详细研究此书。他认为，穆王曾至和田、叶尔羌、瓦罕（Wakhan 即赤乌氏）、吐鲁番、喀喇沙尔、裕勒都斯（Yulduz）等地。最西或曾至喀什噶尔。

中国学者黄麟弓在《读穆天子传今考》中说"西北疆土，为我中华民族先民所经营，北逾贝加尔湖之外，西至里海之滨，往往不备文字之记载，而留为传说。黄帝之宫，在昆仑之丘……其认定今之帕米尔高原与新疆者，显然自黄帝起五帝时代，早为中国之领土。今之黑昆仑，为昆仑之丘；其最高峰前，有黄帝之宫……自俄罗斯东侵，我国疆土迭遭蚕食鲸吞。三百年来，祸害有加无已。"

顾实、岑仲勉等考地释族动辄仍至中亚、欧洲。赵俪生主张"周人的原始居地再进新疆昆西南隅"。

20 世纪 50 年代，日人小川环树将穆天子传定义为历史小说。关于周穆王的征行目的，中国学者有巡守说和和探亲说，日本学者则认为周穆王是出于军事方面的考虑。日本学者白川静认为穆天子传中所记对西方西王母的向往，很可能是由于对马种的关心，乃引发对遥远西域的慕想。安倍道子认为穆王此行最大目的是为了和西王母相会，以及为了采集当时兵器上所用的羽毛。

日人士居光知则注意到了《穆天子传》与《吉尔伽美什》的比较。他认为周穆王是太阳神的后裔，到极西之地与地母月亮神结合。小南一郎也认为穆王的旅行目的是与西王母结合以获得再生。他认为，古来四方旅行的太阳神（男神）每年一次在冬天方问月神（女神）完成神婚。通过这种形式，得到宇宙再生。他认为穆天子的故事就是这种观念的表现。

美国学者德博拉·林恩·波特（Deborah Lynn Porter）在《从洪水到讲述：神话、历史和中国小说的发生》中说，他发现《禹贡》《穆天子传》两书中存在 11 处相同的地名，另有两处从语音学的角度也是相通的。因此，这两个文本虽然声称记录了至少相差千年的两次旅行，却指向了相似的区域。这提示了超越地理领域的关系，我宁可认为它们属于一个神话的领域。

当代开封籍学人韩鹏等在《鸿荒开封——穆天子传原文新解》一书中则根据中华民族的摇篮在河南这个定见，认定周穆王从陕西出发，过山西，到河南，最后在开封附近得到巫师柏夭的帮助，得到天神的启示，找到河图洛书等黄帝留存的文化珍宝。

○关于周穆王灭徐偃王

也就在周穆王十七年他西征获胜且见到西王母的那一年，徐国的国君徐偃王反叛。周穆王指示楚国协作，一举平定了周王朝的心腹之患——徐国的叛乱。灭掉了徐偃王这个强有力的竞争对手。而将徐偃王的儿子确定为新君。徐国的旧部多逃亡于今浙江宁波、龙游等地。

当徐偃王被几十个西部部落国家所拥戴的消息传来后，在远方旅游的周穆王二话不说，马不停蹄地往出事地点徐国赶，同时派密使前往楚国，命令其勤王镇叛，终于一举消灭了这个东南方与东夷诸部落渊源甚深的徐国，巩固了周王朝的一统江山的局面。

关于楚国应周穆王指示，协同作战消灭徐国。楚国君臣之间还有一段关于有道之国能不能讨伐的争论："王孙厉谓楚文王曰：徐偃王好行仁义之道，汉东诸侯三十二国尽服矣。王若不伐，楚必事徐。王曰：若信有道，不可伐也。对曰：大之伐小，强之伐弱。犹大鱼之吞小鱼也，若虎之食豚也。恶有不得？文王遂兴师伐徐，残之。徐偃王将死，曰：吾赖于文德，而不明武备；好行仁义之道，而不知诈人之心，以至于此。夫古之王者其有备乎？"（《春秋别典》，卷一）。楚文王和王孙厉的对话，徐偃王的反思，揭示了以下规律：当力量对比悬殊的时候，有道之国也战胜不了征讨者；一个国家，不能只修文德，不讲武备。正确的做法是文、武并重。以文德收揽人心，以武备对抗强敌。

关于周穆王远游，后得知徐偃王叛国，快速平定之事，前人也有下面这样的评价："周穆王无道，意不在天下。好方士说，得八龙骑之，西游同王母宴于瑶池之上，歌讴忘归。四方诸侯之争辩者无所质正，咸宾祭于徐。贽玉帛死生之物于徐之庭者三十六国，得朱弓赤矢之瑞。穆王闻之恐，遂称受命。命造父御，长驱而归。与楚连谋伐徐。徐不忍斗其民，走彭城武原山。百姓随而从之万有余家。"徐偃王的事迹，《史记》《后汉书》《博物志》《元和姓纂》等书都有记载，这段引文是韩昌黎所叙，事迹比较详细一点，所以清朝雍正《钦定执中成宪》卷一采用了这个说法。

周穆王灭徐。"徐城县，本徐子国也。周穆王时徐君偃好行仁义，视物如伤。东夷归之者四十余国。穆王闻徐君威德日远，乘八骏之马，使造父御之，发楚师袭其不备，大破之，杀偃王。其子遂北徙彭城原东山之下，百姓归之，号曰徐山。按山今在下邳县界。"（《元和郡县志》卷十）

至周穆王末。徐君偃有德，好仁义，东夷之国归之者四十余国，穆王西巡，闻徐君威德日远，乘八骏之马，使造父御之。更遣楚师袭其不备。大破之。杀偃王。其子遂北徙彭城武原东山之下，百姓赴之者万数，因名其所依山曰徐山，即此地也。后为吴所灭。亦号大徐城。汉为县，皇朝建隆三年并入临淮县。（《太平寰宇记》卷十六）

徐偃王和周穆王都有好奇的性格特征。《尸子》云："徐偃王好怪，没水得怪鱼，入山得怪兽者，争列于庭。"今存之关于周穆王的众多零零星星的文献多有周穆王好奇的记载。详后。周穆王东灭徐，是灭徐偃王，不是灭徐国。周穆王要打击的是徐偃王的气焰，将徐偃王灭掉后，他又任命徐偃王的儿子做徐国国君就是明证。徐国的灭亡，要到春秋时期吴楚争霸。西周穆王时期徐国还是存在的。

○关于周穆王的其他方向的巡狩活动

1. 周穆王东巡狩

杂考历代能找到的文献，周穆王东巡在他的一生中至少进行过两次。一次当在周穆王即位做天子的周穆王十三年间西征犬戎、十七年会西王母之前。另一次当在他的晚年，也就是100岁的光景。因为《帝王世纪》明确记载他100岁时会诸侯于涂山，颁布《吕刑》。这后一次前往沂山，当与怀旧有关。因为他的爱姬盛姬死在沂山，埋在沂山。他的女儿叔娣也死在那里。周穆王多情，当属前往怀旧。

关于周穆王爱姬盛姬的考证：

周穆王到过沂山的记载，在地方志中最早见于元于钦编修的《齐乘》："山顶有二冢，相传周穆王葬宫嫔于此，故大岘关因号穆陵云"。

沂山民间传说周穆王东游沂山时，守土者为迎接他，曾征调徭役，辟修山径，在玉皇顶上建了一座观景台。周穆王与盛姬便是在这观景台上相依相偎，眺望夕阳，见有凤凰比翼，飞鸣而来。穆王大喜，说："凤凰，瑞鸟也。凤凰现必圣王出，应吾身矣！"命侍从跟随而去，找到了一组岩石，叫鸣凤石，一个山洞，叫栖凤洞。而盛姬染病身故后，所葬之地因穆王而名，称为穆陵，后人在此筑关，称之为齐长城第一雄关穆陵关。《诗经》中有卷阿篇，有学者考证出诗中描述的正是穆王携盛姬游历沂山的经历：

"凤凰于飞，翙翙其羽，亦集爰止。蔼蔼王多吉士，维君子使，媚于天子。

"凤凰于飞，翙翙其羽，亦傅于天。蔼蔼王多吉士，维君子命，媚于庶人。

"凤凰鸣矣，于彼高冈；梧桐生矣，于彼朝阳。菶菶萋萋，雍雍喈喈"。

盛姬的病是在巡游的途中得的，《穆天子传》中说："告病，天子怜之……求饮，天子命人取浆而给"。天子西至于重壁之台，人不久就去世了。穆王在台上怀拥盛姬，共浴夕阳，伴她度过了人生的最后时光。

穆王何时遇到盛姬考：

周穆王东征，路过今天的山东沂山，喜得美女盛姬。十七年西征犬戎返国途中，盛姬病死在山东沂山。穆王极其悲伤。

《郡国志》启：五鹿，故沙鹿，有沙亭，周穆王丧盛姬，东征舍于五鹿，其女叔婐届此思哭，是曰女之丘，为沙鹿之异名也。《穆天子传》记载：周穆王携其爱女叔婐游历沙麓山，猎得白鹿，遇到美人盛姬。第二次周穆王登沙麓山时盛姬病故，叔婐思念盛姬伤心不已，就居住在沙麓山中，死后也葬在沙麓山。后人建庙纪念她，这就是郦道元《水经注》卷五所记沙丘堰，现为石家寨村，此庙被当地人称为东土山奶奶庙，两千多年香火不断，吸引着周围数百公里的游客慕名而至。

周穆王娶盛伯之女盛姬（《艺林汇考·称号篇》卷八）后在西游昆仑会西王母途中，盛姬病死。穆王十分痛苦。为了寄托哀思，下令将盛姬族人改为痛氏。"周穆王有嬖宠盛姬，早死，穆王哀之不已。加礼葬之，改其族为痛氏。"（《古今姓氏书辩证》卷二十九）

穆王东巡到过郑州、开封等地：

穆王三十六年东巡到郑地，在大骑之谷，造春宵宫，集诸方士，讨论神仙宫阙之事。自此，穆王喜爱巡游。《拾遗记》卷一：周穆王三十六年，王东巡大骑之谷。指春宵宫，集诸方士仙术之要。有冰荷者，出冰壑之中，取此花以覆灯，不欲使光明远也。（《御定佩文斋广群芳谱》卷二十九）

穆王东巡到过涂山，大会诸侯：

涂山，即今安徽省怀远市。

周穆王修德教，曾会诸侯于涂山。95 岁到 100 岁期间，作《吕刑》公布四方。105 岁时寿终正寝。

《帝王世纪》曰：穆王修德教，会诸侯于涂山。命吕侯为相，或谓之甫侯。五十一年，王一百岁，老耄，以吕侯有贤能之德，于是乃命吕侯作吕刑之书。五十五年，王年百五岁，崩于祇宫。

"甲子四十有五年。五十年作吕刑以诘四方。"《吕刑》，末年之书也。百年耄荒，度作刑以诘四方。（《钦定执中成宪》卷一）

周穆王三十七年伐楚九，起九师至于九江，架鼋鼍以为梁。（《天中记》卷十六引《竹书纪年》）

九江在今江西省长江之滨，与湖北黄梅隔江相望。境内有庐山等名胜。

《拾遗记》：禹济巨海，鼋鼍为梁。又《纪年》：周穆王东至九江，叱鼋鼍为梁而履之。（《异鱼图赞补》卷下）

2. 周穆王南巡守

周穆王的藏书处小酉山、大酉山：

郝天挺注引《图经》云：周穆王藏异书于小酉山、大酉山。《图经》宋初李昉等纂辑，其时古书多存，必别有据。然亦寄托之谈，若阆风玄圃之属，岂荆楚耳目间哉。（《少室山房笔丛正集》卷十九）

大酉山位于湖南省辰溪县辰阳古城的南面，地处辰水之畔，沅水南岸，是龟山、钟山、鼓山和九峰岭的统称。

相传，周穆王在大酉山的二酉洞中首开藏书之先河。《湖广通志》卷八十一之四十七载："周穆王陵在辰溪县钟鼓山。钟鼓山，系大酉山主峰，俗称'羊牯垴'。状若大钟鼎立，故又名'钟山'，昔穆王藏书于城南大酉洞内，山崖壁立万仞，临江鼎立如鼓，故而又名'鼓山'（今龟山）。"此二山合称"钟鼓山"。山中有洞，名钟鼓洞。见《通志·卷十二》载："钟鼓洞在县南，龟山石壁峭立，入数十步，二石悬焉，扣之作钟鼓声。"洞内有明代哲学家、礼部尚书王守仁的石刻题咏："见说水南多异迹，岸头时有钟鼓声。"在周穆王陵钟鼓山的四周，有大酉山九峰鼎立。九峰中世传有九穴，穴中藏有西周穆王的国史文书，故又称"九丘"。见唐孔颖达疏引《尚书志》载："九州岛之志谓之九丘……丘，聚也，皆聚此书也。"又见《辰溪县志》卷之三十四，明太仆满朝荐所作《丙寅春遍游大酉洞》："纵横玉简积三岛，宛委烟衢彻九丘。"

关于周穆王藏书大酉山、小酉山的传说，很可能跟周朝晚期周景王的庶长子姬朝不服从嫡次子姬丐即周敬王而发动叛乱后失败南逃楚国有关。《左传》昭公二十六年有关于王子朝派手下人将周王室的图书档案悉数转移到楚国的记载。二酉洞共九个石头山,据说山中有洞,是周穆王的藏书洞。

3. 周穆王北征

井公,邻人。周穆王北入邻。邻,郑邑。与井公博三日而决。井公疑其贤人而隐者,故王就博。(《册府元龟》卷八百六十九)

第二部分　有关周穆王的评价

关于周穆王的用人方针之评价:

《书》:慎简乃僚,无以巧言令色便辟侧媚,其惟吉士。

喻评:巧,就是好的意思;令就是善的意思。"巧言令色",就是外表上言语顺着上级,态度谦恭,顺着上级。巧言令色的人,是不讲操守,没有原则,只求媚于上级的人。孔子就说过,"巧言令色鲜矣仁。"意思就是那种善于察言观色,一味恭顺,嘴甜如蜜的人,没有几个是好东西。"便",是顺着人之所欲;"辟",是避免人之所恶。"侧",就是不正;"媚",就是讨好。

周穆王指示他的"组织部长":你要谨慎地对待官员选拔,不要任用那些巧言令色、阿臾诌媚,一味顺着上级的人,不要信任那些心怀鬼胎、行为不正,谈话做事总是生怕得罪上级只知保位固宠的家伙。

周穆王善于因人而任:

人性各有所能,因其能而用之鲜有不济。周穆王因非子善养马而使之主马于汧渭之间,而马大蕃息。是知为政在人,惟在乎人君之善任使也。(《大学衍义补》卷一百二十四)

周穆王所留三篇政书的评价:

穆王三书(指《君牙》即让君牙为大司徒;《伯冏》指命伯冏为太仆正;《吕刑》指命吕侯以刑)。穆王,周贤君也。后儒信杂说而不信圣经,乃诬之以耄荒,何哉?昔孔子定书自周成康之后,独存穆王作《君牙》《伯冏》《吕刑》三书,用人训刑,俱不坠文武成康之风烈,谓之为贤君也,谅非溢辞矣。及观韩退之作《徐偃王遗碑》,乃曰:偃王凡君国子民待四方一出于仁义,时周穆王无道,意不在天下。得八龙骑之西游,宴王母于瑶池,歌谣忘归。四方诸侯之争辩者无所质正,咸宾祭于徐,执三帛二生之物于徐之庭者二十六国。穆王方且复命,造父御,长驱而归,伐徐。偃王北走。呜呼!如退之之说,则夫子所存三书皆可废矣！孰知是说也，倡之者列子，和之者左氏。信杂说而不信圣经，退之不得逭其责也。夫乘八骏而宴王母，列子之说也；谓西极之化人请穆王同游，王执化人之袂腾上乎中天，既而王悦，不恤国事，肆意远游，乃至巨搜氏之国。又升昆仑之墟以至于瑶池，此但列子假托谬妄之言以彰其神仙之术，与黄帝不亲政事梦想华胥之事同。庄列寓言大段谲怪，多类此。厥后《左传》不察，乃因其说曰：穆王欲肆其心，周行天下，皆将有车辙马迹焉。妄者又作《穆天子传》以广其孟浪之说。此退之所为据也。夫以列子谓穆王好神仙，不恤国事为可信，则黄帝不亲政事亦可信耶？以穆王宴瑶池为可信，则黄帝至华胥国亦可信耶？且列子谓西极化人既以变物之形，又且移人之虑。又为王问所从来左右曰王默存耳。化人亦曰吾与王神游也，形岂动哉。夫既谓之默存，谓之神游，而遂谓其乘八骏宴王母不亲政事，信以为实，虽庄列寓言之意亦弗之察矣。但韩子亦因文见道者。至谓偃王能行仁义，穆王伐之，不益谬哉？夫有周王在上，偃王乃敢断诸侯之辩争，受列国之玉帛。恐知仁义者不为也。况信怪诞之说而违夫子定书之旨。因徐偃之伪而使穆王受耄荒之诬，是可以弗之辩哉？其命君牙为大司徒，则自谓守文武成康遗绪，其心忧危若蹈虎尾涉春冰，必赖股肱心膂为之翼也。其命冏伯为太仆正，则自谓怵惕惟厉中夜以兴思免厥愆，至有仆谀厥后。自圣之言，非惟见其所任尹牙伯冏为得人。而惕躬畏咎亦甚切矣。其命吕侯以刑也，则历告以谨刑罚，恤非辜，年虽老耄而一念哀矜钦恤之诚，见于言表。反谓其意不在天下，何耶？向使穆王三书所言皆无实，所任之人皆不当。在夫子必不取之以垂训也。

　　夫子存其书，则君牙伯冏吕侯必非妄人。穆王必非不恤国事之主也明矣。当是时，君臣若此，谓徐偃僭王已谬，况又受诸侯之贽乎？何后儒因伯冏为太仆正则曰穆王好马故也；因吕刑王享国百年耄荒则曰老而怠荒故好游也。所以书传谓穆王巡狩无度，财匮民劳，至于末年为一切权宜之术以敛民财。夫子录以示戒，是惑之愈甚而愈失其真矣。盍即书之本文而玩其旨乎？书曰：王享国百年，耄荒，度作刑以诰四方。盖荒度之义与禹贡荒度土工同言。年虽老耄犹荒度作刑以诰四方，正见其不敢怠也。至谓宏敷五典，式和民则，尔身克正，罔敢弗正；民心罔中，惟尔之中。诵斯言也，穆王之命诰与吾夫子垂训之意，昭然如日星也。后人徒信杂说而不信圣经，何哉？（［明］章潢《图书编》卷十）

关于周穆王远游途中表现的评价：

"王与七萃之士巡行天下，然则徒卫简而征求寡矣，非有如秦汉之千骑万乘空过而出也。王之自数其过，及七萃之规，未闻以为忤也。登群玉山，命邢侯攻玉，而不受其劳，是先王恤民之法也，未尝不行。至遇雨雪，士皆使休。独王八骏起腾以先待辄旬日，然后复发去，是非督令至期也。其承成康熙洽之余，百姓晏然，虽以徐偃王之力行仁义，不足以为倡而摇天下，以知非有暴行虐政。"（〔元〕王玄翰《穆天子传·序》）

关于周穆王书法价值的评价：

夫三端之妙，莫先乎用笔；六艺之奥，莫若乎银钩。昔秦丞相李斯见周穆王书，七日兴叹，患无其骨。蔡尚书入鸿都观碣，十旬不返。嗟其出群。故知达其源者少，闇其理者多。（〔宋〕朱长文《墨池编》卷一引晋王羲之书论四篇）

周穆王东巡题名，一卷，石。

周穆王东巡题字云："周受命一百四十九年，余因东巡，税于兹石。"唐协律郎孟翔记云："贾人于海洲得之，以为碇石。监察御史王澹游金陵，见之，取置龙兴寺后。刺史房孺移入州治。余于晏溥慧开家得其摹本。石今不知所在。周自武王十一年十一月戊午革商受命，在位七年。成王在位四十七年。康王在位二十六年。昭王在位五十一年。武、成、康、昭四世共一百二十一年。今云一百四十九者：穆王在位五十五年，东巡时即政盖十八年矣。"（〔宋〕佚名《籀史》）

周穆王刻石：

右周穆王刻石，曰："吉日癸巳"。在今赞皇坛山上。坛山在县南十三里。《穆天子传》云：穆天子登赞皇以望临城，置坛此山。遂以为名。癸巳志其日也。《图经》所载如此。而又别有四望山者，云是穆王所登者。据穆天子传但云登山不言刻石。然字画亦奇怪，土人谓坛山为马蹬山，以其"巳"字形类也。庆历中宋尚书祁在镇阳，遣人于坛山模此字。而赵州守将武臣也，遽命工凿山取其字，寘于州廨之壁。闻者为之嗟惜也。治平甲辰秋分日书。右真迹（〔宋〕欧阳修《集古录》卷一）

宋李中佑皇佑五年序穆王吉日癸巳刻石移植碑记：

广平宋公皇佑四年秋九月，自亳社之镇镇阳，赵其属郡也。公过赵日，尝访此字于士大夫间。尔后郡守王君使县人寻访，得之岩石之上。令刘庄者因督工凿取载置归我。时人始惊，观者日至。噫！此刻埋没，人不知识。因宋公一言，今遂出幽晦，取爱重。于石虽不能言，其亦可谓得所遭矣。中佑昔闻其妙，近幸权守于此而睹其真且惧经历久远一旦圮剥，或坠于地，失前妙绝之迹。乃俾辟石糊灰括以坚木，镶厅事右壁。而陷置之覆盖。固护庶永存而无弛。时皇佑五年孟夏廿一日权郡事李中佑记。（［明］都穆《金薤琳琅》卷一）

北宋收藏家赵明诚记载周穆王石刻：

右吉日癸巳字，世传周穆王书，按穆王时所用皆古文科斗书。此字笔画反类小篆。又《穆天子传》《史记》诸书皆不载，以此疑其非是。姑录之以待识者。（［宋］赵明诚《金石录》卷十三）

元代考古学家纳新所见的吉日癸巳刻石：

"吉日癸巳"石刻四字，周穆王所刻也。昔在赵州赞皇县城南十三里坛山崿石之上。《穆天子传》云：穆天子登赞皇山，以望临城，置坛此山，因以名焉。癸巳志其日也。又有四望山者，谓穆王登山望祭四方者。传中但云登山而不言刻石，然字画亦奇怪，若杖画状。土人谓坛山为马蹬山，以其巳字之形类蹬也。宋尚书广平宋祁以皇佑四年秋自亳移镇镇阳，道出赵州，命人于坛山石壁模得此字。时赵之守将武臣也，遽命凿山壁载其字归。赵㡌之厅壁。闻者莫不叹惋。嘉佑己亥移置高邑县厅壁。元至元二十三年乙酉复移㡌赞皇庙学之壁云。（［元］纳新《河朔访古记》卷上）

明初宋濂认为"吉日癸巳"刻石非穆王莫属：

周穆王坛山刻石吉日癸巳字在坛山。宋宋祁寻而摩之。县令刘庄凿取归州，权郡事李中佑㡌置厅事右壁而为之跋。国朝宋濂考据款识以为周穆王书亡疑。而宋人施宿乃谓州廨旧石以政和五年取入内府。然则濂所录余所录岂后人拓本耶？濂曾摩刻浦阳山房仍自为跋。余本有李跋无宋跋又非宋本不可晓。（［明］赵崡《石墨镌华》卷一）

　　明人杨升庵认为周穆王吉日癸巳石刻是真品，因为那个时代是小篆大篆并用：

　　"再考赞皇山中吉日癸巳字乃周穆王书。其时代远在宣王之前。然赞皇山石刻乃是小篆而宣王石鼓却是古文籀书，此又大篆小篆并用。"（［明］杨慎《丹铅余录》卷十七）

　　清代顾炎武目睹吉日癸巳刻石的记录：

　　吉日癸巳世传周穆王登坛山刻此四字于石。金石録以为三代时所用皆古文科斗书而此乃类小篆，疑而未信。今坛山在赞皇县东北一十五里，而此石已移置县之儒学戟门西壁（［清］顾炎武《金石文字记》卷一）

关于周穆王远游的评价

北齐颜延之对周穆王的评价：

　　《颜氏家训》《止足篇》第十三：礼云：欲不可纵，志不可满。宇宙可臻其极，情性不知其穷。唯在少欲知止为立涯限尔。先祖靖侯戒子侄曰：汝家书生门户，世无富贵。自今仕宦不可过二千石，婚姻勿贪势家。吾终身服膺以为名言也。

　　天地鬼神之道，皆恶满盈。谦虚冲损，可以免害。人生衣取以覆寒露，食取以塞饥乏尔。形骸之内，尚不得奢靡；已身之外而欲穷骄泰耶？周穆王秦始皇汉武帝富有四海，贵为天子，不知纪极，犹自败累。况士庶乎？（［北齐］颜之推《颜氏家训》卷下）

韩愈对周穆王的评价：

［唐］韩愈《衢州徐偃王庙碑》：

　　徐与秦俱出柏翳，为嬴姓国。于夏、殷、周世咸有大功。

　　秦处西偏，专用武胜，遭世衰，无明天子，遂虎吞诸国为雄，诸国既皆入秦为臣属，秦无所取利，上下相贼害，卒偾其国而沉其宗。

　　徐处得地中，文德为治，及偃王诞，当国，益除去刑争末事。凡所以君国子民，待四方一出于仁义。

　　当此之时，周天子穆王无道，意不在天下，好道士说，得八龙，骑之西游，同王母宴于瑶池之上，歌讴忘归，四方诸侯之争辨者，无所质正，咸宾祭于徐，贽玉帛死生之物于徐之庭者三十六国，得朱弓、赤矢之瑞。穆王闻之恐，遂称受命，命造父御，长驱而归。与楚连谋伐徐。

徐不忍斗其民，北走彭城武原山下，百姓随而从之万有余家。偃王死，民号其山为徐山，凿石为室，以祠偃王。偃王虽走失国，民戴其嗣为君如初，驹王、章禹祖孙相望，自秦至今，名公巨人，继迹史书。徐氏十望，其九皆本于偃王。而秦后迄兹无闻家，天於柏翳之绪，非偏有厚，施仁与暴之报，自然异也。

衢州故会稽太末也，民多姓徐氏，支县龙丘有偃王遗庙。

或曰偃王之逐战，不之彭城，之越城之隅，弃玉几研于会稽之水。或曰徐子章禹既执于吴，徐之公族子弟散之徐、扬二州间，即其居立先王庙。云开元初，徐姓二人相属为刺史，帅其部之同姓，改作庙屋，载事于碑。后九十年，当元和九年，而徐氏放复为刺史，放字达夫，前碑所谓今户部侍郎，其大父也。春行视农，至于龙丘，有事于庙，思惟本原，曰：故制牺朴下窄，不足以揭虔妥灵。而又梁牺赤白，哆剥不治。图像之威，默昧就灭。藩拔级夷，庭木秃缺，祈盯日慢，祥庆弗下。州之群吏，不获荫庥。余惟遗绍而尸其土，不即不图，以有资聚，罚其可辞，乃命因故为新，众工齐事，惟月若日工告讫功，大祠于庙，宗卿咸序应。是岁，州无怪风剧雨，民不夭厉，谷果完实，民皆曰耿耿祉哉，其不可诬。乃相与请辞京师，归而镵之于石。

辞曰：秦杰以颠，徐田邈绵，秦鬼久饥，徐有庙存，婉婉偃王，惟道之耽，以国易仁，为笑于顽，自初擅命，其实几姓，历短詈长，有不偿亡，课其利害，孰与王当，姑篾之墟，太末之里，谁思王恩，立庙以祀。王之闻孙，世世多有，惟临兹邦，庙土实守，坚峤之后，达夫廓之，王殁万年，如始祔时，王孙多孝，世奉王庙，达夫之来，先慎诏教，尽惠庙民，不主于神，惟是达夫，知孝之元，太末之里，姑篾之城，庙事时修，仁孝振声，宜宠其人，以及后生，嗟嗟维王，虽古谁亢，王死于仁，彼以暴丧，文追作诔，刻示茫茫。

元和十年十二月九日立，福州刺史元锡书。（［唐］韩愈《昌黎先生文集》卷二十七）

清朝雍正皇帝对周穆王的评价：

周穆王无道，意不在天下。好方士说，得八龙骑之，西游同王母宴于瑶池之上，歌讴忘归。四方诸侯之争辩者无所质正，咸宾祭于徐。赘玉帛死生之物于徐之庭者三十六国，得朱弓赤矢之瑞。穆王闻之恐，遂称受命。命造父御，长驱而归。与楚连谋伐徐。徐不忍斗其民，走彭城武原山。百姓随而从之万有余家。（清雍正《钦定执中成宪》卷一）

　　历史上关于周穆王远游的评价，多数都是否定的，认为其不务正业，代表性的评价来自颜延之和韩退之。这是过去儒生接受正统教育的结果。因为《尚书》上有周公教育周成王的篇章。周公怕年幼的成王贪图享受，不勤劳王事。因此要他不要好逸恶劳。其实，周穆王的远游是开拓，是进取，是古代帝王巡守的正常工作。因为列子等道家著作的改造歪曲，周穆王的形象因此受到很大的影响。但只要我们阅读周朝的原书如逸周书所载三篇经典，只要看看孔子整理古代文化遗产，保留了周穆王的君牙、伯冏和吕刑三篇，只要看看周穆王自己的反思，只要看看周穆王能在位55年，就会明白周穆王不是无道昏君，而是周朝为数不多的圣君。

　　在周穆王被误解的过程中，唐代诗人韩愈所作的《徐偃王碑记》和白居易的《八骏图》诗，对后世影响最大。因为他们的观点虽然跟颜延之一脉相承，但颜延之只是笼统批评了周穆王等不知足的病症，并无具体的罪行。而韩愈因为给徐偃王墓地写碑文，就加上了若干罪名。白居易跟着嚷嚷，实际影响比颜延之大。

> 穆王八骏天马驹，后人爱之写为图。
> 背如龙兮颈如象，骨竦筋高脂肉壮。
> 日行万里速如飞，穆王独乘何所之？
> 四荒八极踏欲遍，三十二蹄无歇时。
> 属车轴折趁不及，黄屋草生弃若遗。
> 瑶池西赴王母宴，七庙经年不亲荐。
> 璧台南与盛姬游，明堂不复朝诸侯。
> 《白云》《黄竹》歌声动，一人荒乐万人愁。
> 周从后稷至文武，积德累功世勤苦。
> 岂知才及四代孙，心轻王业如灰土。
> 由来尤物不在大，能荡君心则为害。
> 文帝却之不肯乘，千里马去汉道兴。
> 穆王得之不为戒，八骏驹来周室坏。
> 至今此物世称珍，不知房星之精下为怪。
> 八骏图，君莫爱。

第三部分　周穆王生平杂辑

周穆王微服私访与人赌博：

井公，邴人。周穆王北入邴。邴，郑邑。与井公博，三日而决。井公疑其贤人而隐者，故王就博。（《册府元龟》卷八百六十九）

周穆王是第一个称颂唐尧的人：

盖周穆王始以言唐尧也，见于吕刑之书。（《事物纪原》卷一）

周穆王是历史上最早发明檄文的人：

檄，始于周穆王。令祭公谋父为威让之辞以责狄。（《事物纪原》卷二）

周穆王是史上第一个设置道观的人：

周穆王尚神仙，召尹轨、杜冲居终南山尹真人草楼之所，因号楼观。盖道观之初也。（《事物纪原》卷七）

周穆王时已经有"幔"这种物品：

用于遮蔽雨水的帐幔在周穆王时就有了。"周穆王有鸾章锦幔，盖周有其物也。"（《事物纪原》卷八引《拾遗录》）

傀儡戏起源于周穆王时：

周穆王巡狩，有献工人名偃师。王问曰：若有何能？曰：臣之所造能倡者。穆王惊视之，趣步俯仰，信人也。巧夫镇其颐，则歌合律；捧其手，则舞应节。千变万化惟意所适。穆王曰：人之巧乃可与造化者同功乎？诏贰车载之以归（《列子·周穆王》）

周穆王时巧人有偃师者，为木人能歌舞。王与盛姬观之。舞既终，木人瞬目以手招王左右，王怒，欲杀偃师。偃师惧，坏之，皆丹墨胶漆之所为也。此疑傀儡之始矣。

周穆王发明赎刑：

金作赎刑，谓鞭、扑二刑之可恕者则许用金以赎其罪。

赎刑起周穆王。古之所谓赎刑者，赎鞭扑耳。夫既已杀人伤人矣，又使之得以金赎，则有财者皆可以杀人伤人，而无辜被害者何其大不幸也。且杀之者

安然居乎乡里，彼孝子顺孙之欲报其亲者岂肯安于此乎?《朱子语类》卷七十八)

周穆王享国百年，命吕侯为司寇，作书训夏赎刑以诰四方，名吕刑。(《唐律疏义，进律表疏》)

周穆王最早记录房中术的祖师容城公采阴补阳事迹：

容成《阴道》二十六卷，后汉方术　冷寿光行容成公御妇人法。《列仙》：容成公自称黄帝师，见于周穆王。能善补导之事，取精于玄牝。其要谷神不死，发白复黑，齿落复生。(《汉艺文志考证》卷十)

周穆王喜欢的灯烛：

周穆王设常生之灯以自照，列蟠龙膏之烛遍于宫内。又有凤脑之灯，冰荷以盖其上。(《拾遗记》)

周穆王乃后世刻碑摩崖之祖：

春山铭

《穆天子传》：天子观春山之上，乃为铭疏于玄圃之上，以贻后世。天子升于奄山，乃纪迹于奄山之石，而树之槐，眉曰西王母之山。奄山即崦嵫山。

《山海经》：穆王至昆仑之丘，眺钟山之岭，玩帝者之宝，勒石王母之山，纪迹玄圃之上。刘勰曰：穆王纪迹弇山之石，亦碑之意。(《玉海》卷六十)

周穆王继承了舜乐和汤乐：

奏承云、六莹、九韶、晨露。注：九韶，舜乐；晨露，汤乐。(《玉海》卷一百三)

周穆王的"秘书老师"——戎夫：

《周书》：周穆王有左史戎夫，书前代存亡之数。(《玉海》卷一百二十五)

周穆王筑高台——中天之台以悦西极化人：

《列子》：周穆王筑中天之台，五府为虚而台始成。中天之台，其高千仞(《玉海》卷一百八十三)

周穆王的马车——黄金碧玉之辇：

王子年《拾遗记》周穆王驭黄金碧玉之辇，从朝及暮而穷宇宙之内遍焉。（《山堂肆考》卷一百八十）

周穆王时西王母献奇花：

《拾遗记》：同穆王时西王母进昆仑素莲，一房百子，凌冬而茂。（《玉海》卷一百九十七）

周穆王用冰荷做灯罩：

《拾遗记》卷一："周穆王三十六年，王东巡大骑之谷。指春宵宫，集诸方士仙术之要。有冰荷者，出冰壑之中，取此花以覆灯，不欲使光明远也。"（《御定佩文斋广群芳谱》卷二十九）

妻子别立谥法自周穆王首创：

妇人从夫之谥也。其别谥者，则自周穆王之哀淑人始也。（《说略》卷十）

周穆王时的巧匠所造机器人：

有人以优师献周穆王，甚巧，能作木人，趋走俯仰如人。锁其颐则可语，捧其手则可舞。王与盛姬共观，木人瞬其目，招王左右侍者。王大怒欲诛优师。优师大怖，乃剖木以示王。皆附草革木所为，五脏完具。王大悦，乃废其肝则目不能瞬；废其心，则口不能语；废其脾，则手不能运。王厚赐之。（《金楼子》卷五）

周穆王时因见西极幻人巧艺而厌弃帝王生活而追求远游梦想：

周穆王时，西极有化人能入水火贯金石反山川移城郭。穆王为起中天之台，郑卫奏承云之乐，月月献玉衣，日日荐玉食。幻人犹不肯舍。乃携王至幻人之宫，构以金银，络以珠玉，鼻口所纳皆非人间物也。由是王心厌宫室。幻人易之耳。王大悦，肆志远遊。（《金楼子》卷五）

《周穆王相马经》三卷；周穆王八骏图一卷，晋史道规画。（《通志》卷六十六）

楼观台历代设置道士的编制数目：

《太霄经》云：周穆王因尹轨真人制楼观，遂召幽逸之人置为道士。平王东迁洛邑，置道士七人；汉明帝永平五年置二十一人；魏武帝为九州岛，置坛度三十五人；魏文帝幸雍，谒陈炽法师，置道士五十人；晋惠帝度四十九人。故用道士请命，孙权之前无所见。（《宾退录》卷七）

周穆王时西王母回访曾赠素莲给周穆王：
《拾遗记》：周穆王时，西王母来，共玉帐高会，进昆流素莲，素莲者一房百子，凌冬而茂。（《御定佩文斋广群芳谱》卷六十六）

周穆王吹笛止雨：
周穆王时，天下连雨三月。穆王乃吹笛，其雨遂止也。（《天中记》卷三）

周穆王南征怪事：
周穆王南征，一军皆化：君子化为猿鹤，小人化为虫沙。（《抱朴子》，见《鹤林玉露》卷十四）

周穆王见偃师时间当在会见西王母的那次远游之前：
《列子》曰：周穆王西巡狩，道有献工人名偃师。王问曰：若有何能？曰：臣有所造，愿王观之。越日谒见王。王曰：若与偕来者何人耶？对曰：臣之所造能倡者。王视之，趋步俯仰，信人也。巧夫颔其颐则歌合律；捧其手则舞应节。千变万化，惟意所适。王以为实人也，与盛姬内御并观之。技将终，倡者瞬其目而招王之左右侍妾。王怒，欲诛偃师。偃师立剖散倡者以示王，皆傅草革木胶漆白黑丹青之所为。

西王母奏乐欢迎周穆王：
周穆王东巡，西王母来奏环天之和乐，列以重霄之宝器。器有员山静瑟，员山其形圆也。有大林，虽疾风震地而林木不动。以其木为琴瑟，故曰静瑟。（《天中记》卷四十三引《拾遗记》）

周穆王的书法、诗歌创作：
周穆王作黄竹歌：周穆王休于国中，大雨雪，乃作歌三章，名曰《黄竹》。（《穆天子传》）

第四部分　周穆王远游生活和遗迹：

远游生活剪影：

周穆王以黄帝为自己的榜样。周穆王少好神仙，常欲使车辙马迹遍于天下，以仿黄帝焉，乃乘八骏之马，奔戎为右，造父为御，又觞西王母于瑶池之上。王母谣曰：白云在天，道里悠远。山川间之。将子无死，尚能复来。祭父自郑国来谒，谏王以徐偃乱。王乃反国，宗社复安（《太平广记》见《古今事文类聚，前集》卷十三）

大旅行家周穆王：

《山海经》曰：周穆王周历四荒，名山大川靡不登跻。东升王公之堂，西宴王母之庐。

周穆王从楚东到九江：

周穆王从荆东至九江，以鼋鼍为梁而渡。（《古今事文类聚，续集》卷十引《纪年》）

周穆王曾考察安邑县盐池：

周穆王、汉章帝并幸安邑而观盐池。（《水经注》卷六）

周穆王到过沂山的记载，在地方志中最早见于元于钦编修的《齐乘》："山顶有二冢，相传周穆王葬宫嫔于此，故大岘关因号穆陵云"。

管仲乃周穆王的后裔：

管夷吾出自周穆王，至夷吾始显。岂管叔之后耶？（《水经注释—水经注笺刊误》卷三）

周穆王伐昆吾得宝刀：

周穆王伐昆戎，昆吾献赤刀。后转为伊吾。周衰，为匈奴所得。（《钦定河源纪略》卷三十）

周穆王时金牛石：

金牛石，在县北十里龙山口。周穆王时九月九日，天上金牛星飞坠，即亢旱，人物多瘴疫。求祷于石，乃愈。邑人立庙祀之，今庙圮而石存。明李知微

有诗。(《广西通志》卷四十五)

周穆王的八骏名目:

《拾遗记》曰:周穆王即位,巡行天下,驭八龙之骏,名曰绝地、翻羽、奔霄、越影、踰辉、超光、腾雾、挟翼。《古今注》曰:秦始皇有七马,名曰:追风,白兔,蹑景,追电,飞翮,铜爵,晨凫。(《编珠》卷四)

秦少游《八骏图序》:

予尝闻有周穆王八骏之说,乃今获览。厥图雄凌趫胜,彪虎文螭之流,与今马高绝悬异矣。其名盗骊、蜚黄、騕褭、白蚁之属也,视矫首则若飞云;视举足则若乘风;有待驭之状;有矜辇之姿。若日月之所不足。至若天地之所不足,周轩轩然巍巍然言其真也。实星降之精思。其发也犹神扶其魄,轼者如仙,御者如梦。将变化何别哉?世说周穆王驾八骏日会王母于瑶池,从羣仙而游。按《山海经》去中国三万里,非虚说也。而不知其从得之。厥神是生为之用欤?何古书无其匹欤?图之首有褚公遂良题云秦汉之降于梁隋,至于皇唐,不泯厥迹。卓人昭然。奇哉!信乎!苟今考之于古,则人大笑矣;求之于时,则旷世矣。由是知物有同者不必良,有异者不必否。或虑观之者昧,故为序以表焉。(《古今事文类聚·后集》卷三十八)

《穆天子传》的发掘:

《穆天子传》五篇,言周穆王游行四海,见帝台西王母。《图诗》一篇,画赞之属也。又《杂书》十九篇,周食田法,《周书》论楚事、周穆王美人盛姬死事,大凡七十五篇。七篇简书拆坏,不识名题。(束)皙挍勘其指归以今文写之。(《少室山房笔丛正集》卷十七)

周穆王时外国献奇器割玉刀和夜光常满杯:

《列子》曰:周穆王征西戎,西戎献昆吾之剑,赤刀切玉如切泥。(《艺文类聚》卷八十三)

周穆王时,西域献昆吾割玉刀及夜光尝满杯。刀切玉如泥,杯是白玉之精光明。夜照冥夕出杯于中庭,向天比明,而水汁已满杯中矣。汁甘而香美,斯实灵人之器。(《遵生八笺》卷十四引《十洲记》)

周穆王时,西夷献昆吾割玉刀及夜光常满杯。刀长一尺,杯受三升。刀切玉如切泥,杯是白玉之精光,明夜照冥夕出杯于中庭,以向天比明,而水汁已满于杯中也。汁甘而香美，斯实灵人之器。秦始皇时西夷献切玉刀，无复常满杯耳。如此胶之所出，从凤麟洲来；剑之所出，必从流洲来，并是西海中所有也。（《说郛》卷六十六下）

周穆王时胥渠国所献奇镜：

镜之奇者，周穆王时胥渠国火齐镜，暗中视物如昼，人语则镜中响应。（《玉芝堂谈荟》卷二十七）

周穆王见西王母所送礼品：

周穆王时命八骏与七萃之士，使造父为御。西登昆仑而宾于王母。穆王持白珪、重锦以为王母寿。事具周穆王传。（《说郛》卷一百十三上）

周穆王会西王母时吃的水果：

周穆王会王母于瑶池，食素莲、黑枣、碧藕、白橘。

《类说》卷三引用《穆天子传》

西王母用嶰州甜雪招待周穆王：

《拾遗记》曰：西王母进周穆王以嶰州甜雪，又曰嶰州霜甘也。（《编珠》卷一）

意而子不愿意做官周穆王无可奈何：

周穆王迎意而子，居灵卑之宫，访以至道。后欲以为司徒。意而子愀然不悦，奋身化作玄鸟，飞入云中。故后人呼玄鸟为意而。（《说郛》卷三十二上）

周穆王十七年至昆仑山西王母国：

《穆天子传》曰：天子遂宿于昆仑之阿，赤水之阳。吉日辛酉，天子升于昆仑之丘，以观黄帝之宫。《纪年》曰：周穆王十七年西征至昆仑丘，见西王母，王母止之。（《艺文类聚》卷第七）

周穆王豜鹿林中，赐臣曹奴黄金之鹿：

《穆天子传》曰：天子赐曹奴之人黄金之鹿。又曰：天子射鹿于林中。（《艺文类聚》卷九十五）

周穆王十七年西征至昆仑丘见西王母：

《纪年》曰：周穆王十七年西征，至昆仑丘。见西王母。《穆天子传》曰：天子升于昆仑之丘，以观黄帝之宫，增封于昆仑山上。

又曰：天子遂宿于昆仑之阿，赤水之阳。

《山海经》曰：周穆王至昆仑之丘，遊轩辕之宫，眺钟山之岭，勒石西王母之山，纪迹玄圃之上。

又曰：槐江之山，实惟帝之平圃。南望昆仑，其光熊熊。有木焉，其状如棠而黄华赤实，其味如李而无核，名曰沙棠。食之令人不溺。草木之美者沙棠也

又曰：昆仑之墟方八百里，高万仞。上有木，木长五寻，大五围。旁有井，以玉为楹。楹有五门，门有开明兽守之。百神所在。又曰：昆仑之丘，有神人面虎身文尾。其下有弱水泉。（《太平御览》卷三十八）

周穆王北征：

《穆天子传》曰：天子北征，绝漳水；西征，宾于王母。天子觞西王母瑶池之上。（《艺文类聚》卷二十七）

周穆王东巡宿于曲洛之见闻：

《穆天子传》曰：天子东游于黄泽，宿于曲洛。曰黄之泡，其马歇沙。皇人威仪。黄之泽，其马歇玉。皇人寿谷。（卷四）

周穆王南巡自郢而闽：

梁吴筠《江神责周穆王璧》曰：

昔穆王南巡，自郢徂闽。遗我文璧，金曰：此津贯纬百纪，荐历千春。念兹文璧，故问水滨。江汉最之，自求多益。反我名瑞，跃此华璧。则富有汉川，世为江伯。如有负秽心迷，怀衅情戚。藏玉泥中，匿珪鱼腹。使公孙蹑波而长呼子羽，济川而怒目俟飞。舞剑而东临菑丘，跃马而南，逐打素蛤而为粉碎。紫贝其如粥。

又有川人勇俊，处乎闽濮。水居百里，泥行万宿。右睋而河倾，左咤而海覆。乃把昆吾之铜纯钩之铁，被鱼鳞之衣。赴螺蚌之宄，引濑东隅。移燋北岛，使蓬莱之根郁而生尘。瀛州之足净而可扫。按骊龙取其颔下之珠，搦鲸鱼拔其眼中之宝。皇恩所被，繁枯润涸。威之所加，穷河绝漠。愿子三思，反此明玉。（《艺文类聚》卷八十四）

巨搜之国用牛奶为周穆王洗脚：

周穆王到巨搜之国，该国接待方用牛马之奶给周穆王洗脚，用白鹄之血做饮料招待周穆王。（《穆天子传》）

周穆王用冰桃碧藕招待西王母：

西王母降，同穆王开宴，有万岁冰桃、千岁碧藕。（《穆天子传》）

西王母赠送周穆王的礼物——碧蒲之席黄莞之荐：

周穆王时，西王母来献碧蒲之席、黄莞之荐。（《拾遗记》）

周穆王遗迹酱考：

周穆王遗迹1：开封汜水县虎牢关

虎牢城。周穆王猎于郑圃，获虎，命畜之。因名曰虎牢。（《舆地广记》卷九）

虎牢关在开封府汜水县．西周穆王猎郑圃，七萃之士高奔戎捕虎生献之。天子命其押养于东虞，因名其地曰虎牢。汉于此置成皋县，隋复于此置关，因名其关曰虎牢。唐改为武牢。（《山堂肆考》卷三十）

周穆王遗迹2：酒泉昆仑山

唐章怀太子注谓昆仑山名，因以为塞。在今肃州酒泉县西南。山有昆仑之体，故名之。厉穆王见西王母于此山，有石室王母台。则又知周穆王西游初不出中国云。凡诸书云昆仑，悉注于此。（宋《云麓漫抄》卷九）

周穆王遗迹3：陕西盩厔楼观台

《初学记》载：《楼观本记》云：周穆王好尚神仙，因尹真人学，制楼观，遂召幽逸之士置为道士。平王东迁，又置道士七人。（《义门读书记》卷三十）

周穆王遗迹4：五鹿墟

周穆王东征，曾在河北大名府元城郭东一个叫五鹿的地方驻扎，有五鹿墟。郡国志曰：五鹿墟故沙鹿，周穆王东征舍于五鹿。其女叔娷届此，是曰女娷之邱。为沙鹿之异名也。（《水经注》）

《郡国志》曰：五鹿故沙鹿，有沙亭。周穆王丧盛姬。东征舍于五鹿。其女叔娷届此思哭。是曰女娷之丘，为沙鹿之异名也。（《水经注》卷五）

周穆王遗迹5：猎台

猎台，在井陉县陉山上。相传周穆王猎铡山时筑。（《畿辅通志》卷五十四）

周穆王遗迹 6：穆王庙

周穆王庙在赞皇县赞皇山上。（《畿辅通志》卷五十）

周穆王遗迹 7：穆王庙

赤石亭在江阴县三十里，郭璞云赤石山下有朱砂，上有周穆王庙，或云穆王曾游此。（《江南通志》卷三十二）

周穆王遗迹 8：周穆王陵

周穆王陵在（长安）县西南二十五里张恭村。（［宋］宋敏求《长安志》卷十二）

周穆王陵在辰溪县钟鼓山（即湖南辰州）。（《湖广通志》卷八十一）

周穆王遗迹 9：周穆王与五台山佛教

感通传道宣律师尝问诸天佛法来此之始，及域内圣道场处。天名元畅者答曰：周穆王时已有声教及此，清凉山曼殊所居，穆王于中建庙祀之。（《山西通志》卷二十六）

周穆王遗迹 10：山西平陆的周穆王遗迹

《通典》：平陆有颠軨坂。相传周穆王八骏经此车为颠簸，土人名軨峤。王思诚诗"山头百折颠軨坂"。（《山西通志》卷二十七）

周穆王遗迹 11：周穆王游元池

周穆王遊元池，在盩厔县。植竹，竹皆成斑。其大如椽，其密如簹。（《陕西通志》卷四十四引《盩厔县志》）

周穆王遗迹 12：周穆王造寺的传说

西明寺道律师在京师城南故净业寺修道。忽有一人来至律师所。律师问邠州显际寺山出石像者何代所立？答曰：像是秦穆公所造。像元出处是周穆王造寺处也。（《陕西通志》卷九十九引《法苑珠林》）

周穆王遗迹 13：造父于桃林塞夸父山得良马献穆王

湖水出桃林塞之夸父山，广圆三百仞。武王伐纣，天下既定，王巡岳渎，放马华阳，散牛桃林，即此处也。其中多野马，造父于此得骅骝、绿耳、盗骊之乘，以献周穆王，使之驭以见西王母。（《水经注》卷四）

周穆王遗迹 14：沂山穆陵关

盛姬死后，周穆王非常伤心。《穆天子传》用了大量篇幅介绍穆王如何给盛姬办丧事。盛姬的葬礼很风光。穆王将她葬于沂山东南，因为这里是见证他们爱情的地方。这个见于元朝于钦编修的地方志《齐乘》："山顶有二冢，相传周穆王葬宫嫔于此，故大岘关因号穆陵云"。

盛姬所葬之地因穆王而名，称为穆陵，后人在此筑关，称之为齐长城第一雄关穆陵关。一段爱情传奇就此画上了句号。据传穆陵古称大岘，西周第五代国君周穆王姬满，率文武百官巡游天下。一日来到大岘，见此地山势雄奇，灵气充盈，风景秀美，气候温和，心情格外舒畅，下令在此修建行宫。历时日久，穆王爱妃盛姬患病而逝，葬于山上。后人因穆王爱妃盛姬陵墓在此，遂将此山称之为穆陵。穆陵关东侧的"梳妆楼"遗址，传为穆王、盛姬所留。

（2015 年修订）

第三编 03

得姓始祖、始迁祖研究

喻相如研究

一、喻氏得姓的历史背景

喻氏本出姬姓，属于颛顼帝的后裔，是周文王的儿子姬旦之后。姬旦也就是周武王的弟弟，周成王的叔叔，史称周公旦。周公有大功于王室。周康王封周公第五代后裔稷公于祭（音寨），其地旧属河南管城（今新郑）。古老的祭国现在还保留了一处遗址，即今新郑之祭城镇。周公的第五代后裔稷公受封祭地后，自然是长子世袭爵位。第五世孙祭公为周昭王的辅政大臣。周昭王南征楚国，因为不识水性，遭了楚人的暗算。上起周天子昭王、重臣祭公，下到普通官兵，数万将士几乎全军覆没。斥候（侦察兵）将噩耗送到京师。当了 50 年太子的姬满登基，是为周穆王。周穆王十一年，册封祭公稷的长子祭公谋父为卿士，继承父亲的爵位，辅佐周穆王。历史掀开了新的一页。但新天子没有点燃烽火，号召各路诸侯立即前去征讨楚国。因为这毕竟是一个

图 3-1　得姓始祖喻相如像

动摇国本的大事，更是一件很丢人的事情。因此，史家对这次南征讳莫如深。这事直到鲁僖公四年，齐侯以诸侯之师前来征讨楚国，楚国派代表前来责难齐师，楚国的代表说，你们齐国和我们楚国天各一方，我们是风马牛不相及。你们怎么跑到我们的地盘来了？请问有什么说法吗？齐国的统帅管仲重点说了两大理由。第一条理由就是你们楚国多年不朝贡天子，以至于现在周天子祭祀天

地祖先连过滤酒浆用的茅草都缺乏。这就是我带诸侯联军讨伐你们的原因。他说的第二大理由是从前周昭王南征楚国，你们把他们君臣和六军都设局淹死在汉水之中，别以为我们不知道。楚国代表很智慧地回答说：如果说我们疏忽了给周天子进贡苞茅，这确实是我们的过错。至于周昭王南征淹死在汉水中的事情，你们自己到汉水边去问吧。（详见日本学者竹添光鸿《左氏会笺》，巴蜀书社 2008 年版第 1 册第 397－400 页。）

这个见诸《左传》的著名故事跟我们喻姓得姓很有关系。因为根据族谱记载："按史记喻氏出于姬姓，周文王之后裔，康王别子相如公之裔也。相如公，祭公谋父之子。谋父之父讳稷。为周卿士。有功封祭国公。谋父痛父从昭王，以胶舟溺汉水死。愤志修政。克光前烈。穆王以其能喻德教，遂封其子相如于江夏郡。命姓曰喻。相如公即以名其子曰喻芳。取其奕叶传芳之义。此吾喻氏之所由来也。"（见清乾隆二十四年版浙江昌化《考坑喻氏宗谱》卷一所载旧谱跋。）

今湖北省武汉市武昌区有喻家山（在华中科技大学辖区范围内），有喻家湖（今武汉东湖的前身）。武汉市区古属江夏郡。天下喻氏言郡望绝大多数称江夏者以此。喻氏旧谱有关于始祖因封于喻国，以国为姓的记载，这个喻国故地就在汉朝江夏郡的范围之内。喻氏家族最初的发源地在江夏。在西汉后期王莽主政的时节，喻氏家族为躲避战乱才从江夏迁往豫章上饶玉山（即今天的江西玉山）等地。东汉初迁到豫章郡城澹台门外龙沙里。在今天的江西宜春市，有个县级市原名新喻县，20 世纪 70 年代国家推行简化字，该县名被改成新余。在玉山县还有江夏喻，上喻、下喻等和喻姓迁徙有关的历史地名。这些地名都是喻氏居住过的重要聚落，包含著喻氏家族从江夏迁往江西的诸多历史信息。

二、辅佐周穆王的是第几代祭公？

关于这个问题，喻氏宗谱是这样说的：

黄帝→元嚚→蟜极→帝喾→后稷→不窋→鞠陶→公刘→庆节→皇仆→差弗→毁隃→公非→高圉→亚圉→公祖类→古公亶父→季历→文王昌→周公旦→鲁公伯禽→考公酋→炀公熙→幽公宰/魏公潰→厉公/稷公。（见清乾隆二十四年版浙江昌化《喻氏宗谱》卷一所载《统宗至万字年表》，安徽旌德《仕川喻氏族谱》同。）

以上是第一代祭公之前的远古世系。家谱上随后于得姓始祖喻相如名下有一段备注。全文如下：

　　祭公为周卿士，封畿内诸侯，为祭公。从昭王南征，与王同胶舟溺死汉水。祭公谋父克笃前烈，作《祈招》以止穆王。谋父之子相如食采于江夏。以其能宣上德达下情，举遗逸，喻德教。赐姓曰喻。后因以为氏焉。

这段备注十分重要。

从第一代祭公得到封地祭国，到被周穆王赐姓喻的这代祭公，中间一共也只经历了三代。第一代祭公是周康王的叔伯兄弟。用宗族传统称呼，就是别子。第一代祭公辅佐的是周昭王。

第二代祭公即祭公谋父，他辅佐的是周穆王。论辈分，他是周穆王的叔祖父（详见《逸周书·祭公解》和《清华大学藏战国竹简》中的《祭公之顾命》篇中周穆王对祭公谋父的称呼）。

第三代祭公名叫相如，被封于江夏。接受周穆王赐姓喻氏。喻氏家族谱牒文献多有关于这位得姓始祖的记载。

三、喻氏家谱关于三代祭公的记载可靠吗?

答案是肯定的。

第一代祭公名稷。他是周公旦长子伯禽第五世裔孙。他辅佐的是周昭王。昭王名姬瑕。他主政后一共两次伐楚。第一次在主政后第"十六年伐楚。涉汉，遇大兕。"第二次伐楚在第19年。《竹书纪年》卷下记载说，第二次伐楚，"祭公、辛伯从王伐楚"。这第二次伐楚没有第一次顺利。"天大曀。雉兔皆震。丧六师于汉。王陟。"这句话的意思是，第二次伐楚，碰上白昼天黑，光线阴暗，还有大风。就连野鸡和兔子都惊恐万状，四处逃窜。周昭王最精锐的六师都死于汉水。昭王也死在这次伐楚之役。关于昭王第二次伐楚大败亏虚，六师丧尽的史实，《帝王世纪》比《竹书纪年》记载清晰："昭王德衰，南征，济于汉。船人恶之。以胶船进。中流胶液解，王及祭公皆没于水中也。"

晋杜预注、唐孔颖达疏的《春秋左传注疏》还引用《吕氏春秋·季夏纪》的说法，说当年随从周昭王南征楚国的除了祭公，还有辛余靡。辛余靡即《竹书纪年》所说的辛伯。《吕氏春秋》依据相关古书说，辛伯这个武将"长且多力"。他们走在汉水桥上时，突然桥垮塌了，君臣三人均落入汉水之中。不管是因船解体落入汉水，还是因为桥断了落入汉水，反正祭公和辛伯是跟随周昭王一起经历的。不同的是，辛伯因为水性好，加上人个子高，体力好，因此躲过一劫。《吕氏春秋》说，"梁败，王及祭公陨于汉中。辛余靡振王北济，反振祭公"。看文义似乎不仅救了昭王，还回头救了祭公。既然六师丧于汉水，楚人也不是吃素的，怎么会让周昭王等君臣三人活着离开呢？

第二代祭公叫谋父，是西周伟大的政治家。喻氏家谱在附注中用极简单的文字勾勒他的人生，首先说他"克笃前烈"，也就是能继承父亲的遗志，一心一意辅佐周穆王。其次说他为了唤醒周穆王的远游梦，创作了《祈招》之诗。让恨不得普天之下到处都留下他之车辙马迹的周穆王清醒过来，结束远游，回到治国君民的现实中来。周穆王结束远游后进行了著名的三大制度建设，即命令相关大臣分别作《君牙》篇以教民；作《伯冏》篇以御下；作《吕刑》篇以治罚。这三篇治国君民的历史文献，得到至圣先师孔子的认可。在他删述六经的过程中得以保存下来滋养后世的华夏子孙，成为《尚书》中著名的篇章。

祭公谋父还有一件被载入史册的大事，是他临死前不久在病榻前给周穆王及其重臣们进行训政。他还给周穆王推荐治国安邦的毕（桓）、（井）利和毛班三公辅佐穆王。

喻氏家谱远祖世纪附注除了没有提祭公谋父这最后的训政之事，他辅佐穆王深得穆王信任这件事确是记载的清楚明白。这些简短的记载可以得到《穆天子传》《春秋左氏传》《帝王世纪》《竹书纪年》《国语》《清华大学藏战国竹简》《逸周书》等很多先秦古籍的佐证。

第三代祭公名相如。先秦史籍虽然没有关于他接受册命的记载，但那显然是史料缺失，或者是尚在地下未被发掘。不过，祭公谋父病逝之后，喻相如继续辅佐周穆王30余年。因为《竹书纪年》记载祭公谋父病逝在周穆王主政的第21年，22年落葬。而周穆王50岁登基，做了55年天子。祭公相如在乃父病逝后辅佐穆王。周穆王"以其能宣上德，达下情。举遗逸，喻德教"而"赐姓喻氏，食采江夏"。终祭公相如一生，没有到封地江夏去住过。他的儿子喻芳才正式入住采邑江夏。因此，可以说祭公谋父、祭公相如父子，也就是第二代祭公和第三代祭公辅佐周穆王。

四、祭公谋父、喻相如的事功

祭公谋父的事功

祭公谋父的事功，我们现在所能赖以了解的最可靠的载体是《逸周书》中的《祭公解》和《清华大学藏战国竹简》中的《祭公之顾命》。当然还有后来的《竹书纪年》《帝王世纪》和《春秋左氏传》等先秦文献。根据文献，我们知道祭公谋父卒于周穆王二十一年，即西元前956年。

《今本竹书纪年疏证》："（穆王）二十一年，祭文公薨"（《逸周书·祭公解》：谋父疾维不瘳），依《夏商周断代工程年表》穆王二十一年为西元前956年。

"祭文公"即祭公谋父。穆王时期祭公的封邑在河南上蔡。

《逸周书·祭公解第六十》：记祭公谋父以有关勤政守位之事训戒穆王及其三公。《礼记·缁衣》引作《祭（叶）公之顾命》，当是本名。顾命，最后之命。可视为祭公临终前的训戒：

王若曰：'祖祭公，予小子虔虔在位，昊天疾威，予多时溥愆。我闻祖不豫，有加予，维敬省不吊，田降疾病，予畏天威，公其告予懿德。

祭公拜手稽首曰：'天子，谋复疾，维不瘳，朕身尚在兹，朕魄在于天。昭王之所勖宅天命。

王曰：'呜呼，公，朕皇祖文王、烈祖武王，度下国，作陈周，维皇皇上帝，度其心，置之明德。付俾于四方，用应受天命，敷文在下。我亦维有若文祖周公，暨列祖召公，兹申予小子，追学于文武之蒺。用克畏绍成康之业，以将天命，用夷居之大商之众。我亦维有若祖祭公之执，和周国，保懷王家。

王曰：'公称丕显之德，以予小子扬文武大勋，弘成康昭考之烈。'

王曰：'公无困我哉，俾百僚，乃心率辅弼予一人。'

祭公拜，稽首曰：'允乃诏，毕桓于黎民般。'

公曰：'天子谋父，疾维维不瘳，敢告天子皇天，改大殷之命，维文王受之，维武王大克之，咸茂厥功。维天贞文王之董用威，亦尚宽壮，厥心康受懷之式用休。亦先王茂绥厥心敬恭承之，维武王申大肆命戡厥敌。'

公曰：'天子自三公上下辟于文武。文武之子孙，大开方封于下土。天之所锡，武王使，疆土丕维周之基。丕维后稷之受命，是永宅之。维我后嗣旁建宗子，丕维周之始并。呜呼，天子三公监于夏商之既败，丕则无遗后难，至于万亿年，守序终之。既毕丕，乃有利宗，丕维文王由之。'

公曰：'呜呼，天子，我不则寅哉，寅哉。汝无以庶反罪，疾丧时二王大功。汝无以嬖御固庄后。汝无以小谋败大作，汝无以嬖御士疾大夫卿士，汝无以家相乱王室而莫恤其外。尚皆以时中㦤万国。呜呼，三公，汝念哉！汝无泯泯芬芬，厚颜忍丑，时维大不吊哉！昔在先王，我亦维丕，以我辟险于难，不失于正，我亦以免没我世。呜呼，三公！予维不起，朕疾。汝其皇敬哉！兹皆保之。'

曰：'康子之攸保勋教诲之，世祀无绝，不，我周有常刑。王拜手稽首党言。"

为了帮助大家理解 2800 多年前的古文，我这里尝试对其进行现代汉语翻译：

"叔祖祭公，我是虔诚地在位执政。上天急于施威，我多有大错。我听说叔祖病势加重，我是郑重地前来探视。上天无情，降下这疾病，我害怕它的威严。请您告诉我美好的德行。"

祭公行叩拜大礼，说："天子啊！谋父我的病已不会好。我的身子还在这里，我的魂魄已经在天上。昭王在保佑着你，就安居天命吧！"

穆王说："啊呀，祭公！我皇祖文王和烈祖武王，身处小国，办事周到无误。只有上天知晓他们的心思，把明德加于其身，把四方付与他们。他们接受天命，布施文德在下土。我也借助于您文祖周公和叔祖召公的训导。我小子追学文王武王的微德，因而能

够继承成王、康王的业绩，以执行天命，使大商的民众过得平稳。我也借助您叔祖祭公执持和谐我们周朝，安定王室。"

穆王说："祭公！列举您的美德，以帮助我小子发扬文王、武王的功勋，光大成王、康王以及我父昭王的业绩。"

穆王又说："祭公！不要让我困惑啊！要让百官尽心，用来辅佐我呀！"

公行叩拜大礼道：你的诏告很适当啊，全是考虑到老百姓的安乐。"

祭公又说："天子！谋父我的病好不了，敬告天子：上天改易殷商之命，是文王接受的，是武王灭了殷商，他们都建了丰功。是上天让文王持正，两次使用武力，又开阔壮大他的心思，制定治国的法式，得以完美。又有先王多次安定他的信念，文王都恭敬地接受。是武王重申天命，战胜了他的敌人。"

祭公说："天子！自三公以下，都效法文王、武王，文王、武王的子孙大建邦国，分布于各地。上天赐给武王的这片疆土，是周朝的基业，也是始祖后稷受命的地方，当永远守住它。我们后继者广建嫡子为诸侯，作为周王室的屏障。啊呀，天子，三公！以夏商的灭亡为鉴戒，就不会留下后患，传到万年、十万年，守着次序传到底。如果传承到底，就有利于宗族，也是文王的初衷。"

祭公说："啊呀，天子！我是慎重又慎重。你不要因乖戾，反常、罚罪、嫉妒丧失了这二王的大功。你莫要用嬖妾蔽塞正宫，你不要因小打算而败坏大事，你不要以宠信的佞臣蔽塞正派之士用大夫、卿士，你不要用陪臣扰乱王室而不忧虑王室以外的事，要以这中正之道治理天下万国。

"啊呀，三公！你们要多思考啊！你们不要昏昏糊糊，厚着脸皮忍受耻辱，这样就是大不善了。从前在先王的时候，我总是考虑让我们君王远离患难，不失去正道，我也就尽力度过我这一生。啊呀，三公！我想我的病好不了啦，你们要大加重视啊，这样天下都会安定。你们要承诺：明确你们的责任，勉励教诲天子，使世代的祭祀没有断绝。不然，我们周朝定有刑罚。"

穆王拜手叩头，接受善言。

祭公病不瘳，又推举毕（桓）、（井）利、毛班，此三公辅佐穆王，都是周公世卿后裔嗣子，其祖、父辈均为彪炳史册的周朝大臣，追溯毛和毕的世袭封邑，早在周文王、武王时期就受封于西方，逐渐扩展至东方，都是后来周公之子的势力范围。

祭公辅佐周穆王，秉承先贤周公明德治国的思想，镜鉴前代"惟不敬厥德，乃早坠厥命"，总结桀、纣淫乱亡国的历史教训，遵循周公"王其德之用，祈天永命"的理念，强调国君只有"修德"才可配享"天命"。穆王继位后，违先王五服之制，多次征伐西戎，《国语·周语上》和《史记·周本纪》分别记载祭公谏阻穆王西征，竭力主张"以文修之，使务利而避害，怀德而畏威，故能保世以滋大""先王非务武也，勤恤民隐而除其害也"。这与《祭公》"修德""敬天""保民""慎刑"的思想基本是一致的，周人不断用"天命靡常，惟德是辅"来告诫自己，用德化天下，才能安邦久治的道理，劝诫三公，既有政治谋略和事功的一面，同时也带出祭公对周王室未来的无奈和忧虑一面。

根据这些记载，大体可以知悉，祭公谋父，即辅佐周穆王的卿士。祭公谋父一生最大的事功是辅佐周穆王。如阻止周穆王西征，阻止周穆王耀武扬威，而建议他改耀武为耀德。文献虽然没有记载他任职期间的详细事功目录，但我们通过他离开人世之前，周穆王带领朝廷重臣到祭公谋父病榻前听取训政，以及透过周穆王对这位叔祖父的毕恭毕敬的态度，不难想象他在朝野上下的声望。

喻相如的事功

在祭公谋父病逝后，祭公相如接着辅佐周穆王 30 余年。他和乃父一样，深得周穆王的信任。但由于文献难征，关于他的生平事迹，先秦古迹未见记载。截至目前，只有喻氏族谱上的远祖世系的附注，是关于他的唯一的文献。一份是安徽旌德仕川喻氏族谱，另一份是浙江昌化考坑喻氏族谱。两份族谱关于最早的得姓始祖喻相如的记载虽有细微的差异，但大的情况则相同。第一，得姓始祖原名祭公相如。他是祭公谋父的儿子，属于第三代祭公。第二，他在周穆王主政 21 年时因父亲病逝而继承乃父的爵位，继续辅佐周穆王。第三，他因为辅佐周穆王尽心竭力，"食采于江夏。以其能宣上德，达下情，举遗逸，喻德教。赐姓曰喻。后因以为氏焉。"第四，喻相如虽然得到采邑，但因忙于政务，并没有到封地居住。前往江夏封地居住生活，那要等到喻相如的儿子喻芳手里才付诸实施。

值得说明的是，祭公谋父的儿子喻相如的一生也主要花在辅佐周穆王身上。他的光辉业绩多少有些被乃父光芒所遮蔽。因为他们父子两代共同辅佐周穆王这位著名的第五代周天子。尽管喻相如的事迹我们知之不多，但是我们中华喻氏最早的得姓始祖。仅这一条也就是足够了。他是我们喻氏子孙永远的骄傲！

得姓始祖相如公的辉煌人生，相信随着地下出土文物的问世，必然会变得具体许多。

（2019 年 5 月 13 日）

喻猛生平考

一、姓名考

喻猛的先世渊源，有周穆王封祭公相如于江夏赐姓喻说；有源于周赧王司徒喻宪说，有源于郑武公后人改姓喻说，有皋陶之后裔鬻熊之苗裔宣谕食采于谕说等等；不管是哪种来源，喻氏主要宗支都来自姬姓，这是确凿无疑的。只是时间上有先后的差异罢了。因此有天下无二喻的说法。但六朝以来，先后有梁朝俞药被武帝赐姓喻和后唐明宗赐俞本（后改名药）姓喻。他们虽然不是姬姓血统。但也是中华喻氏大家族的重要组成部分。尽管谱书有诸多关于喻姓得姓来历的记载，但只能作为远古得姓的多种来源看待。因为文献不足，暂难讨论。其中仕川谱喻良能序所记载的祭公相如被周穆王赐姓喻的说法，因为有较完整的世系传承支撑，又当别论。但"喻"这个字在周朝的文字里没有见过。后世谱书上的说法，无论是西周穆王赐姓喻也好，郑伯（武公）第二子彬反感乃父目无周天子（指周郑交恶），愤而别姓喻也好，应该都是汉朝以后特别是唐宋以后人追溯往事的说法。因为我们在秦朝以前的两周时期，找不到喻姓这个姓。

喻猛之前，也就是说他的父亲，祖父都是姓谕乃至以上数代均姓谕。而喻猛一则因为始仕汉时为朝内司谕官，遂以官为姓。二则因为忠孝两全，清白为政，口碑极好而得皇帝恩准改姓喻。因此，只有他才能被称为喻姓始祖。其他历史上的先祖虽然有记载，但没有世系传承，暂难作数。关于谕猛因何原因改姓喻氏，旧谱上有一种说法比较有道理："喻猛公系出谕氏，自幼聪慧。始仕汉时任朝内司谕官。遂以国（官）为姓。改谕为喻。此实吾喻姓之所由始也。"（江西南昌新建简山聚义堂《喻氏宗谱源流序》）这个以国为姓，实际就是以工作岗位为姓。司谕官就是到各个在京政府机构去口头传达皇帝旨意或朝堂议定的大政方针之宣传官员。因主要靠口说，才有改谕为喻的必要。南昌蛟溪《喻氏族谱》卷首曾载喻周祯之前十一世世系。

该谱明确说，其先姓谕。自猛公始改为喻。

喻猛作为豫章喻氏的始祖，自有其不可动摇的历史地位。

至于喻猛姓名中的名，这个猛字，《纲鉴传》《万姓统谱》《氏族大全》等书，南昌新建丰城诸谱俱名猛，字骄孙。只有南昌新建久驻、金塘、车州三地的喻氏家谱上则作孟。南昌地方志书也有先写作猛，后写作孟的。民间有一种说法，说这是因为喻猛的二十七世裔孙喻从政在南宋初年曾因募兵勤王而得到宋高宗赵构的嘉奖。在宋高宗颁布的诰敕中误将喻从政的先祖喻猛写成了喻孟。中国文化向有为尊者讳的传统。即使高宗的诰敕写错了字，臣民们也只能将错就错。这就是真正的原因。但这个记忆实际犯了移花接木的时代记忆错误。因为喻从政是喻凫的长子。勤王殉职的喻从政所服务的是唐僖宗而不是宋高宗（说详本书《晚唐诗人喻凫生平考》）。诰敕颁发的应该是唐僖宗而不是宋高宗。两个皇帝主政时间相隔200多年。在一部清朝新建谱书上，有篇谱序的作者不明就里，在文章中批评喻氏子孙连始祖的名字也不会写。实际上他是只知其一，不知其二。不理解封建专制文化对长上的错误只能默认而不能彰显或纠正。几千年的历史岁月中，我们的帝王和家长有几个做了错事或坏事，而愿意自我批评，或者勇于接受臣民批评的？在我国，批评皇帝有个专门名词，叫批龙鳞。等于说不要脑袋。久而久之，臣民阶层便会形成集体沉默的风气。最能说明这种文化劣根性的例子有两个，这就是秦朝奸相赵高指鹿为马的把戏，和唐朝奸相李林甫的那个拿立仗马和谏官做比较的比喻。另一个广为人知的专制独裁高压下国民集体沉默的比喻是清人龚自珍的"九州生气恃风雷，万马齐喑究可哀。"

二、先祖考

喻猛公是否为喻相如的直系后裔，现在我们还不敢下结论。因为文献不足。但我们从江西抚州资溪嵩市《喻氏宗谱》上看到，喻猛上面的六世祖喻宪，是周赧王姬延的司徒。

第一世：喻宪，字万邦。号景峰。周赧王时官司徒。能以礼让化民，不以仕优荒学。时皆敬服。年八旬而殁。"喻宪娶高氏，生子二：喻度，喻应。

第二世：喻度，宪公长子。字星躔（chán）。号抱栗子。素行孝道。秦始皇时遇寇。曾负母而逃。寇追将及其母，欲以身代，寇感乃止。度娶鲁氏，生子二：喻蒲，喻华。

喻应，宪公幼子。字星曜，号仰瞻。善堪舆。闻始皇焚杀之难，乃自溺而殒。娶曾氏，生子一：喻英。

第三世：喻蒲，字葵南，号对阳。度公长子。生子二：喻彤，喻彦。喻蒲为人孝友敦睦。兄弟同居。世皆尊重。

喻华，度公幼子。字建南，号荣山。朝夕苦学，手不释卷。毫无苟简。娶薛氏，生子一：喻崇。

第四世：喻彤，喻蒲长子。字义周，号雨文。朴实浑厚。寿享 90 而殁。娶万氏，生子一：喻配杨。

喻彦，喻蒲幼子。字义宾，号会文。天性明敏，嗜学无厌。惜布衣终老。娶葛氏，生子一：喻宸。

喻崇，喻华之子。字义隆，号德风。汉文帝时官司徒。清勤莅政。临归，民尽号泣而送。喻崇生子二：喻惠，喻敬。

五世祖喻惠，喻崇长子。字茂坚，号惠民。存心忠恕。远居四川成都府。

喻敬，喻崇幼子。字万育，号慎轩。行己端方，待人公平。年 50 而殁。

喻宸，喻彤之子。字肇基，号恩，理学精深，训子成名。同修孝庙实录。汉元帝时刺史兆平深为器重。娶蔡氏，生子一：喻猛。喻猛字振纲，号仁山。孝友温恭，乡邦赞颂，汉和帝时赐进士，官广西梧州太守，清白流芳，令德仁政具载史册。民咸戴之。娶李氏，生子五：简、筹、篷、簠、篑。

关于喻猛的父祖之名字行事记载，除了抚州资溪嵩市喻氏宗谱江夏历代统宗图的这一记载外，其他喻氏谱书来源大多依据《豫章先代人物志》。新建石岗镇简山村喻传艳在 1992 年所主修的《喻氏宗谱》中写道：

"喻兆征，字贞启。骄孙公之先祖。豫章始祖也。公富而好施，积于岐黄之术。以药济人，不收筹资。广施恩泽而盛名于郡。时有太守周生丰闻此，召见而重之。且亲拜其寓。遂荣以冠绶。西汉元帝三年（前 50）徙居豫章澹台门龙沙里。"

喻钟祥，字庆余。骄孙公先考，贞启公之子也。沉毅博学，卓识宏施，一生精心课子猛及郡弟子为务。郡民皆尊有德长者。终生不仕。

喻猛的父亲和祖父的名字，《豫章先代人物志》的记载和嵩市江夏历代统宗图所载略有不同。这种不同很可能是曾用名，谱名的差异。因为喻猛父亲精于理学，训子成名。喻猛祖父朴实浑厚，享寿 90，跟他善于养生很有关系。

另据《南昌城南喻氏族谱》清朝乾隆旧谱序，喻周祯本名肇，该谱记载喻猛公的得姓先祖是喻昌。这位祖先本是春秋时期卫国的大夫，国君封他采邑在喻地，后人因国为氏。传至周祯公，在西汉末年，周祯公为了躲避新莽之乱，从江夏迁居豫章滫台门龙沙里。周祯公的先人喻昌，这位得姓始祖不知和周穆王赐姓的大臣祭公相如是否为同一宗支。如不是同一宗支，卫大夫得赐采邑的那个喻昌和西周的祭公家族是何关系，都有待进一步研究。

关于喻猛的先祖，我们依据《南昌新建金塘喻氏宗谱》，知道他的祖父叫喻兆祯，字贞起；喻兆祯在有些谱书上写作喻周祯。但据《南昌新建石岗镇金塘喻氏族谱》卷首载东汉豫章博士谌重所撰的喻猛墓志铭，则喻猛之前两代的世系为：第一世，喻兆祯，字贞起。第二世名钟祥，字庆余。第一代行医。"后以精岐黄卢扁之术游豫章，施剂散不责资而广济，名闻于郡太守周生丰，荣膺冠带。西汉元帝三年徙居焉。"从哪里徙居到豫章城内滫台台门呢？谌重说，一世祖喻兆祯之前就一直"世居信州玉山茅岗。"信州系唐乾元元年（758）始设。信州的范围大致相当今之上饶市区。但信州地块在汉朝属于豫章郡。玉山今仍属上饶。第二世教书。墓志铭上说，第二世庆余公"素善为文词，数奇不遇。"专门负责教训儿子喻猛。

《南昌蛟溪喻氏族谱》卷首曾载喻周祯之前11世世系。

他们是：第一世谕宣公。其先本姬姓。试周观齐、许，以召受封。皋陶之后，鬻熊之苗裔。谕宣食采曰渝氏。由谕之始也；第二世谕荣；第三世谕忠惠，迁广东；第四世谕束，迁上饶；第五世谕曜；第六世谕韬；第七世谕超；第八世谕梅；第九世谕胜剑；第十世谕泰；第十一世谕周正。

该谱主张喻周祯之后即是喻猛，比有些谱书少了一个谕钟祥。该谱明确说，其先姓谕，自猛公始改为喻，这和传世多数谱书相合。另外，这个古老的世系交代了谕姓得姓始祖谕宣的官职是宣谕官。他曾试周观齐、许，也就是被周天子委派前往齐国许国等诸侯国去考察各国的诸侯治国君民的表现。这个和喻猛最初的任职有延续性。后来谕宣接受天子的册封，食采曰渝氏。"皋陶之后，鬻熊之苗裔。"这句话是说喻猛的祖上是尧舜同时期的东夷部族皋陶的后人，也就是楚国鬻熊之苗裔。谕周正，后世多写作喻周祯、喻周正，实指同一人。

三、祖籍考

喻猛的祖籍，或者说故里，究竟在哪里？族谱上一般都说他的父亲喻周祯在王莽主政天下动乱期间，为避乱从江西来豫章。喻猛的祖居地是今江西上饶玉山。所谓自江夏迁来，那是更久远的事情。那是说的祖上的籍贯，也就是喻氏家族的郡望。农耕社会重视根本，大家都不愿意忘掉祖先发迹的地方。所谓江夏，应作如是观。关于喻兆祯从玉山迁到南昌澹台门的时间，金塘谱上的时间是"西汉元帝三年（46）徙居焉"这个时间合乎常理。这个江夏，据我的研究，不是指郡望江夏，而是指的上饶境内之江夏。此江夏很可能是当年祖先在诸侯挤压下被迫失去采邑，失去爵位后迁徙到江西。但为了保持旧日的荣耀，为了保住江夏采邑的历史记忆，才在新居地沿用旧地名。这也就是今天江西上饶境内的玉山又名怀玉，南昌新建区等地还有江夏地名，进贤文港等地还有江夏喻，江西宜春还有新喻（新喻地名早在晋朝就见诸文献。历史上沿用 1600 多年没有变过。1949 年后，国家实施文字改革，推行简化字。"新喻"被改成"新余"，古意尽失。因为新喻是喻氏家族在江西开辟的第二个聚居点，是相对原来的江夏喻而言的），这些地名标志着喻氏分支存在的历史背景。

新喻秦属九江郡。汉为豫章郡宜春县境。

三国吴宝鼎二年（267）析宜春县置新渝县，属安成郡。因主川袁河中游原称渝水得名。

南北朝时，新渝县人口超过 5 万，成为南方的几个中心城市之一。

隋朝开皇九年（589）省入吴平县，十一年吴平县并入宜春县，十八年复置新渝县，属袁州；大业三年（607）属宜春郡。

唐朝武德五年（622）撤县，分新渝东北部置始平县（临平），县西南地域为西吴州。武德七年始平、西吴州俱废，复置新渝县。天宝元年（742）县名因传写之误将渝改为喻，以后相承作喻。属宜春郡；乾元元年（758）属袁州。

这段文字是关于新喻历史沿革的叙述。是新余市的官方网站的标准介绍。这个介绍中透漏了重大的人文地理信息。1. 新余历史上最早因境内有渝水流过而得名新渝，唐武德年间改为新喻。1960 年代改为新余。2. 介绍说唐武德年间因传写之误遂变为新喻。这个说法底气不足。因为一个古老的县名（从魏晋时期就见诸文献，如《搜神记》）怎么会因为传写之误就随便约定俗成呢，除非是帝王所为。因为我们的极权专制文化向有为尊者讳的传统。在上者说错了，做错了事，除非他自己下罪己诏，是不允许臣民们提意见的。3. 本人以为新渝改为新喻，又刚好在唐武德年间出现这种改动的变化，很可能和喻迪冲受唐室封爵有关。因缺少具体的文献支持，不敢武断。但由新渝改为新喻，绝不可能是偶尔的笔误造成。因为国家要从那里收税哩。没有国家公文权威说法，怎么能够随便更改行政区划的名称？

四、生卒考

据清人喻亦崑主修的江西抚州桐源《大窠喻氏族谱》所载世系，始祖喻猛，生于东汉明帝显宗甲戌年，对应的年份为西元 74 年；未记载猛公卒年。

据江西南昌进贤文港岭头村乾隆四十四年喻良洪主修的《喻氏重修宗谱》之世系记载：始祖喻猛生于东汉和帝中元丙辰年三月初七，对应年份为西元 56 年。卒于东汉安帝延光癸亥，对应年份为 123 年，可知猛公活了 67 岁。这本谱书所涉及的联合修谱的几个分支中有江夏派，加上这本谱书中还有具体的年月日信息，且这个生年和他做官的年纪联系起来考虑，比较合乎逻辑。

据该谱所载世系记载，喻猛公的父亲喻周正字以义，生于东汉建武庚寅年正月十七日（30）。26 岁时生喻猛，也合情合理。

另据《南昌蛟溪喻氏族谱》卷首所载世系："周正之子猛，行一。字骄孙。生于建武中元丙辰四月十一日卯时，殁于建光癸亥年。"建武中元丙辰为公元 56 年，而建光癸亥年即西元 123 年。两谱完全吻合。说明这个生卒年是靠得住的。根据我的研究，蛟溪宗支的后裔是猛公的原配梁夫人所生，而抚州大窠桐源谱所载的宗支则为猛公的第三位妻子吴夫人所生。

五、仕宦考

喻猛最先担任的官职应该是薛令。"始祖周贞公避新莽兵，徙居于豫章之澹台门龙沙里家焉。生子骄孙公猛，汉和帝建武中为薛令，有大功德于民社，累迁至苍梧太守，郡人颂之曰……"（摘自《南昌新建县昌邑喻家族谱》旧序，明万历四十二年甲寅仲冬（1614 年）58 世孙文伟序）；按：薛，是古国名，其地为今山东省枣庄市滕州北部。汉代当时属于县级建制。但在时间上，喻文伟的这个说法不靠谱，因为建武这个年号一共才 31 年。喻猛生于西元 56 年，建武中元元年。这显然是误传。合理的时间区段应该是汉和帝建初元和年间，其时喻猛大约 30 岁左右。喻猛公被举贤良方正做薛令的时间是东汉和帝永元二年，也就是西元 90 年。这一年，喻猛 34 岁。喻猛在担任薛令后不久，即获得升迁，进入京师担任御史，因不阿权贵，清白为政。旋即被转任外职，东汉和帝永元三年（91）担任苍梧太守。苍梧郡治在今广西梧州市。"公在任上，俭素操守，以清白为治，以礼教民。远近爱慕之。岛夷之人，闻公仁声，相率来归。亲之若父母。时人颂之曰：

> 于唯苍梧，交趾之域。
> 禹贡厥人，岛夷皮服。
> 大汉惟宗，迪以仁德。
> 出自中台，镇于外国。
> 威风光远，吏人从则。

在郡十六年，于汉安帝永初元年丁未（107）征还。公以清廉知名，称著苍梧。郡人建祠祀之。"（《尚友录》卷十七）

《尚友录》的记载可得到家谱的佐证：《新建流湖乡义渡喻氏重修族谱》卷一《豫章总系》中有云："永元二年，以贤良方正举为御史。事母至孝，为豫章始祖。"

喻猛一生从政，虽然有的谱说他曾经先为薛令。有的文献说他先在朝中做宣谕官，有的说做御史等不同，但所有记载无一例外都称赞他在苍梧太守任上清白为治的政绩和德行。这一点是共同的。猛公从政最显赫的是苍梧郡太守任上的 16 年岁月，即从西元 91 年到西元 107 年的这段日子。

喻猛在永元十年（98），还曾担任过扬州部豫章郡南昌县的信官（说详《生子考》）。

从永初元年（107），征还，到 124 年他寿终正寝于豫章郡澹台门老家，期间还有喻猛公生命最后的七年，应该是在故乡豫章澹台门赋闲养老的日子。

历史上，喻猛为官清正，以礼化民，口碑极好。同时期豫章郡博士荆州长史谌仲（亦作"谌重"）于永元十年（98）戊戌岁孟夏月写了一首《喻猛赞》，诗曰：

> 彬彬太守，克光其先。
> 慎猷强学，初终屹然；
> 筮人薛疆，尊贤敬老。
> 镇抚交趾，泽覃溟岛；
> 宣慈仁厚，天启其衷；
> 中台外国，翕其同风；
> 岛夷皮服，誉命日隆；
> 简于上帝，守职日虔；

实繁庆祉，仪我乡国。

峻彼南麓，琢辞以偿。

读谌仲赞诗，可知猛公最初出仕地就是薛，看来薛令是肯定当过的。原文见万载丰田《喻氏族谱》1994年版。

六、娶妻考

喻猛一生先后娶过六房妻子。第一房妻子姓梁，生卒年暂缺。第二房妻子姓钱，第三房妻子姓吴。吴氏生于东汉建初丁丑年（77），殁于永兴甲午年（154）。（江西抚州桐源大窠《喻氏重修族谱·源流世系》）另，清朝后期南昌本地文化人刘师献《西山志》所载和大窠桐源谱记载吻合。而据南昌蛟溪喻氏族谱记载，喻猛还有第四个妻子陈氏。据嵩市谱记载，喻猛还有一个妻子姓李。2018年6月底我到丰城访谱，在北湖村看到了《北湖喻氏重修家谱》，那里还有猛公和赵夫人所生的八个儿子所繁衍的后裔中第四子喻徐的后人聚居的村落。

七、生子考

喻猛总共有六房妻子，一共生了30个儿子。其中一个早殇，实际传承香火者共有29个儿子。

原配梁氏夫人生子八：约、绲、绅、绵、丝、纶、经、纬。

继配钱氏夫人只生了一个儿子，这就是纯。也有谱书将继配钱夫人写成魏氏，如《简山谱》，但所生儿子名纯则同。

第三个妻子吴氏，生子四人，他们是：仍，纪，聂，洽。这四个儿子，在大窠谱上其字号生卒等信息记载很清楚。他们是：

喻仍，喻猛长子。字定轩，号梅斋。汉建和都尉。心存王室，志气轩昂。下及民庶，上奉一王。生于延光癸未年。夫人史氏，生于永建丙寅年。生子一：群。

喻纪，喻猛次子。字定论，号松斋。邑庠生。中和辛卯进士。生于延光乙丑年。娶刘氏，生于永建丁卯年六月。生子一：郡。

喻聂，喻猛第三子。字定辑，号竹轩。补邑太学。生于永建丁卯年。娶何氏，副室窦氏。生子一：祐。

喻洽，喻猛幼子。字定韬。生于永建己巳年。娶徐氏，生于阳嘉壬申年，殁于兴平乙丑年。生子四：唐、忠、信、光。

《南昌新塘喻氏族谱》记载说：豫章城昌江门外水府庙内有香炉，香炉上有铭文："大汉永元十年戊戌十二月既望，扬州部、豫章郡、南昌县信官喻孟（猛）夫人梁氏，男伯纪、伯纲、仲法、仲度、叔规、叔矩、季准、季绳捐俸喜欢舍"。族谱上说猛公生有八子。从这个香炉铭文看，应该都是梁氏所出。香炉上的"伯纪""伯纲"等称谓当是字。和相应的约、绲、绌、绵、丝、纶、经、纬从字义上正好匹配。

永元十年是西元98年。

喻猛公前面的13个儿子，各谱记载不尽相同，如：《新建流湖乡义渡喻氏重修族谱》记载说：

猛公长子：约公。公性嗜学。负笈游四方，凡有名儒硕士，造经年。后结庐西山，不仕。《唐叔川与永诀书》。迁未详。

猛公次子：绲公。字伯纲。迁徙未详。

猛公三子：绌公。字仲法。补太学生。迁未详。

猛公四子：绵公。字仲度。公性至孝，永元十年举孝廉。从父宦游，不就。见《辞征辟书》。生子三：弧麟、宏麟、发麟。

猛公五子：丝公。字叔规。好治产。富。猛公恶之。还，书责戒。见《诫子书》。

猛公六子：纶公。字叔矩。以孝闻，仕为南昌尉。徙居新建为金塘始祖。后二十九世孙以瑶公由金塘迁居南昌虎山南北团，为虎山基祖。

猛公七子：经公。字季准。迁不详。

猛公八子：纬公。字继绳。公性甚敏。九岁能精文艺。见骄孙公《与友人书》。

猛公九子：纯公。字季达。补授太学生。迁未详。

如前所述，第九子是猛公任上续娶的钱夫人所生。这部谱书的记载我们认为可靠，因为其他各谱均未见提及猛公的相关文章书信，只有这一部谱特别。最初修谱者定然还看过原件或家传抄件。只是后来随着岁月的流逝，谱牒的损毁。那些珍贵的文献，如猛公的《诫子书》等都再也看不见了。该谱保留下的这些历史印记，侧面证实该谱所依据的谱书是古老的记载。

而第四个妻子陈氏为他生了三个儿子，即喻璘、喻嚻、喻岳。世系图上只有喻嚞、喻岳的字号和生卒婚娶，没有喻璘的记载，则长子喻璘可能为早殇。而谱上明言喻岳乃猛公幼子，则喻嚞乃其次子可知。今阅世系。嚞字定轩，生于建元壬辰年，殁葬未详。娶柳氏，元建丙寅年生。子二：喻芳言，喻芜言。猛公幼子岳，字实轩。建光甲子年生，娶郑氏。殁未详。查看蛟溪谱世系，这两个儿子的世系一直延续到第 18 世喻绎。很显然，蛟溪这一支是喻猛公陈夫人所生二子传承下来的。查建元壬辰，据干支纪年匹配规律，应为永元壬辰年，即西元 92 年。夫人柳氏，允（永）建丙寅。察相近 60 年内丙寅年份只有顺帝永建元年是丙寅年，则该年为公元 126 年。丈夫比妻子年长 34 岁。正常。幼子岳生于建光甲子年，对应年份为西元 124 年。岳妻郑氏生于允（永）建戊辰年即西元 128 年，这么算来，幼子喻岳属于遗腹子。是猛公致仕回到南昌，也就是他逝世那一年，即公元 124 年，他 67 岁寿终正寝的那一年出生的。

据嵩市谱上所载《江夏历代统宗世系图》可知猛公还有一个李氏夫人。生有简、筹、篷、蘭、箟五子。"简字拜章，号殿卿，文辞精通。娶刘氏，生女一：配王；生子一：瑶。筹字记章，号殿庭。汉桓帝任太常卿。博学笃行，节操清厉，民皆畏服。娶朱氏，生子三：隍、陵、邳。篷字铭章，号存万。娶饶氏，生子二：吕、品。蘭字胜章，号存质。处己端方。娶王氏，生女一，配刘；生子三：陈，陞，阮。箟字牒章，号存义。娶陈氏，生子三：霓、霄、霰。"可惜没有关于这五个儿子的生卒年月记载，我们无法判断是猛公人生那一段的子息，只有等更多的旧谱现世。

在江西丰城的北湖，我们还看到一个分支谱，上面记载喻猛公和赵夫人所生荆、梁、雍、豫、徐、扬、青、兖、冀九个儿子中的老五喻徐的第四代孙喻大三、喻大四二人同为北湖始迁祖。喻大四为上港的始迁祖，喻大三为下港的始迁祖。喻徐生喻尔宁，喻尔宁生喻宜。喻宜生子二：长曰喻大三，次为喻大四。另外，附近的夏阳喻家有 300 来人，我们在喻玉辉的陪同下前往，该地地势低洼，洪水时逃命要紧，谱牒丢失。我查阅玉辉所提供的家谱，知道夏阳分支乃喻大五的后裔。

如此看来，猛公一生总共有六个妻子，30 个儿子。如果按照封建时代的嫡庶观念看，则猛公原配梁夫人所生八子。其他 22 个儿子都系继配庶出。当然，在我们这些后人看来，他们都是我们尊敬的先祖。

（2018 年 11 月 12 日）

金塘始迁祖——喻伦

喻伦，字叔矩，号匡德。生于魏明帝正始癸亥年（243），卒于晋成帝咸康庚子年（340）。娶邓氏。寿 78 岁。喻伦以孝闻，被推举为南昌县尉（古代的县尉相当于现在的副县长）。其为政风格崇尚宽简，重视以礼乐陶冶民众。"言则古昔称先王。南昌人感德之。而人亦不敢干之以私。"没过多久，赶上晋怀帝、晋惠帝两朝昏君当政，中原云扰，宰执大臣又多放任。公因叹云：众人醉，我独醒。这岂能是我施展抱负的时间？于是弃官归隐于南昌西山厌原之阳附近。隐居两年，赶上母亲病逝。于是喻伦在母亲墓地前庐墓三年。当时南昌名士、道教净明派祖师许逊（239－374）曾到西山拜访过喻伦。他对别人评价喻伦："尉也！可谓守人所不能守，行人所不能行者与？"历史上有关喻伦的美德感天动地，有一个美丽的传说。说就在喻伦庐墓处附近有一棵古樟树（遗址今为稻田，在今金塘村喻代模家门前约 200 米），那古树上出现了金鸡栖息树上，饮水于塘的奇事。于是人们名其树为金鸡树，名其塘为金鸡塘。后人遂简称此地为金塘。金塘喻氏就是这么来的。

喻伦的儿子喻健、孙子喻阳，曾孙喻淳都像他孝顺父母一样孝顺他。他死后，子孙将其埋在他母亲的墓地右侧，后世呼为公坟山。

喻伦是南昌喻猛的后人。《南昌敷林大载喻氏族谱》记载：喻伦，号有序。谱名峣咨，说他生于汉建安甲午年八月十五日戌时，则其相应年份为西元 214 年。虽有准确的出生月份和日期甚至时辰，但年份显然记错了。因为金塘本地喻伦后人的谱书依据的是五代后周尚书喻球（亦作"喻虬"）留下的石刻文献，那绝对是可靠的信息。（据宋淳熙三年冬十月喻文英（竹隐）撰《金塘喻氏始祖晋尉公行述》，见明天顺庚辰（1460）年新建的《金塘喻氏族谱》。）

另据四川叙永县正东镇林保村喻儒林家藏《喻以遥十一世孙喻广爱分居南族东房世系图》记载，喻伦原居信州茅岗（今属上饶玉山），西晋永嘉（307－313）年间由茅岗赴任南昌尉，卸任后定居新邑（新建）金塘。

（2019 年 1 月 17 日）

庐阜高贤——喻合研究

谈到庐山，就会想到五柳先生陶渊明（约365－427）那个著名的田园诗人。其实，在庐山，比陶渊明早生100多年的喻合，也是一个著名的隐士。他虽然没有诗歌作品传世，却是一个文武双全，满腹韬略的人物。

由于正史失载，喻合的事迹只在家族内部流传。现将本人多年来阅读喻氏族谱所得有关喻合的史料整理诠释于下，供关心晋代历史和隐士的学者以及广大喻氏族人参考。

据《罗舍瑶湖喻氏宗谱》记载，喻合，字克相，号匡孙。谥号：闻宪。喻峣咨的长子。喻峣咨也就是喻伦。喻伦和赵氏共生三子：喻合，喻弇，喻翕。

喻合生于延熙己未（239）年六月初八日亥时。其为人纯心好学，不慕荣宠。隐居庐山北阜三十余年。吴主孙皓、晋武帝皆征之，不起。特加银青光禄大夫。（据江西南昌《罗舍瑶湖喻氏宗谱》）

另有江西新建《昌邑喻氏族谱》（六修）记载说，喻合的父亲叫喻尧咨。喻合有兄弟三人，喻合老大。老二、老三分别是喻弇，喻翕。记载和罗舍瑶湖喻氏宗谱同。就世系论，喻合是始祖喻猛的第十世孙。

喻猛后十世有孙喻合，号匡孙。以潜德名于晋。嘉遁庐山，乐道高尚。布衣蔬食三十余年。谢安石以公荐于朝。诏征不起。特加银青光禄大夫。谥文宪。（据山东枣庄南昌敷林支《喻氏宗谱》手抄本《喻氏历代发迹分迁之由》）

该文献可以纠正江西南昌罗舍瑶湖喻氏宗谱中喻合谥号的笔误，那本谱书上把文宪写成了闻宪，当属电脑排版所误。该宗支的谱书记载了荐举喻合的伯乐是西晋开国大臣谢安，即谢安石。这也是其他谱书所不曾见到的。

江西抚州临川罗湖《华溪喻氏族谱》源流世系部分喻合小传说喻合的父亲叫喻廉。说喻合字元清。娶倪氏，生子一，名喻洁。这几个信息是其他谱书所没有的。而抚州资溪《嵩市喻氏族谱》上则说喻合的父亲叫喻炀。喻合是喻炀的长子。字致中，号义和。喻合的弟弟叫喻全。说喻合博学善识，文艺精通。晋武帝时屡征不起。后隐南昌庐阜，以终天年。娶赵氏，生子一：喻亨。

谱书虽然没有具体说喻合卒于何年。但谱上说到他的儿子喻亨字民瞻，号具锋。道德文辞，不愧名教。生于晋永康庚申年（300）十一月初九日。娶王氏，生于永宁辛酉年四月十五日。生子一，喻凭。公妣终于晋咸康元年（335），俱葬凤形正乙山辛向。

西晋第一个皇帝晋武帝登基时间在西元 290 年。其时或稍前数年也就是 284 年左右，喻合曾为晋武帝划策，兵不血刃，收复泽州潞州婺州徽州江淮等大片国土。一个人能拥有这么高远的战略眼光和学识，起码当年的喻合不会小于 28 岁。则喻合的出生年当在魏元帝曹爽景元三年（262）。而据谱书记载，喻合是因为要回避当官，才隐居南昌庐阜的，且长达 30 年之久，卒于山。则喻合卒年当在 323 年也即是晋明帝大宁二年左右。若然，这位智慧的祖先享年大约 61 岁。

而据罗舍谱记载，喻合的生年在西元 239 年、若然，则喻合帮晋武帝画策时已经接近 50 岁或者超过我 50 岁了，而再后延 30 年，则喻合享年当在 80 余岁。这样似更合逻辑一些。

明代监察御史，曾经担任过宿迁知县的喻文伟，是南昌敷林支后裔。他在《喻氏重修宗谱序》也记述了和上述山东枣庄南昌敷林支喻氏宗谱手抄本《喻氏历代发迹分迁之由》同样的内容。喻家渡喻氏族谱（一本堂）关于喻合生平简历的记载也与罗舍瑶湖同。

关于喻合的记载，江西南昌罗舍瑶湖《喻氏宗谱》有别于其他喻氏族谱者有二：一是多出了喻合出生时间；二是在诰敕部分多出了一份《东晋恩宠记》。

该谱《东晋恩宠记》载有晋武帝颁发给喻合的一份类似丹书铁券性质的褒封文件：

御诏特恩

朕闻执讯获丑，诗劳还卒之勋；崇功报德，书载明王之典。顷焉家之未定，赖硕德之精忠；赏赐之宵名，斯感激之有在。尔喻合立心宏大，资兼文武。性秉忠良，治乱扶危，安社稷以为悦；尽心竭力，利国家无不为。其先定宛陵保徽婺，一以道德服人。而收泽潞清江淮，全以不杀为武。是尔不惟有补朕之一人，且有及于朕之子孙。朕亦不惟报及尔之一身，且有荣尔之后裔。

今特加银青光禄大夫殿前监察御史兼国子监祭酒上柱国。尔之子孙世延宛陵儒学教谕。还镇原地。尔尚益发笃忠贞爱国报称固当修乎武功，亦且勤于武德。尔往钦哉，勿替命。

　　这份历史文献保存在江西南昌《罗舍瑶湖喻氏宗谱》的诰敕部分，一直未见人引用。它应该是晋武帝给喻合的"丹书铁券"。此类文件，晚唐五代的几代吴越国王先后从晚唐、后唐、后周的皇帝手中得到过。这是古代帝王赐给具有社稷大勋的开国功臣的特殊礼物。是可以荫庇子孙，甚至免死的皇室文件。

　　司马炎（236－290），即晋武帝。字安世，河内温县（今河南省温县）人，晋朝开国皇帝。晋宣帝司马懿之孙、晋景帝司马师之侄、晋文帝司马昭嫡长子、晋元帝司马睿从父，西元265－290年期间在位。他是真正结束东汉末年分裂割据局面，重新统一中国的皇帝。

　　这篇特恩诏书，由于正史失载，家族谱牒辗转传抄，各代修谱人员文化层次高低不一，因此难免会有个别错字漏字的情况。兹将其大意翻译成现代汉语，以便读者省览：

关于喻合的特恩诏书

　　我听说《诗经》里诗人对勇于作战抓获俘虏的将士有慰劳赞叹的篇章，而《尚书》中天子对于立大功树大德的臣子有尊崇和报答的恩典。在大晋王朝统一大业还没落下帷幕的日子里，幸赖有才德勇武之士鼎力相助，这也就是我决定感谢有功之臣的原因。喻合您志向高远，才兼文武。而又秉性忠良。为了我们晋朝的天下统一大业，您真正做到了"治乱扶危，安社稷以为悦；尽心竭力，利国家无不为。"最令人折服的是您为我们大晋王朝制定的"先定宛陵保徽婺，一以道德服人；而收泽潞清江淮，全以不杀为武"的国策，在实施过程中获得了空前的成功。于此足见您的雄才大略和远见卓识。但您又那么谦虚，不肯在朝为官。您对大晋王朝统一天下的贡献，不仅对我个人是很大的帮助，也是对我的子孙很大的帮助。我现在要报答您，也不限于您个人，还包括您的子孙。

　　现在我就授予您银青光禄大夫、殿前监察御史兼国子监祭酒的荣誉称号。我特许您的子孙世袭宛陵儒学教谕这个职务。我同意您回到庐山老家居住。恳望您继续忠君爱国，修文习武。

　　最后一句"尔往钦哉，勿替命"，是针对前往喻合住处颁发特恩诏书的使臣说的，意思是：你去转达我爱护功臣的意思吧。不要掉以轻心。顺便解释一下银青光禄大夫这个名词，光禄大夫是古代官名，由汉武帝时的中大夫改置，秩两千石，三品，一般作为朝廷重臣致仕后的荣誉加官。晋武帝时期还有春秋赐绢绵，甚至还有划拨菜地，安排专门的家庭服务人员等管理机构为之服务等内容。

银青两字的意思是说，这个光禄大夫还可以专门佩戴有银章和青色的绶带的官服。古代官员的服饰都是有品级特征的、银青的级别比金紫低一级。

以前看江西其他喻氏谱书，看江西地方志书，所见关于喻合的记载，多是说此人不慕荣宠，隐居庐山北阜 30 年。吴主孙皓、晋武帝累征不起。是一个高尚其事的隐士。从未见到内容这么丰富的文献。透过这篇历史文献，喻合的形象开始丰满起来，具体起来了。以前我们所看到的地方志和家谱记载，都没有喻合的具体事功记录。这份文献则不同。它明确地记载了晋武帝对喻合之综合评价："立心宏大，资兼文武。性秉忠良。"从个性到修养，从文治到武功。全面评说。晋武帝那篇文件还赞美喻合"治乱扶危安社稷以为悦，尽心竭力利国家无不为。"下面具体表彰喻合为朝廷"定宛陵保徽婺一以道德服人"和"收泽潞清江淮全以不杀为武"的大战略家眼光和不战而屈人之兵的丰功伟绩。宛陵，古地名，大体相当现在安徽省的宣州。"徽、婺"，古地名，徽，指徽州。相当现在的黄山市。婺，指婺州，相当现在的浙江金华地区。泽，指泽州。古地名。相当现在的山西省晋城市；潞州，古地名。相当现在的山西襄垣县。江淮指长江淮河一带，也就是江苏省及安徽省中部地区。总之，晋武帝司马炎感谢喻合替他统一天下成功决策，让他没有费什么气力就风平浪静地拿下了山西、安徽、江苏等地方。

晋武帝感念喻合不仅对他个人帮助大，而且对他的子孙后代都做出了巨大的贡献。并且表示自己不仅感谢喻合对自己得天下的帮助，而且要将这种感谢世袭，让喻合的子孙后代一直享受朝廷的优待："尔不惟有补朕之一人，且有及于朕之子孙。朕亦不惟报尔及尔之一身，且有荣于尔之后裔。"依据这份史料，喻合绝不是从来都没有跟统治者合作过的隐士，也并非没有官爵的布衣。因为晋武帝的诰敕写得明白："银青光禄大夫""殿前监察御史""国子监祭酒上柱国"。上柱国是荣誉头衔。喻合是高人，追求功成身退。也许他并没有实际履任。无论如何，这样一份 1700 多年前的朝廷文献虽然不见原物，但其文字被家族后裔传承那么长时间自属十分难得的事情。这篇历史文献对于我们家族后裔了解祖先的学养能力，对于治史者深入了解西晋开国时司马氏的平定天下的宏观决策，提供了重要的历史档案。

至于喻合何以帮助司马炎统一天下，却不愿意继续在司马炎的手下当官？要弄清楚这个问题，需要了解晋武帝司马炎这个人。而对司马炎这个人的评价，最具高度的是唐太宗李世民。李世民当年不仅组织一代名贤修撰《晋书》等史书，而且亲自为晋武帝等人写传论，也就是历史人物评价。他写道：

武皇承基，诞膺天命。握图御宇，敷化导民，以逸待劳，以治易乱。绝缣纶之贡，去雕琢之饰。制奢俗以变简约，止浇风而返淳朴。雅好直言，留心采擢。

一旦天下统一，这个司马炎就开始骄傲奢侈，不思进取。唐太宗批评这位本来可以大有作为的晋武帝说：

虽登封之礼，让而不为。骄泰之心，因斯而起。见土地之广，谓万叶而无虞；睹天下之安，谓千年而永治。不知处广以思狭，则广可长广；居治而忘危，则治无常治。（详见《晋书》帝纪第三，中华书局点校本第81页）

唐太宗的这几句话道出了喻合的心事，也是他不愿意继续跟这位晋武帝合作的深层次原因。喻合是一个把名声看得比性命还重要的人，他自然不会愿意替一个不能善始善终的君主当差。

族谱中也有类似的记载。在新建《罗桥喻氏族谱》1989年版卷四《人物》部分喻合小传，在引用了《江西通志》所载喻合小传内容后，笔锋一转，接着写道：

又：按家谱：公号匡庐主人。治心学。精通五经。尤邃于星历。谙兵法。尝郡守造其庐，公先知。迎于谷口。至则蔬膳。越宿而去。滨行，嘱曰：某月某日有盗入本界。至日果验。郡守荐之。征辟，皆不就。叹曰：闰余之运，不可以有为矣。遂卒于山。

文后还有断句："其志曰南昌"。（下缺）

这位修谱者从旧谱中摘录的几句话可以解释喻合为什么不愿意跟随晋武帝司马炎在朝为官。从族人津津乐道的老祖宗的两则故事，可以看出喻合平生所学都是治国安邦的实用学问。可惜这位祖宗过于爱惜自己名节了，不然的话，他可以在历史舞台上有更多的亮相机会。

（2019年2月26日）

喻宣公研究

　　在喻氏家族的存世谱牒中，唐初有一个标志性人物，被尊为西蜀世家的始迁祖，他就是喻伯洪。这个喻伯洪的名字号也有好几种写法。据江西丰城梧冈旧谱，从南宋末年就很明确地尊唐初先祖喻和（字赳夫，又号迪冲，谥忠宣公，习称喻宣）公为西蜀分派的始迁祖（见南宋景炎丙子年三月喻宣公第十六世嗣孙喻道兴所撰《喻氏宗支流芳族谱序》）。查南昌喻氏各聚落，多处后人所修族谱皆尊喻宣公为始迁祖。为表述一致起见，本文统一使用喻宣公这个名称。一则出于尊敬祖宗的考虑，二来也是考虑到谥号乃盖棺论定的名字。比人活着时经常改动的名字要稳定许多。

一、喻宣公乃西蜀世家之始祖

　　在喻氏族史研究方面，有一种说法，说喻宣公是从四川出来的，因为族史上有他"九世家于蜀"的记载。说喻宣公他们家在西蜀居住了九世。这是误读谱书所致。

　　查阅族谱，我们发现持此种说法的始作俑者是明朝正统十年（1445）为喻氏族谱写序的邬彦济。他在《新建喻氏大成总修族谱序》中写道：

　　谨按斯谱，其九世家于蜀。至宣公总戎守御关西。历梁唐晋汉周五季以至于赵宋，有曰从政者为江陵太守，政绩有加。乃得增秩平章。复赐养老于豫章焉，就澹台门居。后因母丧，徙居西山之潭源，卜葬华盖岭，积粟花桥，租税巨万，而当时莫之敌也。（《中华喻氏通谱》（第一部）第176页）

　　按此说因载入喻氏大成谱的序言之中，对后世影响很大。一是在喻氏迁徙史问题上制造了混乱。二是在新建始迁祖喻从政所生活的时代判断上造成了混乱。关于后一个问题，详见本书《晚唐诗人喻凫生平考》。现在我们来讨论第一个问题。为什么说"其九世家于蜀"的说法不等于说喻宣公以及他的后人在西蜀地区居住了九世才搬出来？这是因为明正统十年那次修大成谱的班子成员没有机会看到保存完整的喻迪冲（喻宣公之号）以下世系图。经过宋金战火洗礼，很多世家大族的谱书都毁于兵燹。极少数保存有老谱的人要么心有余悸，不敢外露。要么因交通阻隔或其他矛盾而无缘得见。这就促使修谱之人只好依据传闻加以整理。很多谱书的远祖世系就是这么来的。自然是经不起认真推敲的。

南宋末年喻道兴在谱序中也提到的西蜀分派问题，这里有必要特别说明一下。所谓分派，就是迁徙。但并不是任何人的迁徙，在族史上都可以称世家。称世家是有前提的，这前提就是作为迁徙的代表性人物必须是在本家族中地位很高、人望很好、影响力很大的人才可能被写进家谱，作为分派的标志性人物。在我喻氏族史上，江夏世家的后裔不断地分迁，因此也就不断地出现新的某某世家，例如，喻猛之前，最早的是江夏世家，在东周末代天子周赧王手下担任司徒的喻宪手里，又有宪公分派。宪公分派实际是不得已的分迁。因为秦始皇灭东周，统一六国，周王朝消亡。我们从家谱中看到喻宪的儿子背着老母亲避乱，被流贼抓住。儿子为了保护母亲，主动请死，感动贼寇释放母子。随后第六世有猛公分派，是为苍梧世家。猛公（喻猛）之后，又有合公（喻合）的西昌分派（西昌就是南昌的古称），后来还有钱塘（喻归）分派，西蜀（喻宣公）分派等等。为什么称喻猛分派为苍梧世家，称喻宣公西蜀分派为西蜀世家呢？这是因为喻猛虽然是豫章人，但他的功业和社会声望主要是在苍梧太守任上获得的，因此后人凡是猛公后裔，都乐意自称苍梧世家。喻宣公以进士追随唐高祖李渊灭隋兴唐有大功，被封为伯爵，还赐了忠宣的谥号。在古代中国，这是很高的荣誉。因此喻宣公便当仁不让地被后人尊为西蜀世家的始祖了。读者也许会问，那为什么不称豫章世家，而要称其为西蜀世家呢？这是因为他受封伯爵后担任大唐王朝西部边关的守关兵马大元帅的缘故。因其职责所在是为大唐守护好西蜀这片土地和人民，因此便称他所开创的支派为西蜀世家。不少族人在这个问题上闹不明白，常常纠缠西蜀这个地域名词。以为既然喻宣公这一支其九世家于蜀，那就是说他们家在西蜀已经生活了九世。这样理解是不对的。因为喻宣公后人传承下来的谱牒，其世系图最前面就标有一行醒目的大字：

始迁楚荆州石首县仙霞乡

老祖宗是担心后人不知祖居何在，才用这种办法强化记忆的。

家谱记载很清楚，喻宣公的八世孙（喻重华的九世孙）喻凫中进士后迁到浙江新安江边的桐庐居住。而他的堂弟，也就是他叔父的儿子喻鸿一支则仍旧在石首仙霞乡老祖宗留下的旧宅居住发展。从喻凫上溯到喻宣公，刚好是九世。这就是说，谱书并没有记错，是写序的邬彦济理解错了。至于这个九世，是起算人物不同。因为族人称说西蜀世家的世系时往往是从喻宣公的父亲喻重华起算的。喻重华固然父因子贵，得到一个封赠的虚衔，但他不可能算西蜀世家的标志人物，正像喻兆征不可能算苍梧世家的标志人物一样。因此，准确的表述喻凫应该是喻宣公的八世孙。

二、喻宣公的生平概略

由于时间久远，谱牒遗失，唐书失载等原因，关于喻宣公这位唐朝开国大臣的生平事业，我们所能知道的很少。现在就让我来将各种谱书中的记载做个梳理，希望能给读者们一个相对清晰完整的概念。

喻宣公简历

始祖名伯洪，字纠夫，号巨源。行四。陈宣帝大建二年庚寅二月初八生。由进士随唐高祖起义师。除隋乱。战立大功。唐武德三年晋封上柱国加封伯爵。授大元帅敕镇西蜀，总督关西大都统。赐紫金鱼袋光禄大夫太保公。卒谥忠宣公。元娶葛氏太君，陈宣帝大建五年癸巳十二月廿八日生。奉恩覃诰封一品夫人。（江西奉新遐富《苍梧喻氏宗谱》）大宋宝庆二年邹大章《奉新富溪喻氏首修谱序》亦云：谥号为宣公者本名喻伯洪。（《中华喻氏通谱》第一部上册，第191页）

通过这篇小传，我们可以了解：

1. 喻宣公本名伯洪，字纠夫（亦作"赳夫"），号巨源。排行老四。

2. 喻宣公出生于陈太建二年二月初八。太建二年也就是西元 570 年。

3. 喻宣公是随李渊起义，参加反隋平乱，因立大功而获晋爵位的。

4. 喻宣公所获得的爵位是伯爵。军衔是大元帅。官职名称是：总督关西大都统。荣誉称号是：上柱国，太保公。可以穿紫色的官服，并可在官服外面佩戴缀有金鱼坠子的绶带。他致仕前最后的职责是替唐王朝镇守西蜀。他死了后，朝廷鉴于他的功勋和德行，给他"忠宣"谥号。后世简称宣公。

5. 喻宣公的夫人葛氏比他小三岁，即生于 573 年。朝廷封她为一品夫人。

我们知道，喻宣公是文武全才。尤其擅长兵学。因得黄长公荐举而辅佐唐高祖建功立业。清道光三年胡光梧《新建石埠乡龙岗喻氏族谱》写道：

喻迪冲，字赳夫，精兵法数学，唐太宗（高祖武德三年）洪州都督府安抚使黄长公荐举赳夫公于上，受职累功，任职至关西道团练观察处置使。后致仕，还豫章。卒谥宣公。

这是目前我们唯一看到的提到推荐喻迪冲走上政坛的材料，但在官名记载上却和其他谱书略有不同。在这部谱书上，喻宣公最后的职位是"关西道团练观察处置使。"团练观察处置使，是一种有兵权无民事权的武官职位。不建旌节。当然，这是唐肃宗时皇帝赋予该官职的职能。这种武职官员设于诸道。大者领十州，小者领三、五州，负责本辖区的军事防务。初唐时节是不是这样，不能确切肯定。到了唐肃宗的时代，这些团练处置使，实际就是地方节度使。不仅权力内容增多，而且出行排场也更讲究。节度使出行，要竖起六种颜色的旗帜，还有标配的仪仗，这种观察处置使实际就是所谓元帅。因此，有的谱书直接说喻宣公担任兵马大元帅，镇守西蜀。

喻宣公负责防务的就是唐朝的关西道。查唐代地理志，五代之前，没有见过关西道这个行政区划的名称。那么，很可能是五代后周尚书喻球修谱，按照当时的叫法，来描述祖宗300年前的武功及官爵。所谓关西道，系汉唐人的习惯叫法，即将函谷关以西的区域通称关西，其辖区包括今之陕西、山西、河南、四川。若然，则确实说明唐高祖信任喻宣公。因为这个地方的防守，对于大唐，确实十分重要。我们知道，陕西紧靠的就是西蜀地盘，这也就是族谱文章中很多记载喻宣公拥重兵镇守西蜀的来历。

三、喻宣公的父、祖和籍贯

喻伯洪也就是喻迪冲，他的父亲是喻重华，始祖是喻猛，籍贯是南昌。这是没有任何问题的。南昌等全国各地多种喻氏家谱均如此记载。最早做如此记载的是南宋理宗淳祐二年（1242）翰林院大学士虞仲德，详见他的《喻氏世仁堂梧岗村族谱序》（《中华喻氏通谱》第一部第172页）。虞仲德写道：

梧岗喻公之祖讳猛，为南昌世家，派衍重华，乃西蜀世家也。生子迪冲迁居江陵，武德三年（620）任天下都统大元帅，镇兵三十万，守御关西。卒谥号宣公。宣公之子喻凫，仕至河南省平章政事。徙居桐庐，嗣续繁昌，仕宦不一，难以枚举也。

该谱序对喻迪冲的介绍被引用率最高。但说喻凫是他的儿子，做官做到河南平章政事等等显然有误。因为第一，喻迪冲是初唐人，喻凫是晚唐人。不可能是父子。另外，喻凫最后的官名也很奇怪。我们知道平章政事是唐太宗时才定型的正式官阶，属于宰相的副手，主要使命是协助宰相工作。"唐太宗贞观八年，太宗令李靖每三两日至门下（省）、中书（省）平章政事。"官名来历如此，其设官用意也显而易见。但没听说有在地方政府（河南道）设置相应机构者。即使真有其官，那也不合逻辑。因为盛唐并无喻凫，我们知道的有多种依据可以证实其存在的是晚唐喻凫。说详本书《晚唐诗人喻凫生平考》。可见时隔200多年，不仅修谱的主事人弄不清楚喻凫和喻迪冲的世系关系，就是翰林院大学士虞仲德也是一头雾水。

喻迪冲担任过江陵太守，这是没有问题的。在他手里，把家迁徙到湖北荆州石首县仙霞乡。这是确切无疑的。后世族人读谱，一则惑于其九世家于蜀的记载。一则惑于既然移家荆州，为何又称其为西蜀世家。其实，谱上有记载，晚年致仕后，他又回到了老家南昌。他是唐朝开国重臣，因此在南昌祖居地给他封地和宅邸，让他养老于豫章，是朝廷的恩典，也是一种荣誉。和前引邬彦济于明朝正统十年（1445）为喻氏族谱所写序言比较，自然是虞仲德的记载靠谱一些，因为喻迪冲不会莫名其妙地迁居江陵，是因为做官而将家迁来。

四、喻宣公的子孙世系记载

不少喻氏谱书关于喻宣公和喻凫等世系关系的记载都是望风捕影。包括前面提到的喻道兴的流芳谱序就开始持喻凫乃喻宣公之子说。因为古代交通不便等原因，特别是明代末年喻思恪整理喻氏家族的谱牒世系后，这篇流芳谱便得到广泛的流传。后世迷信丰城老谱，因而出现以讹传讹的现象。因为只要依据常识判断，你就会明白，这位唐朝开国功臣和他的儿子怎么会相隔200多年呢。

真实的情况是，喻凫是喻宣公的八世孙。如果从喻宣公的父亲重华公算起，则喻凫是第九世孙。

喻宣公生有两个儿子。老大叫叔棨，老二叫叔梁。

叔棨字戟才，号峨亭，行三。隋仁寿二年壬戌九月十三生。袭父爵敕授右骁卫将军。元配王氏，隋大业三年丁卯七月生，诰封一品夫人。

叔梁字世才，号嵋亭。行九。唐高祖武德元年戊寅十一月廿八生。袭父爵授招讨使，晋封辅国军上将。元娶秦氏，唐高祖武德三年庚辰七月廿五生，诰封一品夫人。生子一：季燨。

季燨，字映中，号昆山。行一。唐太宗贞观廿三年己酉四月初九日生。以祖世袭宣威安抚使。娶熊氏，唐高宗龙朔元年辛酉七月初七生。生子一：宣埭。

宣埭，字亮方，号景圻。行六。唐中宗神龙元年乙巳九月十六生。由选拔会举授拾遗。娶武氏，唐中宗景隆二年戊申八月二十四日生。生子一：铁。

铁，字威侯，号镇庵。行三。唐元（玄）宗开元十三年乙丑三月十一生。由贤良俊秀入监读书。授宏文院博士。娶褚氏，唐元宗开元五年丁巳十月初十生。生子二：潢，汉。

晚唐诗人喻凫是喻伯洪也就是喻宣公的第八世孙。喻凫的祖父叫喻潢，父亲叫喻实。字本文，又字仲虚。行四郎。唐德宗建中元年庚申正月初七生。由俊秀授上林苑录事。以子贵，诰封文林郎，加授中宪大夫。喻凫的母亲姓房，唐宪宗元和三年戊子十月廿日生，诰封恭人。生子一：凫。

喻凫，字坦之，又字实鸿（有的谱书上写作"宾鸿"）。号秋霞。行九郎。后以名行、号行，而不以字行。故晚唐诗坛文献凡涉喻凫者，均以喻凫的名义记述。喻凫唐敬宗宝历元年乙巳八月十四日生，举唐开成五年，中进士第，为乌程尉。选河南道御史。诏治书史。以诗才显。同张乔、郑谷等号为"十哲"。累官至文学士。寓睦州。娶袁氏太君，唐穆宗长庆三年癸卯十二月十二日生，诰封恭人。生子二：百章，百卓。该谱还记载喻凫的堂弟喻质之子喻鸿为石首乡学秀才。支下子孙们居荆州石首第。

值得一提的是，在江西南昌好几种传世旧谱的祖先图像中还保存有喻凫、喻凫父亲喻仲虚、喻凫曾祖父喻铁，喻凫高祖嵋亭，世祖喻宣公、九世祖喻重华的画像，这些祖先画像和准确的世系记载互相匹配，共同传承着家族历史的辉煌。

（2019 年 3 月 5 日）

喻凫和喻坦之是一个人吗？

一、喻凫、喻坦之：晚唐江浙两诗人

在唐代文学史上，有两个喻姓诗人。一个叫喻凫，一个叫喻坦之。他们大致生活在同一个时代（晚唐），也大致生活在同一个地域，即今天的江浙地区。不过，喻凫早年生活在南昌，后来生活在毗陵（今江苏常州）；中进士后迁居睦州。喻坦之家在睦州（今浙江建德）。两人所喜欢的诗歌体裁也很相似，他们都偏爱用五言律诗，五言绝句体创作。七言绝句和七言律诗写的都不多。他们的诗歌流传下来的数量都不多。喻凫传世的诗歌共64首。喻坦之传世的诗歌共18首（依据《御定全唐诗》统计）。在《新唐书》和《宋史》艺文志，宋代藏书家陈振孙《直斋书录解题》，宋人尤袤的《全唐诗话》等目录学著作和唐诗选本介绍中，《喻凫集》一卷和《喻坦之集》一卷都是分开的。换句话说，喻凫和喻坦之从来都没有被当作一个人来看待。清代康熙皇帝下旨，由彭定求等文臣纂辑的《御定全唐诗》也是将喻凫和喻坦之分别看待的。

那么是谁将喻凫和喻坦之合二为一？

二、将喻凫、喻坦之合二为一的始作俑者

迄今为止，就我们所掌握的资料看来，第一个将喻凫、喻坦之当作一个人来看待的唐诗选本学者是高棅。在众多的唐诗选本中，将喻凫和喻坦之合二为一当作一个人理解的则以高棅评选的《唐诗品汇》为首。高棅在《唐诗品汇》的作者小传部分（原书称之为"爵里"）这样介绍喻凫和喻坦之：

喻凫，字坦之。毘陵人。开成进士，为乌程令。（《唐诗品汇·姓氏爵里详节》）

高棅（1350－1423），字彦恢。后改名廷礼，号漫士，福建长乐人。曾参与《永乐大典》修撰工作，且也能诗会画。但再优秀的学人，如果要做唐代诗歌的选本，也很难一点漏洞都不留。道理很简单，即使你是诗人，懂创作，如果不花大气力认真研读每个诗人的作品然后在此基础上筛选作品，这个学者就很容易犯常识错误。比如，喻凫和喻坦之，明明白白是两个人，他们的诗集也是分开的，从唐到宋，公私藏书家都无异议，但他不知怎么就如此草率的将喻凫和喻坦之当作一个人处理了。

至于地方文献如志书之类的著作，最早见于《宜兴志》。而第一个引用这个说法的是明朝人董斯张。《宜兴志》和《吴兴备志》的作者是否受到高棅《唐诗品汇》的影响，不得而知。

《吴兴备志》全书 32 卷，明董斯张（1587－1628）撰。斯张字遐周，乌程人。该书辑录湖州故事，分 26 项，分别曰《帝胄》；曰《宫闱》；曰《封爵》；曰《官师》；曰《人物》；曰《笄袆》；曰《寓公》；曰《象纬》；曰《建置》；曰《岩泽》；曰《田赋》；曰《水利》；曰《选举》；曰《战守》；曰《赈恤》；曰《祥孽》；曰《经籍》；曰《遗书》；曰《金石》；曰《书画》；曰《清閟》；曰《方物》；曰《璪》；曰《诡》；曰《匡籍》。采摭极富，于吴兴一郡遗闻琐事，征引略备。每门皆全录古书，载其原文。有所考订，则附著于下。《四库全书》馆臣对该书评价很高。

该书将喻凫喻坦之算作一个人的原始资料来源是这样的：

喻凫，毘陵人。有诗名。开成进士。《全唐诗话》云：卒于乌程令。（《西吴里语》）

凫字坦之。尝谒杜紫薇，不遇。曰：我诗无罗绮铅粉气，宜不售也。（《宜兴志》）（《吴兴备志》卷七）

最早指出明初高棅《唐诗品汇》人物小传将喻凫、喻坦之合二为一错误的是明代学者胡应璘（1551－1602）。他指出：

喻凫、喻坦之两人也。品汇爵里考以坦之即凫之字，混为一人。今考宋陈直斋书录各有其集，文苑英华两人诗亦分载。调各不同。而谢皋羽睦州诗派载新定之以诗鸣于唐者二人，实并列焉。尤文献在本乡足据者也。（《唐音癸签》卷二十九）

由于《唐诗品汇》是古代有影响力的唐诗选本。因此，至今还对读者有着错误的导向。如 2010 年《中国韵文学刊》所刊发的喻几凡教授的《晚唐诗人喻凫生平考》即属于想证明高棅视喻凫和喻坦之实为一人结论正确的专题文章。

实际上，早在宋末元初，睦州本地的学人翁衡汇编《睦州诗派》时就很清楚喻凫和喻坦之是睦州本地的两个诗人。他那本《睦州诗派》实际是睦州本地晚唐诗人作品总集。这些诗人包括施肩吾，方干，李频，喻凫。这四位诗人"世并有集"。也就是翁衡的父亲翁洮家藏中就有他们四人的诗集。而章八元、徐凝、周朴、喻坦之这几位诗人，当时没有诗集刻印传世。但他们几位"并有诗见唐间气及文苑诸书"。也就是说，翁衡采集这另外几位诗人的作品，主要是借助《唐中兴间气集》和《文苑英华》等大型类书。谢翱的这篇序言对于喻凫和喻坦之的交代很清楚。喻凫是做了官的，故以"喻校书凫"称之；喻坦之没有做官，故以"喻生坦之"称之。详见谢翱《睦州诗派序》：

唐代言诗在江东者，戴发运叔伦；许刺史浑，润人；丘员外丹，丘庶子为，顾著作况，陆处士龟蒙，姑苏人；孟先生郊，严处士恽，释子皎然，吴兴人；骆少府宾王，张处士志和，僧贯休，金华人；贺宾客知章，四明人；严长史维，秦征君系，吴舍人融，僧澈，越人；张处士祜，金陵人；吴韶州武陵，广信人；罗给事隐，新城人；项少府斯，天台人；薛补阙令之，欧阳生詹，闽人；其他虽遗逸不可概举，率郡不过一二人。多者三四人。惟新定自元和至咸通间以诗名凡十人。视他郡为最。施处士肩吾，方先生干，李建州频；喻校书凫，世并有集。翁征君洮有集藏于家。章协律八元、徐处士凝、周生朴，喻生坦之，并有诗见唐间气及文苑诸书。皇甫推官以文章受业韩门，翱客睦，与学为诗者推唐人以至魏汉，或解或否，无以答。友人翁衡取十先生编为集，名曰《睦州诗派》，以示翱。翱曰：子睦人也，请归而求之。勿贻皇甫氏所云舍近而寻远，则诗或在是矣。癸巳夏五书双磎精舍。（《晞发集》卷十）

如果不是谢翱留下这篇序言，如果不是翁衡编这本地域性的诗歌集汇编，要说清喻凫和喻坦之还真是要费去一番笔墨。

五、喻凫、喻坦之籍贯考

喻凫和喻坦之是我国晚唐时期的两位诗人。他们流传下来的作品虽然总数不多，但基本都是精品。我们曾经查阅了《四库全书》中的所有唐诗选本，发现见于《御定全唐诗》中的喻凫64首诗作，没有被后人选过的很少。而另一位喻坦之的18首诗亦同。

喻凫的家乡在江南，多数时候写作毗陵，也就是今天的江苏常州。其他也有写作宜兴、义兴的。在唐代义兴也属于常州。喻坦之的家乡在睦州。即新安江边，也被写作新定。则十分明确。方干、李频这些同时代的诗人跟他们都是同乡。自然是不会弄错的。他们的故乡一个是在今天的江苏常州，一个是在今天杭州附近的建德。至于他们是不是都是一个家族宗支的，现在史料缺乏，还不敢断定。

唐代诗人顾况的儿子，诗人顾非熊有一首《送喻凫春归江南》诗，对喻凫家乡的方位定位很清晰：

> 去年登第客，今日早春归。
> 莺影离秦马，莲香入楚衣。
> 里间争庆贺，亲戚尽光辉。
> 唯我门前渚，苔应满钓矶。

（《华阳集》附顾非熊诗）

诗人姚合的送别诗定位则更具体，其《送喻凫校书归毗陵》云：

> 主人庭叶黑，诗稿更谁书。
> 阙下科名出，乡中赋籍除。
> 山春烟树众，江远晚帆疏。
> 吾亦家吴者，无因到弊庐。

（《姚少监诗集》卷一）

喻凫、喻坦之两人都是进士。若论中进士的时间，喻凫比喻坦之早。喻凫在开成五年（840）中进士。喻坦之可能在大中后，具体时间缺少记载。但朋友送别诗中有喻坦之中进士的记载，如：曹松有《送进士喻坦之游太原》：

> 北鄙征难尽，诗愁满去程。
> 废巢侵晓色，孤冢入锄声。
> 逗野河流浊，离云碛月明。
> 并州戍垒暮。角动引风生。

（《文苑英华》卷二百八十三）

曹松，晚唐诗人。安徽宿松人。生卒不详。

对喻凫籍贯介绍最为清晰的是《大清一统志》：

唐喻凫，南昌人。其先遭乱数迁。开成中危，以诗名闻于时。徙家睦州之分水县，尝与方干赋诗往还。

（《大清一统志》卷二百三十四）

这条简介说明了几个问题：一、喻凫本是南昌人。二、喻凫家曾经经历过一些乱离和频繁的迁徙。三、唐文宗开成年间曾经遭遇过危机。四、喻凫"以诗名闻于时"。五、中进士后他迁徙到睦州分水县，和睦州诗人方干有交往。我们研究喻凫的居住处所时发现，他的诗歌中逗漏的信息，至少包括以下四五个地方，但都是环太湖区域。也就是古代江南地区的所谓下八府中的苏州、宜兴、常州、湖州一带流动。这个只要看看各地地方志对喻凫故里的记载就清楚了：

我们看《宜兴志》，有对他的记载。因为宜兴（义兴），古代属于毗陵，也就是常州。

喻凫，义兴人。（《江南通志》卷一百十九）

喻凫，毗陵人。有诗名。开成进士。《全唐诗话》云：卒于乌程令。（《西吴里语》）凫字坦之。尝谒杜紫薇不遇，曰：我诗无罗绮铅粉气，宜不售也。（《宜兴志》《吴兴备志》卷七）

姚合有《送喻凫校书归毗陵》。（见《姚少监诗集》卷一）

释无可，乃贾岛的弟弟。他作有《送喻凫及第归阳羡》（见《文苑英华》卷二百七十九）。阳羡是宜兴的别称。

喻凫也曾担任过浙江长兴县县令。在县令任上，它曾奉敕重建该县长兴的大雄教寺。大雄教寺，据《长兴县志》：旧在县治西北一里。陈天嘉元年建。号报德寺。唐会昌间寺废。大中元年，县令喻凫奉敕重建。（《浙江通志》卷二百二十九）

喻凫也曾经在广德担任过县级官员，具体职务不清楚。但喻凫有《广德官舍二松》诗。

中进士后，喻凫迁徙到浙江睦州之分水县。不知是否因为结识了方干这样一位知音朋友的缘故。

喻坦之的老家在睦州。我们通过喻坦之的老乡、家住睦州新定的李频诗歌，不难明白喻坦之家住新安江边的新定。李频有一首《及第后归新定》诗，其前面四句如下：

家临浙水傍，对岸买臣乡。

纵棹随归鸟，乘潮向夕阳。

119

这个新定，是唐朝的地名。宋代仍在使用。范仲淹《新定感兴》五首中有句;

> 数仞黄堂上，题名仅百贤。
> 稀逢贤太守，多是谪官来。

（《严陵集》卷三）

李频《赠喻坦之》:

> 从容心自别，饮水胜衔杯。
> 共在山中长，相随阙下来。
> 修身空有道，取事各无媒。
> 不信清平日，终遗草野才。

（《文苑英华》卷二百六十四）

新定也就是桐庐的别称。喻坦之不仅和李频是同乡，他和方干也是同乡。方干的老家就在今桐庐县芦溪乡，唐代叫白云源。古书说方干是分水人。其实古代分水、桐庐、新定，大多系指同一个地方，因为古今地域范围时大时小，常有变迁。

喻坦之本为新定人。我们甚至看到宋代的喻汝砺、喻樗，也有地方志写作新定人的。道理就在于这里几个地名混用，实际都是一回事。自晚唐黄巢之乱以后，浙省新安江边确实是喻氏家族的一处大本营。

这么看来，喻凫迁居到当年的分水县（今天的建德）时间在唐文宗开成五年（840）以后。

四、喻凫、喻坦之与方干、李频的友情

方干有《送喻坦之下第还江东》:

> 文战偶未胜，无令移壮心。
> 风尘辞帝里，舟楫到家林。
> 过楚寒方尽，浮淮月正沉。
> 持杯话来日，不听洞庭声。

（《玄英集》卷一）

喻坦之家住桐庐，外出归来都是借助舟船。因此说"风尘辞帝里，舟楫到家林"。看这首诗，方干是在安慰喻坦之。劝喻坦之不要因为落第而过于沮丧。还是面向未来，准备再考。这不过是文战偶然失败，胜败乃兵家常事。千万不要灰心丧气。从诗句看，方干应该比喻坦之年长一些。而我们再来看看方干集子中另外两首赠喻凫的诗歌：

中路寄喻凫

求名如未遂，白首亦难归。
送我樽前酒，典君身上衣。
寒芜随楚尽，落叶渡淮稀。
莫叹干时晚，前心岂便非。

（《玄英集》卷一）

别喻凫

知心似古人，岁久分弥亲。
离别波涛阔，留连槐柳新。
嶀陵寒贳酒，渔浦夜垂纶。
自此星居后，音书岂厌频。

（《玄英集》卷一）

叙雪寄喻凫

密片无声急复迟，纷纷犹胜落花时。
逡巡不觉藏莎渚，宛转偏宜傍柳丝。
透室虚明非月照，满空回散是风吹。
高人坐卧才方逸，援笔应成六出词。

（《玄英集》卷四）

方干另有：

哭喻凫先辈

日夜役神多损寿，先生下世未中年。
撰碑纵托登龙伴，营奠应支卖鹤钱。
孤垄阴风吹细草，空窗湿气渍残编。

人间别更无冤事，到此谁能与问天。

从这四首诗看，方干和喻凫的交往年月，友情深度显然比喻坦之要久要深许多。第一首是在客中别喻凫。写出喻凫重视友情，倾囊饯别的真诚。同时也写出彼此年龄相仿，追求相似，欲罢不能的状态。第二首写两人无论是在帝京长安还是在江南水乡，两人见面后总是难舍难分。第三首是作者方干的咏雪诗，寄给好友欣赏。希望得到喻凫的唱和之作。第四首是悼念亡友。从这首诗看，喻凫是一个以诗歌创作为生命的真情诗人。也等于分析出了喻凫死亡的原因是因为用脑过度，耗丧了元气。"先生下世未中年"句，一本作"未终年"。

第二句是说喻凫身后无长物。第三联说亡友的手稿无人整理。

在晚唐诗人中，我们注意到大中八年进士及第的李频和喻坦之是同乡，且为好友。李频《黎岳集》有《贻友人喻坦之》诗一首，诗曰：

> 从容心自切，饮水胜衔杯。
> 共在山中长，相随阙下来。
> 修身空有道，取士各无媒。
> 不信升平代，终遗草泽才。

细绎诗意，其时李频和喻坦之都还没有中进士。李频很显然是在安慰喻坦之："修身空有道，取士各无媒。"就是在发牢骚没有人引荐。李频的故里在唐朝为寿昌县，今并入建德，为镇，距离建德市主城区新安江街道11公里。李频中进士后任职秘书郎，累迁建州刺史。后卒于官。州人感念其德政，建庙祭祀。李频是晚唐诗人姚合的女婿。

五、喻凫、喻坦之诗歌差异之分析

喻凫、喻坦之二人的诗歌作品流传下来的虽然不多，但细读两人的诗集，我们发现，他们的作品绝无一首雷同。从题目到内容都没有雷同的现象。喻凫的诗集中诗题如下：《赠李商隐》《元日即事》《送贾岛往金州谒姚员外》《送友人罢举归蜀》《送卫尉之延陵》《送越州高录事》《送潘咸》《送友人下第归宁》《游北山寺》《冬日题无可上人院》《游云际寺》《题翠微寺》《广德官舍二松》《浴马》《和段学士南亭春日对雨》《书怀》《一公房》《晚次临泾》《王母祠前写望》《游暖泉精舍》《怀乡》《岫禅师南溪兰若》《龙翔寺寄李频》《送武毅之邠宁》《夏日题岫禅师房》《夏日因怀阳羡旧游寄裴书记》《呈薛博士》《即事》《龙翔寺阁夜怀渭南张少府》《夏日龙翔寺居即事寄崔侍御》《龙翔寺居喜胡权见访因宿》《宿石窟寺》《夏日龙翔寺寄张侍御》《秋日将归长安留别王尚书》《龙翔寺言怀》《龙翔寺居夏日寄王尚书》《题弘济寺不出院僧》《寄刘录事》《酬王檀见寄》《寺居秋日对雨有怀》《答刘录事夜月怀湘西友人见寄》《上高侍御》《冬日寄友人》《冬夜宿余正字静恭里闲居》《得子侄书》《献知己》《赠张濆处士》《早秋寺居酬张侍御六韵见寄》《和段学士对雪》《监试夜雨滴空阶》《春雨如膏》《送友人南中访旧知》《玄都观李尊师》《感遇》《晚思》《赠空禅师》《西山寒日逢韦侍御》《题禅院》《惊秋》《经刘校书墓》《蒋处士宅喜闲公至》《绝句》《樊川寒食》。

五言诗歌（包括五绝和五律）总计 61 首；七绝 3 首。

下面是喻坦之的诗集中的诗题：

《陈情献中丞》《长安雪后》《送友人游东川》《题樟亭驿楼》《大梁送友人东游》《送友人游蜀》《留别友人书斋》《题耿处士林亭》《商于逢友人》《灞上逢故人》《发浙江》《晚泊盱眙》《归江南》《代北言怀》《春游曲江》《和范秘书宿省中作》《寄华阴姚少府》《晚泊富春寄友人》。

总计 18 首，全部为五言律。其中五律 16 首；五言长律 2 首。

喻坦之的诗歌基本是送别应酬游览类，其中以送别诗最见长。而喻凫的诗歌主题较之喻坦之丰富。就个性而言，喻凫喜欢和僧人打交道，也喜欢住在寺庙里，也即是说，他在佛学方面有一定的造诣。而他这方面的爱好，在喻坦之那里一点也找不到。就对社会人生认知的深度而言，喻凫较喻坦之要深刻些。喻凫看问题往往能鞭辟入里，直指问题的本质。最著名的如他去拜访杜紫薇，不被重视。他说的那句名言："我诗无罗绮铅粉气，宜不售也。"罗绮是富贵气象，铅粉是包装修饰，也就是女人气。喻凫很显然是在发牢骚。我的诗歌写的只是我本来的面目，我的诗歌没有那种打扮自己取悦别人的女人味，因此得不到权贵的欣赏抬举，不是很自然吗？

《剧谈录》云："自大中咸通之后，每岁试春官者千余人。其间有名如何植、李玫、皇甫松、李孺犀、梁望、毛涛、贝麻、来鹄、贾隗以文章称；温庭筠、郑浍、何涓、周钤、宋耘、沈驾、周繇以辞赋显；贾岛、平曾、李陶、刘得仁、喻坦之、张乔、剧燕、许琳、陈觉以律诗著；张维、皇甫川、郭鄩、刘延晖以古风名。皆厄于一第。然其间数公丽藻英词播于海内，与虚薄窃联名级者殆不可同年语矣。"（《唐音癸签》卷二十八）

《剧谈录》是康骈所撰。骈，池阳人。唐乾符四年（877）登进士第，官至崇文馆校书郎。该书成于乾宁二年（895），皆记天宝以来琐事。从《剧谈录》推测，喻坦之中进士，时间当在大中末或咸通初。喻坦之的律诗得到当时诗坛的公认。而康骈在书中没有提李频、喻凫他们，恰好说明喻凫他们属于另外一个时代。虽然都在晚唐，但小时间还是有区别的。

喻凫有《献知己》一诗：

> 亦忝受恩身，当殊投刺新。
> 竟蒙分玉石，终不离埃尘
> 大谷非无暖，幽枝自未春。
> 昏昏过朝夕，应念苦吟人。

（《御定全唐诗》卷五百四十三）

人生在世，知音难得。特别是诗人画家，审美的主观性太强，很难遇到知己。在唐代，这种知己的遭遇，往往意味着命运的改变。我们看唐人诗，很多人都有中进士后感谢欣赏吹嘘自己的知己。诗人们在这样的诗篇里，往往真情毕露。喻凫在《献知己》诗中先说自己跟知己的交往有时日，和新交往的不同。投刺，就是送名片。第二联感念这位知己的诗歌鉴赏能力。一方面喻凫感恩于他欣赏自己的诗歌，另一方面又自叹命薄："终不离埃尘"。第三联说：朝廷还是公道的，只是我自己命运不济。末联说自己就这样再次落第，浑浑噩噩地过日子。对不住您啊，让您还经常会记挂着我的命运。

从这首诗的诗境看，喻凫是个个性刚强、相当自尊、且很清楚彼此责任的人。

比较起来，喻坦之还未能脱俗。我们看他的《陈情献中丞》一诗就不难明白：

> 孤拙竟何营，徒希折桂名。
> 始终谁肯荐，得失自难明。
> 贡乏雄文献，归无瘠土耕。
> 沧江长发梦，紫陌久惭行。
> 意纵求知切，才惟惧鉴精。
> 五言非琢玉，十载看迁莺。
> 取进心甘钝，伤嗟骨每惊。
> 尘襟痕积泪，客鬓白新茎。
> 顾盼身堪教，吹嘘羽觉生。

依门情转切，荷德力须倾。

奖善犹怜贡，垂恩必不轻。

从兹便提挈，云路自生荣。

（《御定全唐诗》卷七百十三）

细读此篇五言长律，感觉到有孟东野干谒诗的味道。这就是真诚无欺的做不平之鸣，以及希望得到荐举从而改变命运的渴望。字里行间，溢于言表。

喻凫、喻坦之虽然都以写作五言律绝为主，且同是江浙地区人，但两人诗歌风格仍有不同。"喻凫五言闲远朗秀，选句功深。自称无罗绮铅粉，殆亦实语。"（《唐音癸签》卷八）

我们再来看看他们两人的诗歌：

喻坦之的《春遊曲江》：

误入杏花尘，晴江一看春。

菰蒲虽似越，骨肉且非秦。

曲岸藏翘鹭，垂杨拂跃鳞。

徒怜汀草色，未是醉眠人。

（《御定全唐诗》卷七百十三）

喻凫的《宿石窟寺》：

一刹古冈南，孤钟撼夕岚。

客闲明月阁，僧闭白云庵。

野鹤立枯桥，天龙吟净潭。

因知不生理，合自此中探。

（《御定全唐诗》卷五百四十三）

上面这两首诗都是五言律，都是写旅行经历。喻坦之写游曲江，作者有点像局外人。因为曲江在唐代属于达官贵人游览的场所，新科进士也有固定的节目，就是曲江游览，但显然喻坦之写这诗时还没有中进士，因此他说自己是误入。杏花尘，是说那里是杏花的海洋。全诗可以说是每一联都是写景，又是写情。误入二字堪称本诗的点睛之笔，隐隐写出一种落寞的情怀，此即是诗经以乐景写哀情的手法之运用。而喻凫的这首诗写作者宿石窟寺的见闻和感想。诗中意象丰富，无生命的古刹和暮钟，有生命的龙吟鹤立，游客和寺僧各有自己的空间。末联写哲理感悟。不生理，就是无生理。无生理，佛教用语。意思是

125

万物不生不灭，本无生灭（见《大宝积经》）。细读喻坦之和喻凫的诗歌，我们发现诗歌富有禅意，是喻凫诗的一大特色，而喻坦之则不具备这种特点。

六、喻凫、喻坦之所隶属的诗人群落各不相同

据唐张洎集项斯诗序，"晚唐之诗分为二派：一派学张籍与朱庆余。陈标、章孝标、司空图、项斯，其人也；一派学贾岛与李洞。姚合、方干、喻凫、周贺、九僧，其人也。"（见《山堂肆考》卷一八二十八引）

这是说，喻凫属于学贾岛的诗人群落中的一员。

据辛文房《唐才子传》载：晚唐时期，喻坦之、薛能、李频、许棠、任涛、张蠙、李栖远、张乔、周繇、温宪、李昌符，这些诗人互相唱答往还，诗坛给他们取了个"芳林十哲"的雅称（《唐才子传》卷六）。实际上，这个诗派还应包括欣赏他们的郑谷。

这是说喻坦之属于李频、许棠、张乔、任涛、张蠙、李栖远这一诗人群落。因为他们的风格相近。

七、喻氏家谱中关于喻凫、喻坦之的记载

严格说来，喻氏族谱中只有关于喻凫的记载，没有关于喻坦之的记载。因为族谱记人，特别是出类拔萃之人。族谱中一般会有这么几个部分会涉及：一是世系图或者瓜藤图，这类图表只有名字号等基本信息。其次是世系表即人物简传。也就是所有族人都可以享受的姓名字号，生卒时间，娶妻生子的信息，以及安葬地址坟墓朝向等。如果是中了进士或者做官的，还会有专门的小传详细记载其生平事迹。如果有重要诗文著作传世的，还会在艺文志部分刊登其代表诗文。历览喻氏族谱，除了近年新编的《中华喻氏通谱》（第一部，巴蜀书社2010年版，第131至139页。）艺文志部分将喻凫和喻坦之的诗歌分别收录外，其他分支谱书上没有看到过喻坦之的诗歌。

在我所看到过的喻氏家谱中，只有江西奉新遐富喻氏族谱中提到喻坦之，说喻坦之是喻凫的字。此外，再无别的关于喻坦之的记载。我认为这种情况多半是修谱人不明白喻凫、喻坦之虽然是喻氏家族的诗人，但并不一定是同一个分支的。在喻氏族谱中，喻迪冲以下世系保存最为完整的是江西奉新《遐富喻

氏族谱》。该族谱以唐初喻迪冲为始祖。喻凫和喻鸿兄弟俩是第八世。

第八世：

> 喻凫，喻实之子。字坦之，又字宾鸿，号秋霞。行九郎。唐敬宗宝历元年乙巳八月十六日生。举唐开成五年中进士第，为乌程尉，选河南道史。诏治书史。以诗文显。同张乔郑谷等号为十哲。累官至文学士。寓睦州。娶袁氏太君，唐穆宗长庆三年癸卯十二月十二日生，诰封恭人。生子二：喻百章、喻百卓。

> 喻鸿，字秋来，号南翔。行十三郎。唐文宗太和五年辛亥六月廿三生。公补荆州乡学秀才。支下子孙居荆州石首祖第。娶徐氏，唐文宗太和四年庚戌八月廿九日生，生子一：百珍。

这份族谱我们没有找到原来的老谱。我们看到的是1993年十修版。我感觉很奇怪的是，喻凫的弟弟喻鸿，字秋来，号南翔。这名和字都与鸿雁有关。因为前贤有"落霞与孤鹜齐飞，秋水共长天一色"这样写大雁的名句。因此，喻鸿字秋来，因为大雁是秋天才来的候鸟。所以号南翔，就是往南边飞翔的意思。这名、字、号都有内在的逻辑联系。那么，他的哥哥喻凫呢？我们知道凫和雁都是能飞的鸟。字宾鸿，是说凫乃客鸟。也就是我们今天说的候鸟。秋霞这个号是从秋水共长天一色来的。这兄弟俩的名字都跟候鸟大雁有关。这样起名十分合理。但不知为何，在喻凫的名后，首先说字坦之，然后又说字宾鸿，号秋霞。则坦之是最初取的字，后来嫌不雅，改为宾鸿。很可能是喻凫以名行，最初取的字和后来改的字，都没有叫开。不排除一种可能，即后世子孙不知喻凫、喻坦之是两个人，将坦之作为喻凫的字硬加上去的。类似的情况在一些族谱中比较常见，比如在保存完整的汉、晋时期世系表中，在当事人的名、字、号、生、卒年葬地等信息中，突然插入中进士这样的字样。我们知道，进士是科举时代的产物，是隋文帝以后才有的。怎么会在汉、晋时期出现？这就是科举风气浓厚的明清时期，修谱人加上去的。如前引大寨谱就存在这样的问题。不过，明眼人还是分得清哪些信息是有用的，哪些东西是后人乱添上去的。

根据文献记载，包括喻坦之自己的诗作，我们知道喻坦之一生没有做官。因此之故，也不可能跟做官的喻凫名、字搞混。

我甚至怀疑是20世纪续修族谱的人自作聪明在喻凫的名字后面加上字坦之的。混乱或许就是这样造成的。我当找奉新遐富喻氏族谱老谱头看之，或许真相就会大白于天下。因为遐富喻氏族谱的世系是迄今为止保存最好的喻氏古老世系。那么多人的小传介绍，都是名＋字＋号。除喻凫外，再也找不到取两个字的例子。有些谱书介绍到某个历史人物时会说，他字什么，又字什么，号什么，又号什么。大凡这种情况，都等于告诉你这位修谱者对该祖宗的情况吃不准，只好把他所知道的信息都记上去，让后人抉择。

当然，也不排除记载喻坦之生平信息的谱谍失传的可能。

（2019 年 2 月 28 日）

晚唐诗人喻凫生平考

喻凫和喻坦之这两位诗人，是我国晚唐时期江浙地区很有影响的诗人。在唐宋两代诗人和学者心目中，从来没有出现任何歧义。但到了明朝初年，曾经参与过《永乐大典》修纂工作的诗人学者高棅在其所编选的《唐诗品汇》一书中，却将喻凫和喻坦之合二为一了。这个问题，我已经在《喻凫、喻坦之是一个人吗?》一文中详加论列。在这篇文章中，我们将借助家谱、地方志、别集，唐代诗人专题研究等方面的文献资料，努力还原晚唐诗人喻凫生平的方方面面。

一、名、字、号考

喻凫原居江西南昌，他的后人最后因为他的儿子——喻从政护驾有功而从喻凫晚年选择的住所——浙江桐庐回归故土南昌澹台门外龙沙里居住。研究喻凫的生平，我们拟从他故乡的家谱入手。喻氏族谱记载喻凫的比较多，但这里也分几种情况。一种是记载可靠者。这种记载必须满足以下几个条件，一、上有祖宗，下有子孙。二、世系时间距离合理。三、生平大事记载能够得到家谱以外的其他文史档案如地方志、国史，专业图书记载等文献的佐证。四、居住地也应得到相关文献的支撑。五、古人或以名行，或以字行。几种情况需要区别对待，不可能一个人同时既以名行又以字行。

我们对比了江西南昌的几十种家谱，符合我所拟定的几个条件的分别有喻大纪后裔所聚居的奉新县遏富村藏谱，即《奉新遏富喻氏族谱》《奉新遏富村苍梧喻氏族谱》以及《江夏喻氏富溪分支九修族谱》等族谱。其他记载大多属于道听途说而来的祖宗名人简介，没有合理的世系传承支撑，因此不能采信。

首先我们来看看丰田喻氏族谱的记载：

喻凫，迪冲长子，字坦之。号均羽。唐太宗十九年六月二十九日寅，高宗时进士。以诗名。世官至大学士。殁唐睿宗二年四月十九日亥。葬抚州门外庚山申向。娶抚州熊氏，生三子：正邦，中邦，友邦。（江西《万载丰田喻氏六修族谱》）

这个说法其中关于喻凫字坦之号均羽的记载，我们不能轻易说人家有问题。喻凫以诗鸣，这也是不争的事实。他曾中过进士，官至大学士，也可得到富溪喻氏等谱牒的证明。但在喻凫所生活的年代记忆上显然不太靠谱。或者是修谱人没有机会看到世系完整的谱书，而被喻思恪《喻氏二十六世宗派大略》喻凫是喻迪冲长子的说法所误导。

据《江夏喻氏富溪分支九修族谱》所保存的旧谱世系记载，该宗族同样尊东汉和帝时期的苍梧太守喻猛为始祖。尊辅佐唐高祖李渊灭隋的唐朝开国元勋喻伯洪（喻氏族谱习称他为迪冲公）为一世祖。依据该谱世系，第一世：喻伯洪。字纠夫，谥宣。公西蜀人。徙居江陵石首县仙霞乡。唐高祖武德二年守御关西，都天下大元帅。娶葛氏，生子二：喻叔荣、喻叔梁……第七世，喻实，字本文，生子一：凫。

第八世，喻凫，字坦之。行德三。即唐开成五年进士。任河南，修治书史。娶袁氏，生子一：千祥。

这本富溪谱中的喻凫和丰田谱中的喻凫，不仅父亲和祖父名讳不同，而且生子人数也不同，名讳也不同。若按丰田谱，喻凫是喻迪冲的长子，是喻正邦，中邦，友邦 三兄弟的父亲。若论时代，则是唐太宗时期。这个说法，和喻迪冲是唐高祖的开国大将在时间上是大体可以吻合的，且喻凫的生卒葬地妻室子嗣都交代得十分清楚。按照丰田谱的说法，喻凫应该是盛唐时期的人物。这就必然和关于喻凫系晚唐文宗朝开成五年中进士，与杜紫薇、方干等诗人有交往的时间坐标相差甚远，显然这个盛唐诗人喻凫说是不靠谱的。如果不说"以诗名"，我们还可以假设历史上有两个喻凫，他是盛唐喻凫。但很遗憾，作者加了一个"以诗名"，而盛唐诗人中没有喻凫这个人。可见这个丰田谱喻凫的小传是靠不住的，可以排除掉。

根据江西《奉新赤岸遐富喻氏族谱》1993 年版卷三所载世系：

第七世喻实，字本文，又字仲虚。行四郎。唐德宗建中元年庚申正月初七生。由俊秀授上林苑录事。以子贵诰封文林郎，加授中宪大夫。娶房氏，唐宪宗元和三年戊子十月廿日生，诰封恭人。生一子；喻凫。

该谱所载喻凫是喻实的儿子，这跟前引富溪谱的记载相同。不同的是，奉新赤岸谱还记载了喻凫父亲的官职名称以及入仕的途径，即"由俊秀授上林苑录事。以子贵诰封文林郎，加授中宪大夫。"俊秀是当时考选官员的一个科目。这是说喻凫的父亲喻实曾经通过俊秀选拔得到在京师长安上林苑担任录事的职务。后来因为儿子喻凫的政绩，也可能是孙子喻从政的殁于王事而受到褒封即得到文林郎和中宪大夫的荣誉头衔。

另外，族谱中记载，喻实还有个弟弟叫喻质，生子一：喻鸿。喻鸿，字秋来，号南翔。喻凫叔父的儿子喻鸿这个宗支住在湖北石首的祖第，也就是唐朝初年那个因为辅佐高祖李渊建立功勋得封伯爵谥号忠宣的喻伯洪老祖宗留下的老房子。该宗支后来就在湖北发展。

第八世喻凫，字坦之，又字实鸿，号秋霞。号九郎，唐敬宗宝历元年乙巳（825）八月十六日生。举唐开成五年（840）中进士第，为乌程尉，选河南道御史。诏治书史。以诗才显。同张乔、郑谷等号为十哲。累官至大学士。寓睦州。娶袁氏太君，唐穆宗长庆三年癸卯十二月十二日生，诰封恭人。生子二：百章，百卓。

这本谱书的记载从三个方面综合看，都符合我们确定的标准，也解开了困扰我们的问题。即喻凫虽然最初取的字是坦之，后来又字实鸿。但我们通过历史文献的调研，发现在整个唐代喻凫都是以名行，而不是以字行。现在看了奉新遑富喻氏谱书，我们就容易明白。原来喻凫最初的字是坦之，但后来又改了字，叫实鸿。但人们习惯叫他喻凫。这叫以名行。而恰好又有个喻姓诗人就叫坦之。这或许就是明朝高棅将喻凫和喻坦之混而为一的原因。

本世系中的喻百章系喻凫长子，就是唐僖宗朝黄巢之乱爆发因勤王而殁于王事的喻从政。

结论：喻凫，初字坦之，后改为实鸿。号秋霞。以名行。

这个名字号和他堂弟喻鸿字宾鸿，又字秋来，号南翔是匹配的。因为凫雁均为飞鸟，且是候鸟。实鸿也好，宾鸿也好。秋霞也好，南翔也好。其核心内涵都是由候鸟凫雁衍生出的。是符合逻辑的取名取字和取号。

也许有人会产生疑问：那晚唐诗坛上的喻坦之会不会就是族谱中的那个喻凫呢？很简单，这不可能。因为喻坦之活动的时代比喻凫晚。中进士也晚些。大约相差25年左右。虽然喻坦之中进士的准确时间我们不能确定，但我们可以通过喻坦之所交往的诗人们给他的赠答诗和送别诗推测。第二，喻坦之没有做过官。至今我们找不到家谱中纯粹以"喻坦之"为名的世系记载。将来也许我们可以在浙江新安江一带发现有关喻坦之身世记载的谱牒。就目前所能看到的文献而言，喻凫之终生写诗，没有做官。这一方面可能因为他的个性使然，另一方面也因为晚唐社会动乱不已。没有制度保障使人们中进士后就一定有官做。第三，喻坦之是睦州人。虽然考察他的生平，如方干、李频，既和喻凫有交往，也和喻坦之有交往。但这种交集毕竟不多。且他们的创作风格又各不相同，所隶属的诗歌流派和诗人群落也不同。喻坦之只可能是偶然的和喻凫曾经取的、后来废弃了的名字"坦之"同名而已。这样的事情在古今都属常见。当代因为有互联网，我们很容易就能查出同名者，但在古代却做不到。修家谱取字派，忌讳使用祖宗名讳这个习俗，就是为了避免同名重复。我们翻阅各姓氏的各个宗支的家谱，经常看到大量同名的人，但他们绝对不会是同一个人，而是取名偶然相同。只是这些人没有名望。虽然相同，也引不起重视罢了。

在唐代文献中，有一处文献符合上述五条原则。这就是喻凫在唐开成五年也就是喻凫中进士那一年曾经为毗陵（今江苏常州）喻氏本家所修家谱撰写的序言。在该篇序言末尾落款时，喻凫明确写上"唐开成五年赐进士出身任乌程尉嗣孙名凫字坦之氏谨撰"。这条史料说明喻凫虽然以名行，但他字坦之是确切无疑的。因为时间、地点、中进士时间，任官地点，和常州喻氏的关系，在在说明坦之是他的字没有疑问。但这一文献并不能证明喻凫和喻坦之是一个人。因为有合理的文献证明喻凫字坦之，但没有任何文献能证明喻坦之的字号叫什么。

二、住处考

（一）太湖说

关于喻凫的籍贯，最权威的应该是喻凫自己的诗作：喻凫在《书怀》诗中说："家山大湖渌，归去复何如？"（《石仓历代诗选》卷八十一）。这大概是喻凫在京城备考期间不适应京师的气候条件而发出的思乡之叹。而诗句中所彰显的家乡区位应该在太湖周边。这当然是一个很宽泛的概念。因为环太湖区域为江浙两省所共有。浙江省有长兴市位于太湖边上，江苏省则有苏州无锡和常州位于太湖边上。那么，喻凫的故里究竟在太湖边上哪个地域呢？《吴兴备志》记载说，喻凫是义兴人。义兴是唐代地名，唐代的义兴即今之宜兴。宜兴的沈东镇就紧邻太湖。义兴在唐代属于常州管辖。

无锡的雪堰镇，南泉镇等均符合可见太湖水面的条件。

（二）毗陵说

除以上的太湖说外，喻凫的家还有毗陵说。《唐诗品汇》人物小传中称："喻凫，字坦之。毗陵人"。明人曹学佺之《石仓历代诗选》卷八十一喻凫小传籍贯介绍同。毗陵也就是今天的常州。常州也在太湖边上。只是今天的常州和古代的常州管辖范围不尽相同。今天的常州涉及太湖的面积不多。

《唐才子传》卷七记载了他简短的生平，《唐才子传》中载："凫，毗陵人，开成五年，李从实榜进士，仕为乌程县令，有诗名。"

（三）睦州说

喻凫另有《怀乡》诗记述故乡风物："秋风江上家，钓艇泊芦花。断岸绿杨荫，疏篱红槿遮。蛙鸣积雨窟，鹤步夕阳沙。抱疾僧窗夜，归心过月斜。"（《石仓历代诗选》卷八十一）看这诗句所写的境界，此诗当系作者在龙翔寺备考期间生病想家时所作。依据此诗的意境，喻凫的家乡似在浙江新安江边，桐庐建德一带。因为前者的关键词是湖，后者的关键词是江。或者是其中进士后在外为官时所作。

（四）抚州说

此外，还有江西抚州说。

喻凫，迪冲长子，字坦之，号均羽。唐太宗十九年六月二十九日寅，高宗时进士。以诗名。世官至大学士。殁唐睿宗二年四月十九日亥。葬抚州门外庚山申向。娶抚州熊氏，生三子：正邦，中邦，友邦。（江西万载丰田喻氏六修族谱所载世系表）

若按此谱的说法，此喻凫应该是江西抚州人。也许抚州是喻凫迁往睦州之前在南昌的住所所在地。但显然，这本丰田谱对喻凫所生活的年代系根据传闻而来，因此不可靠。但他曾经住在南昌，很可能就在抚州，则是确定无疑的。族人修谱，如果故乡没有直系亲人，旁支侧系的，对于喻凫这样不停地搬迁的宗支，自然是传闻者多，真实者少。记忆失实，在所难免。

（五）由南昌迁居睦州说

关于喻凫籍贯，介绍最全面的当属《大清一统志》：

唐喻凫,南昌人。其先遭乱数迁。开成中危("危"字疑为"举"字之误),以诗名闻于时。徙家睦州之分水县。尝与方干赋诗往还。(《大清一统志》卷二百三十四)

这里南昌是就其祖籍而言,睦州分水县是就其中进士后迁徙到浙省睦州而言。根据其他族谱记载,我们知道喻凫的儿子喻百章也就是喻从政勤王因公殉职后,唐僖宗为了表彰功臣,树立典型,曾给喻凫的儿子喻从政的家人赐第豫章滫台门外龙沙里。喻凫的后代原来在浙江桐庐建德等地居住的沐浴着所谓皇恩陆续搬回南昌。(喻大常手稿《从政公传》)

综合分析以上各种记载,大体上可以归纳推测如下:喻凫本为南昌人。后来因故在中进士后迁徙到睦州。做官后到乌程、广德、长兴等居住。中进士后不久,还曾应毗陵本宗支族人之请,为常州喻氏家谱撰写序言,详见《抚州资溪嵩市喻氏宗谱》卷二。

分析环太湖地区的地方志书,有常州说,最多。也有义兴(宜兴)说。我们可以大致认定,喻凫祖籍南昌,曾经在环太湖地区周边的常州、宜兴、长兴等地生活工作过。中进士后正式移居睦州,住到了新安江桐江段的分水县(实际就在今天的桐庐),和方干等浙江新定(即富春江桐江段)的诗人多有交往。因为晚唐时期很奇怪,在新安江桐江段居住生活的读书人中总共有十位诗人享誉诗坛。成为晚唐时期诗坛的一道靓丽风景。

至于他的家族后来蒙受朝廷恩典迁回南昌住进唐僖宗御赐的位于滫台门外龙沙里的宅邸里,那是喻凫的长子已经辞世之后的事情,时间大体在西元885年之后。

三、生年考

(一)关于喻凫生于盛唐的说法

喻凫,迪冲长子,字坦之,号均羽。唐太宗十九年六月二十九日寅,高宗时进士。以诗名。世官至大学士。殁唐睿宗二年四月十九日亥。葬抚州门外庚山申向。娶抚州熊氏,生三子:正邦,中邦,友邦。(江西万载丰田喻氏六修族谱所载世系表)

若按此谱的说法,此喻凫应该是江西抚州人。这个年龄和喻凫的好朋友方干《哭喻凫先辈》的诗句"日夜役神多损寿，先生下世未中年"相吻合。这是一种说法，但显然不太靠谱。按此说法，喻凫生于645年，殁于711年。享年66岁。生卒年记载最为完整。

如果说唐朝有两个喻凫，这不是没有可能的。但不至于连名和字都完全相同。即便偶然得连名和字都相同，也不至于两人的诗风也相同。即便如此，也应该有其他宗支的谱书佐证，或者抚州地方志上也应有记载。因为喻凫如果真的是抚州人，其父亲喻迪冲又是大唐王朝开国功臣，而他也做到大学士的位子。焉有一个地方政府的志书对这样的名门望族显宦世家不予记载的道理？因此，我们只能说，抚州喻凫这条信息是不靠谱的。至少在没有其他旁证的情况下，我们不能予以采信。

我们所熟知的喻凫是晚唐诗人。他有自己的时空坐标。时间：晚唐文宗开成五年进士。空间：江浙地区，环太湖一带。详见《喻凫籍贯考》部分。友人：方干。方干（836－903），睦州清溪（今浙江淳安）。中进士时间在唐宪宗元和三年。唐开成中与寓居浙江桐江的喻凫为友。则这个盛唐时期的喻凫显然是修谱的人杜撰出来的。为什么说盛唐时期的喻凫是杜撰的？因为喻凫属于名人。其家族原本就在江西南昌。后因故迁徙到浙江桐庐建德一带，古代名叫睦州，又称严州。后来他的后人喻从政有大功于朝廷，因在担任江西太守期间发生黄巢之乱，他曾经随唐僖宗护驾迁蜀。后来因公殉职。黄巢之乱平定后，僖宗对这位忠臣有加封宣爵，在南昌有官赐邸宅和奖励土地等优抚行动。因为享受了这份特殊荣誉，喻从政的后人也就是喻凫的后人们便从浙江桐庐搬迁到江西南昌澹台门定居。这个时间在晚唐。我们知道，晚唐五代兵连祸接，民难恒处。喻从政的后人来到南昌定居时间不长，就面临新的战乱，不得已又分迁各地。后来各个分支也很难再走到一起重新修统宗谱。这种努力的尝试不是没有人做过，在明代就有喻从政的后人试图联络所谓喻从政后面的九个分支联宗合谱这心愿也未能完成。因为这个家族曾在南昌居留过一段时间。南昌当地相关宗支在修谱时也会考虑到这个迁徙到桐庐去的分支。何况是做过官的著名诗人。但由于他们手里没有相关谱牒资料，只能是根据传闻加以记载。而这样因为战乱等原因动辄一个多世纪才修谱的事情也是常有的。后世修谱既要增光家族历史，又缺少史料。如果再加上族内缺少高层次的文化人才，聘请外姓谱师修谱。如遇到不良谱师，难免会有胡编滥造的。横竖过去几百年的古人，也不是始迁祖。自然没有人会太在意。这就是某些谱书上面记载古代名贤的坟墓位置朝向越清晰准确越有问题的道理。因为最根本的软肋是没有世系支持。包括貌似很完整的世系，但经不起认真的推敲。比如这个抚州喻凫的记载，说他的坟墓在抚州门外。尽管修谱者把墓地朝向方位说得很清晰。但没有大的空间定位，人家到哪里去找？这种伎俩暴露出编造者的心虚，害怕较真的人真去实地调查，因此设下迷局，你去找吧，我连城门的方位都不告诉你，你到抚州城外去慢慢搜索吧！

其实还有一处文献能支持这种喻凫生于盛唐的说法。这条文献是宋末元初牟巘的《故驾部郎中扪膝先生喻公赞并序》。牟巘祖居四川陵阳，即包括今仁寿县井研县在内的区域。他在那篇小序中说"唐时喻凫天宝末从驾狩蜀，尝为陵州守，卒官，遂家焉。蜀之有喻从此始。其俗益蕃大，与牟氏世通婚姻如古朱陈，人以为美谈。扪膝讳汝砺。汝舟则其季也。无闷翁讳炜然，皆有文集传于世。"这条信息说喻凫是生活在唐时自然不假。但说他在唐朝天宝末年曾经护驾入蜀，后来在陵阳当太守，最后就在那里定居。这个说法迄今为止还属孤证。如前所述，喻氏族谱上确实有喻凫活动于盛唐的说法。也确实有做官任职河南平章政事，任过弘文阁大学士的记载。但没有在四川做陵阳太守的记载。另外，根据我的研究，如果要依据世系传承上有祖宗，下有子孙。世系年代相距合理等四个条件的有关记载，则喻凫生活在盛唐时期的说法都不靠谱。靠谱的还是生活在晚唐时期的记载。

（二）四川遂宁喻家沟谱有关于喻凫享年 95 岁的记载

四川遂宁喻家沟世仁堂喻氏宗谱卷一祖先画像赞有赞诗一首。说喻凫为唐开元进士，官至唐河南平章政事。赞诗曰："进士开元第，河南政事评。蛮荆曾奏捷，汗简应争荣。气焰千秋著，诗翁百氏名。宗风为宪胄，黄阁彩云生。"按，遂宁喻家沟喻氏宗支属于四川内江世仁堂系统。光绪三十年永川世仁堂喻氏族谱上寿门排第一位的就是喻凫。上面有小字注云："喻凫，平章，九十五。"这是喻氏族谱中唯一的关于喻凫享年的记载。若然，则喻凫的生年在唐敬宗宝历元年乙巳（825）八月十六日生。而享寿95，则当卒于后梁末帝贞明六年，即西元920年。这同样是一个孤证。待考。

（三）江西富溪谱、奉新遐富谱关于喻凫生年的记载

据《江夏喻氏富溪分支九修族谱》所保存的旧谱世系记载，喻凫（约825-?，他的小儿子喻百卓生于西元862年，说明这一年喻凫还在世），毗陵人。唐开成五年（840）进士。做过乌程县尉。《全唐诗》收诗一卷。关于他的出生地，另有江西南昌说；关于他的中进士年代，另有开元说；关于他做官，另有河南平章政事说。新建流湖义渡《喻氏家乘》上记喻凫曾在唐显庆二年河南平

章政事致仕。显庆二年是唐高宗的年号。时在西元 657 年。一个西元 840 年中进士的人，怎么会倒退 190 多年去做官呢？我们从下面这篇喻氏家谱原序也可证明喻凫曾在会昌乙丑年（845）为新修的《喻氏家谱》作序。则喻凫断断然不会是唐高宗时期的人。自然也不会做到河南平章政事。

喻氏家谱原序：

会昌乙丑（845）仲冬月毗陵恭承族命编辑家谱。凡我同姓，唯期共劝成事。

兹值蒸祭执事之人不少，正宜同恢先绪以副祖望。乃贤否不等报本追远之际，不思父道之当何如，而书子职之当何如。辄举咨询于族房之散聚，计较于人丁之多寡者，各房闻之，恬不为怪。良可慨艰。抑或家窘丁繁，恒致艰于调剂；或家富丁寡，而致吝于货财。岂承先启后者宜出此哉！大雅云：无忘尔祖，聿修厥德。孝经云：父母生之，续莫大焉；君亲临之，厚莫重也。孝子入庙享亲，当以光裕自期。安可怀利忘义，薄其本支？且修谱之会，原有分司。唯当各尽其职。主纠资者必谨出纳之数。叙支派者必详先后之伦。分则有大宗小宗之辨，合则为木本水源之同。岂可视昭穆于无稽，等一本于途人哉！

为嗣孙者务宜踊跃从事。咸思敬爱二字。乃无忝所生。唯以庭训是遵。严义利之防，法记述之善。庶几祖有德而宗有功，斯克绍前徽而踵事增华矣。是为序。（录自江西抚州资溪嵩市《江夏堂喻氏宗谱》）

四、卒年考

喻凫的卒年，目前无法考证。我们只能考出他何时还在人世。说详《仕宦考》。当然，如果我们姑且相信四川遂宁喻家沟世仁堂喻氏族谱高寿门排在第一的"喻凫，平章，九十五"这一记载是有依据的。那么喻凫的卒年当在后唐李存勖当政的天佑十六年，也就是西元 920 年。若然，喻凫的生卒年应该是：

喻凫，生于唐敬宗宝历元年（825），卒于唐天佑十六年（920）。

五、喻凫交游略考

（一）顾非熊

顾非熊，顾况之子。姑苏（今苏州）人。生卒年均不详，大约唐代宗大历年间生人。少俊悟，一览成诵。性滑稽，好凌轹。困举场30年。唐武宗久闻其诗名，会昌五年（845）放榜，仍无其名，怪之。乃敕有司进所试文章，追榜放令及第。大中间，为盱眙尉，不乐奉迎，更厌鞭挞，乃弃官隐茅山。王建有诗送别。后不知所终。非熊著有诗集一卷传于世。（《新唐书·艺文志》）

孟迟，字达之。平昌人。会昌五年（845）易重榜进士。有诗名。尤工绝句。风流妖媚，皆宫商金石之声。与顾非熊甚相得，且同年。有诗一卷行于世（《唐才子传》卷五）。这条信息可证顾非熊得中进士的时间是会昌五年，比喻凫晚五年中进士。

唐顾况的《华阳集》附录中收有其子顾非熊的诗歌《送喻凫归江南》：

> 去年登第客，今日早春归。
> 莺影离秦马，莲香入楚衣。
> 里闾争庆贺，亲戚尽光辉。
> 唯我门前渚，苔应满钓矶。

《四库全书》馆臣在华阳集题要中说"非熊诗有父风。登长庆（822－824）第。大中间（847－859）为盱眙簿。亦弃官隐茅山。"按四库全书提要的看法。顾非熊登第时间显然比喻凫要早，用科举语言讲，他属于喻凫的前辈。但这首诗显然是通过比较两人的境况而表达送友的主题。该诗显然是开成六年（841）早春时节所写，其时顾非熊似乎仍未考上进士。四库馆臣的登第时间结论值得商榷。

而查阅喻凫的诗作，确有一篇写盱眙的诗篇，题目叫《晚泊盱眙》，全诗如下：

> 广苇夹深流，萧萧到海秋。
> 宿船横月浦，惊鸟绕霜洲。

云湿淮南树，笳清泗上楼。

徒悬向国思，羁迹尚东游。

《唐诗品汇》卷六十九

结合他的送喻凫诗，显然其时顾非熊在盱眙县令任上。因其不乐奉迎，更厌鞭挞，不久便弃官隐茅山。不知所终。

（二）贾岛

贾岛（779－843）是中晚唐之交的代表性苦吟诗人，他非常崇拜中唐苦吟诗人孟郊，而晚唐诗人中他也有一大批崇拜者。

贾岛，字阆仙，燕人。产寒苦地。故立心亦然。诚不欲以才力气势掩夺情性，特于事物理态毫忽体认。深者寂入仙源，峻者迥出灵岳。古今人口数联固于劫灰之上，冷然独存矣。至以其全集经岁踰纪沉咀细绎，如芊葱佳气瘦隐秀脉徐露其妙，令人首肯无一可以厌斁。三折肱为良医，岂不信然！同时喻凫顾非熊继此，张乔张蠙李频刘得仁凡唐晚诸子皆于纸上北面，随其所得，浅深皆足以终其身而名后世（《说郛》卷二十下）。唐张泊集序项斯诗：晚唐之诗，分为两派：一派学张籍与朱庆余。陈标章孝标司空图项斯其人也；一派学贾岛与李洞。姚合方干喻凫周贺九僧其人也。（《山堂肆考》卷一百二十八）

观张泊序言中对晚唐诗坛的评价以及元朝陶宗仪对贾岛诗歌风格的精彩评析，不难想象在晚唐时期贾岛的诗坛领袖地位。在喻凫64首诗歌中，有一首名为《送贾岛往金州谒姚员外》：

山光与水色，独往此中深。

溪沥椒花气，岩盘漆叶阴。

潇湘终共去，巫峡羡先寻。

几夕江楼月，元晖伴静吟。

元晖，指谢朓。这里几乎句句皆景，却将自己的满腔尊敬之情寓于景色描写之中。山光水色联是泛写，后面三联是实写景物。

喻凫还有一首《送贾岛及钟浑》：

日日攻诗亦自强，年年供应在名场。

春风驿路归何处，紫阁山边是草堂

（《御定全唐诗》卷四百九十六）

钟浑是地名。不详所指。此诗写贾岛刻意创新，就像前面陶宗仪所描写的那样。贾岛苦心孤诣创新不已的诗人形象，被喻凫这首诗永远定格在历史的星空之中。

（三）姚合

姚合（约779－约855），中晚唐时期著名诗人。陕州（今河南陕县）人，祖籍吴兴（今浙江省湖州市）。元和十一年（816）进士，授武功主簿。历任监察御史，金、杭二州刺史、刑部郎中、给事中等职，终秘书少监。世称姚武功，其诗派称"武功体"。

姚合在当时诗名很盛，交游甚广，与刘禹锡、李绅、张籍、王建、杨巨源、马戴、李群玉等都有往来唱酬。与贾岛友善，诗亦相近，然较贾岛略为平浅。世称"姚贾"。

姚擅长五律，以幽折清峭见长，善于摹写自然景物及萧条官况，时有佳句。但风格题材较单调，刻画景物亦较琐细。明代胡震亨评论他的诗说："洗濯既净，挺拔欲高。得趣于浪仙之僻，而运以爽亮；取材于籍、建之浅，而媚以口芬。殆兼同时数子，巧撮其长者。但体似尖小，味亦微口。故品局中驷耳"（《唐音癸签》卷上）。其诗对后世有一定影响，曾为南宋"永嘉四灵"（见"四灵体"）及江湖诗派诗人所师法。

（四）方干

方干和李频是浙江睦州诗人。当时方干的老家那个县叫分水县。李频老家那个县叫新定县。其实都是新安江桐庐段的地块。

方干有《中路寄喻凫》：

> 求名如未遂，白首亦难归。
> 送我樽前酒，典君身上衣。
> 寒芜随楚尽，落叶渡淮稀。
> 莫叹干时晚，前心岂便非。

（《玄英集》卷一）

又有《别喻凫》诗：

> 知心似古人。岁久分弥亲。
> 离别波涛阔，留连槐柳新。

蟆陵寒赏酒，渔浦夜垂纶。

自此星居后，音书岂厌频。

（《玄英集》卷一）

还有《叙雪寄喻凫》：

窖片无声急复迟，纷纷犹胜落花时。

逡巡不觉藏莎渚，宛转便宜傍柳丝。

透室虚明非月照，满空回散是风吹。

高人坐卧才方逸，援笔应成六出词。

（《玄英集》卷四）

喻凫死在方干之前是肯定的。方干有《哭喻凫先辈》：

日夜役神多损寿，先生下世未中年。

撰碑纵托登龙伴，营奠应支卖鹤钱。

孤垄阴风吹细草，空窗湿气渍残编。

人间别更无冤事，到此谁能与问天。

从这四首诗看，方干和喻凫的交往年月，友情深度显然比喻坦之要久要深。第一首是在客中别喻凫。写出喻凫重视友情，倾囊钱别的真诚。同时也写出彼此年龄相仿，追求相似，求名于朝欲罢不能的状态。第二首写无论是在帝京长安还是在江南水乡，两人见面后总是难舍难分。第三首是作者方干的咏雪诗，寄给好友欣赏。希望得到喻凫的唱和之作。第四首是悼念亡友。从这首诗看，喻凫是一个以诗歌创作为生命的真情诗人。也等于分析出了喻凫死亡的原因是因为用脑过度，伤害了元气。"先生下世未中年"句一本作"未终年"。第二句是说喻凫身后无长物。第三联说亡友的手稿无人整理。

喻凫和方干很是趣味相投。两人在诗歌创作方面也是互相欣赏。看他这首《哭喻凫》的诗，他对喻凫是非常了解的。

六、历官考

喻凫中进士后，担任过哪些官职，文献记载语焉不详。最常见的唐诗作者小传介绍只说他开成五年成进士，任过乌程县令。根据我们的研究，喻凫担任

141

过的官职，远远不止一个乌程县令。

关于喻凫中唐文宗开成五年进士及第后，做官的情况。我们依据文献所能找到的记录，大致有以下几种说法。

1. 乌程尉说。乌程尉当系喻凫中进士后的第一份官职。喻凫本人在《毗陵喻氏家谱原序》的落款处就明确是自己是"赐进士出身，任乌程尉。"

如奉新遐富《喻氏宗谱》中记载说："喻凫，举唐开成五年中进士第。为乌程尉。"

2. 广德令说。有喻凫自己的诗作为证：《广德官舍二松》："杨公休簿领，二木日坚牢。直甚彰吾节，清终庇尔曹。幽阴月里细，冷树雪中高。谁见干霄后，枝飘白鹤毛。"（《文苑英华》卷三百二十四）。可见喻凫曾经在广德任过职务，观其诗意，应该是县令的口气。观"直甚彰吾节，清终庇尔曹"，则作者身份很清楚了，绝对不会是县尉。

3. "卒于乌程令"说。喻凫，毗陵人。有诗名，开成进士。《全唐诗话》云：卒于乌程令（《西吴里语》）。《全唐诗话》是由宋代无锡尤袤所撰写的作品，共十卷。尤袤是宋朝重臣，也是很有有学问的理学名贤。他年轻时还曾接受过喻樗的教育和影响。

4. 弘文阁大学士说。喻凫历官有被选为校书郎的说法。这个可以从诗人姚合有《送喻凫校书归毗陵》得到证明。诗曰：

> 主人庭叶黑，诗稿更谁书。
> 阙下科名出，乡中赋籍除。
> 山春烟树众，江远晚帆疏。
> 吾亦家吴者，无因到弊庐。

（《姚少监诗集》卷一）

观诗意，当属喻凫中进士后任乌程尉后不久的另一份官职。

5. "官授河南道御史"说。选河南道史。诏治书史，以诗才显。同张乔郑谷等号为十哲。累官至文学士。

6. 四川陵州太守说。持此说的是元人牟巘（1227－1311）。他说，喻凫在天宝末年曾经勤王来到四川，后来事情结束了就留在四川担任陵州太守。并且定居在那里。成为喻氏进入四川最早的一支。喻氏和当地牟氏累世互通婚姻，成为当地的美谈。这陵州是四川的古地名，其地域比今仁寿县大。唐代包括今仁寿县和贵坪县。但此说显然是记忆或传说之错误。喻氏家族入川始祖和勤王有关系，这肯定不错。该宗支是喻凫的后代肯定也不错。喻汝砺、喻汝舟等都是当时有著作的名流，这也不错。喻汝砺当年四川的同宗其他宗支迁徙到太湖地区发展，其线索也很清楚。但这个第一代因勤王入川的肯定不是喻凫，而是另有其人。其人就是喻凫的长子喻百章，也就是喻氏族史上的新建始迁祖喻从政。显然，所谓陵州太守，是移花接木的错误记忆。不可能是喻凫的真实历官记载。

7. 最综合全面的历官记载。江西《奉新赤岸遏富喻氏族谱》记载："喻凫，字坦之，又字实鸿，号秋霞。行九郎。唐敬宗宝历元年乙巳（825）八月十六日生。举唐开成五年（840）中进士第，为乌程尉，选河南道御史。诏治书史。以诗才显。同张乔、郑谷等号为十哲。累官至大学士。寓睦州。娶袁氏太君，唐穆宗长庆三年癸卯十二月十二日生，诰封恭人。生子二：百章，百卓。"显然，前引江西万载丰田喻氏族谱的编纂者没有看到赤岸遏富谱，属于记忆不完整的结果。官至大学士不会有误，但历史人物做官不可能一下子做到大学士，必是逐步升迁的一个过程。比较而言，遏富谱的记载令人信服。

（2019 年 2 月 26 日）

喻药生卒考

一、历史上存在两个喻药

喻药问题是天下喻姓族史研究中的一大悬疑。因为有两个喻药。一个是六朝时期梁武帝主政期间的武人喻药，出身寒素。本姓俞，梁武帝萧衍（464－549）欣赏他的能力和人品，却同情他出身寒微的身世。因此帮他改姓，赐他姓喻。

喻药生在门阀世族当权的时代，不受豪门大族重视。因为即使得到梁武帝的欣赏，他在《南史》中却连一篇独立的传记都没有，只是附载陈庆之的传里。总计还不到百十字：

> 梁世寒门达者唯庆之与俞药。药初为武帝左右，帝谓曰："俞氏无先贤，世人云'俞钱'，非君子所宜，改姓喻。"药曰："当令姓自于臣"。历云旗将军，安州刺史。（《南史·陈庆之传》附传俞药，见中华书局点校本《南史》第五册，第1501页）

这是第一个喻药。他的生卒年我们无法做详细考证。只知道他大约生活在公元480－540年这段时间左右。利用现在能看到的书面文献，在没有出土墓志等文献作证的情况下，我们没办法考证他准确的生卒年。此喻药目前还没有发现有后裔传承，也未能得到谱牒世系等相关文献的支持。

我的这篇文章，主要要考证的是比梁武帝萧衍的云骑将军喻药晚400多年的另一个喻药。这个喻药为五代十国时期的后唐明宗时人。本姓俞，原名本。世居浙江桐庐。这个俞本很优秀。20岁不到就做了唐明宗的步军都虞侯。后为寿州节度使药彦稠的部将。因善于打仗，凭军功被唐明宗授予偏将军。赐姓喻。清泰三年（934）华州兵变，主将药彦稠被潞王所杀。这个潞王就是李从珂

（885－936），镇州（今河北正定）人，五代时期后唐皇帝，史称后唐末帝或后唐废帝。事迹见《新五代史》。喻本念主将药彦稠维护统一之大义，于是改本为药，用这种方式表达自己支持统一反对分裂的态度。也用以纪念欣赏自己有恩于自己的昔日上司。

二、两个喻药都出身行伍

前面谈到的梁武帝的云旗将军，虽然史家惜墨如金，但寥寥数笔，呈现出来的就是一个将军的形象。出身寒微，初为武帝侍从。虽然没有说他如何骁勇，如何精明。但只要看后面历云骑将军，安州刺史。就知道他最初是梁武帝的侍卫长一类的武官。后来担任将军，刺史。

五代十国时期的喻药也是武人。他是浙江桐庐人。本姓俞。名本。也是因为战功卓著，后唐明宗皇帝赐他姓喻。

赐姓是封建社会帝王给臣下的一种激励。表示对臣下的一种欣赏。是帝王的一种御下之术。皇帝赐给臣下的姓，有的是赐臣姓自己的姓。那是一种很高规格的奖赏。另外就是赐臣姓大姓。这个大姓一定是当时的名门望族。不然的话，奖励激励也就无从谈起了。喻姓在今天的中国以人口数做依据排序已经是247位了。但在南北朝时期和晚唐两宋时期，那时节姓氏排序是按照在社会生活中的实际影响度的大小来排序的，因此在东晋初年喻归担任尚书司徒的时节，当时的喻姓是天下大姓。尚书省修撰全国各世家大族的家谱，喻氏家谱是第一部最先修好的谱书（详见本书东晋喻归和《喻氏家谱》）。相传出自宋人之手的《百家姓》中，喻氏排在第36位。宋代以前朝廷都是有谱牒馆的，每逢吏部选官等大事需要查阅姓氏档案。因此，帝王大臣对姓氏之学都比较熟悉。

梁武帝生活在六朝重视门第的社会，对各大家贵族的情况十分了解。他自然知道喻姓乃江夏世家大族，因此让他的爱将改姓喻。

这本来在重视门第的时代属于很正常的事情。但有些喻氏族人不了解族史，不知道帝王赐姓只能管被赐者这一支的道理。以为梁武帝改俞为喻，天下俞姓都得随之改姓。这是不可能的。俞药的意思是说，我一定按照您的旨意，从我开始，以后子孙都改姓喻。因为由俞姓改为喻姓，至少在南朝梁朝时俞姓缺少先贤的时代背景下，是一件很光荣的事情。但俞药改姓喻，只能管他那一支，并非普天之下的喻氏都和梁武帝赐姓有关。

南北朝的喻药是这样。晚唐明宗朝的喻药也是这样。赐姓的影响只能是影响这一支，不可能涉及所有宗支。近年来电视上有些学者不了解这些历史常识，在广大电视观众面前瞎编滥侃，对自己根本没有深入研究的喻姓乱说一气，是很不严肃的学风。

三、喻药的生平大事

在晚唐五代时期，历史上还存在另外一个同名同姓的喻药。这个喻药也是被皇帝赐姓喻，不过，赐姓的人是唐明宗李嗣源（867－933），而不是梁武帝萧衍（464－549）。这个喻药的后裔现在散居在江西万载，湖南萍乡、醴陵、平江等地方。人数不下数万，且谱系传承十分清楚。

这个喻药的姓和名都有来历。姓是唐明宗所赐，名则为他本人所改。且改名起因于他于对主将药彦稠的怀念。我们从浏阳萍乡醴陵平江合修的《喻氏族谱》中找到了一篇《附药公旧传》。这篇简传全文如下：

药公原姓俞，名本。世居桐庐。生唐昭宗天复二年（902）壬戌。弱冠为明宗步军都虞侯，领寿州节度使药彦稠牒部将。长兴三年（932）二月己卯，因党项阿埋屈悉保等抄略灵武等处，彦稠率本自牛儿入白谷，尽诛之。报捷。明宗授本为偏将军。因赐姓喻。清泰元年（934）三月，潞王从珂反。次华洲。执药彦稠杀之。本以主将之义不可忘。遂以彦稠之姓为名焉。乃改为药。每朔望必设位哭之。晋高祖立，赠彦稠侍中。加药为南梁将军。故凡喻皆称江夏，而公称南梁。事详五代史第二十七卷。宋太祖建隆时录用旧臣，仍授药以将军。年六十二岁殁。谥忠义王。

爬梳这段引文，我们可以提取若干核心信息：

（一）喻药原来是浙江桐庐人。本姓俞，名本。

（二）俞本不到20岁就做了后唐明宗的步军都虞侯。即负责打前站的都虞侯。隶属于寿州节度使药彦稠的部将。

（三）俞本最出名的战绩：长兴三年（932）二月俞本作为药彦稠的前锋，从牛儿进入白谷。一战全歼袭扰甘肃灵武等地的敌军，报捷。

（四）唐明宗封俞本为偏将军。因赐姓喻。

（五）后唐清泰元年（934）三月，潞王李从珂反。队伍到达华州。药彦稠反对分裂，李从珂执药彦稠而杀之。

（六）喻本看重主将药彦稠主张统一，反对分裂的大义。于是将主将的姓做了自己的名，从此改名药。每个月的初一、十五都要摆设药彦稠的灵位哭吊纪念。

（七）后晋高祖立，赠药彦稠侍中。也把喻药正式封为南梁将军。

（八）作者说凡喻皆称江夏郡或江夏堂，而只有喻药的后人称南梁堂。原因就在这里。并说和喻药战功有关的历史，详见五代史第 27 卷。

（九）宋太祖建隆时录用旧臣，仍授喻药以将军。

（十）喻药年 62 岁殁。谥忠义王。

小传中所述"事详五代史第二十七卷"，所指乃是关于药彦稠和李从珂的恩怨背景：

从王晏球破王都定州，迁侍卫步军都虞侯，领寿州节度使。安重诲矫诏遣河中指挥使杨彦温逐其节度使潞王从珂。以彦稠为招讨使，明宗疑彦温有所说，戒彦稠得彦温毋杀，将讯之。彦稠希重诲旨，杀彦温以灭口，明宗大怒，然不之罪也。长兴中，为静难军节度使，党项阿埋、屈悉保等族抄掠方渠，邀杀回鹘使者，明宗遣彦稠与灵武康福会兵击之，阿埋等亡窜山谷。明宗以谓党项知惧，可加约束而绥抚之。使者未至，彦稠等自牛儿族入白鱼谷，尽诛其族，获其大首领连香等，遣人上捷。明宗谓其使者曰："吾诛党项，非有所利也。凡军中所获，悉与士卒分之，毋以进奉为名，重敛军士也。"已而彦稠以党项所掠回鹘进奉玉两团及遗秦王金装胡？录等来献，明宗曰："吾已语彦稠矣，不可失信。"因悉以赐彦稠。又逐盐州诸戎，取其所掠男女千余人。潞王从珂反，彦稠为招讨副使。王思同兵溃，彦稠与思同俱东走，为潞王兵所得，囚之华州狱，已而杀之。晋高祖立，赠侍中。

两相比较，结合喻氏相关族谱的记载分析。笔者认为，六朝梁武帝时期的俞药和唐明宗时的俞药绝对不会是同一个人，而是处在不同时代的两个同名人。巧合的是两人都得到当朝皇帝赐姓。也就是说，这两个俞药都是历史上真实存在的。只不过梁武帝时期的俞药虽得赐姓，却没有后裔传承，暂时得不到谱书世系传承的支持。而唐明宗时期的俞药则从姓氏，到名字，直到后世世系传承，源源本本，确实可靠。

另据《江西新建石岗镇金塘村喻氏宗谱》卷首三《历代名人考》，喻药公名下是这样记载的：

南梁药公初姓俞，为武帝左右将军，因赐姓喻焉。中和武帝时官户科给事。

显然，这条信息准确地告诉我们，喻药是梁唐晋汉周即晚唐五代时人。而不是那个喜欢佛教，几次出家同泰寺（今名鸡鸣寺）的萧衍时期的喻药。且喻药早年还曾做过户科给事。中和是唐僖宗之年号（881 年 7 月 – 885 年 3 月）。此一记载和湖南平江长沙喻宅谱所附载的药公本传吻合。

四、喻药与桐庐

我们看家谱中所附的喻药小传，喻药本姓俞，名本。在他之前，世代都居住在浙江桐庐。今天我们到桐庐去调查，发现俞姓人口很多，喻姓人口还不如俞姓多，且喻氏其他家谱还有记载晚唐五代结束时赵宋王朝开国之初，录用的武将名单中还有喻药的大名。家谱中还有喻药得到南梁将军的位置后，桐庐老家的亲人都迁徙到了江西南昌。成为豫章人。笔者分析，皇帝赐姓，让喻药迁居到喻氏家族的发祥地，实际上是一次统宗行为。尽管喻药后裔喜欢使用南梁堂这个象征着老祖先光荣与辉煌的堂号，但毕竟更大多数时候还是使用江夏这个郡望，因为这时节已经通过合谱的方式强化了桐庐俞药一家和豫章喻氏的关系。

这也就是宋史作者错误地将其作为喻樗的 16 世祖先的部分原因。因为喻药北宋初还在。而南昌县志记载，喻樗就是南昌人。史官只是缺少研究，难不成只要是南昌的喻氏，就一定是一家吗？史官没有多想，就这样落笔铸错。

关于宋史喻樗传之错误，详见本书《宋史喻樗传纠谬》，兹不赘述。

按照附药公旧传的说法，喻药只活了 62 岁。

但清人喻恕身所撰《世系源流谱牒分合互记》（见江夏堂喻氏宗谱卷首）：

公生唐昭宗天复二年壬戌，世居豫章之桐庐西山，弱冠为明宗步军都吴（虞）侯。领寿州节度使药彦稠部将。后封南梁太保大将军。年七十，以寿终。赐谥忠义，墓在西山下。迄今碑碣尚存。事详本传。

若然，则喻药活了 70 岁。

哪个正确呢？遍查各房谱牒所载始祖喻药，都是那篇旧传，都说他活了 62 岁。那么喻恕身怎么会得出喻药多活了八年的结论呢？可能性只有一个，就是喻恕身是依据西山桐庐山喻药墓前的碑刻。这是完全可能的。因为那个见于多本药公后裔的谱牒的附药公旧传都是一模一样的。

据在南昌公安局供职的喻铭宗亲讲，在西山，以前有个地方叫喻家坟，有很多碑刻。20 世纪八九十年代被平掉了，现在已经荡然无存了。

说喻药活了 70 岁，除了西山喻药墓碑刻时间是可能的依据外，还有没有其他的文献依据？我尝试着查阅更多的相关谱牒。结果在伯虎公支系 1993 年七修喻氏族谱中看到了这篇喻药传记。不同于其他分支谱书的地方在于，这个分支谱书是这样命名的：《忠义将军药公本传》。为了便于读者比较分析，兹原文照录于下：

忠义将军药公本传

蔡元定

药公原名木。生唐昭宗天复二年壬戌。弱冠为明宗步军都吴侯，领寿州节度使药彦稠牒部涔。长兴三年二月己卯，因党项阿埋屈悉保等抄略灵武等处，彦稠率木自牛儿入白鱼谷，尽诛之。报捷。明宗授木为偏将军。应顺元年三月，潞王从珂反。次华洲。执药彦稠杀之。木以主将之义不可忘。遂以彦稠之姓为名，改木为药。每朔望必设位哭之。晋高祖立，赠药彦稠侍中。加喻药为南梁将军。事详五代史第二十七卷。宋太祖建隆时录用旧臣，仍授药以将军。年七十殁。谥忠义。

除了标题不同于其他分支谱书上的《附药公旧传》外，还有一个明显的不同，就是这个分支谱中多了小传的作者。这个作者是谁？他是蔡元定。蔡元定（1135 年 12 月 17 日–1198 年 9 月 11 日），字季通，学者称西山先生，建宁府建阳县（今属福建）人，蔡发之子。南宋著名理学家、律吕学家、堪舆学家，朱熹理学的主要创建者之一，被誉为"朱门领袖""闽学干城"。幼从其父学，及长，师事朱熹，熹视为讲友，博涉群书，探究义理，一生不涉仕途，不干利禄，潜心著书立说。为学长于天文、地理、乐律、历数、兵阵之说，精识博闻，著有《律吕新书》《西山公集》等。

伯虎支喻氏族谱中的这篇本传有些错字，比如把"本"错成了"木"，把都虞侯的虞错成了吴字。这只是当代人修谱校对不精所致。

第三个跟其他分支谱书所附始祖药公小传不同的地方是，这篇小传明确无误地说喻药"年七十殁，谥忠义"。

所谓桐庐问题，可以肯定喻药的原籍贯是浙江桐庐。"世居桐庐"这个说法在多个分支的喻氏族谱中所附药公旧传中都是一致的。

那么后来在理学家朱熹的高足蔡元定所撰的本传中关于籍贯这一块何以被隐去了呢？这显然是修谱的人或蔡元定为了避免后人因俞改喻而导致血统纯正与否之类的争论而有意为之的。

结 论

喻药生于唐昭宗天复二年，即西元 902 年；他的卒年也就是北宋开宝五年，即西元 972 年。享年 70 岁。

（2018 年 1 月 19 日）

大宋名僧喻弥陀考

一、族史悬疑

浙江义乌香山喻氏宗谱载始祖喻浩，字必大，号蜀川。四川仙井人。自仙井分派奠居杭州临安。有喻氏弥陀，西湖有大佛头，乃喻弥陀所造变身之寺。

自弥陀分派，一派徙严，一派迁婺。婺派自拱三府君（即浙地始祖喻浩）肇基义乌泽口。

据富春观音硐喻氏旧图谱记载，喻氏先祖在迁居严州和婺州（桐庐和义乌）前，曾经卜居于临安洞霄宫边的喻宅。喻宅在临安县城东13公里大涤山峰中岭下。

在浙江喻氏的迁徙史上，喻弥陀是一个很关键的人。综合义乌谱和富阳观音硐谱所记载的线索，则四川仙井人喻浩为迁浙始祖。其最初居住地为临安洞霄宫。即今杭州大涤山峰中岭下喻宅。该处位于今临安县城东13公里处。宋代杭州文献上记载的喻弥陀，其最初老宅就是那个喻宅。喻弥陀在北

图 3 - 2　大宋名僧喻弥陀像

宋末年是一个影响很大的文化高僧。他在杭州生活的年代应该是北宋末南宋初年。关于喻弥陀的生平，香山谱上记载说"喻氏弥陀，西湖有大佛头，乃喻弥陀所造变身之寺。"大佛寺为什么是他的变身之寺？这说明喻弥陀是半路出家的。这个寺庙就是他为自己建造的出家场所。他的后人，一派徙严州，一派徙婺州。严州就是严陵，又名睦州，也叫新安，也称新定。今浙江建德市的梅城

就是历史上的严州府城。都是指的同一个对象。严州的地盘大抵包括今新安江风景旅游区，也就是说桐庐建德，遂昌一带。迁居到这里的人，最早是谁呢？最早应该是喻樗。万历严州志上面还有不少喻樗的信息就是证明。但根据江西玉山的喻氏宗谱记载，喻樗最初居住严州，后来做官了，就迁徙到玉山。但那谱序是清代人写的，估计也是传闻（因为旧谱毁于明末兵燹和清代咸丰年间的洪杨之乱）。喻樗在喻氏由川迁浙的迁徙史上是一个很奇怪的人物。说他奇怪，不是说他有三头六臂。他是宋代名臣，著名的理学大家。有气节，有功业，有文章著述传世。是喻姓历史上圣贤级别的先祖人物。我说他奇怪，是指他的家庭。他有很多妻子，很多儿子。让我们来做个简单的盘点：

砚石《喻氏宗谱》载：一世祖喻樗配袁氏、赵氏，合葬马家山名墩上，即阳山畈黄帝墩，生二子：喻熬，喻樵。熬字良佐，樵字良弼。良佐为大理寺丞，配袁氏，卒葬金家凸，生二子：埭，城。良弼以贤才擢礼部主事，配濮氏，卒葬金家凸。生子四：坦，唐，壤，圻。

怀玉《喻氏宗谱》载：喻樗原住桐庐，后因梗和议，遭贬玉山，任县尉。遂家于玉山。娶李氏，封清远郡夫人。右丞相（李）纲公之女。生终失考。葬十八都花坟蓬，与公同向。生子三：焕，炤，燏。生卒信息没有保存下来。

关山《喻氏宗谱》载：喻樗娶黄氏，即宗泽之堂内侄女。生五子：良倚、良能、良显、良佐、良弼。

双溪《喻氏宗谱》载：喻樗娶黄氏，即宗泽之堂内侄女。生五子：良倚、良能、良显、良佐、良弼。

郴州《喻氏宗谱》卷四载：喻樗，字子才。号玉泉。配王氏。生子良能。

以下源流：

喻樗世系图：

1. 喻启元（汝成、汝砺、汝美）。

2. 喻汝成（梓）、喻汝砺（楷、樗）、喻汝美（樟）。

3. 喻梓（良震、良和）、喻楷（良荣）、喻樗（良倚、良能、良显、良佐、良弼）、喻樟（良臣、良宝）。

4. 喻良倚（聪、美）、喻良震（昂、仅）、喻良和（侣）、喻良能（品）、喻良荣（佾、攸）、喻良显（忠、演）、喻良臣（修）、喻良佐（温、汶）、喻良宝（秀）、喻良弼（得、行）。

5. 喻温（万四）、喻聪（邦荣、邦贵）、喻昂（邦正、邦直）、喻美（邦弼、邦宏）、喻仅（邦奇、邦章）、喻汶（邦和）、喻侣（邦杰）、喻秀（邦疆）、喻修（邦美、邦伸）、喻佾（邦似、邦俊）、喻攸（邦?、邦陲）、喻品（桓、暹）、喻演（学古、学行）。

6. 喻桓（千一、千二、千三、千六）。

7. 喻千三（纯）。

8. 喻纯（庆元）。

9. 喻庆元（寿椿）。

10. 喻寿椿（允和、允信、允安、允荣）。

11. 喻允安（性道）、喻允荣（性济）。

12. 喻性道（清、明、定、迪、政）、喻性济（克明）。

13. 喻清（质、本）、喻明（崇、直、经）、喻定（昌）、喻克明（孝、友、睦、渊、任、恤）、喻迪（华、宽）、喻政（鸿、东）。

14. 喻鸿（铨、鉴）、喻东（一铭、一镇、一镐）。

15. 喻铨（凤、熬、鹏、鲸）、喻一铭（龙）、喻鉴（无出）、喻一镇（无出）、喻一镐（无考）。

16. 喻龙（功玉）、喻凤（功大）、喻熬（无出）、喻鹏（功臣）、喻鲸（功懋、功奇、功立、功祖）。

17. 喻功玉（德富）、喻功懋（无出）、喻功奇（无出）、喻功立（无出）、喻功祖（德音、德仁）、喻功臣（德心）、喻功大（无出）。

18. 喻德富（时相）、喻德心（时蒙）、喻德音（时若）、喻德仁（无出）。

19. 喻时相（望勋）、喻时蒙（无出）、喻时若（无出）。

20. 喻望勋（应寿、应弟、应敬、应元、应招、应朝）。

21. 喻应寿、应敬、应元、应招、应朝皆没，应弟独至富（永昌、永和、永盛）双溪始祖。

关于喻弥陀的研究，其实文献还是有记载的。但没有完整的明确的记载。解决问题的途径，我认为有以下几个方面：1. 查阅相关北宋末南宋初自江夏南迁桐庐等地的各分支喻氏族谱，寻找记载的差异。2. 查阅北宋末南宋初杭州临安的历史文献如地方志。3. 查阅有关佛寺志。4. 查阅《高僧传》中宋代部分。5. 查阅宋代笔记。这个问题或可解决。

我怀疑所谓迁浙始祖喻浩、喻必大、拱三府君。就是统宗谱中的喻启元，即志高。不然，北宋南宋之交哪里还有另外的迁浙始祖？而喻志高的祖上就是喻从政勤王西蜀留下的后裔，详牟巘《故驾部郎中扪膝先生喻公赞并序》。

二、喻汝美即喻弥陀？

要弄清楚喻弥陀这个神秘人物，首先要研究《砚石喻氏族谱》。砚石喻氏尊喻樗为始祖。而在他之前，还有 20 世的世系传承被记录下来。

兹将本人据浙江桐庐档案馆所藏砚石喻氏族谱残本卷二所载世系整理如下：

一世祖喻归。仕东晋。生子喻斐。

二世祖喻斐。

三世祖喻慈。"公有存本之思，遂诺东迁之策。"

四世祖喻卫真。

五世祖喻胤。

六世祖喻希，字有望，仕南齐。

七世祖喻崃，字近儒。

八世祖喻诚，字叔真。

九世祖喻口，字伯禽。

十世祖喻麒，字世祥。

十一世祖喻逊，字文尚。

十二世祖喻僖，字公用。

十三世祖喻祀，字宗厚。

十四世祖喻岩，字凤来，

十五世祖喻德元，字民望。

十六始祖喻谅，字于信。

十七世祖喻由，字惟义。

第十八世祖喻节，字以礼。

十九世祖喻明，字启元。

二十世祖兄弟三人，长汝成，次汝砺，三子汝美。

汝成生一子：喻梓。迁喻湾。

汝砺生二子：长子喻楷，迁居喻湾。次子喻樗，隐居桐庐，为砚石始祖。

令人感觉奇怪的是，喻启元明明生有三子。长子次子谱书上都交代得清清楚楚。而唯独老三汝美没有下文。另外，安徽旌德仕川喻氏宗谱的统宗世系图上明明白白记载喻志高生有二子：长子喻汝砺，次子喻汝砧。喻汝砺生子喻荣；喻汝砧生子喻樗。喻良能在绍熙三年序言中很明确地说，"汝砺，吾祖也。"虽然没有明说他的父亲是谁，但统宗谱记载明白，非喻荣莫属。也就是说，喻良能是喻荣的儿子，是长房。喻良能不可能是喻樗的儿子。除非过继这种情况。但更奇怪的是，在浙江喻氏谱牒上，这个喻汝砺也不见了，喻荣也不见了。喻荣的两个儿子变成了喻樗的五个儿子其中的两个，而喻荣变成了喻葆光。家谱中莫名其妙的消失，且不做任何交代。一般有几种情况：第一种情况，汝美没有后嗣，但又不忍心写上无后。第二种情况是出家为僧为道，有悖家训，本应削名。但因影响太大，且所行皆善举，且功德超越古今，姑且保存其名，而不提其他信息。

《萧山孝悌喻氏宗谱》人物部分按时间顺序依次有喻启元，喻汝美，喻樗，喻良臣，喻修五代人物的传记。作者于启元公，则述其以84高龄被儿子喻汝砺迎养京师，不巧赶上金人犯顺。作者写这个可爱的老头随驾前行，以及陪宋高宗吃饭，选址指挥建房等。于他的儿子喻樗，则写其在工部员外郎任上同二伯父汝砺一样不附和议因此被贬官。一气之下干脆"退居临安，治乱不知，黜陟不闻。但教其子良臣、良宝并授其侄良和、良震、良荣、良倚、良能、良显、良佐、良弼名都通显，以此自终。"于他的孙子喻良臣的传记，则详细记载喻樗如何给喻良能等十兄弟传授"六经，通典，并将宋史未及告成者出草以示"。还写了喻良臣众多的著述目录。写了喻良臣的亲弟弟喻良宝以及喻良能等其他叔伯兄弟如何在喻樗这位杰出的家族老师教育下个个成才，天下号称"十杰"。这自然是写喻樗的教育效果。比较三传，唯独喻汝美的传记空话连篇，缺少实际内容。唯一的价值是写传者所发的富贵荣华不在风水，而在教育的议论还比较符合这个家族的实际。那么，为什么这个汝美公除了因儿子的关系被皇帝封为大中大夫的殊荣之外，生平经历竟然没有一点可以写进传记吗？作者显然是在回避什么。回避什么呢？当然是喻汝美半路出家为僧这件事。按照封建族规，是不可能把出家为僧道的人写进家谱中，特别是诗礼传家的家族更是如此。

又，清朝宣统三年萃涣堂《剡北喻氏宗谱》中的《尚德堂记》称："喻氏之先世居江夏，为望族。逮宋中叶，有讳启元者生三子：长汝成，为工部师干；次汝砺，官礼部员外郎。二子迎养京师。公举家寓焉。不意值国家多事之秋，公随驾南迁，遂家于桐庐……"该谱也像商量好似的不提启元公的第三个儿子。既不言其名字，也不及其生平事迹。

萃涣堂《剡北喻宅喻氏宗谱》桐庐世系部分记载：启元公的三个儿子中，汝成汝砺都有官职。汝成为工部帅干（学才按：应为师干）。汝砺为礼部员外郎、唯于汝美只说他"字迪章，行仍五。配余氏。子一樗。"这个喻樗字道中。行兆五。以贤才擢礼部主事。生子二：喻良臣，喻良宝。

在保存于仕川喻氏族谱中的喻良能写于宋绍熙年间的序言中，提到喻汝砺时说喻汝砺为长子，喻汝砧为次子。但在乾隆四十六年喻炳文为《关山喻氏宗谱》所写的序言中，这个喻汝砧却不见踪影。更奇怪的是喻良能在宋绍熙年间所写的谱序中则只说，喻汝砺，吾祖也。并不言其父亲是何人。这个很是奇怪。按照喻汝砺的《谱说》，家谱是一种"公而普也"的东西。它"上同国史，下同邑乘。某也忠孝必书，某也节义必书。原不没人善，有关名教之纲常。至书某之所自出，某之所由分。虽千支万派，无容私意于其间。所谓公而普者，此也"。而家谱的记载史实和国史又有些不同。这种不同在于："谱尊祖系，联宗支。以明亲亲之道，而亦史例也。第史所记者，国也；谱所记者，家也。史则善恶俱载，为国劝惩；谱则彰善隐恶，为亲曲讳。然以春秋之法谕之，'一字之褒，荣于华衮；一字之贬，严于斧钺。'讳之者，正所以责之也。是以有恶则讳，惩同史也；有善则彰，劝同史也。"（江西省资溪县嵩市镇《喻氏宗谱》，中华喻氏通谱第三部上册 2014 年巴蜀书社版第 1200 页）

综合出自宋朝绍熙年间的喻良能谱序，喻樗为始迁祖的浙江桐庐砚石喻氏族谱以及剡北喻氏族谱三种谱书关于喻启元的三个儿子的记载看，虽然有喻汝砺、喻汝砧（喻良能序中说）和喻汝成、喻汝砺、喻汝美（砚石喻氏族谱说）以及喻汝成、喻汝砺（剡北喻氏族谱说）的不同。但两种谱书上都有喻汝成、喻汝砺，这说明喻汝成。喻汝砺，这个排序是可靠的。那么为什么喻汝美仅见于砚石喻氏族谱和萃涣堂《剡北喻宅喻氏宗谱》而不见于他谱？

而富阳新登观音塂《喻氏宗谱》世系表载喻汝砺生有三子。长子喻楷，次子模，三子樗。该谱中只见楷、樗生平事迹，不见关于喻模的具体记载。

观音塂属于长房喻汝成的后裔。其世系传承为：喻启元——喻汝成——喻梓——喻良震——喻昂。我的疑问：观音塂喻汝成既然是长房，为何观音塂的喻氏族谱勒口上却写有"桐江砚石下"的字样？

桐庐砚石喻汝砺为二房，其世系传承为：喻启元——喻汝砺——次子喻樗，隐居桐庐，为砚石始祖——喻熬、喻樵。长房喻熬——喻東——喻铎——喻奚——喻惠——喻庆童——喻玺——喻旦。喻樗这一支在桐庐砚石的后人发展缺少后劲。大抵看来，喻熬、喻樵之后，一直不见杰出人物问世。桐庐房长子喻楷，迁居到剡北喻湾去了。

三、喻弥陀本事考

喻弥陀，原名不见记载。出家后改名喻思净。生于宋英宗治平四年（1067），卒于宋高宗绍兴七年（1137）十一月二十四日。享年70岁。喻思净度弟子281人。卒后被其徒弟安葬在妙行院法堂的右侧。喻弥陀"生不茹荤，少好画。学吴道子，臻其能。后专画阿弥陀佛。"35岁那年喻弥陀弃家学佛，易名思净。他最初师从释开发定公，次依释灵芝照公祝发。后来自己在临安北城外儆舍饭僧，期以百万。日持钵行乞，不避寒暑。心念精一。宋徽宗时舍宅为寺。舍宅为寺后，喻弥陀曾花20年时间在杭州夹城巷免费接待各地来杭的僧众多达300万，日均400人。

方腊起义打到杭州，喻思净只身独闯起义军中军帐，愿以一己性命保全全城生灵。此举受到方腊的尊敬。方腊的部队之所以不破坏妙行院，是因为当方腊围城的紧急关头，喻弥陀只身履险，闯入方腊军营，愿以一己性命，保护全杭城生灵。后来方腊打下杭州城，虽然不免杀戮。起义军队伍离开后，喻弥陀即收敛遗骸，香花熏沐，冢而藏之。

喻弥陀这个称号是他的好友无为人杨杰叫出来的。杨杰喜欢佛教，造诣甚深。重庆大足石刻有杨杰地狱变相佛经故事摩崖诗画。杨杰与苏轼、喻思净交好，他喜欢喻思净，呼他为喻弥陀。世因以称。

喻弥陀不仅工于画佛像，特别是画阿弥陀佛像，还能诗。他在故宅建寺斋僧，朝廷礼敬他，给他送来"妙行院"以旌表其修行"不避寒暑，心念精一。"有部使好奇地问他："既能画佛，何不参问？"他以诗句回答说："平生只解画弥陀，不解参禅可奈何？幸有五湖风月在，太平何用动干戈！"喻思净的禅宗造诣，已经达到很高的境界。张九成说，喻思净曾经将《心经》的底蕴概括为一首偈语，其所自得盖不可以常法论之也。可惜的是，这首偈语没有被记载下来。但《喻弥陀塔铭》中却记载了另一个有关他在西湖凿山为弥勒佛像的故事。从中同样可以看出喻弥陀的佛学造诣之深：喻思净儿时游西湖多宝山，辄作念曰：异时当镌此为佛。其后遂为弥勒之像，欲及百尺，使水陆往返得以瞻仰。门下侍郎薛公问弥勒现在天宫为诸天说法。公于此镌顽石，将奚以为？师曰：咄哉顽石头，全凭巧匠修。只今弥勒佛，莫待下生求！

四、接待寺考

接待寺最初是喻思净的家。他因善画阿弥陀佛而被对佛学极有造诣的大文人杨杰（1031－1100）誉为"喻弥陀"，后来干脆舍宅为寺半路出家。喻弥陀杭州故宅在他舍宅为寺后最初叫妙行寺，位于杭州夹城巷。因朝廷赠匾，又名妙行院。据文献记载，在喻思净生前，因遭遇金国入侵，妙行院惨遭破坏。靖康之变后，喻思净即着手修复被破坏的寺庙建筑。但直到他圆寂前夕，妙行院的建筑工程尚未全部恢复。他的弟子志超受判府丞相吕公之命，相继主院事。行蹈建大藏水陆堂。行建建造僧堂20间。行全建法堂方丈。《咸淳临安志》上说：喻弥陀所开创的接待寺位于西湖湖墅左家桥西。宋大观间喻弥陀开山。《钱塘县志》上说，这个接待寺就是"旧妙行寺。弥陀饭僧之三万众，故名接待院。"该寺毁于元季。明宣德间重建，崇祯九年释雪关智誾复鼎新焉。清康熙二十六年释性统重新寺殿，四十二年，康熙南巡，御书"圣因"二字。复赐《心经》一部，心经塔一轴（清《浙江通志》卷二百二十六接待亭条）。喻思净这个出家人修行方式和其他僧人有何不同？这个接待寺在建筑艺术上有何特点？如前所述，喻思净是半路出家。最初的他是以绘画和诗文有声文坛。37岁时舍宅为寺，学佛出家。原来的名字我推测是喻汝美，但需要进一步论证。出家后，改名喻思净。他的修行有个特点，舍宅为寺，弃家学佛。不循常规念经礼佛，而是以实行利益众生。如他亲自施舍水粥，接待四方行脚僧人。37岁到57岁这20年间，共斋僧300万。苏轼看到喻思净用过的木勺，感动地题写了赞诗《水杓颂》："喻弥陀用以化缘，其徒宝之。杓柄长多少，西湖水浅深。本来无一物，非古亦非今"（《武林梵志》卷四）。张九成自己也是钱塘人，因此对喻弥陀知道得比较多，也比较翔实。他说，喻弥陀跟一般僧人不同，他"惟实为务，不事虚饰。搏空手斋三百万僧，架空地为大刹宇。凿空山为佛。誓以有成。不自有其善，不自矜其能。故人无不信。"（《喻弥陀塔铭》）。二是建筑上多有创新。"为毗卢大阁，百镜四垂。互相摄入，庄严雄饰。俨若天宫。庖湢井厕，莫不备具。"这座接待寺经受过北宋末年方腊陈通之乱，其他寺庙化为灰烬，只有妙行院岿然独存。盖虽贼不敢犯也。至金人入寇，始焚之。

这个接待寺，也就是妙行院，距喻家桥甚近。盖以其姓姓其桥也（《牟氏陵阳集》所载《重修妙行院记》）。接待寺是俗称。因喻弥陀在寺中所做的给人印象极深的功课就是20年斋僧300万这件事。因其主要功能表现为接待，故名。

这个接待寺在明朝崇祯年间有个施姓的官员夜宿接待寺，写诗记录自己的见闻：

> 梵境忽巍峨，门前对市河。
> 有心宏誓愿，于此接经过。
> 郭近人声杂，檐高雨气多。
> 规模逾百岁，犹说喻弥陀。

五、喻弥陀的修行法门

《遂昌杂录》记载了一件喻弥陀为刑场受刑之人建道场的趣事：喻弥陀曾在杭州保俶山脚下遇到坝头行刑日，"劝人修西方净业。画丈余弥勒，张大像，颂佛号。"联系到方腊部队围困杭州城，喻思净只身闯营，愿以一己性命换来杭城百姓不遭屠戮，以及只手斋僧300万等表现，可知喻思净是一个净土宗的修行者。特别重视实行。这跟喻弥陀的本性有很大关系。喻弥陀的为人，有"一念而诚实，始而终之"的特点。

（2018年2月14日）

中华圣医——喻嘉言

　　喻嘉言（1585－1664）是我国明末清初的著名医生。他和张璐（1617－约1699）、吴谦（1617－约1699）一起，被世人誉为清初三大医学名家，且被列为榜首。明末清初大文学家钱谦益（1582－1664）称他为圣医。其人生轨迹并不复杂：起先所走的是儒家传统道路，即科举入仕的道路。喻嘉言在明崇祯三年（1630）参加科举考试，得中拔贡副榜。随后到北京国子监读书。心系天下的他给崇祯皇帝多次上书，希望用自己的才智挽狂澜于既倒。但崇祯皇帝并未理会这位满腔热忱的读书人。多次上书石沉海底，满腔热情付诸东流。于是他失意还乡。随后不久，明清易代。新的统治者清王朝知道他是个人才，下诏征辟，希望他为新政权出力。他披剃出家，用这种特殊的方式拒绝和新朝合作，走上了短暂的由儒而释的道路。由于他个人的特殊禀赋，其禅宗造诣大有益于医道。使他在医学成就上达到很高的境界。终归是救世的热情占了主导，后期的他走上了不为良相就为良医的道路。最终他广为人知的主要成就还是医学上的贡献。需要说明的是，喻嘉言的医学实践实际上早在崇祯初得中副榜后到国子监读书之前已经开始了。并不是因为出家当和尚研究禅宗突然成为圣医。喻嘉言没有明确的师承。他的老师就是《黄帝内经》，张仲景的《伤寒论》等中华医学经典。他的成就得益于他对病人的仁者大爱的高尚情怀，以及他将大道和医术融会贯通的过人才气。

　　喻嘉言是今江西南昌新建县石岗镇朱坊喻家人。他是一个天赋极高，悟性极强的人，也是一个个性十分鲜明的人，《清史稿》上说他"议论纵横，不可一世"。这是说他的学问和才情。他同时又是一个极其真诚坦荡的人。他最为时人和后世称道的是对庸医的毫不留情的指斥。《医门法律》里记载的很多病例以及诊断，都有对庸医失误的具体分析，实为历代医书所未见。他的医学著作《寓意草》里记载了大量的医案。江西民间至今还在流传他在湖口用杉木做成的大饭甑蒸活一个命垂一线的药铺老板的故事。总之，他走到哪里，都有把垂死的病人，群医束手的病人救活的本事。他不仅有救活人的本事，而且还能够将病因病理治病用药的指导思想给病人剖析得明明白白。因此，在世人心目中，他就是旷世难遇的扁鹊华佗式的神医。

朱坊喻家这个村子现在还有2000多人居住。就历史而言，朱姓比喻姓早来两年，时间在明朝洪武初年。就现状而言，喻姓人口比朱姓多，喻姓1500多人，朱姓500余人。朱坊喻家现状是行政村。村委会设在喻家祖庙圆觉寺旁。现村党支部书记叫喻国荣，村主任叫喻长虎。

南昌喻氏自东汉时期喻猛（56－123）的祖父喻周祯自楚地江夏迁来开始，世代繁衍，人口众多。但综合言之，不外金塘支，濠溪支、敷林支三大支系。喻嘉言属于濠溪支系。南昌新建石岗镇是喻氏家族聚居的一个重要区域。有久驻、朱坊、程坊等聚落。喻氏在朱坊也繁衍生息六百多年，喻嘉言属于朱坊喻家中的长啸公支系。朱坊喻氏旧谱毁于"文革"。因为破四旧，各房所藏家谱均不敢藏匿，尽数上交红卫兵焚毁。流传下来的基本都是部分房头的零星草谱。因为这场浩劫，清朝同治、光绪以前的世系全失。但各支系后人大都熟悉祖功宗德（《梅溪喻氏族谱》1993年八修版）。喻嘉言祖父的坟墓仍在，他的祖父名喻尧荣，父亲名喻玉。墓地在朱坊伏虎山的虎头埂位置，村里人至今还喜欢讲当年风水师留下的地谶："虎头出药王，虎尾出霸王"，且断言三代必然应验。当然，这个民谚很大可能是已经出了喻嘉言这个药王，村人才拿他祖父的墓地风水好说事。中国各地风水案例大多属于事后诸葛。也就是一种对成功者的附会。但民间的风水传说至少可以印证喻嘉言的祖父墓地在虎头埂这件事并非子虚乌有。

和喻嘉言这位药王的存在相呼应，喻嘉言在故乡朱坊喻家还留下了另外两处遗迹：一是药包山，一是盛井。两处古迹相距仅20米。村人世代传说喻嘉言当年在老家为乡人看病，求医问药者往来不绝。门前不远处病人倾倒药渣的地方形成一座小山。村人呼为药包山。300多年过去了，世事沧桑，当年的药包山现在在村镇建设过程中被蚕食得仅剩下一个六七平方米大、一米多高的一小土堆。盛井的水却仍然甘甜如昔。路过的人都喜欢喝几口。这一方面是因为井水中富含较多微量元素，有益于人体。另一方面，也说明了喻嘉言的存在具有经久不衰的影响力。喻嘉言幼年丧父，青少年时代主要寄居在姨父家里，和姨父喻尚俊一家关系密切。他的姨父家居金塘，是西晋时期南昌尉喻伦的后人。因为他的影响，金塘喻家喻尚俊的后裔代不乏医（《金塘喻氏重修族谱》）。喻嘉言的许多没有正式刊刻的医学著作，土方验方等医学手稿，甚至包括喻嘉言当年行医时的工具，熬药用的器皿，都得以代代传承至今。

明朝亡国后，喻嘉言侨寓江苏常熟约20年光景。当时的文坛领袖钱谦益和喻嘉言有交情。他在常熟立足设肆行医，固然主要凭借的是自己高尚的医德和精湛的医术。但与这位大文人的褒奖宣传也有关系。

喻嘉言去世后，其遗体不腐，最先暂厝在常熟。有一种说法喻嘉言死在钱谦益家，钱谦益将其设龛供养。此说不太靠谱。因为钱谦益和喻嘉言都死在康熙三年（1664）。他死后钱家设龛供养容有其事。因为喻嘉言死后肉体不腐。这种现象只有在得道高僧身上才会出现。钱家主事人照顾这位圣医的身后事，是完全可能的。但是不是喻嘉言就一定死在钱谦益的头前，现在缺少证据。后来，喻嘉言的外甥舒某将其遗骸请回靖安，厝于百福寺。民间传说寺僧曾见喻嘉言现身。寺僧害怕，又传说有小偷偷喻嘉言肉身龛所在的门上铜环，那个小偷随即中风而亡。（〔清〕蒋士铨《喻嘉言先生改葬告辞》和《靖安县志》）

雍正年间，南昌医界同仁聚议，他们觉得将一个大名医的遗体放在佛教寺庙里供养不合适。乃将其安葬在南昌十字街以东，东坛巷以北，南昌著名隐士徐孺子墓地附近。道光十年（1830）他的一位籍贯江西奉新县从善乡叫余绍珩的弟子还为他立了碑，上刻"明先医喻嘉言先生肉身"落款"奉邑从善乡弟子余绍珩沾恩敬立。大清道光十年庚寅岁八月"。1957年喻嘉言墓被江西省人民政府列入第一批省文物保护单位，由南昌市文化局重修，并立新碑。1966年"文革"爆发，喻嘉言墓和隔壁的徐孺子墓等一同被彻底破坏。"文革"结束后，由于原来喻嘉言墓地涉及城市建设用地需要，由南昌市人民政府拨款，在西山万寿宫附近重建了喻嘉言墓。现在的喻嘉言墓十分破败。笔者一行三人于2018年12月22日前往凭吊，墓地前没有见到任何保护标志。有一半的护栏被破坏，连石材都不知被弄到何处去了。四周土地全被市民辟为菜地。虽然近在西山万寿宫附近，但道路泥泞，雨天无法下足，亟待重新修复，并明确保护范围和安排专人管理。因为喻嘉言毕竟是中华文化史上的名医。他的三种医学著作《尚论篇》《医门法律》和《寓意草》被公认为是融合道、术的上乘医书，是可以比美《黄帝内经》，张仲景《伤寒论》等经典的名著，是我国宝贵的医学遗产，自然也是江西南昌地区的骄傲和自豪。清代南昌乡贤将其安葬在徐孺子墓地附近，是有道理的。喻嘉言对中国文化的贡献不亚于徐孺子。

（2018年12月30日）

喻嘉言"本姓朱"吗

一、写作缘起

读者也许会感觉奇怪，喻嘉言的生平既然如此清楚，你为何还要写这篇文章？讨论什么喻嘉言本姓朱的问题？答曰：我写这篇文章是为了以正视听。是为了批驳所谓"喻嘉言本姓朱"的臆说。因为喻嘉言姓喻，是没有任何问题的。有家族谱牒，地方志书，国史，同时代著名文人的诗文，还有身后的传说，遗迹，后代医学传承等众多的佐证。严肃的学者撰写文章，整理喻嘉言的著作，也从无异议。如陈熠校注的《喻嘉言医学全书》（中国中医药出版社 1999 年版）；蒋力生、叶明花校注的《喻嘉言医学三书》（中医古籍出版社 2004 年版）；李国强、傅伯言主编的《赣文化通志》，江西教育出版社 2004 年版。以及民国时期上海医学人士秦伯来主编的《清代名医医话精华》（见上海中医学院中医文献研究所主编的《历代中医珍本集成》1990 年影印版第 40 册）都是这样。至于自明至今历代书商刊刻的喻嘉言医学著作，也从来没见到过署名朱嘉言的。

需要说明的是，在整个清代文献中，单从字面上看，从来没有出现过"喻嘉言本姓朱"的说法，只有"俞嘉言本姓朱"。《牧斋遗事》上是这样，《清稗类抄》上也是这样。

将"本姓朱"的说法安在喻嘉言身上，是当代的一些文章作者，查阅当代文献，最早持此说的是《南昌史话》一书的作者们。他们的依据是《牧斋遗事》。《南昌史话》的作者比《牧斋遗事》的作者进了一步，明确断言"喻嘉言本姓朱名昌字嘉言，……是宁王后裔"（见江西人民出版社 1980 年版《南昌史话》第 63 页）。至于缺少学术规范的博客文章、微信公众号上的文章，一些家族文化爱好者所撰写的非正式出版物，大约深入分析研究者少，依据《南昌史话》者多，其中有《明代宗室出身的名医喻嘉言》一文的作者楼绍来先生（原文载《中医药文化》2006 年 4 期）；有大江论坛上发表的《走近八大山人——破解八大山人名字之迷》一文涉及喻嘉言"本姓朱"；有中华古玩网等网站拍卖信息介绍喻嘉言医学著作版本的信息时涉及喻嘉言"本姓朱"，有华夏史志学会印行的喻少彬主编之《中华喻氏人物志》（非正式出版物）涉及喻嘉言"本姓朱"。以上文章很大可能是以《南昌史话》为依据。《中华喻氏通谱》第一部上册（巴蜀书社 2010 年版）第 75 页《喻昌》词条说喻嘉言"原系明宗室，后改姓喻"；《中华喻氏通谱》第三部上册（巴蜀书社 2014 年版）第 484 页古代名人部分喻昌条说喻嘉言"原系明宗室，国政嬗变，后改姓喻"的说法都来自一个共同的源头，即《中华喻氏人物志》（2007 年印行）喻昌条。《中华喻氏人物志》的作者喻少彬是一位热心家族文化的退休干部。他为了编纂中华喻氏人物志，全国各地奔走，搜集资料。其积极进取精神很受族人好评，但他不是专业的文史工作者。他说，为了写《喻昌》词条，他将《辞海》1965 年版喻昌的词条，《江西历代人物辞典》喻昌词条，《江西历代名人传说》等有关喻嘉言的资料浏览后进行了整理。参考文献上还标出了具体的页码，他甚至还看过历代中医珍本集成丛书中的《喻嘉言医话精华》，但他写错了一个字，将医话的"话"写成了医学的"学"字。我逐一核对原书，发现《辞海》1965 年版（上、下册）喻字目下没有人物词条，自然也没有喻昌的词条。《辞海》收入喻昌的条目是 1979 年版才开始的事情。在 1959 年到 1979 年 20 年中，《辞海》虽然出过 16 册试行稿和上下册试行稿征求意见，但喻字栏目始终没有喻昌词条。直到 1979 年版各科目大量增补相关内容后，才有此内容。但查阅《辞海》（1979 年版）和《喻嘉言医话精华》中的喻昌小传，均无所谓喻嘉言本姓朱，原系明宗室，后改姓喻这样的文字。由于此前研究喻氏家族文化的人比较少，著作比较少见。因此《中华喻氏人物志》（第二版）第 73 - 74 页喻嘉言词条说喻嘉言本姓朱，原系明宗室，后改姓喻这样的错误说法才会影响到《中华喻氏通谱》第一部和第三部相关章节的表达。这种以讹传讹的现象希望以后不要再继续下去了。

笔者感觉奇怪，一个不成其为问题的问题，何以成为问题，乃决心一探究竟。这种探究包括文献梳理和实地调研两个方面。

二、所谓俞嘉言"本姓朱"臆说的源头

喻嘉言被写成俞嘉言，他被人杜撰本姓朱，改姓喻这个说法，在明清之际所有传世的文献中，只有唯一的一份署名为"虞山丁氏钞藏"的札记著作《牧

斋遗事》，该书的另一种名称是《绛云楼俊遇》。考《绛云楼俊遇》实为《牧斋遗事》的同书异名。这本《牧斋遗事》的最初作者所在地或者说抄本收藏地就在江苏常熟。丁氏是清代常熟望族。《牧斋遗事》这个抄本就出自丁氏，在《牧斋遗事》中记载俞嘉言给钱谦益治病的故事后面有一段编者后记，内容如下：

　　俞嘉言，本姓朱，江西人。明之宗室也。鼎革后讳其姓，加朱以捺为余，后又易未，以刖为俞。向往来于牧斋之门。结草庐于北城之山麓。（沈云龙教授主编《近代中国史料丛刊》第 71 辑第 11 页）

　　许多人写文章都说《牧斋遗事》是钱谦益所撰写。这是错误的说法。因为该书只署了"虞山丁氏藏抄"。这本小书肯定不是钱谦益自己写的。牧斋是钱谦益的字号，自己写的怎么会叫"遗事"呢？再说，该抄本还记载了钱谦益身后族侄孙钱遵王等人夺牧斋家产逼死柳如是等事，书中还刻印了当时可以公开的全部法律文书以及钱谦益的弟子痛斥钱遵王忘恩负义的书信。则《牧斋遗事》显然是钱谦益和柳如是身后虞山当地文化人且知道一些钱家底细的读书人所为。当然也不排除是虞山丁氏所为。因为钱谦益毕竟是如日中天的大文人。但这个作者无论如何对喻嘉言并不熟悉。如果熟悉，不至于把喻嘉言写成俞嘉言。且说他本姓朱。后来几次改姓，才变成喻姓这种昏话。当然，也可能熟悉，但撰写《牧斋遗事》之初可能就别有用心。而当时如果和朱明王朝宗室子孙交往，是要冒很大的风险的。钱谦益身后家族夺产风波发生的时间还是康熙四年。朝廷放宽对朱明王朝宗室后裔的监控，允许他们改回朱姓。那要等到康熙三十四年（1695）。因为该年朝廷才正式颁发诏书鼓励改姓的明宗室子孙将姓氏改回朱姓。

　　这段总共 53 字的附记，成为很多文章主张喻嘉言"本姓朱"的一个重要依据。但我们知道，这只是一个孤证。大家知道，孤证是不能成立的。这在 300 年学术界就已经形成共识，这是常识。关于这本《牧斋遗事》的作者，还有一种说法是高士奇所撰。这个说法其实也不靠谱。因为高士奇字澹人，号瓶庐，又号江村，浙江慈溪匡堰镇高家村人。顺治二年（1645）生于京城，弱冠归乡，因触犯族规，移籍钱塘。家贫，以诸生供奉内廷，官詹事府录事。康熙十五年（1676），迁内阁中书，食六品俸，赐居西安门内。

　　高士奇学识渊博，能诗文，擅书法，精考证，善鉴赏，所藏书画甚富。他一生勤于著述，收录在《四库全书》的就有七部，另有五部编入《四库存目》。他一生浮沉在宫廷宦海中，写了十几种与康熙皇帝有关的著作，极有史料价值。如《金鳌退食笔记》《松亭行记》《扈从东巡日录》《扈从西行日录》等。史学著作最著名的是《左传纪事本末》53 卷，系他的代表作。另有《江村销夏录》《清吟堂集》《江村先生全集》等多种作品。

但高士奇的著述目录中并没有这本涉及钱谦益的笔记著作。考高士奇一生行止，他没有记录钱谦益生平逸事的可能。显然是个别书商为了射利，将无名氏的《牧斋遗事》嫁名高士奇，是为了卖个好价钱。此类事明清图书市场上甚为常见。

除开《牧斋遗事》的附记上说喻嘉言本姓朱外，民国文人徐珂在《清稗类抄》中照抄了牧斋遗事的说法，其全文如下：

俞嘉言以医名于时

俞嘉言，本姓朱，明宗室也。明亡后，讳其姓，加朱以挎为余，后又易末以刖为俞。江西人，侨居常熟。往来钱牧斋之门，结庐城北，以医名于时。

牧斋家居，一日，赴亲朋家宴，肩舆归，过迎恩桥，舆夫蹭跌，牧斋亦仆地，及归而忽得奇疾，立则目欲上视，头欲翻于地，卧则否。延医诊治，不效。时嘉言适往他郡治疾，亟遣仆往邀。越数日，始至，问致疾之由，遽曰："疾易治，无恐。"因语掌家政者曰："府中舆夫强有力善走者，命数人来。"至，嘉言命饫以酒饭，告之曰："若曹须尽量饱餐，且可嬉戏为乐也。"乃令分列于庭之四隅，先用两人夹持而行，自东，则疾趋之西；自南，则疾趋之北，无一息停。牧斋殊苦颠播，嘉言不顾，益促之骤。少顷，使息，则已霍然矣。时他医在旁，未喻其故，嘉言曰："是因下桥倒仆，第几叶肝搐折而然。今披之使疾走，抖擞经络，则肝叶可舒，既复其位，则木气敷畅而头目安适矣，非药饵之所能为也。"

常熟显宦某致仕家居，其夫人年已五十，忽呕吐不欲食。诸医群集投剂，俱不效，邀嘉言视脉，侧首沈思，迟久而出，拍显宦肩曰："高年人犹有童心耶？是娠，非病。吾所以沈思者，欲一辨其男女耳。以脉决之，其象为外阳里阴，必男也。"已而果验。

常熟北城外多败屋，率停柩，嘉言居其地。偶见一棺似新厝者，而底缝流血若滴，大惊，问之于其邻，则曰："顷某邻妇死，厝棺于此。"嘉言亟觅其夫，语之曰："汝妇未死。凡人死者血黯，生者血鲜。吾见汝妇棺底流血甚鲜，可启棺速救也。"盖妇实以临产昏迷一日夜，夫以为死，故殡焉。其夫闻言，遂启棺。诊妇脉，未绝，乃于胸间针之，针未起，儿已呱呱作声，儿产，妇亦起矣。夫乃负妇抱儿归。

一日，嘉言往乡，舟过一村，见一少女浣衣于河，注视久之，忽呼停棹，命一壮仆曰："汝登岸，潜近其身，亟从后抱之，非我命，无释。"仆如其言。女怒骂大呼，其父母闻而出，欲殴之，徐曰："我，俞嘉言也。适见此女将撄危症，故救之，非恶意。"女父母素闻其名，乃止。嘉言问之曰："汝女未痘乎?"曰："然。"嘉言曰："数日将发闷痘，无可救。吾所以令仆激之使怒者，乘其未发，先泄其肝火，使势少衰，后日药力可施也。至期，可于北城外某处取药，毋迟。"越数日，忽有夜叩其门者，则少女之父也，言女得热疾，烦燥不宁。乃问以肤有痘影否，曰："有之。"慰之曰："汝女得生矣。"遂畀以方剂，归而药之，痘畅发，得无恙。

嘉言之治疾也，尤加意贫人，常于药笼中贮白金三星或四五星，有贫人就医者，则语之曰："归家须自检点，乃可煮也。"其人如其言，得金，若天赐，药未进，病已释其半矣，此揣知病人心理之作用也。(清徐珂《清稗类抄·艺术类》)

比较清人徐珂的这篇《俞嘉言以医名于时》和《牧斋遗事》后，我们不难发现，徐珂的这篇记俞嘉言轶事的文章材料完全来源于《牧斋遗事》。因为《牧斋遗事》也是把喻嘉言写成俞嘉言。《牧斋遗事》上是先记喻嘉言为牧斋治病。在该则医案轶事后面的附记中才出现俞嘉言，本姓朱的那段关于喻嘉言身世的臆测文字。后面还增加了几则传世的喻嘉言著名的医案。徐珂只是在文字组织上做了些许调整。因此，他这篇遗事中关于喻嘉言本姓朱，系明朝宗室后裔的臆测，仍是在重复《牧斋遗事》的臆测。此外，再也没见到第二条说喻嘉言本姓朱的资料。也就是说，喻嘉言本姓朱仍然是孤证。

三、还原历史上真实的喻嘉言

读者也许会问，满清入关，改朝换代。崇祯帝吊死在景山后，明王室企图复国的大臣们在南京、福建等处拥立宗室为王，希望苟延明祚。难道清王朝会坐视不理，不对明王朝的后裔们大开杀戒吗?"朱嘉言"难道不会因此原因而先改余姓继改喻姓? 表面看来，这个推测是有道理的。实际上，清王朝非常清楚，他们的祖上本来是明王朝的守边之臣，清朝的入关取代明朝，是历史给他们创造的机遇。他们当然担心明王朝反扑。但他们太了解明王朝的内政外交，他们知道明王朝已经病入膏肓。但无论如何，他们关注的重点显然在明朝皇帝嫡传后裔上，而不会把注意力放在旁支侧裔上。即使如某些微信公众号文章所说喻

167

嘉言和八大山人同属于宁王朱宸濠的后裔弋阳王的后人，他们也属于旁支侧裔啊。更何况清王朝为了收拾人心，一再作秀，表示对明王朝的礼遇，如：

己未，谕礼部，本朝定鼎以来，故明朱氏宗族归顺。有官品者给与房地奴仆、俸禄恩养。无官品者俱照民人归农，令其得所。其故明各帝陵墓，世祖章皇帝有上旨曰设人看守、以时祭祀不绝。此皆昭示恩养宽仁之意。近有朱氏无知之徒改易姓名、隐藏逃避、致生事端、被人讦告、既累本身、又负国家恩养。尔部行文直隶各省督抚、刊示晓谕。如朱氏宗族、改易姓名、隐藏逃避者、俱令回籍、各安生理。勿仍前疑惧、有负朕浩荡之恩。尔部即通行传谕（《康熙朝实录》康熙四年 第161页）

礼部议：故明宗室朱鼎濩不便准其入旗，令回籍自安生理。得上旨曰，朱鼎濩真心请归旗下，可悯，不必令回原籍。准入旗，照拖沙喇哈番品级给俸。"（《康熙朝实录》康熙五年 第173页）

至于说喻嘉言和朱耷是同宗，系宁献王的后裔，但实际上朱耷是弋阳王的后裔。而弋阳王在朱宸濠叛乱前有检举之功，早就跟宁王朱宸濠划清了界限。宸濠事变后，朝廷秋后算账，弋阳王的爵位仍旧保留。朝廷并不因为他和朱宸濠是兄弟关系就一刀切地加以处分。《明史》卷一百十七记载说：

嘉靖四年，弋阳王拱樻等言：献王、惠王，四服子孙所共祀。非宸濠一人所自出。如臣等皆得甄别，守职业如故，而二王不获庙享，臣窃痛之。疏三上，帝命弋阳王以郡王奉祀。乐舞斋郎之属半给之。宁藩既废，诸郡王势颉颃，莫能一。帝命拱樻摄府事。卒，乐安王拱栟摄。拱栟奏以建安、乐安、弋阳三王分治八支，著为令。（见《明史》列传第五诸王二，中华书局点校本第3596页）

这段话的意思是说嘉靖四年，弋阳王朱拱樻等给嘉靖皇帝上奏折，为他们的祖先宁献王、宁惠王争取应得的权利。他们说，这两个老祖宗是我们四服子孙共同祭祀的。他们并不是朱宸濠一脉独有的祖宗。他出了问题，不能祸及祖宗，不能剥夺我们无辜子孙祭祀祖先的权利。嘉靖皇帝也不是一开始就批准的，而是在接二连三地上奏争取权利后才同意其他宗支可以祭祀宁献王和宁惠王。但朱拱樻他们的祭祀规格还是被降格了，只允许他们用郡王而不是藩王的礼节祭祀祖宗，而且祭祀人员编制乐舞规格都降格减半。后面一半则说的是对于分封在江西的朱元璋后裔也即宁献王朱权的子孙各分支的管理权安排。在朱宸濠出事之前，朱宸濠是江西藩王各分支的总管。出事后，大家势均力敌，无法形成统一的管理格局。嘉靖皇帝下诏命弋阳王朱拱樻负责管理江西藩王府。弋阳王死后，由乐安王朱拱椤主管。朱拱椤后来建议朝廷用建安王、乐安王和弋阳王三支来分别管理江西朱明王室的八大分支事务。

　　看了这段引文后读者朋友自然会明白，退一万步讲，即使喻嘉言真的和朱耷是弋阳王的后人。那也不是明王朝追杀的对象，而是明王朝依靠信赖的对象啊。他们的后人连爵位都没有动摇。有什么必要去隐姓埋名藏于民间？朱耷比喻嘉言要小 30 岁左右。朱耷是放弃爵位才参加科举考试的。换句话说，明朝朱姓宗室是有祖训的，宗室子弟不可以参加科举考试，和普通士子争抢功名。因为宗室子弟参加考试，那就是朱明王朝既当裁判又当运动员。这样下三烂的事情，堂堂宗室如何肯做？又如何能做？这也从另一层面佐证弋阳王这一支的爵位仍旧正常存在。否则，朱耷有什么必要主动放弃爵位？如果说喻嘉言本姓朱，是弋阳王的后裔。他比八大山人大许多岁数。怎么文献上没有关于他放弃爵位然后参加科举考试的记载？显而易见，所谓喻嘉言是朱明王朝宗室之后裔的说法是没有依据的主观臆测。

（一）钱谦益笔下的喻嘉言

　　钱谦益是喻嘉言一生中所交往的层次最高的文人朋友。我们翻阅钱谦益的诗文集，凡钱谦益手定的著作，无论是诗歌还是序言，关于喻嘉言的介绍，从来没有用过"俞嘉言"这样的字样，都是用的"喻嘉言"，且明确说喻嘉言是江西新建人。从来没有看到钱谦益在任何场合说喻嘉言是明朝宗室后裔，更没有说因为明朝灭亡，为躲避清王朝迫害而改姓喻这样的话。这说明钱谦益对喻嘉言很了解。

　　我们从钱谦益的诗文集中，看到了《赠新建喻嘉言》一诗，诗曰：

> 公车不就幅巾征，有道通儒梵行僧。
> 习观湛如盈室水，炼身枯比一枝藤。
> 尝来草别君臣药，拈出花传佛祖灯。
> 莫谓石城难遁迹，千秋高获是良朋。

　　诗后作者自注：高获远遁江南，卒于石城。见《晋书·方技传》。

　　这首诗见于陈红彦等主编的《清代诗文集珍本丛刊》本《牧斋有学集补遗附有学外集》。这个清抄本上面有钱氏改定痕迹，有补入某集某部分等文字。该小楷一笔不苟，娟秀可爱。清抄本上最初写作"建新"，显然系笔误。作者编排时发现，在"建新"二字旁加了两个点做标志，意思是提醒正式刊刻时改正过来。诗歌内容见该书第4册《牧斋诗集》第九卷第15页。经查，高获这个历史人物，是东汉时期的一位高士。钱谦益显然记错了书名，不是《晋书·方技传》。正确的出处是《后汉书·方术列传》八十二《高获传》。这个石城不是指的南京，而是位于苏州西南的一个老地名，在常熟虞山一带。请看《后汉书》原文：

高获字敬公，汝南新息人也。为人尼首（人头象尼丘山，中低四方高）方面。少游学京师，与光武有旧。

师事司徒欧阳歙。歙下狱当断，获冠铁冠，带鈇锧，诣阙请歙。帝虽不赦，而引见之。谓曰："敬公，朕欲用子为吏，宜改常性。"获对曰："臣受性于父母，不可改之于陛下。"出便辞去。

三公争辟，不应。后太守鲍昱请获，既至门，令主簿就迎，主簿但使骑吏迎之，获闻之，即去。昱遣追请获，获顾曰："府君但为主簿所欺，不足与谈。"遂不留。时郡境大旱。获素善天文，晓遁甲，能役使鬼神。昱自往问何以致雨，获曰：'急罢三部督邮（续汉书曰："监属县有三部，每部督邮书掾一人。"），明府当自北出，到三十里亭，雨可致也。"昱从之，果得大雨。每行县，辄轼（礼之）其间。获遂远遁江南，卒于石城（今苏州西南）。石城人思之，共为立祠。（《后汉书》卷八十二，《方术列传》第七十二，中华书局点校本第2711页）

我估计钱谦益给喻嘉言所写这首赠诗应该是他们订交之诗，时间当在顺治初年。就钱谦益而言，一则喻嘉言给他治好了难治的病，他感激图报。二则钱谦益钦佩喻嘉言的学识修养，已经用诗句巧妙暗示希望喻嘉言在常熟开药铺建诊所。喻嘉言是何等聪明之人，岂有看不明白这首诗的道理。如前所述，喻嘉言也乐意和当代大文豪做朋友。因为喻嘉言是性格直率，眼光很高的人，他是那种做事就做到极致的人。据笔者调查喻嘉言的后世传人，该传人告诉我，喻嘉言一生正式刊刻的医学著作只有三种，即大家熟知的《尚论篇》《医门法律》和《寓意草》。但实际上他还有很多半成品的医学著作，至于单方验方偏方等手稿还有很多。因为在他看来，那些东西不足以颉颃前贤，雄视天下。但就一般医生看来，那些手稿，那些零星的单方，差不多都是灵丹妙药，依然可以沾溉后人，造福天下。

钱谦益给喻嘉言的医学著作《尚论篇》做过序。那序言作于清顺治辛卯年，也就是西元1651年。钱氏在那篇序言中高度评价喻嘉言的医学造诣，认为喻嘉言是古往今来能将医术上升到医道层次上的上医，圣医。在序言的末尾还特意交代了《尚论篇》这部医学奇书的作者：

先生姓喻氏，名昌。南昌之新建人。嘉言，其字也。（蒋力生、叶明花校注本《喻嘉言医学三书》第 10 页）

顺治戊午年，也就是西元 1658 年刊刻的《医门法律》，钱谦益也做了序。在该年刊刻的原版《医门法律》书前，钱谦益写道：

新建俞征君嘉言发挥轩歧仲景不传之秘。著《尚论》编，余为序其旨要。推本巫医之道术，比于通天地人之儒。世之人河汉其言。惊而相告者多矣。越二载，征君年七十，始出其尚论后篇及医门法律教授学者，而复求正于余。（同上书第 306－307 页）

上引一诗二文，皆出钱谦益笔下。对喻嘉言的介绍，这后一篇序言将喻嘉言写作俞嘉言，和《尚论篇》序言作喻嘉言有些差异。这是为什么呢？我推测，有两种可能，一是钱谦益笔误，或者是誊抄者笔误。二则可能是誊抄者别有用心。因为其时在顺治朝，清王朝还没有对明王朝宗室子弟改姓的做法放弃追究。尽管如此，这里也没有说喻嘉言是朱明王朝宗室的后裔。更没有说他先改余，后改俞，最后改喻。关于这篇序言，因为将著作者写成俞嘉言，南昌本地民国学者胡思敬纂修《豫章丛书》时经过考虑，决定拿下这篇序言，也就是不承认这篇序言是钱谦益写的。钱谦益在七年前为喻嘉言著作《尚论篇》作序时明明白白写作喻嘉言，更早些时候，喻嘉言给钱谦益治病，钱氏赠喻氏诗歌的题目也明明白白写作喻嘉言，他是喻嘉言的朋友，对他一生帮助很大的大文人笔下的文字。我们没有理由不相信他的诗文的准确性。而七年后钱氏给喻嘉言的另一本医书《医门法律》作序，却将其写作俞嘉言，这确实是一个比较费解的问题。但如果仔细研究了钱谦益和他的同族侄孙钱遵王的关系，就会将作伪的疑点放在钱遵王的身上。为什么这样说呢？因为当时族人中只有钱遵王和钱谦益走得最近，也只有钱遵王最有学问，且能诗。还曾替钱谦益注释《初学集》和《有学集》等诗集，最得钱谦益信赖。但由于钱遵王的父亲以前犯事（和叔祖母通奸）触犯了伦常，族中处罚，钱谦益当时未予施救。钱遵王怀恨在心而不显露。钱谦益在时，他"日夜膏唇拭舌以媚老师"，钱谦益也"左提右挈"为钱遵王积累名誉（《河东君殉家难事实》所载顾苓《致遵王书》，见《牧斋遗事》第 59－60 页）。但令人不敢相信的是，钱谦益尸骨未寒，这个族侄孙便"始则借先师之孤寡为资以媚族贵，既而假族贵之威命以诈未亡；乃至田房箱箧俱尽，又迫索三千金立逼副室柳夫人以麻经自缢而绝。"（《河东君殉家难事实》所载

归庄《致遵王书》，见《牧斋遗事》第62页）

顾苓和归庄、钱遵王都是钱谦益的学生，他们和钱谦益有30多年师生关系，和钱遵王也是30多年的同学关系。比较而言，钱遵王最得牧斋信任。自然他个人的秘密钱遵王也知道的最多。这就是为什么他一再敲诈勒索，钱夫人柳如是都一一满足。最后一笔搜刮到三千金后感觉再没有多少油水可捞，还进而逼得柳如是不得不悬梁自尽。这中间一定有重大的隐情，这个隐情我推测一定是钱遵王掌握了钱谦益柳如是怀念明王朝诋毁清王朝的若干证据。若无此种软肋，柳如是是何等聪明有主见的女中豪杰，她如何会一忍再忍，最后只好一死了之以求得问题的解决。因为两个当事人都死了，死无对证。而若举报钱谦益的诗文集里的违碍等证据，又恐牵扯到钱遵王自己。因为他曾为钱谦益的著作做注释。那样的话，他自己也脱不了干系。我因此怀疑喻嘉言本姓朱的风是他故意放出去的。因为当时的背景下，这样的新闻会传得很快。一旦被追究，显然是搞垮钱谦益的一个筹码。当然，这只是根据情理做出的一种推测，是对同一个钱谦益何以前面写序用喻嘉言，后面写序却用俞嘉言的一种解释。因为钱谦益的很多文稿是钱遵王帮忙誊正的。钱遵王本人有学问，能诗文。也是大藏书家，有《钱谦益初学集有学集注释》《钱遵王诗集》等著作传世。只是他对钱谦益欺师灭祖的做法过于出格，且原始文献均赖《牧斋遗事》一书保存下来，为我们今天研究《医门法律》序言何以不写作喻嘉言而写作俞嘉言提供了一种解释的依据。当然，《医门法律》这篇序言肯定是钱谦益写的。因为钱谦益和喻嘉言两人的佛学造诣相当，只有钱谦益才能欣赏喻嘉言。那序言里的佛学内涵，一般文人根本写不出来。因此假不了。

（二）《清史稿》中的喻嘉言

喻昌，字嘉言，江西新建人。幼能文，不羁，与陈际泰游。明崇祯中，以副榜贡生入都上书言事，寻诏徵，不就，往来靖安间。披髮为僧，复蓄发游江南。顺治中，侨居常熟，以医名，治疗多奇中。才辩纵横，不可一世。著《伤寒尚论篇》，谓林亿、成无己过于尊信王叔和，惟方有执作条辨，削去叔和序例，得尊经之旨；而犹有未达者，重为编订，其渊源虽出方氏，要多自抒所见。惟温证论中，以温药治温病，后尤怡、陆懋并著论非之。

又著《医门法律》，取风、寒、暑、湿、燥、火六气及诸杂证，分门著论。次法，次律。法者，治疗之术，运用之机；律者，明著医之所以失，而判定其罪，如折狱然。昌此书，专为庸医误人而作，分别疑似，使临诊者不敢轻尝，有功医术。后附《寓意草》，皆其所治医案。凡诊病，先议病，后用药，又与门人定议病之式，至详审。所载治验，反覆推论，务阐审证用药之所以然，异于诸家医案但泛言某病用某药愈者，并为世所取法。

昌通禅理，其医往往出于妙悟。《尚论后篇》及《医门法律》，年七十后始成。昌既久居江南，从学者甚多。（见《清史稿》卷五百二，列传二百八十九，中华书局点校本第 13868 - 13869 页）

这是清代学者赵尔巽、柯绍忞等所纂修的史书。也不见有所谓本姓朱，后改姓喻的说法。

（三）江西、江苏两地地方志中的喻嘉言

一个有影响的历史人物，身后会留下很多痕迹。这些痕迹，作为信息，有的依托在物质载体上，有的则以口头传说的形式传承。喻嘉言一生活动的范围不是很大。除了到国子监读书，曾在崇祯年间去过北京一段时间外，其他时间主要活动在江西的新建、湖口、靖安和江苏的常熟一带。由于他医德高尚，视病人如家人父子。医术高明，救死扶伤，功德累累。他死后，这些活动过的地方几乎都留有关于他的信息。如《江西通志》就记载了喻嘉言的事迹以及身后的遗骸迁徙情况：

喻昌，字嘉言，新建人。自幼读书，多诡异之迹。中崇祯庚午副榜。寻诏征，力辞不就，披剃为僧。复蓄发，游三吴，侨寓常熟。以医名于世，治疗多奇中。所著有《医门法律》《尚论篇》《寓意草》。虞山钱谦益序之。年八十，预知时至，论坐而化。昌无后。其甥负遗骸归，过左蠡，舟遭风浪，首尾尽毁折，独骸龛一舱无恙，屹然湖中。后寄于靖安萧寺，有盗其旁铜环者，立中风毙。今遗骸尚不坏。郡人募立祠祀之。布政使李兰有题词。（清雍正十年刊本《江西通志》四十三方技）

喻昌有个姐姐，嫁到江西靖安舒氏。姐弟感情深厚。喻嘉言也经常在姐姐家里行医，替当地人看病。《靖安县志》杂志部分记载喻嘉言事迹：

喻昌，字嘉言。新建人。明季副贡，学博才宏，隐于医。其女兄嫁邑之舒氏，故居靖安最久。治疗多奇中，户外之履常满焉。后侨寓吴中，卒，无嗣。其甥负遗骸归，舟过左蠡，遭风浪，首尾尽折，独骸龛一舱无恙。厝于邑中一萧寺，有盗其旁铜环者，立毙。法身久而不坏，郡人迎归祠之。所著医书遗稿多藏于其甥家。甥族人斯景补刻其伤寒后论，熊进士铨为序而行之。（详见清道光《靖安县志》卷十六杂志）

则他姐姐那里还是他医学遗产的接受地和保管处。

在他晚年侨寓的江苏常熟县，也有关于他的记载。常熟县志记载道：

> 喻昌，字嘉言。选贡生。本江西人，与陈际泰为友。崇祯中入京，以书生上书，愤欲有所为。卒无所就。顺治初，钱宗伯谦益重其术，邀至邑中。赠诗以汉高获为比。少得疾，遇异人授内养法而愈。遂终身不卧。倦则倚蒲团小憩而已。明禅理，精医药。所至活人。又好弈，弈品居二、三手，达旦不少倦。年八十余，与国手李兆元对弈三昼夜，敛子而卒。所著有《尚论》《医门法律》《寓意草》等书行世。（详见清康熙《常熟县志》卷二十二《流寓》）

同一个喻昌，字嘉言的名医。在他生活过工作过的三个地方的地方志中都有基本一致的记载。从地方志到国史，都是口径一致的记载。如果喻嘉言真是朱宸濠的后裔，到了清朝中后期朝廷早已解冻的大背景下，还有必要隐讳其事吗？

（四）故乡朱坊喻家和金塘喻家族人心目中的喻嘉言

研究一个历史人物的姓氏籍贯，我们主要应该借助其家族的记载，口头传说和实物遗迹。因为雁过留声，人过留名。一个活生生的人，特别是名人。他生活过的地方，他成长的地方不可能不留下一些蛛丝马迹。这些蛛丝马迹也是我们论证一个历史人物的依据。因为美不美，家乡水；亲不亲，故乡人。民间还有谚语，说：做官莫从家乡过，三岁孩童喊乳名。这些民谚告诉我们，历史人物的家乡文献是不可忽视的重要证据。

喻嘉言出生地是江西新建县朱坊喻家。该村朱家和喻家在明朝洪武初一前一后来到该地定居。朱姓比喻姓早到一年，至今两姓和睦相处，同属石岗镇朱坊喻家村领导。该村喻家村路边至今还保存有喻嘉言留下的药包山和盛井的遗迹。这是喻嘉言在故乡为百姓治病留下的唯一遗迹。药包山因为修筑公路和村民建房，已经蚕食殆尽，只剩下大约六七平方米大小的一个小土堆。盛井还保存完整，且井水尚为村民所使用。

现供职于南昌市公安局，南昌喻氏敷林（新塘）支系的喻铭在《金鸡饮水千年旺》一文中，对本村历史上的名医喻嘉言之身世有较多的了解。他说，在他十岁那年（1983），当时新建县人民医院的熊振敏医生曾来朱坊喻家考察，他还带来了好几位同行者，目的就是考证喻嘉言的姓氏。因为有人看到《牧斋遗事》上的"俞嘉言，本姓朱"之说。他想求证是否属实。当时石岗镇党委书记喻修陪同接待了考察组。他领着考察组参观了位于虎头埂的喻嘉言祖父——喻尧荣的墓地，还查阅了朱坊喻家的族谱，确定了喻嘉言本姓喻。认为姓朱之说属于钱谦益杜撰。还开了座谈会，并记录了当时会议讨论的内容，当时的《南昌晚报》曾经报道过这件事，该报纸由杨建葆先生收藏。需要说明的是，《牧斋遗事》不可能是钱谦益自己所撰写。这是肯定的。

喻铭指出，在明朝正德年间，在江西提学副使李梦阳的支持下，金塘喻家曾经建造了一所社学。当时李梦阳在南昌、新建两县总共建造了16所社学。金塘喻家社学是其中之一。金塘社学按就近入学的原则，负责新建县尽忠乡和西乡即今西山和石岗一带的村民子弟读书。该社学当时取名云谷精舍。这个云谷精舍从明朝正德年间一直办到1949年前夕，遗址就在金塘村喻氏宗祠旁边。嘉靖年间，新建名儒毛长龄、金应隆先后受聘担任云谷精舍的山长。万历十九年，尽忠乡朱坊喻家子弟喻嘉言在云谷精舍启蒙。13岁得中秀才。45岁考中拔贡副榜。明朝亡国，喻嘉言为了婉拒清廷的征辟，披剃为僧。但很快就蓄发还俗，行医济世。喻嘉言之所以在云谷精舍求学，是因为家住朱坊喻家的喻嘉言的父亲喻玉和家住金塘喻家的喻尚俊是连襟关系。喻尚俊家境殷实，而喻嘉言父亲死得早，母亲便带着小嘉言投靠姊妹。表兄喻酉芳跟喻嘉言关系很好，对喻嘉言的早年成长有很大的帮助。（详见"世界喻氏宗亲总会"微信公众号喻铭文章《金鸡饮水千年旺》）

喻嘉言顺治初前往常熟，家里的医书手稿和零星处方由故乡表兄家收藏管理。由喻尚俊传喻酉芳，由喻酉芳传喻泰柄，喻泰柄传喻时虎，喻时虎传喻时健，喻时健传喻朝贺。现在籍贯金塘的喻小勇医生就是喻嘉言医术的16代传人。喻嘉言的文物和文献虽然"文革"中被损毁不少，但仍有部分手稿和文物传承至今。

好事者编造喻嘉言本姓朱的故事。其实这是不值一驳的胡编滥造。因为喻嘉言是石岗镇朱坊喻家村出生的人，他是长啸公的后人。朱坊喻氏族谱有记载。喻嘉言因为父亲早故，幼年的喻嘉言便寄养在金塘村喻尚俊家。喻尚俊当时家境富裕，为诗礼簪缨之家。喻嘉言从小在姨妈家长大，跟表兄等人一起读书考试，帮姨父荒年赈济贫困乡民。成年后行医期间，金塘也是他的一个据点。喻嘉言没有子嗣，晚年的医学手稿，一些未曾正式出版的比医学三书略逊一筹的著作，以及单方验方等文献资料，除常熟行医期间的被靖安县外甥带回靖安家中外，其他早年的医学手稿等基本都留在金塘了，因为金塘表兄弟群中有人跟他学医。这些医学遗产至今还有传承。靖安外甥家可能缺少学医资质的人才，倒是外甥的同村医生舒斯景部分继承了喻嘉言的学说，著作了《伤寒后论》。舒斯景后面有无传承，本人尚未及研究。

为了彻底弄清问题，笔者还查阅了朱坊喻家村《朱氏族谱》。该族谱系十修。查阅该族谱后，发现该村朱氏既和朱元璋没有关系，也和朱熹没有关系。他们的老祖宗叫朱应春，是唐朝大历年间成都县三十八都三乡地名天山的朱氏。这个朱应春是他们的始祖。至于朱坊谱上尊称的始迁祖是奉新县的。他们朱坊朱氏是明朝洪武元年从奉新迁来的。依据是敦睦堂藏《朱氏十修族谱》卷一所载《天山宗谱图记》。现在朱氏宗祠谱书管理人叫朱亨通。

朱坊喻家的《喻氏族谱》前面已经说过，老谱毁于"文革"。谱书重修时间是1993年。该谱遵循各亲其亲，各祖其祖和实事求是的古老的原则，人物传记中有喻嘉言的传记，艺文志中还收录了新建县人民医院的熊振敏医生1983年考察喻嘉言故里遗迹后留下的两首《沁园春》词。喻嘉言自己虽然没有子嗣，但他所属的长啸公房其他叔伯兄弟的世系还在传承，现任朱坊喻家村支部书记喻国荣就是长啸公的后裔。

对于这样一个来历清楚，传承有据，故乡两地要么有遗迹留存，要么有医学文献流传，且代有医学人士传习其学术遗产，主要学术著作都是作者手定，署名从无分歧的喻嘉言，没有理由硬栽给他一个"本姓朱"的说法。

（五）《喻嘉言医学三书》中的喻嘉言

有著述的历史名人，他们的生平信息一定会以某种方式保存在其著作中。喻嘉言也不例外。喻嘉言第一本正式刊刻的医学著作是他的医案《寓意草》。该书问世时间在崇祯十六年（1643），当时的署名就是喻嘉言。怎么能说喻嘉言明亡后才改姓喻呢？他最重要的医学著作《尚论篇》是在1648年出版的，其时明王朝已经亡国。署名仍是喻嘉言。它的第三本重要医学著作《医门法律》是1658年出版的，署名还是喻嘉言。喻嘉言为明末清初的名医，他和当时的医学界多有联系，很多名医撰写的学术著作请他作序。我们遍阅清初诸医书，涉及喻嘉言的都是喻昌或喻嘉言。从来没有看见称他为俞嘉言或朱嘉言的。

喻嘉言不仅所有著作署名均作喻昌或喻嘉言。而且他的著作序言等处还有多处自己说明了生平重大节点的时间。至于后世出版他的医学著作，从明末清初直到今天，400多年岁月的数以百计的版本，也从来没有出现俞昌著或俞嘉言著的署名。自然，更不可能有所谓朱嘉言的署名。

附论：明王朝和清王朝不会追杀弋阳王后裔

我们先说清王朝。

读者也许会问，满清入关，改朝换代。崇祯帝吊死在景山后，明王室企图复国的大臣们在南京、福建等处拥立宗室为王。希望苟延明祚。难道清王朝会坐视不理，不对明王朝的后裔们大开杀戒么？"朱嘉言"难道不会因此原因而先改余姓继改喻姓？表面看来，这个推测是有道理的。实际上，清王朝非常清楚。他们的祖上本来是明王朝的守边之臣。满清的入关取代明朝，是历史给他们创造的机遇。他们当然担心明王朝反扑。但他们太了解明王朝的内政外交，他们知道明王朝已经病入膏肓。但无论如何，他们关注的重点显然在明朝皇帝嫡传后裔上，而不会把注意力放在旁支侧裔上。即使如某些微信公众号文章所说喻嘉言和八大山人同属于宁王朱宸濠的后裔弋阳王的后人，他们也属于旁支侧裔啊。更何况清王朝为了收拾人心，一再做秀，表示对明王朝的礼遇，如：

己未。谕礼部、本朝定鼎以来。故明朱氏宗族归顺。有官品者、给与房地奴仆、俸禄恩养。无官品者、俱照民人归农、令其得所。其故明各帝陵墓。世祖章皇帝有上旨曰、设人看守、以时祭祀不绝。此皆昭示恩养宽仁之意。近有朱氏无知之徒、改易姓名、隐藏逃避、致生事端、被人讦告、既累本身、又负国家恩养。尔部行文直隶各省督抚、刊示晓谕。如朱氏宗族、改易姓名、隐藏逃避者、俱令回籍、各安生理。勿仍前疑惧、有负朕浩荡之恩。尔部即通行传谕"（《康熙朝实录》康熙四年 第 161 页）

礼部议、故明宗室朱鼎濬、不便准其入旗、令回籍自安生理。得上旨曰、朱鼎濬真心请归旗下、可悯。不必令回原籍。准入旗、照拖沙喇哈番品级给俸"（《康熙朝实录》康熙五年 第 173 页）

至于说喻嘉言和朱耷是同宗，系宁献王的后裔。但实际上朱耷是弋阳王的后裔。而弋阳王在朱宸濠叛乱前有检举之功。早就跟宁王朱宸濠划清了界限。宸濠事变后，朝廷秋后算账。弋阳王的爵位仍旧保留。朝廷并不因为他和朱宸濠是兄弟关系就一刀切地加以处分。《明史》卷一百十七记载说：

嘉靖四年，弋阳王拱樻等言：献王、惠王，四服子孙所共祀。非宸濠一人所自出。如臣等皆得甄别，守职业如故，而二王不获庙享，臣窃痛之。疏三上，帝命弋阳王以郡王奉祀。乐舞斋郎之属半给之。宁藩既废，诸郡王势颉颃，莫能一。帝命拱櫍摄府事。卒，乐安王拱枟摄。拱枟奏以建安、乐安、弋阳三王分治八支，著为令。（见《明史》列传第五诸王二，中华书局点校本第 3596 页）

　　这段话的意思是说：嘉靖四年，弋阳王朱槚等给嘉靖皇帝上奏折，为他们的祖先宁献王、宁惠王争取应得的权利。他们说，这两个老祖宗是我们四服子孙共同祭祀的。他们并不是朱宸濠一脉独有的祖宗。他出了问题。不能祸及祖宗，不能剥夺我们无辜子孙祭祀祖先的权利。嘉靖皇帝也不是一开始就批准的。而是在接二连三地上奏争取权利后才同意其他宗支可以祭祀宁献王和宁惠王。但朱槚他们的祭祀规格还是被降格了，只允许他们用郡王而不是藩王的礼节祭祀祖宗。而且祭祀人员编制乐舞规格都降格减半。后面一半则说的是对于分封在江西的朱元璋后裔也即宁献王朱权的子孙各分支的管理权安排。在朱宸濠出事之前，朱宸濠是江西藩王各分支的总管。出事后，大家势均力敌。无法形成统一的管理格局。嘉靖皇帝下诏命弋阳王朱槚负责管理江西藩王府。弋阳王死后，由乐安王朱拱枟主管。朱拱枟后来建议朝廷用建安王、乐安王和弋阳王三支来分别管理江西朱明王室的八大分支事务。

　　看了这段引文后读者朋友自然会明白，退一万步讲，即使喻嘉言真的和朱耷是弋阳王的后人。那也不是明王朝追杀的对象，而是明王朝依靠信赖的对象啊。他们的后人连爵位都没有动摇。有什么必要去隐姓埋名藏于民间？朱耷比喻嘉言要小三十岁左右。朱耷是放弃爵位才参加科举考试的。换句话说，明朝朱姓宗室是有祖训的，宗室子弟不可以参加科举考试，和普通士子争抢功名。因为宗室子弟参加考试，那就是朱明王朝既当裁判又当运动员。这样下三滥的事情，堂堂宗室如何肯做？又如何能做？这也从另一层面佐证弋阳王这一支的爵位仍旧正常存在。否则，朱耷有什么必要主动放弃爵位？如果说喻嘉言本姓朱，是弋阳王的后裔。他比八大山人大许多岁数。怎么文献上没有关于他放弃爵位然后参加科举考试的记载？显而易见，所谓喻嘉言是朱明王朝宗室之后裔的说法是没有依据的主观臆测。

　　也就是说，即使喻嘉言真的是朱嘉言，根据《牧斋遗事》和《南昌史话》等作者的观点，朱嘉言也是宁王后裔中的弋阳王的后代，明王朝也用不着追杀他，清王朝也不必追杀他。通俗的说，他们已经翻不起花啦。

　　　　　　　　　　　　　　　　　（2019 年 1 月 2 日修订于楚雷宁雨轩）

第四编

04

| 家族世系源流研究 |

东汉谌仲《喻猛墓铭》简说

> 彬彬太守，克光其先。
>
> 慎猷强学，初终屹然。
>
> 筮人薛疆，尊贤敬老。
>
> 镇抚交趾，泽覃溟岛。
>
> 宣慈仁厚，天启其衷。
>
> 中台外国，翕其同风。
>
> 岛夷皮服，誉命日隆。
>
> 简于上帝，守职日虔。
>
> 实繁庆祉，仪我乡国。
>
> 峻彼南麓，琢辞以偿。

汉代豫章郡博士荆州长史谌仲永元十年戊戌岁孟夏月拜撰。（见万载丰田喻氏族谱 1994 年版）

这篇东汉豫章郡博士谌仲所写的喻猛赞，实际上是喻猛墓志铭上的赞诗。按常理，墓志铭应该由追述墓主生平的散文加上歌颂墓主的颂词两个部分组成。这从末句"峻彼南麓，琢辞以偿"不难看出。前一句是说喻猛的墓地在东汉豫章城南山麓。后一句是说我们在这里树碑刻石，用以报偿喻猛爱民如子，忠孝仁厚的官德。

关于这位名叫谌仲的博士，据《荆州谌氏祖谱》记载，谌氏祖先自尧帝之三子大节公，分封到洛阳赐姓为谌开始有谌姓，西汉末年迁徙至江西坞土塘，东汉和帝永元元年（西元 89 年）谌仲出生后，随父兄迁至南昌。顺帝时高第除郡博士，后官至京辅都尉、右纳史卫尉、大司农诏加奉车都尉阶荆州刺史封汉昌侯。历代谌氏主要以读书、做官、行医为业，唐宋时期谌姓自江西、湖北，迁徙到湖南、重庆、四川、贵州、广东、福建、江浙一带，清初康熙出巡，在山东生病，谌赴守（四十七世）受诏自江西到山东为其诊病，后留居山东，至今十几代。谌氏祖谱自谌重后，有比较详细记载，自谌重始，序"辈词"即字派130代，至今仅用五六十字而已。

谌氏族谱中的远祖谌重，当即喻氏族谱中所记载的为喻猛写墓志铭的谌仲。因为谌氏族谱记载的家族于西汉末年由洛阳迁江西坞土塘，若干年后，在东汉和帝永元元年（89）谌重出生后，迁至南昌。顺帝时高第除郡博士。后官至京辅都尉、右纳史卫尉、大司农诏加奉车都尉阶荆州刺史封汉昌侯。也就是说，谌重的来历清清楚楚。那么，喻氏族谱中的谌仲是否即谌氏族谱中的谌重，答案是肯定的。因为东汉和、顺之交，只有谌重有博士头衔，且是有记载以来做官做得最大的。唯一的问题是：谌氏族谱记载中的谌重永元元年出生。而喻氏族谱中记载的谌仲在永元十年就写出了喻猛赞。这是一个问题。一般而言，一个十岁的小孩，不大可能写出这样有分量的乡贤赞诗。而后汉和帝，以及他的后辈年内没有一个年号超过十年的。因此，我们在没有足够的证据前，还不能轻易否认喻氏族谱关于谌仲赞诗的客观性。秦时有甘罗12岁为丞相的事情，历代早慧的人才并不少见。如后汉荀悦12岁能说春秋。（见《后汉书》卷六十二本传）

下面，我们来串讲一下这首写于1900多年前的四言体人物赞诗。

第一句："彬彬太守，克光其先。"

彬彬，是说喻猛有文有质，表里如一。符合孔子的中庸人格。子曰："文质彬彬，然后君子。"质，指的是一个人内在的操守；文，指的是一个外在的表现。清刘宝楠《论语正义》："礼，有质有文。质者，本也。礼无本不立，无文不行，能立能行，斯谓之中。"孔子此言"文"，指合乎礼的外在表现；"质"，指内在的仁德，只有具备"仁"的内在品格，同时又能合乎"礼"地表现出来，方能成为"君子"。克，能的意思。为什么要赞美喻猛"克光其先"？因为喻猛的先人有周赧王的大臣喻宪，周穆王的大臣祭公相如。再往上追溯，相如的父亲祭公谋父也是著名政治家。若更往上追溯，则周公旦更是西周社会的总设计师。当然，得姓始祖只能从祭公相如算起。克光其先，就是能发扬光大祖先的精神。

第二句："慎猷强学，初终屹然。"

慎，是说喻猛为人谨慎小心。猷，这里当言字讲。屹然，是说喻猛为人，谨言慎行，自强不息。自始至终，风格一致。

第三句："筮人薛疆，尊贤敬老。"

筮人，是古代掌管卜筮的官员名称。这里借指喻猛担任薛县县令。因为古代中国经历过神权统治，神权和王权并行统治以及后来的王权统治的不同历史阶段。古代社会掌管卜筮的人就是国家重要的决策者。因为帝王要做重大的决定，要听于神。后世因此将筮人作为官员的别称。这第三句是赞美喻猛担任薛县县令期间敬老尊贤，深得百姓爱戴。

第四句："镇抚交趾，泽覃滇岛。"

喻猛公曾经担任苍梧太守，兼管交趾。苍梧是汉代的郡名，其地在今天广西的梧州。当然，汉代的行政区划和今天不完全一样，当年的苍梧郡要比当今的梧州面积大许多。交趾，包括今天的广东省大部和越南北部。古代之所以名叫交趾，据说是因为当地民族有男女同川而浴，脚趾交叉而命名。《礼记》称"南方曰蛮，雕题交趾"。其俗男女同川而浴，故曰交趾。朝廷将交趾的管理权也交给他，一方面说明朝廷信任喻猛，另一方面也说明，当年的交趾郡和苍梧郡疆域相连。由苍梧太守喻猛来代管比较合理。

第五句："宣慈仁厚，天启其衷。"覃，及的意思，此言恩泽远及海岛。

这是说喻猛能准确地传递汉和帝的慈爱和仁厚之情怀。对待交趾人民像对待中原人民一样，就像慈母之爱赤子。衷，就是善良。意思是说，喻猛代皇帝传递爱心，像慈母爱护赤子一样爱护交趾百姓，没有半点做作，完全出于天生的善良。

第六句："中台外国，翕其同风。"

这一句是说，喻猛治理百姓，内外一致，对于汉民族聚居的苍梧郡和外族聚居的交州郡，都能一视同仁。

第七句："岛夷皮服，誉命日隆。"

这句说的是自从喻猛管理交州以来，这些以前跟中原汉朝联系不多的海岛国民交趾，前来东汉王朝进贡的使节日渐多起来。皮服，就是皮衣。泛指藩国对宗主国进贡的礼物。自汉武帝统一交趾，设立交州郡以来，交趾人经常不服朝廷约束。闹事是经常的。现在喻猛负责管理交州，情况明显好转。因此喻猛在东汉朝廷里声望也越来越高。誉命，就是良好的口碑。

《尚友录》和多种喻氏家谱都保存有当年喻猛主政交趾期间，当地百姓赞美喻猛仁政的民歌：

> 于惟苍梧，交趾之域。
>
> 禹贡厥人，岛夷皮服。
>
> 大汉惟宗，迪以仁德。
>
> 出自中台，镇于外国。
>
> 威风光远，吏人从则。

这首汉代的民歌，译成现代汉语，大致是这个意思：

> 呜呼！苍梧接壤交趾。
>
> 贤太守恩德永志难忘。
>
> 伟大的喻猛啊您像慈母爱子。
>
> 您受命汉廷，出守我们家乡。
>
> 您爱民如子，清廉公正。
>
> 您威风远播，谁敢贪赃？

第八句："简于上帝，守职日虔。"

这两句的意思是朝廷考核，给他的评价是虔。这个虔字有好几层意思。虔，固的意思；虔，勤的意思；虔，敬的意思。总之，这两句诗是赞美喻猛忠于职守，坚守岗位，没有毫发疏忽。这都源于他的忠诚敬业和勤勉不懈。

第九句："实繁庆祉，仪我乡国。"

这两句意思是说，喻猛为官苍梧和交趾，造福百姓可歌可颂的故事很多，实在堪称我们家乡豫章郡甚至全国官员的楷模。

第十句："峻彼南麓，琢辞以偿。"

最后这两句是说作者作为后辈，很高兴有机会写作这篇墓志铭。据此诗句推测，喻猛的墓地当在南昌县南。大约今南昌新城区域范围内。

最后说说万载丰田喻氏族谱所记载的谌仲作墓志铭时间。无论是就喻猛生卒年的事迹情况，还是就谌仲当上博士的时间节点来考察，谌仲写喻猛墓志铭都不可能在永元十年。因为永元十年谌仲只有十岁，十岁的孩子当然也有神童，可能写得出墓志铭。但他的博士头衔谌仲家族的家谱记载的明白，是在汉顺帝时才获得的。而喻猛病逝在家乡豫章澹台门的时间也是顺帝永建元年。因此，万载谱上的永元元年作墓志铭的时间必误。致误之由很大可能是因为传抄排字笔误所致。而顺帝永建年间，谌仲正好三十八九岁光景，正是人生的盛年，又有了博士功名，写出这样的墓志铭文才符合逻辑。

（2018 年 9 月 18 日）

东晋喻归与《喻氏家谱》

一、背景

古代中国的谱牒修撰，宋朝以前大多是由国家层面组织纂修。宋朝以后，则由民间各个家族自己组织纂修。

宋代学者郑樵在其所著《通志》的《氏族序》中说："自隋唐而上，官有簿状，家有谱系。历代并有图谱局，置郎令吏以掌之，乃用博古通今之儒士执撰谱事。百官族姓之家状者则上官，为考定翔实，藏于密阁，副在左户。若秘书有滥，则纠之以官籍。官籍不及，则稽之以私书，此近古之制，以绳天下，使贵不常尊，贱有等威者也。所以人尚谱系之学，家藏谱系之书。自五季以来，取士不问家世，婚姻不问门阀，故其书散失而其学不传。"

郑樵说古代谱牒是由朝廷统一管理的。由专门的官员主持其事。选用"博古通今之儒士执撰谱事"。东晋以来的史书也有关

图 4 – 1　东晋尚书司徒喻归像

于国家层面修谱的记载，如东晋时期著名谱学家贾弼之撰著的《姓氏簿状》，其中就包括十八州七百多个世家大族的谱传。只是这部当时全国范围姓氏汇编性质的谱学著作早已失传，我们现在无法窥知这些早期家谱的面貌。此后，也有谱官修撰《百家谱》《十八州谱》《新集诸州谱》等谱牒文献的记载。可惜的是，上述六朝谱牒史料仅仅保存了若干名称，并无具体的实际内容。

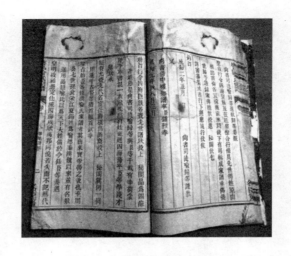

图4-2　临安唐昌喻氏族谱书影

最近，笔者因为浙江桐庐喻氏修谱的需要，曾前往江浙等各地访谱。在安徽屯溪老街吴敏老馆长的藏谱中，发现一本名为《临安唐昌喻氏宗谱》的刻于清朝光绪二十八年的普通家谱。根据谱书记载，该宗支系宋朝名臣喻樗的后裔，始迁祖喻清斋是喻樗的九世孙。该家族的始迁祖喻清斋是明永乐年间因为贸易的原因，由浙江桐庐砚石孙家园迁居唐昌蘖川鹞儿峰下的。

在这部普通的家谱中，我们在记载历朝圣旨等重要历史文献的部分看到了下面这篇记载东晋咸和元年到咸和三年期间朝廷组织编修世家大族家谱的一批历史文献，总计六份。披露在这里，和一切关心中国家谱学的同道分享。

二、原文

肇集谱原

东晋诏定谱志

咸和元年秋八月三日，尚书侍中钟雅上疏乞赐九卿六部诏谕天下巨姓各仿周公宗法之意，正谱牒以明贵贱，以别亲疏，厚风俗，登民彝，以垂后世。

帝准奏。明日尚书侍中钟雅权知谱事。行令四海各赍先世谱状授上秘阁，下有司，辑成家谱以垂后世。勿许匪类粘枝接叶，附响依声。如有犯者，议罚。

咸和元年秋八月日敕付尚书司徒喻归等进状。

归等恭睹圣旨，行令四海望族及在廷群僚合行条具先世得姓原由根出苗裔，各宜采掇前来以便下有司辑成家谱。垂传后世。归等谨录家传随状投进秘阁。伏乞详审纂集成书，行下照应施行，伏候钧旨。

咸和二年正月日尚书司徒喻归等谨状。

又

尚书侍中权知谱事臣钟雅奉咸和元年秋八月三日敕旨行令四海巨族各赍先世谱状投上秘阁，品为四海巨姓。于是尚书司徒喻归等与臣千载有幸，荷蒙陛下车书混一，衣冠斐然。百姓更甦，四海荡平。臣等学浅才疏，承宠眷允赍先代名宦奉圣旨敕臣等修撰《喻氏家谱》。考其由来，实帝喾之后也。至周公七世孙食采江夏。锡姓为喻。历秦汉魏以来并有名状。遂用品题喻氏以为天下大姓。备于今录。臣等恭遇皇明启祐，册定士流。四海咸欣。万邦同悦。若失而不记，历代无闻，致绝根苗，后来奚续？但臣等不揣庸昧，辄措斯心。撰录成文，茸为大宗，以示子孙鉴之为不易者矣。臣等下情无任诚惶诚恐，不胜战栗之至。谨以奏闻。咸和二年七月日。

又

尚书侍中权知谱事臣钟雅谨奏奉敕谱序曰：

臣闻天子建国赐姓，诸侯受命立邦。族氏之别名姓者诚以分封之不一也。春秋传曰同姓从宗合族。属其所以。合宗族分昭穆以统百世则有谱。谱者补也。谱之于家若网之有纲。衣之有领。统绪相连，百裔归之一祖；本枝益茂，千叶同乎一根。或耕锄荷蓧于田野之间，或垂绅搢笏于庙堂之上。要之富贵贫贱固难一致。而支派源流同出一本。则联芳续谱终不得而泯也。谱之为义大矣哉。臣恭闻皇帝陛下应天顺人，丕承列祖，华夷混一。四海来王。君臣相需，阀阅相尚。臣钦奉敕旨，命臣权知谱事。观在廷臣工所进先世名宦事迹并支出原由，独尚书司徒喻归家传其先本帝喾之后，实帝王之贵胄，元圣之苗裔。更历秦汉魏以来名公巨卿代不乏人。夫当世搢绅之士，或身居辅弼，或食采屏藩。簪缨蝉联，冠盖相望。当时犯颜谏诤，见危授命。孤忠贯日，壮气凌云。至若留心典籍，着意篇章，乡间擢秀，儒学蜚声。洁身高蹈，却征聘于庐阜；仁德为怀，留清白于苍梧。凡有行之新书，岂容私而弗录！得使高风播乎万古，美誉动乎千秋。派衍增辉，源流可考。臣等谨序。时大晋咸和二年岁次丁亥吉日奉敕尚书侍中钟雅权知谱事臣钟雅序。

奉天承运皇帝诏曰：朕惟卿等传家之道，治谱为先，训示子孙，修身为上。男年八岁，教以谨习小学。必能尽忠报国，显扬宗祖，以耀后昆，岂不盛哉？女子九岁先择姆训习礼仪。莫犯七出。使其德性温良。工容德备。他日出适，必能顺理而行，不违家戒。上必孝养翁姑，中必顺敬丈夫，下必训子义方。设有变故，不失节义。克绍祖宗之光，以承阀阅门楣。上沐恩宠，流芳百世。岂不贤哉？

今卿等治谱教，家之所必先也。钦哉勿忽！

时大晋咸和三年岁在戊子春王月下。

三、简说

砚石喻氏尊东晋喻归为始祖。临安唐昌宗支亦然。而喻归响应晋成帝修谱的诏书，将本家族的簿状送交尚书省。喻归和钟雅的奏状里说得很明白。喻氏家族此前只有簿状，并无家谱。钟雅等文臣在咸和元年到咸和三年间修成的《喻氏家谱》，不仅是当时诸世家大族中修成的第一部家谱。也是喻氏家族见诸记载的第一部家谱。因此缘故，唐昌谱诰敕卷沿袭砚石老谱的格式，在这组东晋修谱文献前加上"肇集谱原"四个字。说明之所以在家谱中全文照录，是因为这是喻氏家族的创始之谱。后面又加上"东晋诏定谱志"几个字，说明这组关于修谱的档案文件是东晋时期朝廷确定的，也就是说该次修谱活动的性质是官修。

这组关于修谱的东晋朝廷文件，大体看来，包括以下几个层次。现逐一加以说明：

第一份文件是当时的尚书侍中钟雅关于请求编修世家大族家谱的奏疏。他说明了修谱的目的在于"诏谕天下巨姓各仿周公宗法之意，正谱牒以明贵贱，以别亲疏，厚风俗，登民彝，以垂后世。"

第二份文件是晋成帝司马衍对钟雅奏疏的批复。晋成帝同意钟雅的修谱提议，明确让钟雅主持修谱事宜。要求钟雅下令全国各地世家大族将先世谱状送到京师建康朝廷尚书府，然后组织专人为各个姓氏修家谱以垂后世。提醒主持其事的相关责任人"勿许匪类粘枝接叶，附响依声。如有犯者，议罚。"在古代，谱牒为国家管理，是官员录用，赋税征收，徭役减免的重要依据。因此统治者十分看重。生怕被人钻了空子。

第三份文件是喻归等人响应晋成帝诏旨的奏折。"咸和元年秋八月日敕付尚书司徒喻归等进状"。"咸和二年正月日尚书司徒喻归等谨状。"这个时间表告诉我们各个家族整理本家族的世系簿状也不是很容易的事情，忙了四个月才整理妥当送交尚书省修谱班子手中。

第四份文件是钟雅等相关修谱臣僚给晋成帝上奏《喻氏家谱》已经修成的信息。这份文件告诉晋成帝说：我们奉圣旨修撰《喻氏家谱》。考其由来，实帝喾之后也。至周公七世孙食采江夏。锡姓为喻。历秦汉魏以来并有名状。遂用品题喻氏以为天下大姓。备于今录。臣等不揣庸昧，辄摅斯心。撰录成文，葺为大宗，以示子孙鉴之为不易者矣。

第五份文件是钟雅撰写的喻氏家谱序。序言中提到了得姓始祖为周公第七世孙，东汉以来，喻归以前还提到了两个喻姓历史人物，一个是东汉苍梧太守喻猛，一个是庐山隐士喻合。

第六份文件是晋成帝看了谱成的奏折，钟雅的谱序以及《喻氏家谱》后写下的一篇圣旨。大意是要重视谱牒的教化功能。要从小孩子抓起。

我们看二十五史，南北朝时期的史官对当时社会重视谱牒的风气多有记载：

如南朝时期有《百家谱》《十八家谱》的记载，北朝有胡人改姓汉姓的记载。但大多仅仅记取一个书目。或一个具体的人物故事，如冒认他人祖宗为自己的祖宗。后世读者根本无法知其详细。或者史书人物传记里偶尔记一笔。但往往是神龙见首不见尾。根本不晓得当年修谱的程序。

出身贫寒但确实贪腐的唐朝宰相李义府主持国家修谱活动，因其儿子向贵族联姻遭拒，乃将寒门人士级别大幅度提升，从而也为自己开方便之门。后遭到世家大族嘲笑抗议：

贞观中，高士廉、韦挺、岑文本、令狐德棻修《氏族志》，凡升降天下，允其议于是州，藏副本以为长式。时许敬宗以不载武后本望，义府亦耻先世不见叙，更奏删正。委孔志约杨仁卿史玄道吕才等定其书，以仕唐官至五品皆升士流。于是兵卒以军功进者悉入书限，更号《姓氏录》。缙绅共嗤，靳之号曰《勋格》。义府奏悉收前志烧绝之。自魏太和中定望族七姓子迭为婚姻，后虽益衰，犹相夸尚。义府为子求婚不得，遂奏一切禁止。既主选无品鉴才而溪壑之欲惟赂是利，不复铨判。人人咨讪。(《新唐书》卷二百二十三上)

北宋真宗朝还曾有要求各大臣进献自己家族谱牒的记载。宋真宗也有专门针对修谱问题所下的诏书。但同样缺少有关修谱的详细程序记载。后世读者也只能了解一鳞半爪，无从了解当年的真实情形。

《临安唐昌喻氏宗谱》的价值，一方面我们据此才知道早在东晋年间，朝廷就曾组织力量编修各世家大族的谱牒，其中第一个样本是《喻氏家谱》。首先，该谱也是有文献记载以来所能看到的最早的喻氏家族大宗家谱。其次，该谱明确了喻氏得姓始祖的身份和时代，即周公姬旦的第七世孙祭公相如因辅佐周穆王得赐姓喻。还有，就是该档案明确了喻合是喻猛的后人。

　　另一方面，通过该谱保存的这一组（六份）官方组织的谱牒修纂之历史文献，就可以还原古代国家层面修谱的历史程序，也就是具体操作过程。从这个意义上讲，临安唐昌喻氏宗谱是一份很有价值的历史文献。

（2018 年 7 月 21 日）

《宋史·喻樗传》纠谬

砚石喻氏的源流研究，还有个绕不过去的坎，这就是要回答喻樗是不是喻药的第 16 世孙这个问题。因为《宋史·喻樗传》说喻樗是喻药 16 世孙。我研究的结论是：喻樗不是喻药公的后裔。理由如下：

一、四百年间两喻药

喻樗的传记见于《宋史》列传第一百九十二，儒林三，中华书局整理本第 12854－12855 页。兹节录相关段落如下：

喻樗，字子才，其先南昌人。初，俞药仕梁，位至安州刺史。武帝赐姓喻。后徙严。樗其十六世孙也。

细看宋史喻樗传开头叙述喻樗祖先来源的这段文字，很明显是从《南史》陈庆之传隐括而来。《南史·陈庆之传》所附俞药小传上是这样记载的：

梁世寒门达者唯庆之与俞药。药初为武帝左右，帝谓曰："俞氏无先贤，世人云'俞钱'，非君子所宜，改姓喻。"药曰："当令姓自于臣"。历云旗将军，安州刺史。（见中华书局整理本《南史》第五册，第 1501 页）

这个记载很明确。这个俞药就是梁武帝的侍从。梁武帝因为欣赏他，赐他改姓喻。并且史书对他的人生重大经历即担任云旗将军和安州刺史都做了记载。但令人遗憾的是，这个得梁武帝赐姓喻的喻药，在中华喻氏大家族中找不到从他那里直接传承的世系证明。尽管有个别宗支使用的堂号叫安州堂。因为没有具体的世系可以直接联系上喻樗，《安陆府志》也没有喻药的传记资料。因此，对这位喻药，本文不予讨论。

我们知道，中国历史上有两个以梁命名的朝代。前者是魏晋南北朝时期的南朝梁，也就是建都在金陵即今天南京的梁朝，这个朝代前后历时54年。具体说也就是西元503年至557年这段时间。梁武帝主政时间最长，即从503年一直做到545年，历时42年。另一个以梁命名的朝代是紧接晚唐的五代时期梁朝。也就是朱温主政的那个王朝，史称后梁。前后历时16年，即907-923年之间。我们查阅文献，俞药和朱温主政的梁朝没有关系。这么说，《宋史》所指俞药仕梁，只能是梁武帝时期。

根据宋史的记载，从俞药仕梁，到喻樗仕宋，历时总共16世。如按30年一世的传统算法，则从俞药到喻樗之间应该相隔480年。

但梁武帝和喻樗生活的时代都是可以比较分析的。梁武帝主政的年份在西元503-545年之间，取平均值，俞药任武帝护卫时间在520年，而喻樗逝世时间是1177年，他的生年不详，但中进士的时间是1129年。假定喻樗活了70岁，则喻樗生于1107年，22岁中进士，还是比较合理的。就以他出生时间为断，这么一推，喻樗出生的时间1107年，距离梁武帝主政时间西元520年就有长达597年的时间。我们就从喻樗出生年往上推597年，历史时间点是隋文帝开皇十七年，自然与六朝时期的梁武帝搭不上边。

按25年一世，合计16世约400年。梁武帝主政的年份在公元510-530年之间，取平均值，俞药任萧衍侍卫时间在520年，而喻樗逝世时间是1177年，他的生年不详，但中进士的时间是1129年。假定喻樗活了70岁，则喻樗生于1107年。22岁中进士，还是比较合理的。就以他出生时间为断，往上逆数400年，则时间为707年，应该是唐中宗主政的时间。也与梁武帝搭不上。若按20年一世测算，则俞药当生活在唐德宗主政的时代，即西元787年左右。可见宋史的这个记载是绝对有问题的。另外，在中国历史上，只有六朝时期的南方政权梁朝和唐朝后期军阀割据时期的后梁。后梁王朝无武帝，且主政时间不到20年（907-923）。如果俞药一支按平均18年一代的速度发展，则模糊一点计算，可以说是俞药侍候后梁皇帝或他的儿子则有可能。但史书家谱都没有记载。也就是说，宋史中所说的这个被称为喻樗16代祖先的俞药，既不可能仕于梁武帝，也不可能仕于后梁。因为后梁，没有武帝。

因此，这个俞药究竟是仕宦于南北朝时期的梁武帝还是唐朝之后的某个割据政权之将军？需要谱牒内证来证明。

二、从俞药到喻药

关于喻药，正史有两处记载到他。一处是《南史》，一处是《宋史》。《南史》是作为陈庆之的附传出现的。《宋史》是在喻樗传中开篇介绍喻樗的身世渊源时出现的。前一个记述没有世系传承。没有谱牒证明。后一个记述则是移花接木，只是对《南史》的喻药小传做了一点简化处理。后一个记述的问题也是没有世系传承支撑，没有谱牒文献证明。

那么，历史上究竟有没有俞药这个人，有没有被皇帝赐姓这件事？我们在阅读浏阳萍乡醴陵平江喻氏合修的《喻氏族谱》时发现了一篇《附 药公旧传》。

药公原姓俞，名本。世居桐庐。生唐昭宗天复二年壬戌。弱冠为明宗步军都虞侯，领寿州节度使药彦稠牒部将。长兴三年（932）二月己卯，因党项阿埋屈悉保等抄略灵武等处，彦稠率本自牛儿入白谷，尽诛之。报捷。明宗授本为偏将军。因赐姓喻。清泰元年（934）三月，潞王从珂反。次华洲。执药彦稠杀之。本以主将之义不可忘。遂以彦稠之姓为名焉。乃改为药。每朔望必设位哭之。晋高祖立，赠彦稠侍中。加药为南梁将军。故凡喻皆称江夏，而公称南梁。事详五代史第二十七卷。宋太祖建隆（960－962）时录用旧臣，仍授药以将军。年六十二岁殁。谥忠义王。

按唐昭宗没有天复年号，只有景福年号。景福年号中也没有壬戌年，只有壬子年，即892年。

家谱记载的喻药为后唐明宗时期人，世居浙江桐庐。本姓俞，原名本。二十岁不到就做了唐明宗的步军都虞侯。后为寿州节度使药彦稠的部将。因善于打仗，凭军功被唐明宗授予偏将军。赐姓喻。后因清泰三年华州兵变，主将药彦稠被潞王李从珂所杀。喻本念主将维护统一之大义，于是改本为药，用这种方式表达自己支持统一反对分裂的态度，并用以感恩欣赏自己的上司。这份家谱所记载之喻药生平，在时间上则要比梁武帝萧衍晚数百年。并且，隋前的梁武帝虽然赐云骑将军俞药姓喻，但此喻药非今天江西万载，湖南萍乡等地有明确世系传承的喻姓之祖先俞药。梁武帝赐姓的喻药后裔传承至少目前还没有得到谱牒文献支持。这篇小传时间计算上有些错误，按照小传给出的生卒时间，喻药应该享年70岁。62岁的说法很可能是就晋高祖封他"南梁将军"封号的时间。因为古人和今人一样，对于特殊荣誉都很看重的。毕竟中国是官本位的国家。

三、从俞本到喻药

如上所述，在晚唐五代时期，历史上还存在另外一个和梁武帝时那个俞药同名同姓的喻药。这个喻药也是被皇帝赐姓喻，也是一个将军。不过，赐姓的人是唐明宗李嗣源（867－933），而不是南朝的梁武帝。这个喻药的后裔现在散居在江西万载，湖南萍乡等地方。人数不下数万。且谱系传承清楚。这个喻药的姓和名都有明确的来历。姓是唐明宗所赐，名则为他本人所改。且改名起因于他对主将药彦稠的怀念。我们从浏阳萍乡醴陵平江合修的《喻氏族谱》中找到的这篇《附药公旧传》，记载得很是清楚明白。甚至连他的后裔喜欢称南梁都写进去了，连喻药在宋朝开国后还健在，还被封为南梁将军都写进去了。但喻药的后裔，也有弄不清梁武帝时期受封云旗将军和安州刺史的喻药与他们的先祖南梁将军之区别的，如明万历戊戌年（1598）喻药公十六世孙喻圣谟、喻圣诚所撰藏溪喻氏二修族谱序中就混淆了南朝梁武帝时的喻药和后唐明宗时他们的有世系传承的祖先喻药两者的关系：

> 我太祖自南梁肇封，功高德显，官拜云旗将军，赐姓喻。此南梁郡号所由来也。（《中华喻氏通谱》第一部上册第177页）

两相比较，结合喻氏相关族谱的记载分析。笔者认为，六朝梁武帝时期的俞药和唐明宗时的俞药绝对不会是同一个人，而是处在不同时代的两个偶然同名的人。巧合的是两人都得到当朝皇帝赐姓，且都是将军。也就是说，这两个俞药都是历史上真实存在的。只不过梁武帝时期的俞药虽得赐姓，却没有后裔传承。暂时得不到谱书世系传承的佐证。而唐明宗时期的俞药则从姓氏，到名字，直到后世世系传承，源源本本。确实可靠。

另据《江西新建石岗镇金塘村喻氏宗谱》卷首三《历代名人考》，喻约公名下是这样记载的："南梁药公初姓俞，为武帝左右将军，因赐姓喻焉。中和武帝时官户科给事。"显然，这条信息准确地告诉我们，喻药是梁唐晋汉周即晚唐五代时人。而不是那个喜欢佛教，几次出家同泰寺（今名鸡鸣寺）的萧衍。且喻药早年还曾做过户科给事。中和是唐僖宗之年号。西元881年7月至885年3月。此一记载和湖南平江长沙喻宅谱所附载的药公本传吻合。后唐明宗主政时间为926－932年间。金塘谱的失误在于将"南梁将军"与"梁武帝"扯到一起，"中和"非梁武帝年号。传中"中和武帝时官户科给事"句"武帝"二字必是后世修谱者所误增。

我们看家谱中所附的喻药小传，喻药本姓俞，名本。在他之前，世代居住在浙江桐庐。桐庐俞姓人多。直到今天我们到桐庐去调查，发现俞姓人口还是很多。喻姓人口还不如俞姓多。且喻氏其他家谱还有记载晚唐五代结束时赵宋王朝开国之初，录用的武将名单中还有喻药的大名。家谱中还有喻药得到南梁将军的位置后，桐庐老家的亲人都迁徙到了江西南昌。笔者分析，皇帝赐姓，让喻药迁居到喻氏家族的重要发祥地南昌。实际上是一次统宗行为。尽管喻药后裔喜欢使用南梁堂这个象征着老祖先光荣与辉煌的堂号。但毕竟大多数时候还是使用江夏这个郡望。

四、喻氏谱牒中认同俞药为祖宗的主要宗支

（一）江西喻氏

我太祖自南梁肇封，功高德显。官拜云旗将军，赐姓喻，此南梁郡号所由来也。乔祖迁于建城之虎符，盖自豫章新建之西山柏树塘分也，迄今名次昭然，世数斑斑可镜。追宋乾道九年，大邦伯万迪公纂辑砧基，以垂后裔。然于仁翁之派为颇详，而于我义祖于礼、智、信、富、贵、文七公暨良辅公以后为独略。盖迪公乃仁祖之后，故详彼略此耳。（《藏溪喻氏二修族谱原序》，又见《中华喻氏通谱》第一部卷上第177页）

其实，南史陈庆之传附载的喻药简传说的那些事，在浏阳长沙平江新宅喻氏族谱所附的喻药旧传上根本没有提到。这说明家谱中传承至今的俞药和南朝梁武帝时期的那个俞药不是同一个人，所做的官也不是一回事。查浏阳平江长沙新宅喻氏族谱，未见提及始迁祖喻药担任过云骑将军。平江藏溪喻药后裔今后修谱，应该改正历史上个别人因为学识不足而导致的谱序错误。应该采用前引《药公旧传》而非南史陈庆之传的说法。

（二）湖南喻氏

湖南喻氏中浏阳平江醴陵长沙的喻氏多属喻药公后裔。他们都是从江西万载藏溪喻氏那里迁出繁衍下来的。从根本上说，都是属于江西万载喻氏。是正宗的药公后裔。

万迪出守泉州以来……顾自念吾祖肇自南梁大将军药公，传四世至乔公，由豫章西山迁居万载之虎符乡，历今二百余岁。（浏阳喻氏族谱创修原序）

喻万迪所撰序，又见于江西万载、分宜《喻氏族谱》。本人分析，俞药既然居住豫章西山，传承到第四代喻乔，然后喻乔由豫章西山迁居于万载虎符乡，则俞药老宅就在豫章西山。当然，喻药的第一故乡还是浙江桐庐。这可能是宋史修撰者把喻樗和喻药混为一宗的原因。需要说明的是，喻万迪序所使用的"南梁大将军"没有错。"南梁大将军"中的"南梁"和"南朝梁武帝"是两个不同的概念。

（三）湖北喻氏

湖北喻氏，从笔者现在所看到的谱书观察，只有恩施利川喻氏宗谱尊愈药为始祖。1997年版恩施利川喻氏宗谱，其第13页刊有12世孙喻多仪（字可象）所撰《续修宗谱序》，该序文中有这么一段文字：

我喻氏源出南北朝南梁时南昌人愈药公仕梁，位至安州刺史。武帝称其能，赐姓喻。是为吾族之始祖。南宋高宗建炎三年进士第喻樗公为其十六世孙，历经绵延，代出贤良。如今已遍布江西湖南湖北四川贵州台湾以及海外各地。（湖北恩施利川江夏郡喻氏宗谱1997年版卷首）

有意思的是，那本送给中华喻氏族史会的谱书该页该段被人用钢笔框了起来，在页脚位置批了一段话："1997年修订加进了此段，老谱书上没有此段。"这句批注不知是主编该谱者有意注明从而提醒读者，还是族史会的宗亲们当年整理入编中华喻氏通谱时发现后做的标记。但不管属于那种情况，都说明一个问题，利川谱尊愈药为始祖，是1997年才出现的事情。此前老谱并无这种记载。我们知道，利川喻氏最早着手修谱的是光绪年间该村私塾先生喻年鸿。该谱稿中没有提及愈药这位祖先。民国癸酉（1933）年三月，十二世孙、利川县高中学生喻多辉暑假倡议修谱，所撰谱稿中也没提到喻药这位始祖。而首次出现这位始祖的认同文字在1997年的谱首。这说明是一种没有依据的攀附，受了宋史儒林传的误导。

其实，即使不加这个标注，在谱书中缺少明确的梁武帝时愈药以下的世系传承，就也只能是一种文化认同性质的归宗认祖。是否真的始祖，还很难说。利川喻氏的这个始祖认同跟江西万载、湖南浏阳喻氏他们的始祖认同最大的不同就在这里。万载以及浏阳长沙以及江西萍乡那一宗支是货真价实的喻药子孙，因为他们有自喻药以下直到今天的历代子孙的世系传承做佐证。利川喻氏凭空认始祖还犯了一个常识错误,即喻药公的后人喜欢称南梁堂,而罕见称江夏堂。这本利川谱上明明白白写着江夏郡。如果是喻药的后人,追溯来源,应该是严州郡,或称桐庐郡才是。

可贵的是,喻药公的后裔集中居住区如江西万载,湖南浏阳等地的药公后裔所修的谱牒中,根本就不说自己的宋代先祖有喻汝砺、喻樗、喻良能这些著名人物。世系谱序中都不曾提及。这才是实事求是的态度。

五、《仕川喻氏宗谱》未提俞药

宋史喻樗传关于喻樗乃俞药之后的说法之所以不靠谱,还因为喻樗的侄儿喻良能致仕后修纂新安喻氏宗谱所留下的谱序以及统宗世系图中都没有提及俞药其人。这进一步说明宋史喻樗传的喻樗乃喻药十六世孙说是错误的。原文太长,读者如需验证,可参看本书"喻良能绍熙三年喻氏族谱序言综说"。笔者仔细研究过这篇宋代谱序。其中无论是梁武帝的六朝时期,还是后唐明宗所处的五代时期,作者提及了相应朝代的喻氏先祖。唯独没有提及影响那么大的南梁将军,这是不同寻常的。如果说俞药是喻樗的祖先,焉有学问人品一流的喻良能不肯认祖的道理!我们知道宋金之战确实损毁了太多的世家大族的谱牒,包括喻氏家族宋朝以前的谱牒。但仕川喻氏族谱所保存下来的喻良能于宋绍熙三年(1192)修著时所写的这篇谱序,是迄今为止所能看到的喻氏族谱中世系相对最完整的一分谱序。这位备受族人和世人,包括当朝皇帝器重的喻良能好像是有预感似的,历数从祭公相如被赐姓喻直到他担任国子监主簿重述汉献帝时先祖喻良佐的《忠义传》上奏宋孝宗。直到本人退休修谱的世系流传情况,源源本本,但却只字未提俞药。这不可能是偶然的疏漏。何况绍熙年间距离五代末年和宋朝初年200年不到,时间不是太长。喻良能能把周秦汉唐直到自己的祖父和叔父一路如数家珍地记录下来,断断乎不会唯独对不到200年历史的那份荣光懵然不知。

喻良能晚年积极修编谱书。这恰是文化人延续家族历史的自觉担当。他在续序中还提到自己"是秋假日,考其先代源流,及往访鄱阳之族,征其古谱录归,继接后支,以成实录。庶几数典无忘,而亦有以启其后也。"很显然,他当时修谱,宋以后的谱世系他可以解决。但宋以前的世系,他解决不了。于是才不得不前往鄱阳喻氏家族那里访求旧谱。并且是"征其古谱录归"。

一份如此有责任心的饱学之士修成的乱世之谱，一个似乎担心后人搞不清世系传承，有心将历代源流记得清清楚楚的谱序，怎么会把老祖宗忘掉呢？

由于宋史喻樗传系官修正史，对后世影响很大。不要说普通的族谱主修者，就连明末清初郴州书院山长，著名的喻姓学者喻国人先生在其所著《喻樗年谱》中，都未加深考，沿袭了宋史编纂者的错误。

六、浙江桐庐《砚石喻氏族谱》世系中没有喻药

砚石喻氏尊喻樗为始祖，而在他之前，还有20世的世系传承被记录下来。砚石喻氏宗谱宋前世系也不见喻药的踪影，由此散发开去的剡北喻氏，骆坞喻氏，新登喻氏，义乌喻氏，自然都不见提及喻药。这绝不是偶然的。因为如果像《宋史》所说，喻药是喻樗的16世先祖，岂有子孙不认祖宗的道理？更何况喻汝砺、喻樗、喻良能都是学富五车，博闻强记，十分重视孝道和谱牒的历史人物。

跟桐庐砚石喻是一家的临安唐昌喻氏谱上保存了完整的从东晋喻归到南宋喻樗的世系，里面也没有只言片语涉及喻药。喻樗的玉山后裔所修的《怀玉喻氏宗谱》世系中也不及喻药。

因此我的结论是：

喻樗非喻药后。《宋史》错了。

（2019年1月20日）

《喻氏二十六世宗派大略》之得失

万历年间，大明王朝已经积重难返，风雨飘摇。这时距离明王朝灭亡也就半个世纪不到的时间。其时身为户部陕西清吏司郎中的喻思恪先祖奋志家族谱牒事宜，希望在天下大乱之前尽快整理一份完整的世系，以便规避战乱可能造成的家族世系断绝的风险。他在紧张的公务之余，不忘参阅所能看到的族谱，整理世系。最后整理成《喻氏二十六世宗派大略》。实事求是地说，这篇宗派大略于天下大乱之前夜，有效保存了喻氏世系。其中特别是有效整理和保存了喻元珍所生四子喻良叔、喻良佐、喻良懋、喻良才以下的各分支世系。这些世系涉及江西丰城、河南光山、四川荣昌、湖南郴州四个地方的喻氏家族。贡献不能说不大。

喻思恪《喻氏二十六世宗派大略》的原文撰于1597年，刊于《世仁堂喻氏族谱》。凡世仁堂系列的各宗支谱书，多刊载有这篇宗派大略。这份宗派大略在有的喻姓谱书上也简称谱纲。因为这是用于指导世仁堂系列的各个分支编修家谱的世系传承之依据，某种程度上也可以视为明万历后期、崇祯初年喻思恪、喻国人等世仁堂头面人物在本家族世系问题上所达成的共识。

笔者潜心研读全国各地喻氏族谱后发现，定稿于明朝崇祯年间喻国人手中的这份《喻氏二十六世宗派大略》是一份很重要的谱牒文献。因为

图4-3　明崇祯举人，易学名家喻国人像

图4-4　明户部陕西清吏司郎中喻思恪像

他影响了众多分支的谱牒之世系整理。但同时我也发现，这份《喻氏二十六世宗派大略》，唐宋部分的世系衔接存在若干不合理的地方，亟待梳理纠正。

族史犹如地方史和国史，研究必须实事求是，方能得出科学之结论。各个家族的族史弄清楚了，各个地区的地方史眉目才会清楚。各个地方的历史搞清楚了，全国历代的历史才有望真正弄清楚。因此，家族史虽然单元最小，但关系巨大。因为家是家族的基础，家族民族是国族的基础。没有千千万万个家族，就没有统一强大的国族。没有丁是丁卯是卯的家族史研究，地方史和国史也很难确凿无疑。基于这个认识，我撰写了这篇文章，斗胆分析一下老祖宗所整理的世系之得失。

图 4-5　唐节度使喻从政像

一、明喻思恪《喻氏二十六世宗派大略》原文

唐武德初，喻公宣守御关西，都统元帅。宣生喻兔。开成初河南省平章政事，以诗人名于唐。兔生俊伯，仕至著作郎。俊伯生汝砺，宋靖康中直秘阁学士，礼部尚书。上疏极谏和戎非利。汝砺生樗，绍兴中友宰相赵鼎，讲明程伊川之学。为宋工部侍郎。樗生良能，淳熙中为国子监簿，著《忠义传》二十卷上之，诏行于世。良能生成夫。仕至福建行省都事。成夫生从政。仕至平章政事，金紫光禄大夫。会南渡末，征兵勤王，朝赐江西养老焉。置田租百万。生九子。族望由从政公而大振。长子大纲卜丰城梧冈村居之，家计饶足。人呼以百万君。大纲生轻清，轻清生天佐。天佐生亿万。亿万生元珍。元珍生子四人：良叔；良佐；良懋；良才。良叔一派分而为世隆，八传升用。世居丰城。良佐一派，分而为必胜，后移居河南光州。佐之四世孙孟烈始入河南。烈之孙喻时嘉靖戊午会试进士，仕至兵部侍郎。孙支以数百计，世居光州。谱纲为光州大派也。良懋一派分而为世福。后移居四川荣昌。懋之四世孙志善始入四川。（后缺文）仕至刑部尚书。孙支以数百计，世居荣昌。谱纲为荣昌大派也。良才一派分而为世兴。兴分而为伯祥、仲祥、文祥、礼祥，世居丰城。谱纲为丰城大派也。礼祥之孙良贤始入湖广郴州。贤之孙喻正中嘉靖壬辰廷试进士。仕至赣

州府通判。升安顺州府知州。喻景中，肃皇帝朝乡进士，仕至达州知州。孙支以数百计。世居郴州。谱纲为郴州大派也。

自唐武德以讫于今，千有余年。自都统公祖宣迄于云孙喻柱，二十六世。世有显者。极将相公卿，世有闻人。明典坟诗礼。可志所从来哉。邀天之幸，赖廊庙之灵，制诰接颂。非一朝一帝。溯祖宗之一脉流衍，祖宣身元帅，开喻氏之簪缨；祖凫身诗人，开喻氏之文章；祖汝砺谏和戎，开喻氏之直气；祖樗讲伊川，开喻氏之理学；祖良能，传忠义，开喻氏之节概；祖从政，身平章，大有功于宋。开喻氏之功业。蝉联祖茂坚号月梧，毅皇帝朝赐杨慎榜进士，肃皇帝朝仕至资政殿大夫，太子少保。刑部尚书。上疏条陈八议，极谏师保官不可刑。大裨国体。重修问刑条例。致天下无冤民。别历中外四十年，荡平红罗妖贼。修复漕政，有社稷功。以八座悬车。囊橐萧然如寒生。肃皇帝称为当代清官第一。开喻氏之忠孝衣钵。少保公享年九十一。生五子。祐为迪功郎。享年九十六。祐以任子，仕至黎平知府。祯生二子。长子应豸，仕至寻甸通判。次子应台，中肃皇帝朝乡进士。仕至黎平知府。应豸生七子。次子思恪肃皇帝朝乡进士。仕至户部山西清吏司郎中。噫！始祖列宗，其积德累仁，非一朝一夕传至于不肖孤思恪之身，立德立功立言总无闻焉。甚为先人羞。天乎其无意于喻氏乎？深有望于后之贤肖者。孤万历中奉今皇帝敕督饷秦中，遭朔方叛军作乱。房马十万扰三边。孤转漕弥乱，追房省饷二十万计。活军民命万计。无何，解组归田。暇日取宋翰林虞仲德所序喻氏族谱。读数过。乃知我喻氏始祖原系西蜀世家大唐初祖宣徙居江陵。祖凫徙桐庐。历梁唐晋汉周，子孙繁盛。各派移籍，几遍海内。大宋末祖从政赐居江西。从政公生九子：大纲，大常，大纪，大简，大邦，大德，大武，大昌，大洪。大纲居丰城捂冈村；大常居新建；大纪居奉新，从政公三支。生于宋光宗绍熙五年甲寅三月。殁于宋度宗咸淳八年壬申九月。享年七十九岁。葬奉新紫云冈崚。大纪公自迁奉新，直以其为居祖。从事经商繁盛。各派移籍罗湖、上高、泉南、清江、湖注港、泉溪背。其后裔世次各详本支。大简居新昌。大邦守西山坟场。大德移西京。大武移湖广岳州。大昌迁平江。大洪迁西蜀内江。大纲十一传而为志善，世居荣昌。大纲十一传而为孟烈，世居光州。大纲十一传而为良贤，世居郴州。大洪十九传而为喻绳祖。喻绳祖登万历朱之蕃榜进士，世居内江。此宗派迁徙大略也。

思恪备阅喻氏宗谱。唯良叔良佐良懋良才四大派皆出元珍公裔，为最亲迩。其他虽云同姓，实系疏远。敢妄为攀附，使支派混淆哉。今另图修明，先为谱纲以贻四大派之子孙。

时明万历丁酉（1597）夏六月朔不肖孙户部陕西清吏司郎中喻思恪稽颡撰

于海棠香国。岁丁酉六月二十三日郎中喻怀枣亲笔书云：此宗略谱纲一册，与丰城梧冈南神桥亲支收，为子孙耳目。不得疏远混淆，致起争端也。

国人谨按：怀枣公所序宗谱大略者，言未言也。因稍有订正。存入宗谱以示后世喻氏子孙。善为继述者。列祖为前茅。各派当思后劲。望之！望之！（《丰城梧冈喻氏重修族谱》序言部分第34页—37页）

在进入正文之前，需要对为这份《喻氏二十六世宗派大略》做出贡献的两位先祖做个说明：喻思恪，号怀枣。明嘉靖年间（1522－1566）举人。曾任户部郎中。督理宁夏粮储。他是四川荣昌人，系兵部尚书、著名清官喻茂坚的后人。喻国人（1611－?），湖南郴州人。明末清初举人，著名周易学者。《四库全书》曾收入他所著周易研究著作六种。《喻氏二十六世宗派大略》其初稿为喻思恪写成，最终由喻国人定稿。

二、从喻宣公到喻凫的代际时长不合常情

这份宗派略时间起讫约1000年。上起唐朝初年的喻宣公，宣公是朝廷赐给他的谥号。他本名喻伯洪，号迪冲，字赳夫。喻伯洪出生时间为陈太建二年（570），下至明万历二十年（1537），也就是他们这次修谱的世系截止年份。近1000年中传26世，也是不太符合常情的。古人结婚早，代际时长一般20到30年之间。平均下来按30年一世计算，还是合理的。按这个谱纲，差不多要40年一代人了。这在中国古代绝大多数婚育正常的家族，显得不合常情。这是从总的方面说。若具体而言，宗派略一开始就有一段话："唐武德初，喻公宣守御关西，都统元帅。宣生喻凫。开成初河南省平章政事，以诗人名于唐。凫生俊伯，仕至著作郎。"我们知道，武德，是唐高祖李渊的年号，起西元618年，迄西元625年。喻迪冲是唐王朝开国功臣。死后朝廷定谥为忠宣。后人简称宣公。族谱上的记载是：

第一世始祖伯洪，字纠夫，号巨源。行四。陈宣帝太建二年（570）庚寅二月初八生。由进士随唐高祖起义师除随乱，立大功。唐武德三年（620）晋封上柱国加封伯爵，授大元帅。敕镇西蜀。总督关西大都统。赐紫金鱼袋光禄大夫太保公。卒，谥号忠宣公。元娶葛氏太君，陈宣帝太建五年癸巳十二月八日生，奉恩诰封一品夫人。生子二：喻叔荣，喻叔梁。（江西《奉新赤岸遐富喻氏族谱》卷三，1993年版）

据此谱记载，喻宣公生于西元570年，拜大元帅统兵镇守西蜀的时间在西元618年，这年他48岁。族谱未见记载其卒年。

由于时代久远，文献不足。我们只知道他曾辅佐李渊打天下。曾以天下兵马大元帅身份统兵镇守关西，也就是唐朝函谷关的关隘以外。辖地当包括今天的山西河南四川山西等地。族史上一般称为西蜀。关于喻迪冲的老家，族史上有明确记载，那就是今天湖北荆州石首的绣林镇。这些有限的信息，各地相关喻氏族谱上都有记载。问题出在"宣生喻凫。开成初河南省平章政事，以诗人名于唐。凫生俊伯，仕至著作郎"这句话上。宣指伯洪，说他的儿子是喻凫。这个喻凫曾在唐开成初任河南省平章政事，且以诗人著名于唐朝。那么问题来了。我们知道，开成是唐文宗的年号，起西元836年，迄西元840年。有文献记载，喻凫是唐开成五年进士及第。也就是说，喻凫是西元840年进士及第的。这么一来，父子之间的代际时长就长达200多年。显然，是因为没有文献依据，而根据传闻整合的世系，缺少合理性。

三、从喻凫到喻汝砺的世系时间跨度太短

虽然有文献证明喻汝砺和喻宣公他们属于同一个宗支。喻汝砺、喻樗等确系喻凫的后代。这个证明就是元人牟巘的《驾部郎中扪膝喻公汝砺赞并序》。但《喻氏二十六宗派大略》的这个世系中从喻凫到喻汝砺的代际时长不合逻辑，因为喻凫是晚唐文宗朝开成五年（840）的进士，诗人。喻汝砺（1120）是北宋末年南宋初年护驾南奔的大臣。两者相距280年之久。怎么可能成祖孙？祖孙三代往极处计算，相隔120年吧？怎么也不可能如此之长。下面我们引用一段喻氏族谱：

根据江西《奉新赤岸遐富喻氏族谱》1993年版卷三所载世系，从喻宣公到喻凫，期间经历七世，第八世喻凫才出生。

第七世喻实，字本文，又字仲虚。行四郎。唐德宗建中元年庚申正月初七生。由俊秀授上林苑录事。以子贵诰封文林郎，加授中宪大夫。娶房氏，唐宪宗元和三年戊子十月廿日生，诰封恭人。生一子：喻凫。

第八世喻凫，字坦之，又字实鸿，号秋霞。号九郎，唐敬宗宝历元年乙巳（825）八月十六日生。举唐开成五年（840）中进士第，为乌程尉。选河南道御史。诏治书史。以诗才显。同张乔、郑谷等号为十哲。累官至大学士。寓睦州。

娶袁氏太君，唐穆宗长庆三年癸卯十二月十二日生，诰封恭人。生子二：百章，百卓。

本世系中的喻百章系喻凫长子，就是唐僖宗朝黄巢之乱爆发因勤王而殁于王事的喻从政。

九世喻百章，喻凫长子。试讳神。字从政，号焕堂。行十四郎。唐宣宗大中三年己巳（849）三月初三生。由唐进士任兵部武库司主事，迁江陵太守。贤声四著。诰封中顺大夫。升江西节度使。因僖宗朝黄巢破长安，随车驾迁蜀，奔驰甚劳。殁于王事。时因乱离，家口随寓豫章省。后奉敕赐第宅，子孙自睦州徙居江西澹台门。娶罗氏，诰封恭人。继娶程氏，并封恭人。生子五：喻惟里、喻惟埜、喻惟坕、喻惟基、喻惟坚。兄弟迁徙未详。

而《二十六世宗派大略》则说喻凫生俊伯，俊伯生汝砺。汝砺生喻樗，樗生良能。良能生成夫。成夫就是喻从政。喻从政本名百章，是喻凫的长子，进士，曾被选为豫章节度使。未及莅任即赶上黄巢之乱，乃随驾入蜀保护唐僖宗。按照喻思恪祖宗的说法，从晚唐喻凫到喻从政，中间需要经过五代传承，也就是说需要经过至少100年，至多175年的时间。则这两人之间的代际时长又一次不合常情。且无法跟喻从政880年勤王护驾入川的时间吻合。

因此，《喻氏二十六世宗派大略》这个世系不合理。

四、对喻从政的记载显然缺乏可靠的谱牒做依据

喻从政何许人也？

喻从政，是喻氏族史上一个很重要的人物。不弄清楚他的人生简历，很多喻氏宗支谱牒古代的世系就无法理清。宗派大略说：

良能生成夫。仕至福建行省都事。成夫生从政。仕至平章政事，金紫光禄大夫。会南渡末，征兵勤王，朝赐江西养老焉。置田租百万。生九子。族望由从政公而大振。长子大纲卜丰城梧冈村居之，家计饶足。人呼以百万君。

从引文不难看出，在这份宗派大略里，从政公的父亲是喻成夫。而祖父是喻良能。说喻从政在宋室南渡末因征兵勤王而得到朝廷赐江西养老的待遇。我们知道，喻良能的祖父喻汝砺是北宋南宋之交的人，他致仕的年代已经是宋光

宗绍熙三年的事情。而按这份宗派大略的说法，喻从政是喻良能的孙子。祖父和孙子相隔40年不算多。喻良能绍熙三年（1192）退休，加上40年的代际差，则喻从政生活的时代当在1232年的样子。那时节已经是宋理宗绍定年间了。而宋室因靖康之乱南渡，时当西元1126年。宋室南渡，喻良能至多四岁。他那时如何会有孙子征兵勤王？

这份宗派大略对喻从政这样重量级的祖宗的生平事迹着墨实在太少。"会南渡末"这四个字怎么理解好？南渡不可能永远在路上吧？南渡应该指北宋末年因金兵南下汴京沦陷这才先后到南京、杭州谋求建设新都。总不能把个"末"字理解为南宋灭亡吧？即使到南宋灭亡前夕，喻氏也有人参加勤王。但那是文天祥号召的勤王之师，参加的是喻氏13条汉子。他们赶到崖山，后来没有消息，宋朝就亡国了。

喻从政是南昌喻氏西山始迁祖，也就是新建县喻氏始迁祖。认定他为新建始迁祖，这是因为宋代的一次行政区划调整。宋设新建县而喻章夫恰好那一年由南昌澹台门搬迁到西山，而西山被划入新建的新建县。至于这位祖先的名字，各种后世的喻氏谱书记载不尽相同。有的记作"喻章夫"，又名"喻理顺"（宋末元初的喻育所在喻氏族谱上所留的题跋，后世谱书名之为《谱端小引》）而据《南昌县志》卷二记载，新建建县是宋太宗太平兴国六年（981）的事情。若然，则新建喻氏尊他为始迁祖，自西元981年始。但我们要注意这样一个问题，一个地方后人修著确定始迁祖，绝大多数时候不是将第一个来到的祖先确定为始迁祖，有时候是尊前来这一支原来驻地的某个影响大的祖先为始迁祖。如江西喻氏诸多谱书上，有的尊喻猛的父亲喻周祯为始迁祖，更多的则尊喻猛为始迁祖。说到底，还是势利思维作怪，因为喻猛的社会影响力比乃父要大。喻从政被尊为新建始迁祖，也与此类似。喻从政本是唐僖宗朝的臣子。因为护驾入川，累死在岗位上，时间当在880－885年之间。因为其时黄巢为乱，885年才基本平定。

关于喻从政所生活的时代和生平大事。因为这份宗派大略的引导，有的谱书说他生活在宋室南渡之末，曾经征兵勤王，受到皇帝的褒奖，封他紫金光禄大夫，还敕赐他回祖居地南昌澹台门养老。这个勤王受奖的具体时间，有的主张喻从政勤王时间在宋宁宗庆元二年（1196）者。连虞仲德也在大宋淳祐二年（1242）为丰城梧冈喻氏族谱所写的序言中写道："越宋南渡之末，犹见有从政公承先业，显宗族。值丧乱，九子分居。"这些说法，多因不见旧谱世系，仅凭族内传说而致。兹不赘述。

五、所谓喻从政生九子说应为三子九孙之误

南宋乾道元年（1165）喻大常撰写了谱序《豫章喻氏宗谱源流序》。为了方便大家的阅读，兹全文引用于下：

古人锡土赐姓，帝王元制也。别其氏族，乃诸侯之制也。若夫大夫有家，以大史掌其交籍，此言其始者也。其籍存焉则知大宗小宗，不可紊焉者。我喻氏远祖周珍，由西蜀孔家垅分迁洪州澹台门龙沙里家焉，生子名猛，仕汉苍梧太守，清白留名，传至二十世宣公仕于唐，以功授关西道。致仕，还归洪州，奉上加封都统天下大元帅，……传二十八世从政公，仕大宋，官拜金紫光禄大夫，择地葬母陈氏九夫人于西山之洪崖潭源，结草庵于伏龙山后，因丧乱频仍，遂由龙沙里迁居注塘，开辟土地，广制田产，所称"马飞宅上，粟贮花桥"，即其地位也。从政公生子九：长曰大纲，生子三：长子百万，分迁剑邑梧冈前坊南溪；次子百寿，仍居西山；三子兆万，分迁梅溪涂埇。次曰大纪，生子九万，分迁湖注塘。三曰端，仍居西山，生子季万，分迁桥亭蓝塘。四曰大珊，徙居新昌。五曰大德，徙居南昌塘树店。六曰大邦，迁居吴城下富。七曰大洪，徙居钟陵西蜀。八曰大武，迁居湖广平江县。九曰大常，长孙全琛，迁濠溪。各详世系，是祖宗之德泽至此，蕃衍盛大而之瓜瓞绵绵也。大宋乾道元年乙酉仲夏月，二九世孙大常手原稿。（宋人喻大常撰《豫章喻氏宗谱源流序》，见中华喻氏族史会编《中华喻氏通谱》，四川出版集团巴蜀书社2010年版，第一部上册，第188－189页）

本人认为，关于喻从政以及所生九子的族史问题，真正的答案在喻大纪后人保存的族谱世系中。读者可参看江西奉新遏富喻氏族谱、遏富村苍梧喻氏谱以及富山喻氏族谱的相关世系。关于这个问题，我的结论是：关于喻从政所生九子的疑问，读罢上述三种喻氏族谱说的世系便涣然冰释。因为依据三谱所载世系，正确的表述应该是：喻从政生三子九孙：

三子者：喻允中、喻镇中、喻绍中。

九孙者：喻大纲、喻大常、喻大任（喻允中所生三子）

喻大仁、喻大义、喻大礼（喻镇中所生三子）

喻大邦、喻大全、喻大轸（喻绍中，所生三子）。

至于有些名字未能和其它谱书一致，这是因为改名或误记所致。据新建、

奉新等处喻氏族谱所载世系的合理性看，奉新退富、丰城富山谱所载世系完整、合理，当属早期谱书之幸存者。其他兄弟的后裔未能传承完整的家族世系，分歧或许在此。

（2019 年 3 月 2 日）

喻良能宋绍熙三年谱序综说

一、喻良能旧序原文

盖闻人之有祖，犹水之有源，木之有本也。源深则流远，本固则枝蕃。故必有谱以明先世之源本，著后代之支流。而欧、苏二公之所以作谱者可知已。

吾喻氏系出于姬姓，祭公谋父子相如公为周穆王卿士，王嘉公能以德喻民，赐姓喻氏，食邑江夏。及子方公世居焉。传四世孙曰广，当其时国政衰弱，虽失其官，而子孙犹世居是郡焉。广生二子：曰琬曰琰。琰迁西川。琬生子曰纲，有勇略，仕西汉文帝朝，封骠骑将军。至孙曰甘，官内史。生三子，长曰贵，神气秀爽，通《春秋》《书》《礼》三经。元鼎丙寅，淮南太守张骞，大司农汲黯共荐，以明经入仕，初任河南太守。已巳，御史大夫石庆、桑弘羊任西河郡守。政治廉洁爱民。帝闻之，召入宸殿，曰："美哉！民社之寄，汉社稷之臣也！"

图4-6 宋室南渡迁浙始祖喻志高像

太初丁丑，大中大夫公孙卿、太史令司马迁、丞相公孙贺共荐荆州刺史，封江夏伯。生三子，长曰凤，聪敏过人。以明经入仕。始元丁酉，拜御史。与魏相友善如兄弟。后代朱邑为北海太守，终于官。传九世孙曰尚忠，文章冠世。顺帝永建丁卯，同郡太守黄琼、河南太守张楷共荐，以明经入中书，再任秘书。阳嘉壬申，尚书令陈蕃荐任太常礼院中书侍郎，四任尚书、仆射。生三子：长良佐，次良辅，三良弼。弼通《书》《礼》

208

二经，佐通《春秋》大义。辅通《易》《书》大义。桓帝建和己丑，兄弟三人并以明经入仕。佐任中书令。辅任殿中侍御史。剀切事君，进《忠义传》以献帝。帝纳而未行。寻以疾辞归田里。弼仕殿中丞。上疏乞骸骨。时人谓之三贤。迄今里有三贤堂。良辅四世孙曰宽，仕灵帝朝。拜淮平（南）太守。又五世孙曰大本，晋愍帝建兴癸酉以《春秋经》入仕。初任河东太守。次任侍中。其子曰存耕，官寿春令。传十世孙曰仪，隋开皇戊午官御史。寻为华州牧。再任侍中。三拜建康刺史。政声卓异。朝之大臣高孝基荐为工部侍郎。七世孙曰宗饶。与御史中丞舒元舆友善。唐文宗太和乙卯荐以明经及第。初任福州建阳令，再任杭州钱塘令。三任福州刺史。宣宗大中丁卯，擢太常礼院中书郎兼御史中丞上柱国。又三世孙曰鉴，僖宗乾符初拜饶州刺史。生二子，长滔，次溶。滔迁乐平大木街。溶从父宦于鄱阳千秋乡家焉。溶生德修，自少颖悟，有文武才。昭宗大顺庚戌登武榜。初授武进校尉前保义郎。终宣歙池节度使。修生二子。长承勋，次承福。承福诏封浮梁令。承勋侍父，从李克用征黄巢有功。授招讨使。道经新安，喜其风景。遂于城东问政山下居焉。迄四世孙曰世贤，宋太宗端拱己丑登进士第，官至杭州太守。又五世孙曰志高，生二子，长汝砺。次汝砥。少游学于睦之桐庐，美其风俗，遂居之。生一子曰樗。绍兴中为太学丞。汝砺，予之祖也。登宣和元年进士。初授礼部员外郎。终为秘阁学士。予承先泽，忝登淳熙乙未科，备员国子监主簿。重述前人《忠义传》以进上，上善纳之。付入翰林考正。颁行于世。绍熙元年三月十五日上章乞求致仕，再幸沐皇恩赐归。是秋假日，考其先代源流，及往访鄱阳之族，征其古谱录归，继接后支，以成实录。庶几数典无忘，而亦有以启其后也。是为序。

大宋绍熙三年岁次壬子秋九月吉赐进士第国子主簿裔孙新安喻良能叔奇谨书。（录自安徽旌德《仕川喻氏宗谱》1998 年喻少彬整理版本）

二、对喻良能旧序中世系空缺的恢复

仔细阅读喻良能旧序的读者也许会感觉奇怪，喻良能为什么在一篇谱序里从西周的老祖先一口气介绍到南宋自己名下。实际上这是统宗谱谱序的写法。是大宗谱谱序的写法。古代中国通行宗法制度。家族管理，特别是谱牒和祠堂方面的管理，向有大宗统小宗，大宗管小宗的管理定式。谱牒也有大宗小宗之分别。

何谓大宗？何谓小宗？这里稍做说明：

　　高祖以上于吾身为六代祖。高祖兄弟或三人，或五人。已分为三宗五宗矣、则六代祖之宗子为大宗。而高祖兄弟之三宗五宗皆为小宗矣。如有事于六代祖之前，则必六代祖之宗子而后可以当对越之位。如有事焉而为六代祖一宗之公事，则必以六代祖之宗子为主。而统率此三宗五宗之众。此以大宗统小宗也。推而上之，则七代祖之宗子又为大宗，而六代祖之宗子皆为小宗矣。奉祀与公事属七代祖。一宗之内皆以七代祖之宗子为主。再推而上之，以至十代二十代之祖，莫不有宗子谓之大宗，各宗子皆为小宗。如高祖之子，或三人，或五人。又各以嫡长为宗子。高祖之孙亦然。每代支子各以嫡长为宗子，然皆统于高祖宗子之下，是高祖宗子为一族大宗，而各支子之宗皆为小宗矣。（引自东阳堂藏版《习氏六修宗谱》卷首上）。

　　明白了大宗小宗的关系，你就会明白喻良能序言中所提到的历代先祖，都是各代的嫡长子或者说是长房、大房，也就是大宗的别称。他的序言中有时会提到两兄弟或三兄弟，那么第一个名字就是长子，就是大房或长房，也就是大宗的代表。但也不是一成不变。有的长房无传，或者所生后人担当不了敬祖收族使命的，或者有其他原因不便主持族务事宜的，则次子或三房也可挑起收族敬祖的使命。有时二房或三房后人做官或者经商，号召力强，经济实力强，也会被推举到主持族务的位置上。

　　喻良能在当时是长房长孙，自然是大宗。加上他担任国子监主簿的身份，退休之后，自觉挑起家族修谱的重担是很自然的事情。细心的读者会发现，他这篇谱序省略了很多世代的信息。这是因为序言和谱书世系都在同一部族谱中，不必全部照抄一遍的缘故。为了给读者一个完整的印象，我们根据乾隆二十四年仕川喻氏宗谱所载《统宗至万字年表》中所传承下来的世系表，填补了喻良能序言中省略的地方。

　　砚石喻氏的远祖是喻相如，他是江夏喻氏受姓的始祖。从喻相如到喻良能，一共传承了66世。我们用简单明了的示意图来表示：

　　第一世（喻相如）→第二世（喻方，仕川谱作"芳"）→第三世（喻理）→第四世（喻重熙）→第五世（喻铎）→第六世（喻广）→第七世（喻琬；喻琰）→第八世（喻纲）→第九世（喻良）→第十世（喻甘。喻甘生子三：曰喻宾；喻贵；喻贤）→第十一世（喻贵，喻贵生子三：喻凤；喻麟；喻龙。）→第十二世（喻凤，喻凤生二子：喻忠；喻思）→第十三世（喻忠）→第十四世（喻文同）→第十五世（喻福庆）→第十六世（喻启明，喻启明生子二：喻华；喻茂）→第十七世（喻华）→第十八世（喻德弘）→第十九世（喻道昭。喻道昭生三子：喻志洪；喻志宽；喻志大）→第二十世（喻志洪，喻志洪生子四：

喻尚文；喻尚行；喻尚忠；喻尚信）→第二十一世（喻尚忠，喻尚忠生子三：喻良佐；喻良辅；喻良弼）第二十二世（喻良佐，喻良佐生子二：喻逢；喻迪）→第二十三世（喻逢）→第二十四世（喻渊）→第二十五世（喻有常，喻有常生子三：喻恭；喻宽；喻信）→第二十六世（喻宽，喻宽生子二：喻凯；喻英）→第二十七世（喻凯）→第二十八世（喻楷）→第二十九世（喻绩）→第三十世（喻谟，喻谟生子二：喻大本；喻务本）→第三十一世（喻大本，生子二：喻椿；喻桂）→第三十二世（喻椿）→第三十三世（喻智）→第三十四世（喻亮）→第三十五世（喻文彬）→第三十六世（喻德贵）→第三十七世（喻绍）→第三十八世（喻勋）→第三十九世（喻彦仁）→第四十世（喻振义，喻振义生子二：喻伟；喻仪）→第四十一世（喻仪，喻仪生子二：喻钫；喻铭）→第四十二世（喻钫）→第四十三世（喻珪）→第四十四世（喻梦龙）→第四十五世（喻翼之）→第四十六世（喻文广）→第四十七世（喻道蕴）→第四十八世（喻宗尧，宗尧生子三：喻坏；喻堪；喻城）第四十九世（喻坏，喻坏生子二：喻文术；喻文征）→第五十世（喻文术）→第五十一世（喻鉴，喻鉴生子二：喻滔；喻溶）→第五十二世（喻溶）→第五十三世（喻德修，喻德修生子二：喻承勋；喻承福）→第五十四世（喻承勋，喻承勋生子三：喻如玉；喻如兰；喻如凤，喻承福。喻承福生子三：喻嵩；喻衡；喻岱）→第五十五世（喻如玉，生子五：喻温；喻良；喻恭；喻俭；喻让）→第五十六世（喻恭）→第五十七世（喻施恩）→第五十八世（喻世贤，喻世贤生子二：喻时英；喻时豪）→第五十九世（喻时英）→第六十世（喻云龙，喻云龙生子四：喻元；喻亨；喻利；喻贞）→第六十一世（喻元，喻元生子三：喻孟；喻仲；喻季）→第六十二世（喻仲）→第六十三世（喻志高，喻志高生子二：喻汝砺；喻汝砧）→第六十四世（喻汝砺，喻汝砺生子一：喻荣）→第六十五世（喻荣，生子二：喻良能；喻良俊）→第六十六世（喻良能生子五：喻仁；喻义；喻礼；喻义；喻信）。

西周的周穆王（西元前1073年–前968年），他55岁登基，在位50年。姑取穆王95岁为给祭公相如赐姓封地做起算时间，到南宋喻良能写序的绍熙三年（1192），总计2180年，平均下来，每代人约为33年。大体合符常情。

也许有读者会认为，喻姓的世系怎么能记载得这么完整？读者当然可以怀疑。但我想告诉大家，喻氏家族两千多年前的世系得以保存下来是事实，不是虚构。因为有周朝的经典《逸周书·祭公解》可以佐证喻氏世系的久远；有东晋成帝司马衍当政时朝廷组织修编《喻氏家谱》的文件可以佐证喻氏世系的久远；有明朝洪武四年朝廷有关姓氏审查的档案《喻氏合同》可以佐证喻氏世系的久远、还有许多喻氏家谱可以佐证喻氏世系的久远。

三、对喻良能旧序主要内容的简述分析

（一）赐姓喻氏，食邑江夏

我们中华喻氏，源出姬姓。是周文王的后裔。喻氏得姓始祖喻相如受封江夏，时在西周第五代天子穆王当政时期。我们知道，西周时期历时275年，其时间起讫相当于西元前1046年到西元前771年这段时间。西元前1046年周武王灭商，西周开始。喻氏始祖食邑江夏的喻相如是周公第七代裔孙。也就是第三代的祭公。（详见本书《喻相如研究》）这个时间概念和谱系既有《逸周书》《穆天子传》《竹书纪年》的记载可据，也有东晋王朝钟雅所撰《喻氏家谱·序》和明洪武四年进行和喻氏签定的《喻氏合同》可据。

按照周朝公侯伯子男五等爵位的封建等级体系，喻姓的远祖享受的是最高等级的爵位——公，得以世袭。封国在祭（音债），称祭公。封地在今河南新郑一带（至今尚有祭镇村）。因为封地在西周首都京畿范围，属于畿内侯，在西周第五代天子周穆王当政时节，那一代的祭公名叫谋父，属于第二代祭公，是个伟大的政治家。他对周穆王忠心耿耿，帮助很大。祭公谋父晚年患病，周穆王率朝廷文武重臣到祭公谋父病榻前请求训政。祭公谋父和周穆王同为姬姓，祭公的辈分高，是周穆王的叔祖父。祭公谋父和穆王的有关治国理政的那次重要对话，被记录在西周典籍《逸周书》里，篇名叫《祭公解》，今人有黄怀信等撰，李学勤审定，上海古籍出版社2006年版本《逸周书汇校集注》传世。

祭公谋父的儿子祭公相如是为第三代祭公，同样是忠于王室功勋卓著的重臣。他的功绩主要在教化百姓，使民德归厚上。"王嘉公能以德喻民，赐姓喻氏，食邑江夏。"也就是说，周穆王为了答谢祭公相如对朝廷的贡献，即"以德喻民"，赐他喻姓。还把后来被称之为江夏的地块赐给他作为采邑。喻姓后来便以江夏为郡望。是因为得姓始祖和江夏这块土地有着特殊的渊源。江夏郡，西汉高祖时初置，治所在今天的湖北云梦。其辖地包括今天的湖北安陆、钟祥、潜江、沔阳东以及河南光山、新县西，信阳东，淮河南一大片地区。江夏郡三国时期曾出现孙吴、曹魏各置江夏郡的情况。东吴的治所在今湖北鄂城，曹魏的治所在今云梦西南。西晋灭吴后，治所回到老地方。郡名改为武昌。南朝刘宋时，江夏郡的治所移到夏口，即今武汉市武昌区。隋唐两朝江夏郡即鄂州。

这些常识是我们研读家族史所应该具备的。

（二）喻芳定居江夏和喻琰迁蜀失踪

祭公相如虽然已经得到周穆王赐姓封地，但他也许是年纪大了，也许是朝廷离不开他。总之，他并没有前往封地里实际定居。真正在封地里定居并且世世代代世袭封爵，那要到相如公的儿子喻方（仕川谱世系图"方"作"芳"）公手里才成为现实。"及子方公世居焉。传四世孙曰广，当其时国政衰弱，虽失其官，而子孙犹世居是郡焉。广生二子，曰琬曰琰。琰迁西川。"到相如公下面第六代裔孙喻广的时代，周王朝已经国政衰弱。诸侯强大，不服朝廷。喻广的世袭爵位国家的公卿位置也失去了。但子孙们仍然在江夏地区居住生息。

从第七代开始，当时喻广的两个儿子喻琬、喻琰兄弟决定老大留守江夏坚守祖宗丘墓，老二西迁蜀地寻求发展机会。喻良能的先祖属于喻琬这一支。这一支从汉朝开始便大放异彩。世代传承直到南宋喻良能，世系传承虽然十分简略，但脉络却十分清楚。重要的代表性人物，族史上重要的地理位置，都被这位有心人记录下来。但喻琰那一支前往西川发展的则从此杳如黄鹤。纵览全国各地族谱，喻氏与四川发生关系，最早也要等到唐朝初年喻迪冲。从春秋战国到隋唐时期，这1000多年的岁月里为什么喻琰一支始终杳无音信？不知出于何种意外事故，这一支最早入川发展的先祖世系就此中断。

（三）汉代的辉煌：喻贵廉洁爱民，封江夏伯

喻琬的儿子喻纲"有勇略，仕西汉文帝朝，封骠骑将军"。骠骑将军，官阶俸禄和大将军相同。

他的孙子喻甘，官内史。内史，在汉朝初年，官秩和御史大夫同级别，为九卿之一。汉景帝时治粟内史被更名为大农令，又增设大内这一机构掌管全国财货，为大农令的平行机构。西元前104年，汉武帝为了加强对国家财政的集中统一管理，将大农令更名为大司农，统领全国谷货和财货，又将大内改为都内令，降为大司农属官。

喻甘"生三子，长曰贵，神气秀爽，通《春秋》《书》《礼》三经。元鼎丙寅（西元前115年），淮南太守张骞，大司农汲黯共荐，以明经入仕，初任河南太守。已巳（西元前112年），御史大夫石庆、桑弘羊荐任西河郡守。政治廉洁爱民。帝闻之，召入宸殿，曰：'美哉！民社之寄，汉社稷之臣也！'太初丁丑（西元前104年），大中大夫公孙卿、太史令司马迁、丞相公孙贺共荐荆州刺史，封江夏伯"。

喻贵"生三子，长曰凤，聪敏过人。以明经入仕。始元丁酉（西元前 84 年），拜御史。与魏相友善如兄弟。后代朱邑为北海太守，终于官。"明经是汉朝选拔人才的重要制度，它属于人才察举制度中的特科。明经的意思就是通晓经典。因汉武帝采纳董仲舒的独尊儒术建议，武帝以后的明经考试内容主要是儒家经典。汉朝 400 年，名臣中从明经科出身的很多，如召信臣、孔安国等。前面讲喻甘的长子喻贵"通《春秋》《书》《礼》三经"，就是说的具体的考试科目。

自喻凤往下传，第九世孙喻尚忠处身东汉顺帝刘保当政时期，因为其具有"文章冠世"的声望。汉顺帝永建丁卯年（西元 127 年），喻尚忠得到江夏郡太守黄琼、河南太守张楷的共同举荐，"以明经入中书，再任秘书"。阳嘉壬申（西元 132 年），又得"尚书令陈蕃荐任太常礼院中书侍郎，四任尚书、仆射"。中书是中书令的简称，掌传宣诏令等朝廷事宜，多任用名望之士。秘书，是掌管宫廷图书的官员。太常礼院中书侍郎是汉朝位列九卿之首，俸禄二千石，以管理朝廷朝会丧葬，帝王陵墓管理和常规祭祀为主，也管人才教育的官职。侍郎相当于太常礼院的副院长。

喻尚忠的三个儿子又是栋梁之材："长良佐，次良辅，三良弼。弼通《书》《礼》二经，佐通《春秋》大义，辅通《易》书大义。桓帝建和己丑（西元 149 年），兄弟三人并以明经入仕。佐任中书令。辅任殿中侍御史。剀切事君，进《忠义传》以献帝。帝纳而未行。寻以疾辞归田里。弼仕殿中丞。上疏乞骸骨。时人谓之三贤。迄今里有三贤堂。"殿中侍御史，居宫殿中纠察非法官员，隶属御史台官，七品官。殿中丞，宫殿中的副职管理官员，协助宫殿主管官员工作。

喻良辅四世孙曰宽，仕汉灵帝朝。拜淮平太守。

（四）晋朝的喻大本与儿子喻存耕

喻良能的序言中继续写道："又五世孙曰大本，晋愍帝建兴癸酉（西元 313 年）以《春秋经》入仕。初任河东太守。次任侍中。其子曰存耕，官寿春令。"河东，郡名。河东郡领 20 县：安邑、闻喜、猗氏、大阳、河北、蒲坂、汾阴、皮氏、绛邑、临汾、襄陵、杨县、平阳、永安、北屈、蒲子、端氏、获泽、东垣、解县。以今山西永济为治所。

侍中是皇帝身边负责皇帝生活起居日常服务的官员，三品。俸禄一千石。寿春，今属安徽淮南管辖。今仍有寿春镇，是寿县政府所在地。

（五）隋代政声卓异的喻仪

自喻存耕传十世孙曰仪，隋开皇戊午（西元598年）官御史。寻为华州牧。再任侍中。三拜建康刺史。政声卓异。朝之大臣高孝基荐为工部侍郎。

御史为古代中国负责监察官员的官职。隋唐改检校御史为监察御史，与殿中、治书两侍御史并立。

华州，郡名。管辖范围相当于今陕西省渭南市华州区境内及周边地区，因州境内有华山而得名。工部侍郎即负责宫殿城池、陵墓建设和各种器物建造的主管部门之副职。相当于今之国家住建部副部长。

（六）唐代的辉煌：喻宗尧、喻鉴、喻滔、喻溶

"七世孙曰宗饶（按应作尧。据仕川谱《统宗至万字年表》）与御史中丞舒元舆友善。唐文宗太和乙卯（西元835年）荐以明经及第。初任福州建阳令，再任杭州钱塘令。三任福州刺史。宣宗大中丁卯（西元847年），擢太常礼院中书郎兼御史中丞上柱国。"太常礼院，太常寺属宫中主事官。掌教礼仪，事许专达。上柱国是功勋荣誉名称，一如今世之一等功。喻宗尧因为贡献卓著，享受国家十二个级别的勋名之最高级别勋名。他的这个头衔翻译成现代汉语，意思就是在唐宣宗大中丁卯年他升任太常礼院的院长。但他这个院长还是立过一等功的院长。"又三世孙曰鉴，僖宗乾符（西元874-879年）初拜饶州刺史。""生二子，长滔，次溶。滔迁乐平大木街。溶从父宦于鄱阳千秋乡家焉。"千秋乡系江西省鄱阳古代乡村名。致仕后为了修谱，喻良能还曾经回到当地访寻喻氏江夏旧谱。抄得其旧谱而归。

（七）唐末喻德修父子和定居新安问政山

"溶生德修，自少颖悟，有文武才。昭宗大顺庚戌（西元890年）登武榜。初授武进校尉前保义郎。终宣歙池节度使。"保义郎，武臣官阶名。正九品。节度使是唐代开始设立的地方军政长官。因受职之时，朝廷会赐以旌节，节是当时一种全权印信，受有此全权印信者，便可全权调度所主持行政区域内的人财物，故称节度使。

"修生二子。长承勋，次承福。承福诏封浮梁令。承勋侍父，从李克用征黄巢有功。授招讨使。道经新安，喜其风景。遂于城东问政山下居焉。"浮梁，就是今天的景德镇市下的浮梁县范围。招讨使：官名。唐贞元年间开始设置的官职。后遇战时临时设置，常以大臣、将帅或节度使等地方军政长官兼任其事。

五代与宋亦不常置，掌镇压人民起义及招降讨叛，军中急事不及奏报，可便宜行事。以北宋为例，定位在宣抚使之下，制置使之上。岳飞、韩世忠等都兼任过该职务。新安，即今之歙县。县城有新安江流过。唐时曾名新安。问政山在今黄山市歙县东门外约二公里处。该山盛产竹笋，问政山竹笋为贡笋，个大味美。

（八）从宋初的喻世贤到北宋南宋之交的喻汝砺

"迨四世孙曰世贤，宋太宗端拱己丑（西元989年）登进士第，官至杭州太守。"

"又五世孙曰志高，生二子：长汝砺；次汝砧。少游学于睦之桐庐，美其风俗，遂居之。生一子：曰樗。绍兴（西元1131－1161年间）中为太学丞。汝砺，予之祖也。登宣和元年（1119）进士。初授礼部员外郎。终为秘阁学士。"礼部员外郎，北宋神宗朝，礼部员外郎为实职，为礼部的佐贰官，正七品。秘阁学士，宋朝朝廷图书馆官员，掌管朝廷收藏正本图书、字画。

（九）喻良能的自述和谱序落款透露出的信息

"予承先泽，忝登淳熙乙未科，备员国子监主簿。重述前人《忠义传》以进上，上善纳之。付入翰林考正。颁行于世。绍熙元年三月十五日上章乞求致仕，再幸沐皇恩赐归。是秋假日，考其先代源流，及往访鄱阳之族，征其古谱录归，继接后支，以成实录。庶几数典无忘，而亦有以启其后也。是为序。"

"大宋绍熙三年岁次壬子秋九月吉赐进士第国子主簿裔孙新安喻良能叔奇谨书。"（录自安徽旌德《仕川喻氏宗谱》1998年版，转录自《中华喻氏通谱》第一部上册172页）

喻良能说自己忝登淳熙乙未科，备员国子监主簿。国子监主簿是学官，级别不是太高，但却是享有很高荣誉的官。因为宋代重视文化，重视教育。能够被批准在国子监当官，是对他人品学问的认可。关于喻良能何时给孝宗皇帝进献《忠义传》，序言中没有明说。但很显然应该在淳熙乙未之后，也即是应该在他备员国子监之后，宋光宗绍熙元年喻良能要求退休之前。我们遍查喻良能的《香山集》，没有记载。究竟在哪一年呢？

喻良能在绍熙三年喻氏谱序中说自己中淳熙乙未科，而同年考中进士的还有项安世等人。淳熙乙未是宋孝宗的年号，乙未年就是西元1175年。据宋刘时举所撰《续宋编年资治通鉴》卷十一：宋孝宗辛丑淳熙八年（1181）冬十月，"国子监簿喻良能进《忠义传》，颁之武举。"也就是说，他是1181年或1181年之前给孝宗皇帝献书，朝廷将其颁发给武举们学习，用意是明显的，希望他们效忠朝廷。

这一段自述一方面坐实了喻良能退休前后即着手家族谱牒修撰事宜。最早是绍熙元年上表请求退休，在朝廷给他探亲假期间就曾着手考究家族世系源流，前往鄱阳亲族访求旧谱，衔接后来的各宗支新增信息。另一方面，还纠正了宋以来很多家谱的错误说法，多家家谱和地方志皆持喻良能撰著《忠义传》上给朝廷的说法。喻良能说得很明白，他是重述先人《忠义传》以进上。这中间自然有良能的增补，但基本框架体例主题都是三国汉献帝时的那个叫喻良佐的先人所为。南宋的喻良能增加了大约五分之二的篇幅，内容主要包括三国以后北宋之前上下千余年间，收录的忠义杰特人士总共 190 人。他十分尊重祖先的著作权，并没有丝毫掠美的意思。值得注意的是，这位汉献帝时的祖先叫喻良佐，属于长房，他和宋代的喻良能中间相差好几十代。

此外，这一段落款文字的价值还在于它记录和佐证了喻良能这一支唐朝后期曾经定居新安，即今安徽省黄山市歙县东门问政山，前后历时 300 年之久。唐末喻承勋和他父亲喻德修定居问政山，到喻良能离开问政山，其间至少 300 年的居留史。喻良能的父母墓地在问政山下。迁浙始祖喻启元即喻志高夫妇墓地也在问政山上高峰下，还有其他先祖的墓地。

这个家族何时从歙县的问政山迁徙到浙江桐庐，歙县的揭田？又是何时从富阳迁居义乌等地？具体情况现在已经不得而知了。但依据谱牒，大体可确定是宋朝初年则无问题。我们从浙江义乌本地人王祎于元至正庚寅年（1350）所撰写的《义乌喻氏家传》可知：“喻氏之先富阳人也。宋初徙居婺之义乌。子孙遂为义乌人。”但喻良能不应该是北宋初年就来义乌的宗支。他是南宋孝宗皇帝时或稍早些年头来义乌的。因为他这一支来义乌跟他晚年知处州有绝大关系。如果说喻良能这一支来义乌的时间早于南宋，则无法说明问政山何以还有他的父母亲的墓地这件事。

（十）富阳喻氏族谱上的蛛丝马迹

读《富春喻氏家谱》清康熙戊午年（1678）阮文声原序称：“喻氏自乔二公由徽郡歙县营生至富南行十数里，见亭山之麓峰秀水灵，喻氏乐而居之。”清乾隆二十四年喻凌云重修序则明言：予族喻姓始于相如公食邑江夏……叔奇公修于宋。陶邻吉斋公，养初公仕川公宜之公修于明。至今百有余载……乙亥春族人聚议，竞相鼓舞。慨然乐输。因得揭田礼公，兰川智公之后裔同续修焉。”这说明富春喻氏就是从歙县揭田迁去的，也许他们是当年从问政山分支的，这是乾隆时修谱的事情。

四、喻良能绍熙三年谱序的价值评估

第一，宋绍熙三年喻良能序关于得姓始祖的记述，可以得到多种史料佐证。（一）安徽旌德仕川喻氏宗谱（乾隆版）之远祖世系。（二）《逸周书·祭公解》。（三）《清华大学藏战国竹简》。（四）浙江杭州《昌化考坑喻氏宗谱》。（五）明洪武四年朝廷和喻氏签订的《喻氏合同》以及先秦古籍《国语》《左传》《帝王世纪》《竹书纪年》《穆天子传》。

有人主张喻良能绍熙三年为新安统宗谱所写的谱序是后人伪托。我不认同。想想看，一个后世的作者，无论他是喻姓还是外姓，在南宋或者元明时期或者清朝的条件下，以一个民间读书人的身份和视野，要他编造时间长度2000余年的家族历史，记录100多位先祖的事迹，还有推荐他们的当朝贤达和这些祖先友好的官员学者，以及他们当时为之效劳的帝王，那是一种多么难做的造假工作啊？再说，如果造假，为什么喻良能一上来记述得姓始祖喻相如的事迹，就能得到我们列举的多重佐证验证准确无误呢？

宋绍熙三年喻良能序记载了该宗支自西周至南宋喻樗，66世共110名历代祖先，其中绝大多数都有功名。这批历史人物由于战乱等多种原因，极少见诸正史记载。但我们如果结合地方志、家谱和其他史料载体进行研究，也许可以还原历史上的很多真相。这些历史人物，既是中华喻氏的族史遗产，也是中华民族的文化遗产。由于晚唐五代战乱频仍，世家大族的谱牒等族史文献损失惨重，这些喻氏祖先的名字罕见引用。相信随着家谱研究的深入，随着地下考古发掘的日渐增多，许多不见正史记载的历史人物会逐渐被学者专家们发掘出来。

主张该谱序是伪托者说，这么多历史人物，为何不见于正史记载？我们知道，任何一个时代，所谓正史，都不可能穷尽那个时代所有杰出人物和重要的贡献。因为史书的篇幅有限，史家所能接触到的材料有限，还有，就是史家的德行和编写指导思想等因素的影响。比如说，《后汉书》的作者范晔，虽然体例等都不错，但却并非良史。因为他爱钱，给他送钱的，他就把这个人的传记写好点，篇幅写长点。不给他送钱的，要么就很简单地敷衍过去，要么就干脆把你抹掉。以我们祖宗的性格，断断乎不会去做那种花钱买名声的勾当。我在《族史答疑》中曾举过陕西汉中褒斜道石门摩崖的例子，杨孟文也好，都君也好，都是东汉太守，都是奉圣旨开凿褒斜道，攻克建造国道的最大难题的有杰出贡献的历史人物，请问，《后汉书》里可曾记载他们的只言片语？更何况还有史书编写者的指导思想，当权者意志的干扰等多种因素。我在《读二十五史》组诗第一首就曾写道："实录不全实，正史不全正。我看廿五史，本本都有病。"（《三元草堂诗词联抄》中国戏剧出版社2010年版）金无足赤，人无完人，难道史有"全史""正史"吗？

第三，宋绍熙三年喻良能序的价值还在于作者记载了喻姓族史上的若干次重大的迁徙活动和居住聚落。这些聚落中历时最长的当属于位于黄山市范围内的歙县问政山和歙县的堨田，两个地方距离歙县县城都不远。问政山在东门外，约2公里；堨田村今属郑村镇。在县城西边，距离县城约10公里。喻氏家族自从晚唐时期就开始定居，至清代乾隆年间已经接近千年。这方面的谱牒佐证很多，如安徽旌德的仕川喻氏宗谱，浙江昌化考坑的喻氏宗谱，皆可证明喻氏居住黄山有千年的历史，对黄山市的山水人文之美有开发贡献。问政山堨田等地今天喻姓村民已经很少，这是明朝嘉靖以后就开始迁徙的结果。总的趋势是由安徽迁往浙江。原因待研究。

五、喻良能序言存在的问题

喻良能这篇谱序是统宗谱序。宋末又经过蒙元百年的野蛮统治，加之近百年特别是"文革"十年浩劫对家族文化的毁灭性摧残，大多数宗支所保存的谱牒荡然无存。仕川喻氏宗谱这样的宗支谱牒虽然侥幸保存下来了大宗世系和宋代谱序，但也存在局部不完整。由于历代修谱者水准参差不齐等原因，遂使古代谱序出现若干缺失错漏，这自然是不可避免的。如《仕川谱》《唐昌谱》等宗谱所保存的绍熙三年《喻氏宗谱序》就有比较严重的缺损。如从得姓始祖喻相如到第六世孙喻纲之间，历时五六百年，怎么可能只传五六代，平均一代需要百年之久呢？这显然是缺损页造成的。前人续谱，不喜欢残缺，就将前后衔接，也可能不懂秦汉以前的世系。这是本谱序的一个硬伤。

其次是该谱序记载喻汝砺的登进士第的时间错误。喻汝砺登进士第的时间，宋史说是在大观四年（1110），绍熙三年喻良能谱序上说是在宣和元年（1119）。两者相差九年之多。究竟哪个正确呢？喻汝砺乃喻良能之祖父，记错科举高中进士的时间，不大可能。

而喻良能登国子进士科的时间则记载比较含糊。究竟是他自己登进士第的时间还是他考上国子监主簿的时间？作者所言比较模糊。"予承先泽，忝登淳熙乙未科，备员国子监主簿。"从上下文关系看，喻良能自述的登淳熙乙未科（1175），显然是指关于国子监主簿的考试。总之，这些谱序中的硬伤，我们当从流传过程中因为谱序原文遭虫蛀或霉烂等变故去考虑。不要轻易怀疑该谱序主体的真实性。我们在其他老谱上也发现后人修谱时人为制造的混乱。比如说，抚州桐源大窠喻氏宗谱中人物行传部分就有很多在隋朝以前的祖宗名下加上某年考中进士的科名。懂科举史的人一眼就可看清这是错误的。但我们不能因此整个怀疑该谱世系记载的真实性。我们核对了行传中历代先祖的生卒年，都能跟当时的皇帝年号一一吻合。说明这些先祖基本的名字，父子、夫妻、生卒等信息记载无误。因为中国封建社会崇尚科举，风气所及，不受影响者绝少。有的家族后人学问不够，续修谱书时出于虚荣，便做了些此类好心办坏事的傻事。有的本来就有科名记载，但因为不同于明清时期的名目，说不定个别修谱人看不明白，也会按当时大家都理解的举人进士擅自改写。总之，前人留下的吉光片羽，从劫灰中幸存的谱牒资料，如果一点问题都没有，那偏偏是有大问题的。因此，有些硬伤，实属正常。我们要用科学的眼光去审视。既不能简单地盲从，也不能简单地否定。

（2018 年 6 月 6 日）

喻樗和他的《水云堂讲义》

　　喻樗（? -1180），南宋名臣，为人性直好议论，宰相赵鼎与语奇之，荐授秘书省正字。因反对和议，出知舒州怀宁县，通判衡州致仕。秦桧死，朝廷起用为大宗正丞，转工部员外郎，知蕲州，孝宗即位，用为提举浙东常平，以治绩著称。喻樗善识鉴，尝言沈晦、张九成进士当第一，后果然。有《中庸大学论语解》《玉泉语录》等传世。

　　喻樗，字子才。喻汝砺之次子。浙江桐庐人。其先世南昌人。后徙居浙江严州府桐庐县。桐庐砚石以前还保留有喻樗校阅古书的砚石景观，砚石村即因此而得名（砚石喻家今属桐庐县横村镇凤联喻家）。根据浙江临安唐昌《喻氏宗谱》和浙江桐庐《砚石喻氏宗谱》残谱远古世系的记载，喻樗是晋成帝时尚书司徒喻归的后裔。而根据安徽旌德仕川喻氏宗谱等喻姓谱书的记载，喻樗的远祖是周穆王时的卿士（相当后世的宰相）祭公相如。祭公相如因为辅佐周穆王德行政绩卓著，而深得周穆王信任，因此得赐姓喻，是为西周得姓之始祖。

　　喻樗建炎三年（1129）进士，因为反对秦桧为代表的和议派，被贬官江西玉山县尉，便在这里也建立了家庭，所娶妻子据家谱记载是李纲的千金。喻樗在江西玉山也留下了一处名胜，叫尤美轩，取欧阳修《醉翁亭记》"其西南诸峰，林壑尤美"的意思。当朝名流吕本中、朱熹、程子真、汪洋等都曾游历过喻樗开发的这个名胜，相关诗词具载族谱之中。玉山地方志书中还记载了喻樗担任县尉时很快就把多年搞不定的盗贼问题解决了，县令要为他请功，被他谢绝。他认为这不过是他的职分所在，是应该做的。"公本桐庐望族。南宋建炎间由名进士起家。中梗和议，贬玉山尉。遂家焉。旋起用，身系天下安危者数十年，以礼部尚书致仕。气节勋名实为吾乡冠。"（《怀玉喻氏宗谱》吴士俊序）

　　他在玉山的趣事很多。有一次，他在工作之余，给自家的子侄和县衙的孩子们上课。他给自己讲课的教室取了个好听的名字，叫水云堂。当时有一个跟随他捕捉强盗的弓手看他休息，就斗胆问他：我的儿子很喜欢读书，能不能让他来给先生帮忙打杂，顺便也跟先生学点东西？喻樗就让弓手把儿子叫来看看。

喻樗看见小汪洋，教室前面正好有人骑马经过。便出一联：马蹄踏翻青青草。小汪洋立马对上一句：龙爪拿开白白云。喻樗见是块料，就潜心培养。日后这位小神童成了喻樗的东床快婿。喻樗和李夫人养育了三个儿子，即喻焕、喻焀、喻燨，两个女儿，即长女初姑，嫁给状元、端明殿大学士汪应辰（即汪洋）；次女贞姑，嫁给状元张孝祥。有一种笔记小说记载说，贞姑和张孝祥夫妻感情甚笃，但贞姑和婆婆关系处不好，最后被迫离异。张孝祥有词寄贞姑。和陆游唐婉爱情故事一样令人感叹。

朱熹为喻樗的遗像所写的赞诗是这样的："人以像传，像以人尊。勋名光于竹帛，道德著于儒林。天挺人杰殊姿，嵩生岳降奇英。西洛渊源远，程门道学长。朱熹谨题"（见浙江富阳新登镇观音础《喻氏宗谱》），这首像赞诗最后两个概括喻樗理学成就的"西洛渊源远，程门道学长"书法真迹曾被许多喻樗后裔所修的谱牒所摹刻（如临安唐昌喻氏宗谱，安徽旌德仕川喻氏宗谱）。

《水云堂讲义》独见于《怀玉喻氏宗谱》。另据该谱始迁祖喻樗传，则记载独详于他谱。喻樗卒于宋淳熙七年（1180）的依据就是该谱始迁祖《喻樗传》。

《水云堂讲义》是一篇谈修身齐家，为人处世，求学悟道的指南性讲话稿。实为理学名篇。今特略加演说，以期唤醒自强不息的有志者奋发有为。

《水云堂讲义》原文计十则：

孝悌

孟子曰：尧舜之道，孝悌而已矣。又曰：孩提之童，无不知爱其亲，及其长也，无不知敬其兄。子曰：弟子入则孝，出则弟。有子曰：其为人也孝弟。

看此数章书可见圣贤莫过于尧舜。尧舜之道，孝悌而已矣。其提醒人之良知也，至矣。尧舜之圣，不过良知良能自然之天，不加毫末也。

孩提小无知也，而良知良能不容过焉。此便是尧舜自然之始。人果能此，则孝悌本自我立，人能因孩提之不可过者循而行之，日以充养，不使斫丧尧舜之道，由此而进，则事君事长，顺民顺物。天下各得其所。所谓孝悌，为百行之本。未有舍此而能进于道者。诚诸子侄今日之急务。且不要狂妄，直就家庭间做起。

学才按：大学中庸上所总结的尧舜之道。是中国特色的修齐治平路线图。这份路线图的要义是：每个人都从我做起，先修身，然后顺理成章地递进为齐家，治国，平天下。之所以将修身放在头等重要的位置，是因为人为万物之灵。主观能动性是人一切行动的指南。一念可以为善，一念也可以为恶。而要想每个人都能克制人类天性中的邪恶欲望，而彰显人类天性中的善良美德，就必须从孩提时代开始重视。因此早期的孝悌等人伦道德引导就显得非常重要。其实，人在幼稚时期，本性都是善良的，都会自然而然的喜爱自己的双亲。这就是人性中的本来良知。教育者只要顺势而为，将孩提时代的这种孝顺父母尊敬长上之心逐步引导巩固即可。为什么需要巩固？因为随着小孩子年龄的变大，周围大人世界不好的现象会影响到小孩子的世界观。而人性中的自私本性就会趁势显露。如果没有大人世界正确的表率作用和及时指点教训。小孩子就会慢慢忘记孝悌这些美德，而变得越来越自私。尧舜时代属于氏族社会。大家都在一个群落里生活。小孩子的表现，大人们的表现，彼此都看得见。可以及时纠正不良的表现。但后世社会形态发生转型，原始的群居时代结束了。家庭、私有制和国家出现了。人们各亲其亲，各子其子，且分居在千千万万个小家庭中。家长们的素质必然存在差异，因此很难有清醒的自我意识去努力克服这种局限。家长个人品质对自己孩子的影响差距日益拉大。于是，十分简单的尧舜之道实施起来就变得相当困难。如果家长们都能注意自身的修身，也对小孩子从小关注，注意培养其在家孝敬父母，尊重长上的伦常习惯。长大了无论是在本家族做事，还是服务国家，管理地方或军队。都会自觉的扩充幼年所接受的孝悌美德，将其运用于日常的夫妻关系，上下级关系，长幼关系等方面的处理上，就会感觉左右逢源。不至于出现同室操戈、兄弟阋墙、犯上作乱等反伦常的问题。

喻樗在这里强调了两点，一是要保养培育孩提本性中的孝悌良知。二是要做好引导小孩子逐渐由孝敬爹娘尊敬兄姐爱护弟妹的本来良知向成人世界的忠君事长，爱国爱民过渡。这就是尧舜之道的实质所在。

我们现在不少家长自己对父母长上不懂得敬重，忽视做人最基本的孝悌素质。认为培养孩子反潮流精神，长大了才不吃亏。殊不知这样做从根上错了。做父母的对父母不孝，给孩子的教育就是负面的。孩子也会学你的样。不仅你得不到一个和睦的家庭，你的孩子长大工作，也一定不会真心尊敬领导，尊敬长辈。一个自私自利的人也不会照顾年轻的人。走到哪里都要争名夺利。这种人肯定是不会取得成功的。所以说，尧舜之道，作为一种伦理文化，其价值是永恒的。

立志

子曰：志于道。又曰：吾十有五而志于学。孟子曰：夫志，气之帅也。又曰：志一则动气。子思曰：内省不疚，无恶于志。人生在世，岂无所事。古之为事者一，今之为事者不可胜计。如圣贤，如功利，如刑名，如方外都是。不能志道，则惑于他歧，不能自成其业。何也？天有一道，哪更有他！此道即尧舜之仁。仁即天地一元之道也。所以人亦有孝悌出于天性者却不志于道。所以不能扩而充之以大无我之公。故必先要定志于中，只向道做去方是。故孔子十五入大学，就立此志。要行仁义而为大人之事。夫志既定在道上，由是志以帅气，一以动之，如此则气在我身。手足耳目口鼻百骸皆是此气管于心。志正则气正以之。接物莫不由礼。所以先要立志。诸子今日在此共说我读书作文他日要做官，不然，读他何用！这便是不立志。

学才按：立志就是确立人生的大目标。每个家庭对自己的孩子都会有不同的期望。换句话说，也都会有自己的目标。想当飞行员，想当元帅，想当科学家，想当作家。想当警察。这些都是不同人的人生目标。有的人家道中落，发誓复兴家道。有的人受过某人的羞辱，发誓活出个人样，一雪其耻。这些严格讲都不是立志。或者说，跟喻樗在本讲义中所说的立志不是一回事。喻樗认为，天地间最大的道，统摄万事万物的道就是仁道。所谓立志，就是立仁民爱物的大志。而不是一己的小志。这个大志，就是为天地立心，为生民立命，为往圣继绝学，为万世开太平。喻樗认为，只要立定了这个大志，就不会“惑于他歧”。这个大志就是圣贤之道。想做官，想发财，想当和尚道士。那都不是立志。孔子说：先立乎其大者，则其小者不可夺也。这个大者，就是喻樗所说的大志。志就像统帅，有了这个统帅，无论做什么具体的事情，在任何部门，你的工作都会有境界，有目标。都会服从于那个仁民爱物的大目标总目标。有此大目标，你经商就不会以假充真；你做官就不会贪赃枉法；你当兵就不会叛国投敌。

喻樗批评他的子侄辈以读书做官即为立大志的认识根本不是立志。因为境界太小、格调太低。道理很简单。同样做官，有的官先天下之忧而忧，后天下之乐而乐。有的官贪赃枉法，鱼肉百姓，离任时恨不得把地皮都刮走。仅当官二字如何能算立志呢？这应该是最早对“读书做官论”的批判。

习静

子曰：君子不重则不威，学则不固。且如不厚重，学个什么！非手足口鼻耳目乎？凡此一身之物，不厚重者皆统于心也。心不静者逐于物而失主宰之权也。故吾目之偶有所见，其心未静，遂有不当动而动，是之谓躁。躁与静相反，岂独是手足口鼻耳目之病，实心之病也。故学要于习静。尔辈今日且缓读书，将心中妄念悉迸将去。今日习之，明日习之。俟其心纯然后读书作文，融汇圣贤意思。自然得其义理之正。不然，躁心一生，所学必不固也。

学才按：求学之要，首在习静。能让自己心无杂念，心这个统帅才能把身体的器官眼耳鼻舌口手足组织起来。这些器官才能一切行动听指挥。孟子曾说过；"学问之道无它，求其放心而已。"。其实，这"放心"二字谈何容易！从前有一副对联：学如逆水行舟，不进则退；心似平川走马，易放难收。讲的都是同一件事。就是人若能以静心取代躁心。杂念既去，读书作文自然干扰变少。记忆思考都会臻于佳境，收效良好。

笃实

子曰：主忠信。子曰：君子之道，暗然而日彰；小人之道，的然而日亡。君子之道，淡而不厌，简而文。温而理。今人所以不成人者，都是一片虚饰之心。视自己分内之事泛泛浮浮，若不切于身。自此一差，遂入于为利之途。今为学者存心需要朴实。惟淡焉温焉简焉日求吾心之本，自有无穷之趣。淡中却不厌，简中却有文，温中却有理。不必表暴于外尔。自见其日彰矣。如此方是为己之学。

学才按：古人之学为己，今人之学为人。也可以说，君子之学为己，小人之学为人。在当代这个崇尚功利和讲究实用主义的时代。真正为完善自己提升自己而读书的，恐怕千人之中难找一个。读书不再是为了修身，持家，而是为了赚钱生存。我们的社会衡量人的价值，不再是什么品格修养，而是你的权力大小，金钱多少。在这样的时候，国人难免不奔走于利禄之途。人们已经完全脱离了读书修身治国平天下的道路。笃实之人何处寻耶？

然仔细想来，人生在世，无论你从事的工作岗位在哪里，也无论你的职务级别高低，做人永远是第一位的。舍掉了这个"本"，"末"的问题就会越来越多。因为没有修为的人，一个满眼只有钱权地位的人。他不仅做不好儿子，也做不好父亲。它做不好下级，也当不好领导。因为他违反了人类的道德底线。他必然到处碰壁。反腐败以来，党政军高层干部被查出来的还少吗？他们若还有一丝一毫的职业操守，也就不会如此肆无忌惮地利用公权力为自己谋私。商人也不至于制假售假，弄得国人连吃饭喝酒这样的事情都胆战心惊。

求知

子曰：博学之，审问之，慎思之，明辨之。又曰：致知在格物。物者何？大而君臣父子，小而日用事物。虽散莫纪，其实皆是心上事。吾心原有是物，必有是则。故孟氏云：非由外铄我也。知者吾心之真，知真知者，良知也。所谓虚灵之妙，人皆有之。但为气禀所拘，物欲所蔽。则良知泯然无觉。是以人之为学，唯贵于求知。然求知之道在于博学，稽之载籍之繁，又必审问之。求其明切详尽。使审问而不思，则入耳出口，何益于心之得？又必须慎思之。思者将所闻沉潜玩索，唯在慎之切于身者，思之不使流于荒唐之归。然慎思而不明辨，则未免犹有疑难。又须辨得甚明，使无一毫或谬。兼此四者则为格物。一物此格，物物此格。则吾心知虚灵妙应适得其本体之真，庶乎气不得而拘物不得而蔽，一旦豁然贯通焉则众物之表里精粗无不到吾心知全体。入用无不明。如是则知远之近，知风之自，知微之显，可与入德矣。虽然，知贵于行，而不行犹如不知。必须将此所知者施诸躬行实践。然后谓之真知。此师友之功不可无也。

学才按：喻樗这段讲义在明朝王阳明之前三百年就开始讨论良知问题。这是一个很值得重视的现象。喻樗认为，人的良知是与生俱来的。但一为气禀所拘，二为物欲所蔽，因此人心中所固有的良知就无从彰显。因此需要格物致知，需要"博学之，审问之，慎思之，明辨之"。只有经过这四个阶段的学习过程，才会豁然贯通，在认识客观事物规律方面获得真知。这还只讲了一个致知。实际上还有一个实践的问题。也就是说，你即使"博学之，审问之，慎思之，明辨之"，把真知获得了，但如果没有躬行实践这一步，那得到知识和没有得到知识是一回事。这就是最早的知行合一的思想。

研几

中庸曰：君子之所不可及者，其惟人之所不见乎？又曰：君子必慎其独也。子思此言，即所闻于曾子者。何谓几？几者，事之微也。凡事从意起。起此一念，人所不知而己独知之。于此不慎，便入于小人。故古之学者因人所不见之地恐惧其易以自欺。每于此而必加谨焉。不敢欲肆妄行。是以一念之善，如好好色；一念之不善，如恶恶臭。如好好色，则顺而从之；如恶恶臭，必禁而止之。学者能此，则自修之首立矣。由此乃做到不可及处。

学才按：儒家修身学说中有君子慎独不欺暗室的训条。"君子之所不可及者，其惟人之所不见乎？"一个人在大庭广众演讲道德修养可以讲得天花乱坠。但最考验人的是在没有人看见的情况下，这个人是不是跟有人看见一样说话做事。人能做到表里如一，言行一致，那就是真君子。更重要的是，儒家认为，不仅在做事说话上有人见和无人见时都一样。即使是在无人知道的情况下，一个人自己的意念中产生一个念头，也不要自欺。这种要求已经是圣贤境界了。

正心

曾子曰：心有所忿懥，则不得其正；有所恐惧，则不得其正；有所好乐，则不得其正；有所忧患，则不得其正。即不正何以能修求吾身？故必要敬以直。内忿懥恐惧好乐忧患，人情之所不免者。但未来不将仰之。既往不留滞之，如心无一毫物欲，如鉴之空，如水之止。未有物来，虚明洞彻；一有物来，即随应之。物过后了然湛然，一真自若。如是则此心常在，不役于物。然后能检束吾身。大而君臣父子小而细微事物何由失其检束者哉？今之学者，务要操存此心，以为一身之主。天君泰然，百体从令。切要之功也。到此地位，则自无恶。然虽无恶，未免有过。过则失中，未善也。故为学之要，在于正心。正心之道，一敬而已。子思曰：戒慎不睹，恐惧不闻。又曰：不动而敬，不言而信。却便是直内功夫。诸子务宜勉之。

学才按：本则讲义主要突出"敬以直"。"直"就是客观规律、必然性。人之所以不能守正，是因为心为物役，良知被情绪左右。从根本上看，是因为良知中的客观性被外物诱惑，被失去平衡的情绪所支配的缘故。唯有常存恭敬之心，不让良知中的客观判断被主观情绪所扰动，人才会少犯错误。或不犯错误。喻樗所言"为学之要，在于正心。正心之道，一敬而已。"可谓切中要害。为后人指出了一条明路。

不息

子曰：譬如为山，未成。一篑止，吾止也；譬如平地，虽覆一篑，进吾往也。这个下学工夫，若是做到九分九厘，只有一厘欠些，就如衡之称物，不得其平。故君子之学，以中道为极。以不息自强直至死而后已。不容有一息之或间。使一息不在天理。却便与天地间流行之元气不同矣。故曰差之毫厘，谬以千里。书曰：为山九仞，功亏一篑。此之谓也。尔辈今日之学，更无他说。只务在有恒。自始学以致成德，工夫无欲速，毋自画。勉勉循循，无少间断。能如是，则工夫纯熟，义理融通。庶几乎下学而上达矣。

学才按：为学之道，贵在一个恒字。人而能恒，则和自然节拍相呼应。因为天地间的元气流行不息，日月运行不息。大自然日月运行，元气流行都是"不容有一息之或间"（断）。人之为学也应该自强不息死而后已。君子之学，不能急于求成，不能半途而废，更不能画地为牢，自我放弃。

改过

子曰：过则勿惮改。盖人防检少疏，则必失礼。礼者，中正之节文，所谓自然之道也。人惟于亲爱畏敬哀矜贱恶傲惰而一辟焉，却便是过。每于此惮其难，便不能改。遂成其过。所以学者于这里当要着意加察。或防检少疏，未免于辟。必须果断以图改之。是谓至健以致决，便是克复之功。大而君臣父子，小而事物细微。皆在亲爱畏敬数者之中。颜四勿，曾三省，皆不外是。诸子宜勤省，不可怠惰偷安。思之勉之。

学才按：喻樗对于人性的弱点分析透彻。人或因爱恨，或因憎恶，或因畏惧，或因傲慢，或因懈怠，往往容易犯错。犯错可以理解。人非圣贤，孰能无过？关键是改过要勇敢，不能放纵自己。学人只要每日都能像曾参那样反躬自省："为人谋而不忠乎？与朋友交而不信乎？传不习乎？"像颜回那样做到"非礼勿言，非礼勿听，非礼勿视，非礼勿动"就不会有什么过失。"不可懈怠偷安"这句话正是给一切为自己找理由不肯正视自己错误不肯改正错误者所开的药方。

主敬

子路问君子。子曰：修己以敬。曰：如斯而已乎？曰：修己以安人。曰：如斯而已乎？曰：修己以安百姓。夫君子之道甚多矣。何夫子独指修己以敬之说告之？盖勇者喜于有为而不能持久。故语以为学成始成终之道。夫敬也者，主以无适之谓。学者自立志之初，却便要有此敬心。持此以往，必使念念常存，直做到安人安百姓。及物处亦不可忽也。何又曰修己以安百姓，尧舜其犹病诸？夫尧舜之心何心也？肯使一物之不得其所哉？惟病于此，则兢兢以图一夫之胥安者自不容已。夫子所以病字言之。正以见尧舜之能敬也。故尧典首以钦之一字为言；舜典首以允恭克让为言。可见尧舜至圣，只是一敬做来。以至禹之祗汤之斋，文之敬止，武之敬胜。何莫不由此也。是故敬之一字实圣学之所以成始成终者也。诸子勉之！

前数事皆下学切要之言。能加体认，则看书作文得其真矣。守此则贤，化此则圣。失此则愚。圣贤千言万语总在是也。诸子无自怠忽，则为学之道，思过半矣。

——摘自《怀玉喻氏族谱》卷首

学才按：这一则和前面的正心类似，主要也是讲"敬"字。但这里主要从职业道德层面上立论，从敬业的角度说"敬"。小到工匠造物，大到君臣治国，当事者都得对岗位心存敬畏。只有这样，才能减少失误。

最后几句话是喻樗告诫子侄们的总结性话语。"守此则贤，化此则圣。失此则愚。"喻樗是宋代理学大家，这篇《水云堂讲义》所讲的修身为学之道，现今仍旧具有很强的生命力。问题的要害在于，看懂这篇讲义不难，难在躬行实践。只有亲自实践，才能感受到圣贤教诲的无穷力量。

（2019 年 1 月 31 日）

大悟喻氏源流考

一、述地

大悟县原名礼山县，地域范围在湖北孝感县境内。始建于中华民国二十二年（西元1933），建县理由是"险阻僻远，政令不及"。国民政府将湖北黄陂、黄安（今红安）、孝感及河南罗山四县毗邻地块合并，因县城附近有礼山，遂以礼山名县。这里原来是鄂、豫、皖三省的边界地区。战争年代，是国共两党军队拉锯战的地带，老百姓曾饱受战乱杀戮之苦。

1952年9月，为纪念大悟山区人民在历次革命斗争中的英雄业绩和重大牺牲贡献，由中南军政委员会上报中华人民共和国政务院批准，将礼山县更名为大悟县。县城位于二郎店，县名大悟，也是因为县境内有大悟山的缘故。县名为中华人民共和国国家主席李先念所选定。

看康熙版《孝感县志》，其中谈到孝感县城的风水，山脉即发源于今大悟县境内的大悟山，而水源就是今穿越大悟县城而过的澴河（古称澴水）。大悟县境内的白云山是宋元明清历代避兵之地，是一个故事很多的战争名山。本人在白云中学念书那阵子，知道大家都管它叫白云洞。

二、认祖

大悟喻氏尊东汉喻猛为始祖。喻猛为东汉豫章人。和帝时曾任苍梧郡太守。以清白处世，以耕读传家。子孙遍及全国各地。大悟喻氏尊南宋后期江西吉安喻骄生为始迁祖。

从东汉喻猛至南宋喻骄生，历时41代。

发展到了21世纪的今天，大悟一支已经传衍到第74代圣字派。我们学字派属于第70代。按照重庆人的习惯，我一下子变成了很多人的老辈子。因为现在有的分支已经传到第79代了。而我们大悟，最晚的也就是74代或75代了。

东汉喻猛公之前，线索暂难理清。因为历经秦始皇焚书坑儒，汉朝的董卓之乱，官方掌管的姓氏谱牒损毁严重。不过，天下喻氏派别虽殊，而同尊祭公相如为得姓始祖，多尊南昌喻猛为始祖，却是明清以来800多支支系谱书的选择。在交通通讯不发达的古代，各地喻氏族人多奉喻猛为始祖，绝不是偶然的巧合。而祭公相如即最早的得姓始祖喻相如和春秋时期郑公族这一支的关系，族谱上还没有看到两者完整连续的世系传承。需要未曾面世的老谱和日后地下的出土文物来证明。现在只能实事求是的将其搁置。

猛公的祖父喻兆祯（有的谱书写作喻周正，喻周祯）是江西上饶地方的名医，父亲名喻钟祥。他们一家三代于西元56年也就是喻猛十岁那年由上饶茅岗迁徙到豫章（今南昌）澹台门龙沙里定居。喻猛自幼好学，以忠孝名乡里。东汉和帝永元元年（89）得以贤良方正举御史。其为人正直，不阿权贵。永元三年（91）出守苍梧郡，清白为治，以礼化民。后又受命任交趾令，得当地民众感戴，造为歌谣，到处传唱。歌词流传至今，详本书《喻猛生平考》。汉安帝延光癸亥年（123）卒于家。享年67岁。

以下罗列猛公后裔历代长子名讳：

喻猛公的儿子喻约，是为二世；三世：喻宏麟；四世：喻隆；五世：喻尚和；六世：喻福；七世：喻胜祖；八世：喻天秩；九世：喻合；十世：喻师堂；十一世：喻伦；十二世：喻健；十三世：喻正阳；十四世：喻淳；十五世：喻宏化；十六世：喻时；十七世：喻钦之。十八世：喻公宇；喻药；十九世；喻亨；二十世：喻云龙；二十一世：喻贞静；二十二世：喻与；二十三世：喻简能；二十四世：喻九州；二十五世：喻岳；二十六世：喻车；二十七世：喻悠久；二十八世：喻秀发；二十九世：喻复；三十世：喻寅；三十一世：喻肇宗；三十二世：喻尧叟；三十三世：喻弁；三十四世：喻昆；三十五世：喻应宸；三十六世：喻仲甫；三十七世：喻以琼；三十八世：喻纲；三十九世：喻友闻；四十世：喻文杰。

大悟这一支的三十六世祖喻仲达，乃喻仲甫之弟。三十七世：喻慧观；三十八世：喻希武；三十九世，不详；四十世，不详；四十一世：喻骄生。骄生公第三世孙徙居汉镇即今湖北省武汉市。第六世孙传礼携子延实徙居今大悟境内，传衍大悟支系。

为了便于大家了解大悟喻氏远祖世系的梗概，兹将族谱中所载远祖世系整理于下：

三、世系

大悟喻氏远祖世系

第一世　喻骄生

第二世　喻滕远　喻滕暹

第三世　喻国良、喻国曙、喻国理、喻国珠、喻国兴、喻国灿

说明：国良、国曙、国理为长房喻滕远之子；国珠、国兴、国灿为幼房喻滕暹之子。其中幼子国灿无传。光绪十年喻氏宗谱记载说，国字辈兄弟"俱迁汉镇居"。但光绪二十五年谱记载则说是第四世正字辈的喻正万（喻国良之子）、喻正乾、喻正坤（喻国曙之子。）喻正纲、喻正纪（喻国理之子）俱迁汉镇居。未知孰是。但汉镇显然是今日之武汉的汉口。古代名汉口镇，简称汉镇。

第四世　喻正万；喻正乾、喻正坤；喻正纲、喻正纪；喻正明、喻正朗。

说明：喻正万乃喻国良之子；喻正乾、喻正坤乃喻国曙之子；喻正纲、喻正纪乃喻国理之子；喻正明、喻正朗乃喻国兴之子；第三世喻国灿无传。

第五世　喻遗松、喻遗柏；喻遗楷；喻遗楠；喻遗桂、喻遗槐。

说明：喻遗松、喻遗柏乃喻正万之子；喻遗楷乃喻正乾之子；喻遗楠乃喻正坤之子；喻遗桂、喻遗槐乃喻正朗之子。

第六世　喻德昌、喻德俊、喻德依、喻德茂、喻德宗

说明：喻德昌乃喻遗松之子；喻德俊乃喻遗楷之子；喻德依乃喻遗楠之子；喻德茂乃喻遗桂之子，住陂邑城内（当属古代黄陂县城内）；喻德宗乃遗槐之子。迁居陂邑长堰（今为武汉市黄陂区水口镇。2018年笔者曾访问该村家谱主修者喻四海）。

第七世　喻传福、喻传禄、喻传袝、喻传袗、喻传裂、喻传褒、喻传昌、喻传祈、喻传祯、喻传祥、喻传裕、喻传礼。

说明：喻传福、喻传禄乃喻德昌之子；喻传袝乃德俊之子；喻传袗、喻传裂、喻传褒、喻传昌乃喻德依之子；喻传祈、喻传祯、喻传祥、喻传礼乃喻德茂之幼子。迁居陂邑将军社喻家冲。

第八世　喻延龄、喻延遐、喻延儒、喻延逊、喻延远、喻延进、喻延兴、喻延旺、喻延熹、喻延信、喻延矩、喻延乐、喻延实、喻延祖。

说明：喻延龄、喻延遐乃长房喻传福之子；喻延儒乃喻传袥之子；喻延逊乃喻传裂之子；喻延远乃喻传裦之子；喻延进乃喻传昌之子，迁居汉川县。喻延兴乃喻传祈之子。迁居陂邑姚家集。喻延旺乃传祯之子，迁居云梦县。喻延熹乃喻传祥之子，迁居德安府。喻延信乃喻传裕之子，迁居孝邑广阳乡。喻延矩乃传裕之子，移居孝邑洪乐乡。喻延乐乃喻传裕之子。移居喻家垈楼。喻延实乃传礼之子。迁居喻家凹，葬喳口石。喻延祖乃传礼之子。

第九世　喻文训、喻文谟、喻文熹、喻文谅、喻文秀、喻文蔚、喻文注、喻文谦

说明：喻文训、喻文谟乃喻延龄之子；喻文谟后裔不详。喻文熹、喻文谅乃喻延儒之子；喻文秀、喻文蔚乃喻延实之子。喻文注、喻文谦乃喻延祖之子。喻文注迁居河南定元店。喻之谦不详。

第十世　喻章巨、喻章烜、喻章炳、喻章灿、喻章煜、喻章熠

说明：喻章巨、喻章烜乃喻文训之子。喻章炳、喻章灿乃喻文秀之子；喻章炳徙居河南九家店。喻章煜、喻章熠乃喻文蔚之子。

第十一世　喻最高、喻最和、喻最堂、喻最太、喻最永

说明：喻最高乃喻章巨之子；喻最和乃喻章烜之子；喻最堂、喻最太乃喻章灿之子；喻最永乃喻章煜之子；喻最云乃喻章熠之子。

第十二世　喻乐得、喻乐三、喻乐四、喻乐善。

说明：喻乐得乃喻最太之子；喻乐三、喻乐四乃喻最云之子；喻乐善乃喻最可之子。

第十三世　喻万中、喻万申、喻万全、喻万金、喻万世

说明：喻万中乃喻乐得之子；喻万申、喻万全乃喻乐三之子；喻万金乃喻乐四之子，永乐二十三年迁居喻家堂；喻万世乃喻乐善之子。

第十四世　喻代松、喻代柏、喻代进、喻代成、喻代远、喻代长

说明：喻代松、喻代柏乃喻万中之子；喻代进、喻代成乃喻万金之子；喻代远、喻代长乃喻万世之子。

第十五世　喻宗祥、喻宗祯、喻宗元、喻宗荣、喻宗华

说明：喻宗祥乃喻代松之子；喻宗祯乃喻代柏之子。喻宗元乃喻代进之子；喻宗荣乃喻代远之子；喻宗华乃喻代长之子。

第十六世　喻流光、喻流远、喻流芳。

说明：喻流光乃喻宗祥之子。喻流远乃喻宗元之子。葬于塘凹。喻流芳乃喻宗荣之子。

四、江西共祖和大悟始迁祖认定问题

喻骄生为南宋末年人，进士。隐居不仕。从他开始，创立喻氏谱牒，留下了"骄滕国正，遗德传延，文章最乐，万代宗流"十六字字派流传后世。喻骄生是喻猛公的后裔。属于江西吉安的始迁祖。骄生公第六世孙喻德茂迁居西陵城（今武汉市黄陂区）。喻德茂生有五子，依次为传祈、传祯、传祥、传裕、传礼。其后裔先后迁往湖北、河南等地，统称江西麻城过籍而来。老五传礼公携子延实、延祖迁黄陂北乡沈家院将军社喻家冲（即今之大悟县新城镇大畈村喻家冲，）卒，葬钟鼓石。长子延实卒，葬祠堂后喳口石。1993年湖北、河南两省云梦、大悟、河南桐柏等11县市喻氏联谱，尊延旺、千禄、华三为云梦等地一世祖，尊延实为大悟一世祖。原称各分支始

图4-7　喻骄生像

祖道大、道统、道隆为第10世。散居现今大悟境内的喻氏子孙，都是延实公后裔。定传礼公以上为江西麻城远祖。世系以延实公以下"文章最乐、万代宗流。道子伯朝，艮于宣国，天泰绍尧，光辉宗泽，学遵贤圣。德贵贞纯。礼义传家、继述常新"共41世为近代和当代派号。大悟的"光辉宗泽，学遵贤圣"与云梦的"正大光明，奉为世守"为相等派号，为21世-29世派号。30世以后按联谱统一派号实行。经查，1993年联谱所定派号（30世-45世）为"任重道远，美德弘扬。振乃家声，兴国安邦"。

据《中华喻氏总谱世系编》和1993年的大悟、云梦等地联谱《喻氏宗谱》，我整理出了大悟喻氏长房（童子岩下喻家冲道隆公派下）的24世直系传承图谱：

喻延实（第一世）→喻文蔚（第二世）→喻章熠（第三世）→喻最云（第四世）→喻乐四（第五世）→喻万金（第六世）→喻代进（第七世）→喻宗元（第八世）→喻流远（第九世）→喻道隆（第十世）→喻良识（第十一世）→喻于仁（第十二世）→喻宣猷（第十三世）→喻国宜（第十四世）→喻延禄

（第十五世）→喻保志（第十六世）→喻绍唐（第十七世）→喻尧运（第十八世）→喻中畅（第十九世）→喻辉清（第二十世）→喻宗安（第二十一世）→喻泽刚（第二十二世）。

喻学才为喻延实公第 23 世裔孙，若从喻猛公算起，则为第 70 世裔孙。

依据大悟喻氏现在所能找到的谱书，包括清朝同治十年，光绪二十五年，民国三十五年和 1993 年所修的大悟喻氏宗谱中提供的信息分析：

喻延实，生卒年月无考。葬地在今大悟县新城镇大畈村喳口石。

喻乐四，生卒年月无考。喻万金，生卒年月失考。只知道他于明永乐二十二年（1424）由新城大畈喻家冲搬迁喻家堂（今名高店乡凉亭村喻家田）。喻代进，生卒年月失传，其一生大事为后人口传的是他曾在今高店凉亭建喻氏宗祠一栋，即喻家堂。喻宗元，明永乐年间（1403－1422）生人。由喻家堂复迁喻家潭即今喻家河。葬喻家河陈寨塘凹第一排第二冢。喻流远，明正统年间（1436－1444）生人，喻家河人。葬喻家河陈寨塘凹上下两排墓地间，无确考。喻子哲，在道隆公八个儿子中排行老五。其后裔散居各地。今喻家冲、杨家垅、张家田、喻家凼子、七里冲等地皆是该公之后。

喻道隆，邑庠生。生于明天顺二年（1458）十二月初十。卒于明正德十二年（1517）四月十二日。享年 60 岁。根据家谱的记载，喻道隆是当年孝感县的秀才。原居喻家堂，即今喻家河。后因兵荒马乱中贼人放火焚烧了他的家园，才迁徙到童子岩下喻家冲（原名杨林冲）。以"别子为祖"的理由，被大悟喻氏（童子岩下喻家冲开枝散叶的后裔）尊为一世祖。他之所以在清朝鼎盛时期被喻宣勋提议尊为一世祖，理由有三：一是当年楚北喻氏互相来往不多。家谱中虽然记载了远祖世系（即喻骄生以下 16 代的名讳和迁徙地点），但没有生卒年月的记载。有准确的生卒年月日见诸宗谱，自

乱世不易做书生　住宅谁料被贼焚
北行另觅安身地　童子岩下建新村
十四世孙　东南大学喻学才题

图 4－8　喻道隆像

喻道隆始。二是喻传礼老祖宗也好，他的儿子喻延实也好。虽然族谱上有葬地记载。但并无被后世尊为始迁祖的记载。楚北喻氏说及始迁祖，一般都是遥尊宋朝末年江西吉安的喻骄生为始迁祖。其实，这位老祖宗是否迁居楚北（今黄陂大悟一带）并不重要，重要的是喻骄生有功名。古代中国确定始迁祖是有条

件的。只有对家族有重大贡献者，包括读书做官，或者战乱年代帮家族度过危难，保全家族者，才有资格做始迁祖。这也就是为什么1993年喻学超等所修喻氏宗谱之前的旧谱，从来没有尊新城大畈村喻传礼或其子喻延实为大悟始迁祖的原因。

因此，大悟喻氏仍宜以童子岩下喻家冲一世祖道隆公为一世祖，清明祭祀仍应以此墓为主。尊喻道隆为一世祖，并无贬损其他年代更为久远的老祖宗之意，只是那些老祖宗没有相关的信息（如生卒年记载，如功名记载，如明确的始迁原因记载）传承下来，尊其为一世祖的理由不充分。

再说，尊喻道隆为一世祖。只是说明他的传承信息完整，理由充分。作为后裔，不应该争论是不是他的长子传承下来这样的问题。如果这样固执，那我们为什么要尊喻猛这位一千八九百年前的祖先为始祖。全国800多个猛公后裔分支都是他的长子传下来的吗？再如喻骄生，我们湖北大悟、云梦，河南桐柏、信阳等地喻氏都是他的长子传承下来的吗？

为什么我们这些分支的喻氏后裔都尊喻骄生为江西吉安始祖，因为他虽然是隐士，但有进士功名，又是吉安喻氏的始迁祖，因此大家牢牢记住了他。

我因此知道，大悟新城、阳平（白云）、丰店、高店、凉亭、二郎店、橙茨园（也写作"层次园"）、汪洋店、阳河、喻家河等地聚落都有喻延实的后裔居住。

1993年前，大悟各地喻氏子孙每逢清明节即来童子岩下喻家冲道隆公墓前祭祀。这说明在大悟范围内，喻氏家族虽然不都是道隆公的后裔，但他却是我们这一族群迁徙到今之大悟范围后第一位有功名且有生卒年记载迁徙经历明确的祖先。大悟境内喻氏各房都来祭祀这位先祖，是有根据的，因为他是延实公长子的后裔。

道隆公后裔，喻学才五世祖喻中畅是一个需要特别一提的祖先。喻中畅，字成俊。生于清朝嘉庆二十五年（1820）六月初八，卒于清朝光绪二十五年（1899）七月二十二日，享年80岁。他是农民，没有受过多少教育。然而在太平天国之乱（1851－1868）前夕，30岁的他很有前瞻性地做出了由今杨家河晁家河向童子岩下喻家冲深山老林转移的决定。童子岩下喻家冲虽为道隆公以来的祖业，但因交通闭塞，族人后来慢慢迁徙到山下靠近汪洋店附近的杨家垄、喻家凼子等相对平坦的地方发展。童子岩下喻家冲实际上居人无多。这从族谱上关于道隆公的墓地即可看出。因为道隆公这位一世祖的墓地原来就是他们家刚迁来时的老屋，也就是以祖屋的宅基为墓。

喻中畅鉴于对洪杨之乱的预测，提前在童子岩下喻家冲置业，购房买山，体现出人弃我取的见识和魄力。后来洪杨之乱波及鄂东北，喻中畅因为已经经营多年，加之村后就是深山密林，长毛不敢冒险。不仅喻家冲，包括搬迁到周边地区的族人，以及外姓乡邻，凡是来到喻家冲"跑反"避乱的，人身安全和财产大都得以保全。因此，中畅公在附近十里八乡享有极高的声誉。

按诸《礼记》所确定的祭祀标准，喻中畅这位祖先属于能御大灾，能捍大患，为家族做出巨大贡献的历史人物，不应跟一般祖先同等看待，故特为表而出之。

今纵贯南北的北京至深圳高速铁路在高店乡喻家河建孝感北站，孝感北站距离童子岩下喻家冲直线距离不到 5 公里。因写此小文，缅怀先祖，详记世系。希望能帮助故乡大悟喻氏族人认识祖宗，崇拜祖宗，祭祀祖宗，在开拓进取再创辉煌的中华民族复兴征程中略尽绵薄之力。同时也记录千载难逢的故乡交通之历史性跨越。

喻中畅像

大字不识一箩筐　腹有韬略总异常
谈笑规避洪杨乱　未雨绸缪保家乡
五世孙　东南大学喻学寸撰

图 4-9　喻中畅像

（2019 年 6 月 25 日）

第五编 05

关于族史研究方法

西蜀孔家垄乃江西古地名说

　　顷阅近20年来新出版的各地喻氏族谱，发现个别地方的新编谱书主张中华喻氏出四川的看法。如《新建新塘重修族谱序》上说："（一）远祖自西蜀（即今四川）迁居到江西玉山县的茅岗。这位远祖叫什么名字，原居西蜀何地，何时何故迁豫章，都无具体记载（见《先贤传》）。（二）从玉山迁居豫章（今南昌）的始祖名兆征，字贞启。起初是来豫章行医，后于西汉元帝时（约当公元前四十年）迁居豫章澹台门龙沙里（1990年喻以健撰《新建新塘重修族谱序》，见中华喻氏族史会编《中华喻氏通谱》，四川出版集团巴蜀书社2010年版，第一部上册，第240页）"。谱序的作者交代说，这是旧谱记载的迁居情况。查明朝正统十年（1445）邬彦济为《喻氏大成总修族谱》所写的序言，其中确有"谨按斯谱，其九世家于蜀。至宣公总戎守御关西。历梁唐晋汉周五季，以至于赵宋，有曰从政者，为江陵太守，政绩有加。乃得增秩平章，复赐养老于豫章"（明人邬彦济撰《喻氏大成总修族谱序》，见中华喻氏族史会编《中华喻氏通谱》，四川出版集团巴蜀书社2010年版，第一部上册，巴蜀书社2010年版第176页）。虽然这种说法并不是斩钉截铁式的肯定，但因为说是从旧谱上摘录下来的，后面又罗列了新塘（其地在今江西新建县境）本地的开基祖等信息，很容易使人产生迷惑。且明代谱序又语焉不详，给人疑点重重的感觉。天下喻氏出自江夏，这是我们喻姓历史长河的共有源头，也是我们族人的共识。现在出来一个天下喻氏出自四川的说法，不可不辨。

　　相关类似的说法，大要似是而非。兹不一一列举。本人以为《新建新塘重修谱序》及相关�代旧谱最具代表性。

　　那么这个说法是怎么来的呢？

一

我翻阅了所能找到的自宋迄今的所有喻氏族谱，仔细看了上面的谱序。找到了一个疑似的源头。这就是由南宋乾道元年（1165）先祖喻大常撰写的谱序《豫章喻氏宗谱源流序》。为了方便大家的阅读，兹全文引用于下：

古人锡土赐姓，帝王元制也。别其氏族，乃诸侯之制也。若夫　大夫有家，以大史掌其交籍，此言其始者也。其籍存焉则知大宗小宗，不可紊焉者。我喻氏远祖周珍，由西蜀孔家垅分迁洪州澹台门龙沙里家焉，生子名猛，仕汉苍梧太守，清白留名，传至二十世宣公仕于唐，以功授关西道。致仕，还归洪州，奉上加封都统天下大元帅，……传二十八世从政公，仕大宋，官拜金紫光禄大夫，择地塟母陈氏九夫人，于西山之洪崖潭源，结草庵于伏龙山后，因丧乱频仍，遂由龙沙里迁居注塘，开辟土地，广制田产，所称"马飞宅上，粟贮花桥"，即其地位也。从政公生子九：长曰大纲，生子三：长子百万，分迁剑邑梧冈前坊南溪；次子百寿，仍居西山；三子兆万，分迁梅溪涂埔。次曰大纪，生子九万，分迁湖注塘。三曰端，仍居西山，生子季万，分迁桥亭蓝塘。四曰大珊，徙居新昌。五曰大德，徙居南昌塘树店。六曰大邦，迁居吴城下富。七曰大洪，徙居钟陵西蜀。八曰大武，迁居湖广平江县。九曰大常，长孙全琛，迁濠溪。各详世系，是祖宗之德泽至此，蕃衍盛大而之瓜瓞绵绵也。大宋乾道元年乙酉仲夏月，二九世孙大常手原稿。（宋人喻大常撰《豫章喻氏宗谱源流序》，见中华喻氏族史会编《中华喻氏通谱》，四川出版集团巴蜀书社2010年版，第一部上册，第188–189页）

喻大常谱序所言远祖周珍，是哪一代的先祖，待考。本文重点研究地望西蜀孔家垅。关于远祖周珍，以及所谓喻迪充任兵马大元帅等悬疑问题，留待他文讨论。

《新建新塘重修族谱序》从所引用的两条旧谱资料《先贤传》里面提出了"西蜀""玉山茅岗""豫章澹台门"三个地名概念。作者担心读者不明白，还特地在"西蜀"后面括弧里面加上"四川"二字。这"四川"二字显然是今人修谱作序者所加，因为古人行文没有这种在括弧内加注的传统。恰恰是这个随文注释，使问题更加复杂化。因为不加注"四川"二字，人们对西蜀一词还可以有其他的理解。这个括弧注释一加，读者似乎就必须按照谱序作者的理解去理解。也就是说，远祖的籍贯除了四川不可能有第二个理解。果真如此吗？让我们慢慢道来。

二

首先，我们来看看这三个地名。西蜀，按照一般的用法，它泛指整个四川。特指时乃指四川的西蜀古镇，也就是今天成都市龙泉驿区的一个客家古镇，名洛带古镇。不管是哪一种情况，都属于四川的范围。而玉山是上饶的范围。今天属于上饶市辖的一个县。茅岗在江西有好几个，但跟上饶有关系的只有三清山索道站附近地名茅岗。至于豫章，大家都知道是古地名，范围大致相当今天的南昌市。澹台门是古代豫章郡老城的一个城门名，该城门名是为了纪念孔子的学生澹台灭明而命名的。澹台灭明是一个其貌不扬但道德学问都很优胜的弟子。发展到明清时期，澹台门被改称永和门。故址在今八一大道叠山路、南京西路交界处。

《新建新塘重修族谱序》说"这位远祖叫什么名字，原居西蜀何地，何时何故迁居豫章，都无具体记载。"下面一条则说："从玉山迁居豫章（今南昌）的始祖名兆征。字贞启。其起初始来豫章行医。后于西汉元帝时（约当公元前40余年）迁居豫章澹台门龙沙里。"我无缘看到江西新建新塘的元代旧谱，因此不敢遽断。这位喻兆征很可能就是喻猛的祖父。《中华喻氏通谱》的主纂者之一喻儒林曾当面跟我说过，猛公的祖父喻兆祯是江西上饶地方的名医，父亲名叫喻钟祥。他们一家三代于东汉光武帝建武二十二年（46）也就是喻猛十岁那年由上饶茅岗迁徙到豫章澹台门龙沙里定居。龙沙，也称龙沙岗，位于今南昌老城区西北约三里的赣江之滨，现下沙窝沿江处。其地沙滩色白，古时有人见龙行其上。故名。今则沿江辟为市民浴场。这个区域就是我喻氏家族豫章郡的老住所。从东汉直到南宋，1000多年岁月里，豫章澹台门龙沙里几乎跟喻姓结下了不解之缘。我们从族谱文献不难看出，喻猛公担任苍梧郡太守，兼管交趾（今越南）。德高望重，致仕之年汉和帝还不忘赐他回故里豫章澹台门养老。唐初的喻迪冲，晚唐的喻从政，都因为有功于国而得到过当朝皇帝赐居豫章澹台门的恩宠。如果豫章澹台门龙沙里不是喻氏家族的"根据地"，这些自汉朝到宋朝的皇帝对有功社稷的臣僚做这种安排就不可思议。

三

在大常公这篇喻姓族谱谱序中，也出现了几个古老的喻姓聚居地地名，一曰"洪州澹台门龙沙里"，一曰"西蜀孔家垅"，一曰"钟陵西蜀"。

这些地名之间的关系如何？

经调查，上饶茅岗就是三清山脚下索道站附近的喻湾。喻湾所在属于玉山县管辖。从地方文献得知，江西玉山县从宋朝至清朝，各个时代都有本地喻姓人才服务社会的记载。其中最著者为南宋朝的喻樗。该县先后有喻樗、喻则成、喻京、喻琪昌、喻瓒等人才见诸县志。喻樗在玉山所做的官不大，只是一个县尉。负责捕盗，维护治安。也就是相当我们今天的一个分管治安的副县长。但他名气很大，这一则因为推荐他的人来头大，如宗泽，如赵挺之，影响很大。二则因为他慧眼识才，为人所艳称。他在该县做地方官时，能够预测一个叫汪应辰的儿童将来会中状元，并且把自己的女儿嫁给他。他的另外一个女婿张孝祥也是状元。这种奇特的事情发生在他家，跟他过人的鉴别预测能力有直接关系。三则和他的人品高洁有关。县志记载喻樗治盗有术、多年困扰该县治安的问题，他轻轻松松就解决了。县令要为他申请奖励，被他制止。他说，捕盗治安，本来就是地方官的职责所在。现在肃清了本县的强盗，不过是做了该做的工作而已，不可谋求奖励。这条信息说明在江西玉山从宋朝开始就有喻姓居住，并且世代都有人才用世。从《玉山县志》看，知道喻樗本是严州人，也就是今天的浙江桐庐人。为官玉山，后来子孙中也就有以玉山为家了。从新建谱看，喻樗的后人从玉山迁到南昌澹台门龙沙里，时间大约在宋元之交。至迟在元代。来龙去脉很清楚。该县北乡有喻樗和喻则成墓地。清朝康熙年间还见诸县志记载。

据《砚石喻氏宗谱》所载的宋朝皇帝颁发给喻樗的诰敕，知道他还曾担任过朝廷的史馆校勘。虽然不算什么大官，也是重要的工作。玉山县志编纂者可能没看到诰敕，因此没有提这件事。但喻樗担任史馆校勘这件事，在《剡北喻宅喻氏宗谱》《桐江关山喻氏宗谱》等谱书中都有记载。

那么"西蜀孔家垄"这个地名呢？宋代是一个重视文化的朝代。先祖喻大常不可能无中生有地乱写一个地名。须知中国人"家"的意识，"根"的意识极其浓厚。他们可以忘记其他许多东西，但自己的祖宗，老祖宗住过的地方，一般是不会忘记的，也是不能忘记的。

我们还可从宋代蜀地地名赋存、地名命名的规律等角度来论证这个问题。

一地区别于他地，有很多指标可以依据，比如方言，比如民俗。比如地名。从地名命名习惯看，我查阅记载宋代四川地名的历史典籍，均不见所谓孔家垅或张家垄、王家垄这类地名。直到现在还是这样，其次，中国人称呼地名，向来习惯先大后小。如湖北省武汉市。南昌市澹台门。同时，也不会出现大小之间断档的情况，如湖北省喻家冲之类的没有中间层次的地名说法。如果说，西蜀是四川的代指。那么，按照常情，孔家垅就应该是市县级的地名。但我们遍查唐宋四川文献，乃至江西、湖北等省文献，都找不到孔家垅这样一个县级地名。这说明所谓西蜀孔家垅，绝对不会是四川省境内或其他省境内的县级地名。

那么它是哪里的地名呢？从区域地名命名习惯可以了解到，喜欢叫某某垄地名的，在湖北、湖南、江西等地有较多的存在。如现在的武汉市黄陂区蔡店乡还保留有孔家垅的地名。湖南株洲市天元区有孔家垅地名，江西南昌附近如新建县（今为新建区）就有很多地名带垄字，如后垄，面前垄，背后垄，后垄田，后垄山，井头垄，庙前垄，对岸垄，头垄，上头垄，二垄，大涯垄，樟二垄等等（详见新建县生米镇铁路村仙步喻家自然村《喻氏家谱》（忠义堂）又如新建县《昌邑喻氏族谱》所载坟山买地地契中，也有黄家垄、沙坑垄、喻坊垄、胡坊垄等地名。

九江永修县有孔家垅地名。湖口县流泗镇有屈家垅、张青乡有檀树垄，等等。我们深入调查南昌附近各相关县地名，发现在新喻县历史地名中，存在孔家陂、孔丘明宅、孔母墓、孔埠湖之类的地名（见（清）施润章等修，康熙七年刻本《临江府志》卷六，成文出版社中国方志丛书华中地方第948册卷三，第135页，136页，295页，337页）。在新昌（今为宜丰县城所在镇，名新昌镇，历史上曾经存在过新昌县）明清地名中虽未找到孔家垄的地名，但那里却有某某垄的叫法，如马家垄，晏子垄、中家垄等地名。另有喻家里、梧冈山喻坊、喻家嶂等地名（见康熙《玉山县志》卷六）我们因此推测这孔家垄地名，最先当是喻氏祖先在江夏地区的聚居地名。后来搬迁到豫章，仍以孔家垄为地名。为了区别江夏孔家垄，才在孔家垄三字前加上西蜀二字。

那么这西蜀地名究竟是不是四川？答案是否定的。这个西蜀在唐宋时期应该是指位于蜀江上游的江西宜丰即今新昌镇一带。此地与万载县、古代的进贤县，上高县，玉山县等县属于同一个地理片区，相距不远。

先说蜀江。这条蜀江，又称蜀水，锦水。因为"世传许逊为蜀旌阳令，有奇术。病疫者往蜀请治。逊以濯锦江水投之上流，饮者病愈。故名蜀江，一曰锦水"。蜀江发源于万载县境，中经宜丰，最后在南昌汇入赣江（见清刘丙、晏善澄纂修，嘉庆十六年刻本《上高县志》卷三，见故宫博物院藏稀见方志丛刊第37册第511页）。根据我国江河的流向规律，自西而东，是其基本流向。故上游之蜀江称西蜀，是题中应有之义。西蜀既然冠于孔家垄前面，一定是个大地名。先大后小是中国地名命名的规律。那么这个孔家垄只能在万载或新昌境内。其实，从地理角度看，这几个县离南昌都并不太远。一般也就一百多公里。前人产生误解，很可能一因西蜀，二因锦江。这两个地名很容易把人的思路引向四川。而喻氏在四川也就是古代的西蜀发展，较早见于记载的有南宋喻良能所撰的绍熙三年喻氏宗谱序。那篇序言中述及西周穆王时期喻氏得姓始祖喻相如的第五世孙喻琰前往西蜀发展，仕川喻氏宗谱所载《统宗至万字》世系图上有记载。说喻琰镇守成都新都（即今成都市新都区），但这个说法没有喻氏相关支系的世系证明。本人怀疑有两种可能：其一是实有其事。结束任职后回到江夏，后落籍江西，因其本意是在西蜀发展，故将其地名带到现居地江西南昌（当年还没有南昌这个地名）。这一派衍生出后来的喻猛及其支系。这是一种可能。还有一种可能是当年喻琰去的西蜀根本就不是四川成都，而是今天江西的蜀川上游，也就是蜀川的西段，多种喻猛后裔的家谱都说喻猛的祖父自西蜀迁澹台门龙沙里。而家谱上还有一个限定条件，即说喻猛的祖上来自江西啊，世居西蜀。而又有很多家谱明确这个西蜀就在南昌，如江西玉山《怀玉喻氏宗谱》。因此，西蜀孔家垄就在南昌一带。我个人更倾向于这后一种推测。因为他能和大多数喻猛后裔的谱书之记载大体吻合。可以支持前一种推测的有喻道启2000年所撰《苍梧世家仙步喻氏宗谱·再版前言》。原文是这样说的："我苍梧世家自东汉末年三国归晋始祖自四川成都南门迁至江西近两千年，现苍梧世家后裔遍及江西各地。"很遗憾的是，这个说法没有任何谱牒依据。四川成都南门外这个地点倒是很确定。可是时间表述很不明确。"东汉末年三国归晋"这是一个什么时间概念？这个时间概念过于含糊。这就像有的谱书上说新建始祖喻从政仕宋，授金紫光禄大夫一样。宋朝分北宋南宋，几百年时间，喻从政究竟在宋朝哪一朝皇帝手下任职？再说，这官一下子就做到了金紫光禄大夫。怎么可能？如果这篇《再版前言》没有旧谱做依据的话，那只能说是不靠谱的臆测。因为江西多部喻氏族谱记载喻猛的祖父在王莽专政阶段自江夏迁来江西上饶境内，后来因为行医德行高尚，医术高明而为豫章张太守器重，这才迁入澹台门龙沙里。王莽专政就是一个比较具体的时间节点。三国争霸，是在东汉后期才出现的。最后结局是天下一统归属西晋。这是多么漫长的一段时间啊。这个时间段有近300年之久。何况喻猛家族从王莽时代自江夏来江西到西晋统一，已经繁衍了至少15代，出现了喻猛、喻伦、喻合等有重要影响的历史人物。

　　再说钟陵。所谓钟陵，就是今天的进贤县。宋崇宁二年改称进贤县。唐宋时期包括后来明朝的许多进贤名人，都自称钟陵人。这个地名多历年所。唐代隐逸诗人戴叔伦就是该县人。明朝反对嘉靖皇帝提高自己父母地位的大臣中就有钟陵状元舒芬。盾代钟陵出了好几位有名的画家。今天这个古老的县份虽然已改称进贤，但该县北部至今还保存了一个叫钟陵的乡。钟陵乡位于进贤县东北部，军山湖南岸，东与抚州的东乡县、上饶的余干隔信江相望，史称"三府三县"要地，西与沌溪乡，南台乡交界，北和二塘乡接壤，南与衙前乡毗邻。总面积 117.36 平方公里。20 世纪 70 年代江西省政府曾将抚州的部分乡村并入进贤，这也就是茅岗乡为何也出现在进贤的地图中的原因。

　　钟陵县在唐宋时期究竟有多大，史无明文。但我推测，当年的钟陵县，范围应该比较大。宋代地名西蜀孔家坽尽管已经不见于现用地名，但我们还可依据唐宋以来的古代文献寻找支持。即使找不到支持，就根据常识也可做出判断。自始祖喻猛公祖父以来，中经唐代先祖喻迪冲，到晚唐先祖喻从政，直到大常公兄弟九人，他们虽然到外地做官，带兵打仗，但故乡祖居始终在江西南昌澹台门及附近，其迁徙半径不超过 100 公里就是明证。

　　所谓钟陵西蜀，这种称谓比较奇特。查我国地名，叫西蜀的只有四川成都东那个古镇。但该镇建镇历史最早也就是三国两晋时期。因为镇上多客家人是其明证。但喻大常谱序里明说是从钟陵西蜀迁到南昌澹台门后喻猛才出生。可见此西蜀跟谱序中的那个被作为四川代称的西蜀了不相干。那么这个西蜀是否就是五代时期或者宋代钟陵县的一个乡级地名？如果不是，那怎么理解西蜀二字之前要加限定词钟陵呢？此其一。其二，这篇谱序中始祖喻猛公的祖父和父亲自西蜀孔家坽迁到洪州澹台门龙沙里。这个西蜀孔家坽是否就是上饶的茅岗或新昌县的孔家垄？也许那年月新昌还属于钟陵哩。

　　钟陵县最初叫豫章县，唐代宗宝应元年改为钟陵县，因为唐代宗叫李豫，为避讳才改的。中经唐末五代的动乱，钟陵县一度改成进贤县，后又改为进贤镇。北宋崇宁二年，朝廷采纳洪州郡守张绶的建议，割南昌归仁、崇礼、崇信、真隐四乡及新建玉溪东、玉溪西二乡，跟历史上的进贤镇（钟陵县）合为进贤县。我们查阅明清进贤县志，县图中有茅岗这样的地名。就在进贤上饶接境的大致方位。也可能就是前面提到的上饶市玉山县三清山索道站附近地区的范围。

　　如前所述，地名有自己的命名规律。既不会出现大地名和最小的地名结合漏掉中间性质地名的情况，也不会出现先小地名后大地名的反常的命名法。话说到这个份上，所谓西蜀孔家坽，所谓钟陵西蜀，这个困惑人的地名现象现在应该涣然冰释了。

今读南宋喻大常族谱序，恍然明白今世所谓天下喻氏出西蜀说法是犯了古地名误读的常识错误。倡此说者只注意了序言前面的"我喻氏远祖周珍，由西蜀孔家垅分迁洪州澹台门龙沙里家焉，生子名猛仕汉。"他没有注意到序文后面还有一句："七曰大洪，徙居钟陵西蜀。"这一句虽然是在交代撰写本序言的喻大常的九兄弟中的老七的去向，但无意中却透漏出西蜀这个地名的地理位置。西蜀如果是四川，断断乎不会放在钟陵这个县级地名的后面的。换句话说，也不会用一个县级地名来限制一个省级地名。这个写法本身已经很明白地告诉我们，西蜀只是南宋时期的一个乡级地名，它隶属钟陵县，很可能是蜀江的上游的一个乡级建制的名称。

这样，我们就很容易理解这篇谱序中的迁徙路线了：我们的祖先的某一代开始，先由江夏孔家垄分支，迁往豫章地带。在蜀江上游的万载、都昌或新昌一带定居，居住地仍旧沿用江夏老屋原地名。为了区别起见，才加上限定词西蜀二字，合称"西蜀孔家垅"。直到南宋喻从政公九个儿子长大后的那次分家迁徙，才有人迁到比较远一点的湖广平江县也就是今天的江西省萍乡县，其实仍然在本省范围内。只是跟其他几个儿子的居住地都在南昌周围比较而言稍微远一些罢了。此后无论做官或其他营生，后裔们基本都在南昌周围 100 公里范围内移动。如剑邑梧冈前坊南溪，洪州西山，湖注塘、前坊南溪、濠溪，梅溪，涂埇，桥亭，蓝塘，新建新塘这些地方大多数都在南昌市附近，甚至好多聚落分布在南昌西山之下即今南昌市湾里区范围内。从地名表述不难看出，如果有迁徙到外省外县的，谱序中肯定会标明。中国自秦始皇废封建行郡县制度，至今没有改变。我们 2000 年前的祖先，500 年前的祖先，在地名使用上，大家都差不多。不可能无视郡县制度的层级差别的事实，在文章中随随便便地表述地名。

前文说喻猛公偕父祖自西蜀孔家垅迁来洪州澹台门龙沙里，那是东汉时节。这里喻大洪迁徙到钟陵西蜀，写序的人之所以前称西蜀孔家垅，后称钟陵西蜀。很显然，这两个地名都在当时的钟陵县境内。从修辞学角度看，用的是蒙后省略的方法。因为后面一次用到西蜀，加了限定地名词钟陵。那前面的西蜀孔家垅，很显然是用西蜀限定孔家垅。因为叫孔家垅的地方也许不止一个，但西蜀那个地方的孔家垅则只有这一个，不至于跟其他同名者混淆。这样一来，我们可以进而分析，钟陵县西蜀孔家垅和洪州澹台门龙沙里两个地方都是我们喻氏先祖的祖居地。封建社会农耕时代，除了战争的破坏外，土地私有，相对稳定，因此才有这样几百上千年不变的祖居地。因为古人非常重视祭祀祖先，祖先的坟墓所在的地方，无论如何要保持联系，加上谱牒的传承。因此到了南宋时期，喻大洪决定迁回钟陵县（进贤县）西蜀乡孔家垅去发展，很正常。何况由南昌到进贤，相隔也就百十里地。

我认为西蜀是南昌钟陵本地的地名，情形正如位于今南昌市南昌县良种场附近的敷林这个地名一样。敷林地名今尚延用，但敷林附近明代使用的地名桂林已经消失。请看明正德十五年（1520）喻忠节在《石首高基喻氏族谱序》中说的一段话："吾常因公事而至敷林。见敷林之美地，东有大寨，西有蒲冈，南屏坝口，北枕桂林山水，盘旋树木阴翳。与吾虎山石滩三族之所宅同一高旷焉，洵亦发族之处也。"（《石首高基喻氏族谱序》，见中华喻氏族史会编《中华喻氏通谱》，四川出版集团巴蜀书社 2014 年版，第三部上册，第 1116 页）这段话中的桂林山水显然跟广西的桂林山水不相干。但这个桂林山水却与喻猛公和他的后人曾在此地住过有关。地名命名有个规律，即和人的迁徙同步。当某一特定人群因为种种原因迁徙到别的地方时，往昔自己生活中留下重要痕迹的地名，也会被带到新的居住地。如南北朝的侨郡侨县甚至侨村现象。如晋室南渡后，在南京市留下了东山，留下了南徐州临沂等行政区划名称就是例子。就家族而言，这样的例子也不少，比如说，明代杨邃庵的"先世在云南。其地曰石淙。及游寓巴陵，卜筑亰口。皆以名其所居。其入而仕于朝，出而官于外。撰述题识，亦以宕名系于文字之间，示不忘也。"（［明］刘文征《滇志》古永继校点本卷之十八，艺文志第十一之一，云南教育出版社 1981 年版第 599 页）

四

最后，我们来说说喻大洪究竟去过四川没有。在喻大常的谱序中，兄弟八个的去向都有交代。老七喻大洪迁至钟陵西蜀。我们姑且把西蜀和钟陵当作并列的两个地名看待。钟陵是南昌本地进贤县的古称，前已论明。后面的西蜀假定就是四川。那么我们需要证明，喻大常后裔的谱牒应该有清晰的喻大常入川的记载。但我们查阅了四川内江三大房的谱书，很遗憾的是，喻大洪没有去过四川。他当时去了江西的永丰。后来以儿子均善公贵，诰赠资政大夫。

六年前，中华喻氏族史研究会秘书长喻泽先在《万家姓》网站曾经刊文指出："从政公九子分派后，大洪公从丰城移永丰，其后再移泰和，显然，大洪公未离江西故土，其后裔在明代居蜀之内江，是信可公官重庆知府，才'宦籍'内江"的。"

因此，我们可以肯定地说，喻大常公所撰谱序中说的西蜀孔家垅，是唐宋时期曾经用过，或者说在一部分人中使用过的一个古地名。这个地名应该就在江西省万载新昌永丰一带，或者是铅山玉山一带的地名。总之，是江西省靠近南昌的一个地名。虽然今天暂时未能找到这个古地名，也无法具体确定其空间的准确位置，但大的概念是没有问题的，这个地方范围不出江西，且限于南昌周边地区，绝对不会跑到四川。

必须承认，喻氏子孙入川后，川中喻姓发展得很好，特别是宋朝以喻汝砺为代表，明朝以喻茂坚为代表的喻氏人物，大为天下喻氏增色。但这丝毫不等于说天下喻氏都是从四川发展起来然后迁徙到各地的。这种说法是罔顾族史客观事实的错误说法，必须纠正。

至于前面提到邬彦济序言中所说的"谨按斯谱，其九世家于蜀。至宣公总戎守御关西。历梁唐晋汉周五季，以至于赵宋，有曰从政者，为江陵太守，政绩有加。乃得增秩平章，复赐养老于豫章。"我的理解是这句话中的"蜀"是"西蜀"的省略，并不是指四川的代称那个蜀。道理不难理解。因为说到祖居，怎么能只说大区域不说小区域呢？蜀如果是指四川这个地域概念的话，第一，这样措辞太泛。应该有更小的地名。比如说蜀之仙井或蜀之荣昌。那样才正常。否则一个幅员广大的四川，都是喻家的祖居地？逻辑上讲不通。表述上也不近人情。此其一。另外，我们反复寻绎这段文字的语气。前面虽然说了九世家于蜀这句话，但后面还有一句"复赐养老于豫章"。如果从政公的老家不在南昌，唐朝皇帝怎么会想到仍旧让他回南昌养老呢？可见，邬彦济的序中所说的蜀即西蜀之省称。因为对于当时的喻姓甚至其他姓氏而言，豫章喻姓乃名门望族。喻氏祖居西蜀，大家都耳熟能详，不会发生歧义。只有这样，才会出现称蜀不至于被人误会成四川的情况。

谈到西蜀孔家垄，顺便补充一点。近读江西抚州市临川区桐源乡大窠喻氏族谱，我们发现了一条可以佐证我的观点即西蜀孔家垄是江西古地名而非四川地名的材料。该谱所载世系，从得姓始祖喻猛公开始，下至唐朝初年高祖主政时节，历代传承基本准确有据。在该谱书中，载明有长城派、莆田派和西蜀派。而西蜀派的居住地就是临江，也就是今天的抚州市临川区。在世系传承过程中，第18世长城派喻辩章的幼子喻朝宣开辟了西蜀派。

"喻朝宣，字仕其，行六。曾任武宁知县。生于唐高祖武德九年（626）八月廿六日申时，居临江。娶何氏。殁葬失考。"（抚州市临川区桐源乡大窠《喻氏重修族谱》卷三 源流世系部分，敦本堂藏一号谱，第19页）

这里的临江，是一个历史地名，属于抚州的属县。至于这个喻朝宣是否就是族史上记载不一的悬疑人物喻宣公，我们将另外撰文考证。但有一点可以肯定：西蜀孔家垄是江西南昌附近的古地名。

另据南昌新建石岗镇金塘喻氏族谱卷首载东汉豫章博士谌重所撰的喻猛墓志铭，则喻猛之前两代的世系为：第一世，喻兆祯，字贞起。第二世名钟祥，字庆余。第一代行医，"后以精岐黄卢扁之术游豫章，施剂散不责资而广济，名闻于郡太守周生丰，荣膺冠带。西汉元帝三年徙居焉。"从哪里徙居到豫章城内澹台门呢？谌重说，一世祖喻兆祯之前就一直"世居信州玉山茅岗。"信州系唐乾元元年（758）始设。信州的范围大致相当今之上饶市区，但信州地块在汉朝属于豫章郡。玉山今仍属上饶。

这个记载应该可靠，因为谌重就是豫章本地人。若然，则西蜀孔家垄或许就在上饶茅岗。无论如何，这个西蜀孔家垅，不会在四川。

（2017 年 1 月 18 日）

族史研究的方法

近年来，我在阅读谱书的过程中，发现族史悬疑问题不少。于是结合谱书中发现的问题，试图加以解决。要想解决族史问题，家谱自然是首先要读的书籍。但我发现仅仅阅读家谱是不够的。因为不识庐山真面目，只缘身在此山中。为此，我也曾大量阅读地方志书及相关的正史和别集，得到一些启发。现在稍做整理，撰成此文，供喻氏族人和一切对族史有兴趣的读者参考。

一、以谱证谱法

以谱证谱，这是研究家族史使用较多的一种方法。因为族谱修撰有自身的规律。一般来说，每次修谱，都会有同一祖宗的若干子孙分支一起合作。同一轮所修的谱书，都会有明确的年月记录。参加修谱的谱局人员名称辈分以及小传等信息。更重要的是，每次修谱，都会把此前的老谱谱序以及源流考、祠堂图、坟茔图等事关家族的共同记忆照录不误。这些文献图录中一般而言都会有很多关乎家族始祖和繁衍迁徙的历史信息。且每一次修谱都会根据房头多少而确定印刷套数。比如某个宗支总共有七个房头参加，一般就需要印九套左右。每个房头的德高望重者家藏一套。这种人一般都是族长或准族长式能得众人信赖的族人。这些人有责任心，有使命感，战乱年间甚至可以牺牲自家性命来保护族谱。让他们保管家谱是明智的。如果本家族有人在外面做官，自然是本家族的光荣。或者享有很高声望的读书人，修谱时通常会请他们作序。以增光家谱。这些本家族的代表性人物，和本姓或外姓赠序的人，也需要赠送一套。情形跟当今出书请人写序是一个道理。

因为战争或者政治运动的影响，很多城镇村庄被烧毁，有的地方还被屠城屠镇屠村。侥幸活下来的族人在结束战乱之后想起要弄清楚自己的根源。老谱被烧了，族长被杀了，怎么办？这时就要设法寻访同一时期修撰的其他房头的谱书，通过存世谱书来追溯自己这一分支的祖宗源头，并顺序衔接上上次修谱后本宗支人丁的生卒嫁娶读书做官经商等变化。若存世的谱书残缺不全，也就需要进一步寻访更上一轮所修的谱书。比如，光绪年间的谱书残缺，自然要找嘉庆或乾隆年间的老谱参考比对。因为老谱不仅有世系传承的记录，还有谱头谱尾的众多序跋和源流考一类文章，甚至还有村居图，坟茔图等资料可以参考。是谱书十分重要的组成部分。

旧时族谱印好后还要编号备案保管。也就是说，哪一个编号的谱书在哪一家何人保管，族人都知道，因为这些信息就刻写在谱书上。这是家谱保存的责任制，是很好的传统。

以谱证谱，可操作性强。因为同一次所修之谱，一般来说，不大可能全部消失或毁坏。当然，存本愈少，访求愈难。但只要还有一套在天壤之间，祖宗世系就不会缺环。另外，同一次所修之谱设若全数毁坏，如1966年破四旧。高压之下，无人敢私藏。那么若要修谱，该从何处查找源头呢？我们只能寄希望于修撰时间更早些的那些谱书。或者说，寄希望于迁徙到外乡去了的宗亲。因为同一史实，此谱略者彼谱可能详，此谱错者彼谱可能正确，此谱排漏掉了的彼谱可能是完整的。虽然不能绝对信任，但有个本子，有个线索，就可以展开研究了。

浙江桐庐有个砚石村，那里的喻氏尊喻归为始祖。他们那里喻姓后人想修谱。该村在建德财税部门工作的退休干部喻春明，热心地挑起这副重担。他好不容易找到了一部《砚石喻氏族谱》，但却是残本。后来他找到我，请我做他们的顾问，为他们《砚石喻氏族谱》做"接头手术"。我研究了一段时间后，确定了工作方法和思路。即划定范围访求旧谱，然后用以谱证谱等办法，希望逐渐恢复其本来面目。我知道这个题目很难做，但有意义。一般意义的以谱证谱并不很难，有了比较，就有鉴别。但目前我所接触到的喻姓族谱，尊喻归为始祖的还只这一支。谱书也就这样一部残本。我调查了国内外的谱牒收藏信息，确信天壤间就只这一个孤且残本。此外再无第二个可资比较的本子。不过，后来很幸运地在黄山市屯溪吴馆长家里访得临安唐昌喻氏族谱。该谱虽不是和砚石喻氏族谱同时所修，但唐昌喻氏却是明初从砚石孙家园迁出的，书保存了砚石喻氏世系，甚至还保存了自东晋始祖喻归至砚石始迁祖喻樗的世系。

二、以史证谱法

就我国 3000 多年不曾中断的文化传承看，记载历史的载体，一是国史，二是方志，三是家谱。而这三大载体中，家谱处于金字塔的最底层，方志是金字塔的腰部，而国史是金字塔的塔尖。"周有小史之录，唐有氏志之作，宋兴家谱之说"谱牒和方志、国史本质上是一样的，即十分看重修撰者态度的公正客观。宋代先贤喻汝砺曾比较了家谱、方志和国史的异同。他说："昔欧阳子云：'谱者，普也。'公而普也。上同国史，下同邑乘。某也忠孝必书，某也节义必书。原不没人善，有关名教之纲常。至书某之所自出，某之所由分。虽千支万派，无容私意于其间。所谓公而普者此也。且苏氏有云：'谱者，簿也。'记其事也。上继祖宗，下续孙支。某之生死月日必书，某之男婚女配必书。又不忘夫本，愈见伦纪之攸分。至书某某之为长，某某之为幼。虽孙子云礽，不以一人而或淆。所谓记其事者此也。"就大处而言，宋朝以前，谱牒官修官藏，属于国家档案。到了宋代，由于唐末五代军阀割据，社会动乱，谱牒损失严重，官修官藏已经没有基础了。于是谱牒修撰很自然地下移到民间，从而开始了谱牒家修、谱牒私藏的新时代。

自从谱牒修撰由国家主持转入由民间各家族自己主持以来，家谱的修撰就出现了全新的格局。因此而出现了很多不同于官修谱牒的特点，比如说，谱书数量激增，保存多元，谱存族间，续谱有时等等。

中国传统文化是以家族为基本单位的农耕文化。正心诚意，修身齐家，治国平天下是一切有为者的梦想。统治者倡导在家做孝子，在国做忠臣。和家族有谱相匹配的是，地方有志。自从秦始皇废封建而行郡县，直到如今，这种体制并无改变。国家为了掌握地方情况，必须修撰地方志，而国家层面更是依据各地方志而修撰全国性的通志。最高层次的是国史，也就是我们今天所说的二十五史一类得到官方认可的史书。

既然自从大禹开始家天下，我们祖先治理观念便由天下为公降格为天下为家，也就是由公天下而家天下。即使提法偶有改变，但实质还是家天下。3000多年的历史也就基本是家天下的历史。家是缩微的国，州县政府长官便被目为父母官，显然是代天子这个大家长来管理千家万户小家的官员。因此，国便成了放大的家。在保存历史上各个家族的族史信息方面，国史自是不可忽视的载体。

之所以不可忽视，第一，因为家谱纪年必须和国家主政者纪年的年号一致。现在我们一般都是使用太阳历，也就是公历，但古代的纪年都是皇帝的年号。说到底，家必须服从国。家谱纪年也必须服从国家纪年。如果我们读谱，注意这个环节，也会弄清一些历史真相。

桐源大窠喻氏族谱堪作例证：该谱在世系部分得姓始祖条下明白署名喻猛生于汉元帝某某年，且此后的世系传承十分清晰。且每一代都有当朝皇帝的年号月份记载。我们一一核对，发现丝毫不爽。我们知道家谱能详细到皇帝的年号，这在宋元以后不算什么。但若要上溯到西元前后也就是汉朝的年号，能一一吻合且传承有序的委实罕见。根据大窠喻氏族谱，我们知道从东汉喻猛到唐朝初年的喻迪冲，所有人的生卒都有年号记载。这就告诉我们，正史的年号可资我们校核家谱当事人生卒年的纪年。此为以史证谱之一种情况。

虽然该谱记载祖先世系也有几处不合理的地方，但总起来说，其所使用皇帝年号皆有正史依据，是不能忽视的一份喻氏家谱。之所以有些互相抵牾的记载，可能是谱书残缺，后世续谱者臆断或据其他后修家谱的错误记载造成。

又如，有人认为安徽仕川喻氏族谱中的那篇由宋代喻良能所撰的谱序是伪序。以为序中提到汉朝历代喻氏先祖得到很多当时的名人荐举，却不能从正史上看到他们的事迹。殊不知正史遗漏人物事迹是常态。想想看，一个时代有多少人多少事，不可能把所有发生的事情都写进去，也不可能把所有家谱上的人物都写进正史。因为篇幅有限，采访有限，资料有限等等原因。正史遗漏的人物事迹，可以借助家谱补充。因为从国家的角度看，人才多如牛毛，只要不是特别有代表性的，多一个少一个无关紧要。但家族则不同，一个家族出个有影响的人物不容易，因此族谱必然会有比较详细的记载，地方志书也会有比较简略的记载，但国史就不一定会有记载。相反，如果谱序中所涉及的荐举者都是有正史依据的，则此谱序应该可靠。

第三，序言所交代作序的时代背景，如果跟正史吻合，也进一步证明该谱序可靠。

比如喻良能谱序末尾所说当时金兵南下，宋王朝处在存亡危急之秋。作为大家世族，喻良能沿袭他的父祖保存族谱的传统，修撰族谱，以勉战乱乱了世系，完全可以理解。且他的这种传统观念，还可以从剡北喻氏族谱等浙江喻氏谱牒中得到证明。剡北谱和富春双溪谱等谱牒中多次谈到先祖喻启元在到当年的京师汴京（今天的开封）去跟儿子住在一起前，特地将江夏老谱抄录一套带到北方，为的自然也是防止战乱失散而成为无根浮萍。而这一切都是有宋史等宋代史书作依据的。

喻良能谱序末尾所担忧的谱失族散和剡北谱双溪谱十分一致。

可见所言不虚。

三、以志证谱法

"自汉溯秦，讵无忠孝廉节？由唐及宋，亦有将士公卿。谱牒既毁于兵燹，室家复散于迁移。以致考稽之无由，不免渊源之莫溯。"这种遗憾是绝大多数姓氏族史研究中都会遇到的情况，可以说是一种常态。如前所述，地方州县长官是代天子管理民众的父母官。为了掌握各大姓氏的情况，地方修志，都不能无视家族的存在。诸如设置修志的志局，一般而言，所依赖的工作班子都是当地士绅。州县长官不过是挂名督促宏观掌控而已。因此之故，志书中都会保存不少本地大家望族的历史信息。比如清代的重庆荣昌县志，里面到处都是喻姓的历史信息。夸张一点说，荣昌县志几乎成了喻氏谱书。因为该县无论是科举志，人物志，职官志，还是名胜志，喻姓的人物都比比皆是。比如说，名胜古迹部分，有好几处都是因名人喻茂坚等题写诗词和文章而著名。如三教寺有喻茂坚读书处。有喻茂坚手书"腾蛟起凤"石刻。

"喻月梧故宅，在县东街，旧建尚书府第，有过街楼，水阁亭，桂花墩，今废。"又比如，喻茂坚等人的遗文现在传世的不多，除开家谱中的外，还可根据县志、府志去辑佚。如该志中录有喻茂坚早年读书于三教寺时所写的自励联："藉他伏虎降龙力，养我腾蛟起凤才"。县境内的普泽庙亦有喻茂坚所撰《普泽庙记》，县境内碧云寺有喻思恂所撰《碧云寺记》。

县志中的科举志部分会有该县的科举档案。比如喻姓明代以来的荣昌考中举人进士者，志书皆有收录。

有些县令在任期间丈量田亩，处理豪强侵占普通农户的田亩。县令又能文，于是便将大量的相关文章放在该县县志的艺文志部分。客观上为后世留下了土地制度的文献。如果这个家族想研究那个县令的土地改革贡献，这些文章就是重要的材料。你到正史中是找不到的，只有到地方志书中才能看到。这是志证谱的另一种情况。

姓氏存在，总是以聚落的形式。如某某村，某某湾，某某冲，某一姓氏何时迁入当地。家谱如果失载，可以求助方志。比如江西高安县民国年间有一个姓龙的进士主持修志，他就仿效宋人郑樵的通志体例，专门在该县县志里列了氏族志。通知发出后，各大姓氏前来填表送谱的人很是热闹。主编龙赓言选取登记某姓的自然聚落名称，始迁祖名号，迁徙路线，各姓在本县境内的各聚落人数统计等几个基本信息进行统计。在我看过的数百部县志里，设置氏族志还是第一次见到。我看该志，就发现了喻姓在高安的聚落构成以及始迁祖来自何方，姓名，年代等重要信息。我因此知道南昌以及附近是喻氏家族的大本营，是可以得到聚落层面证明的。因为从唐宋时代开始，这里就有见诸记载的喻氏祖先居住。而我们结合大窠喻氏族谱等家族文献对东汉到唐代的谱系记载，则大体上可以把喻氏家族的迁徙路线描绘出一个轮廓。另外，地方志中必然有关于地方行政建制的记载，具体说就是带有管理色彩的聚落名称，以及水利设施名称，牌坊名称，职官名号等等。方志中的上述信息对于族史研究都是很有用处的。

读江西府县志书，发现这里有不少喻姓聚落。如清人朱湄等修，贺熙龄等纂的《进贤县志》台湾成文出版社影印本第56－57页就根据采访册记下了喻坊砦。文中写道，如果旱季不通舟船，到省城南昌可以由梅溪向西过喻坊砦折而南，入省河可达省城，因为进贤县本来距离南昌就不远。而这个喻坊砦也就在南昌城边上。该书第189－190页陂塘名录部分在归仁乡下有喻胜塘。又如江西《玉山县志》记载，县城北乡二十一都有喻村。因喻樗在该县任县尉而后世遂家于其地。县北乡还有喻樗的坟墓和他的后裔明初进士喻则成的坟墓。我们顺藤摸瓜，发现那里至今还有喻姓居住，也有谱书。可惜毁于"文革"。上饶图书馆藏有残本。道光《新昌县志》（此新昌非浙江之新昌，乃江西之宜丰）舆地志下有马家垄、喻家里、燕子垄、喻坊、中家垄、洴垄等地名。又，江西《高安县志》清张鹏翼、熊松之等纂，同治十年刊本卷二，成文出版社影印本中国方志丛书华中地方第847号第135页记载该县二都的里居情况，其中喻姓成为主要聚落，如瀚头喻，庙下喻，店里喻，喻坊喻，新井喻。九都里居有南塘喻。四十都里居有南浦喻。

这说明研究族史问题，地方志是我们必须依靠的一个资料来源。

自从我涉足喻氏族史研究以来，"江夏"和"豫章"这两个古地名在我心中便挥之不去。我常想，解开中华喻氏族史研究诸多悬疑的钥匙或许就在这两个地区。但文献难征，出土文物太少。现存谱书和新修者又多有残缺，记载彼此矛盾者亦复不少。涉足其中者如入五里雾中，何处才是彼岸呢？

我决心从得姓始祖喻猛公出生地豫章即今天的江西省下手。我的路径是遍读江西跟喻氏族史有关的府县志书。因为家谱族谱是一家一族之史，而地方郡县是由很多家庭或者说家族构成的。地方志书中必然会有家族活动的痕迹。自秦始皇实行郡县制度以来，至今仍相沿不改。虽然族谱和方志记载对象的侧重点有所不同，但都会重视有影响的人物事件的记载，都会重视教化，都会使用王朝的正朔，则是没有不同的。如果将家谱和方志结合着阅读，也许会得到若干家族活动的历史信息。

我此前曾经撰写过一篇名曰《喻姓得姓考》的文章。那篇文章主要说明了一个问题，即喻氏得姓前的远祖祭公谋父的祖先与祭国的来历。而祭公是周朝的卿士，属于公侯伯子男五等爵位中最高级别的公爵，系周昭王的股肱大臣。第一代祭公跟随周昭王南征荆楚被楚王暗算，君臣溺死于汉水。后世名其地为昭巷。周穆王即位。第一代祭公的儿子即祭公谋父辅佐穆王。有大功德。祭公病重，穆王率群臣病榻听训。详见《逸周书·祭公解》。《逸周书》是晚出的先秦古书。晋代以前的喻姓族人应该没有机会看到。但多部喻姓族谱都一致指向周穆王赐祭公谋父的儿子相如公姓喻，并封地江夏。因此，喻姓以江夏为郡望。这个江夏当然不可能是西周的地名。作为郡县名，江夏直到汉朝才有，是汉高祖刘邦开国不久建立的郡名。

在我研究周穆王南巡问题时，曾发现江西新建县县志上古迹门载有穆王井名胜。该志辑录有新建喻枫谷诗一首。诗曰："为有寒泉井，曾邀八骏过。君王不可接，惆怅对山阿。"诗前小序云："在吾家西，相距亦两里许。旧传周穆王南游饮马处。"周穆王生平游踪，我曾有专门的考证文章《周穆王生平事迹考》。那是利用四库全书文献资源搜集到的一个系列。但南巡的遗迹有关穆王的不多，江西境内迄今为止只有这一处。如何看待这个现象呢？

我们推测，周穆王当年南巡，可能是为报父仇，因为周昭王南征而不复，是周王室的耻辱。祭公谋父反对穆王西巡，没有反对南巡。这说明什么呢？因为楚人不服周，有必须巡视弹压的理由，而西巡却没有必须弹压的理由。这也就是祭公谋父作《祈召》之诗劝穆王赶快回京的原因。楚人不满周王室，对昭王、穆王南巡走过的地方，自然没有兴趣保存。但毕竟是天下共主到过的地方，因此总会保留一些下来。在南方江汉流域，据我所知，除开这个位于南昌西山的穆王井遗迹外，还有玉笥山下的昭港。那是一处纪念周昭王南巡的遗迹。后来因为跟屈原崇拜结合起来了，因此名气比较大。

这处名胜需要借助喻氏族谱才能被列入方志，显然名气不如玉笥山那处大。但也正好可以说明周穆王跟喻姓的得姓有关系。

我在读临川县志时意外地发现县城有一处名胜叫喻麋池。知道清代还是文人墨客雅集的场所，自然也是游客观光的地方。明游子敬《洗墨池》诗云：

> 内史风流擅晋朝，遗踪尺水浸蓝苔。
>
> 喻麋染遍芦香岸，碑碣传来石磴樵。

诗中的喻麋是池水名。何以见得？请看同页所刊载的明人丁洪晦《洗墨池》诗：

> 过江人物艳声闻，内史风流数右军。
>
> 快婿东床传轶事，嘉宾曲水诵遗文。
>
> 前修自觉遥相契，大雅须知卓不群。
>
> 几度醉余寻墨妙，喻麋池上起烟云。

这最末一联已经交代得很清楚。喻麋池能成为千古名胜古迹，至明清时期还被诗人们广为歌咏，绝不会是偶然的。联系到喻氏家族在豫章一地是名门望族，可以设想汉成帝妻阿渝或更古之先贤渝麋，很可能就是临川人，也就是豫章喻氏。要说赐姓，这可能是周穆王赐祭公相如姓喻之后的又一次皇家赐姓。为何要赐姓喻？因为他们一定知道，周穆王赐祭公相如姓喻，且封邑江夏的历史。某篇喻氏谱序〔忘记了篇名，出处〕还说到宋代某位喻姓祖人曾蒙皇帝恩准使用江夏郡望一事，也可视为一个旁证。说明古代帝王大多知道喻姓系周穆王赐封，因国（地）而得姓。用血统论的观点看，就是江夏喻氏的不可动摇的高贵地位之所在。这也就是后来为何汉成帝因阿渝而赐渝为喻，梁武帝赐俞药姓喻的深层原因。因为江夏喻姓高贵显赫，因此赐渝姓为喻姓，是为了提高皇后族人之地位，以便其在社会生活中受人尊重，这才赐姓喻。梁武帝为了提升俞药寒门新贵的地位，才会赐姓喻。也是因为喻姓出身高贵，是西周王朝的子姓之缘故。

值得注意的是，汉成帝也好，梁武帝也好，他们的赐姓，都是因为历史上喻姓是名门望族的缘故。如果说，周穆王赐姓的喻是喻姓和郑武公后人改姓喻是喻姓的主要源头的话，那么可以这样说，汉成帝、梁武帝赐姓的喻氏只能是喻姓的两个分支。

四、以集证谱法

以集证谱方面，例如我看仕川喻氏族谱中保存的老序，就跟一般看法不同。有人认为仕川老谱序是伪谱序。我则根据喻良能的个人著作，他朋友的著作，断定此序不假。而结合历史上谱序中提到的相关人物，更是断定不假。因为我们不能根据暂时没有看到相关的喻姓被举荐的历史人物见诸史册，就怀疑所谓司马迁等人举荐是后人作伪。殊不知喻氏在汉晋唐宋，都是门第显赫的大家贵族。今人不可以清代以来喻姓人才不足来评价汉唐两宋喻氏历史。我们说用以集证谱可行，还因为像喻良能这样的著名文人，他的不少朋友的诗文集中还保存有他的资料。比如《陈亮集》中就保存有多篇有关喻良能的人品和文品的文字。是我们认识喻良能的重要文献。也是我们认识仕川喻氏族谱中所保存的那篇出自喻良能手笔的谱序价值的重要参考。

另外从这篇谱序还可弄清楚所谓《忠义传》的传承情况。《忠义传》是喻良能汉献帝时期的先祖喻良佐所作。喻良能只是根据家传的这本古书体例加以增补上报朝廷而已。因为南宋初和汉献帝时有惊人的相似之处。这些他在该谱序中讲得很清楚。

历史上有些大家，身后有些文字发现，在本人全集中却不见收录。县志中却收录了。如明代江西新昌（宜丰）状元姚勉有一篇《奕世状元坊记》，是一篇谈姚家风水与人才关系的文章。大意是说姚家先祖因为自己的德行高尚无意中得到一块风水宝地的回报，姚家后来果然先后出了好几个状元。文章是用姚勉的口气写的。大意是勉励子孙后代注重德行修养和读书用世，不能把希望寄托在风水荫庇上面。这篇短文应该是刻在那个奕世状元坊上的。出于好奇，我翻阅了姚勉的《雪坡集》，未见收录，但县志却收录了。这可能有两种情况：一是姚勉不好意思将该文收入全集，因为毕竟是与孔圣人的子不语怪力乱神的教诲相悖。作为圣人之徒，这样宣传，有误导世人的作用。二是他根本就没有写这篇文章。明朝后期或清朝的地方官员为了振兴文运，故意伪造该文。因为状元这个榜样的力量还是很大的，其影响还是深远的。

家谱传承过程中有些内容，由于后世续修者水平不足，或谱书局部损毁，续修者会改动以接续上下文。这方面的错误在各个家族的谱书中并不少见。如果相关文章或世系的疑问不好解决，可以求助于作者本人的全集，或相关选集。总之，只要是作者的著作，就可以校核真伪。我当年为《中华喻氏通谱》第三部编纂艺文志时就遇到过这方面的问题。几篇复印自近年新修的安岳谱书中的文章，我明显感觉前后文衔接不上，知道那个地方错了。我只好走以集证谱的路子，但没有相关作者的文集传世，我也只能徒唤奈何。

除了本人的全集，某些国家编辑的大型文献汇编也可以纠正家谱中的不足。比如，清代两江师范学堂的总监督李瑞清，学术界沿用杨溪李家六修族谱中人物行传的记载，但我在2009年至2014年间为该村编制旅游总体规划和古村落保护规划期间，就曾利用《清代科举人物家传资料汇编》这部大型历史文献，也就是说，利用李瑞清当年参加举人考试，进士考试所亲笔填写的个人简历，弄清楚了六修杨溪李氏族谱中关于李瑞请的出生年月，妻子，字号的说法，都是错误的。

（2017 年 8 月 3 日）

族谱祖先图像及像赞诗之初步研究

　　族谱中的祖宗像赞，隐含有很多重要的历史信息。我们可以透过族谱中的像赞信息推测修谱人的编辑导向以及谱牒的性质类型。

　　喻氏族谱，据我所知，东晋成帝咸和元年到咸和三年曾经全国性修谱一次，技术负责是钟雅。行政负责是喻归。那一次，喻归所提供的族姓资料被钟雅等文人率先修成《喻氏家谱》，很遗憾的是，谱书未能传世至今。仅浙江临安喻氏谱书中保存了部分官方修谱文件和大宗世系。

　　从现在能看到的谱书档案中，我们喻氏族谱中的像赞系统，大体可以区分为祭公相如公系统，郑桓公子彬公系统和晚唐昭宗时期的药公系统等三个系统。

　　第一大系统：由祭公相如得周穆王赐姓的相如公后裔系统。这个系统的最早信息记载在安徽旌德仕川喻氏宗谱中，浙江砚石喻氏宗谱，杭州昌化考坑喻氏宗谱，临安唐昌喻氏宗谱，富阳新登，关山喻氏宗谱，剡北喻氏宗谱，皆为相如公系统。其现在可以查阅的修谱时间当在南宋光宗朝。该像赞系统相当完备。始祖，各分支始迁祖，几乎都囊括殆尽。

　　旌德仕川喻氏宗谱清光绪版祖先图像多达84幅。该谱虽然有多种信息揭示祭公相如也即喻相如公的后裔，但祖先画像并没有祭公相如的画像。其最早的祖先是晚唐时期的喻鉴字道明，官职为太守。他的画像上方题词是书法："唐朝良牧"四字。第二幅是喻樗的画像。官名是尚书兰陵樗公。画像上方的题词是"宋世名臣"。第三幅乃国子监簿叔奇公，也就是喻良能的画像，画像上方题词是"文章宗衡"。以上三位祖先系旌德仕川喻氏家谱的始迁祖之前的老祖宗。所谓百世不迁之祖。第四位就是喻义，也就是仕川始迁祖。是喻良能仁义礼智信五子之第二子。此后80幅画像皆喻义之后人。大多是寿官、庠生、乡贡、府庠，增广生，太学生。自然也有做官的，如某地知县，某地经历，有高寿95岁的喻凤藻，奉政大夫喻希尧等的画像。有意思的是，该谱画像繁多，仔细看标注还有分别，即大多数是祖先遗像，也有大约三分之一是修谱时节还健在的活人画像。区别的办法就是死去的先人画像上加多一个"遗"字。浙江唐昌考坑喻氏是明朝从旌德迁去的，谱上祖先像赞和仕川喻氏格式相同。前面的几位宋代祖先完全相同。

其实，浙江富阳新登观音礄喻氏宗谱，浙江桐庐关山喻氏宗谱，桐庐沙潭喻氏宗谱等谱牒都无一例外的保持着同一风格。即前面几张画像是老祖宗的画像，然后就是本地始迁祖的画像。然后就是始迁祖以下的历代家族重要人物的画像。从形式上看，这些祖先画像无一例外的都是有像有赞。一像一赞。细微的区别在于：有的谱师将篇幅不大的赞词摹刻在画像上方空白处。更多的则放在画像背面。有的宗谱祖宗在朝为官或者子孙为官者，还有当朝或稍后的名贤为之题词。且很多谱书还将这些题词摹刻在画像上方或背后。如朱熹为喻樗的画像所写的赞诗"人以像传，像以人尊。勋名表于竹册，道德著于儒林。天挺英杰，岳降奇英。卓哉忠荩，生气犹存"。就是依据手书摹刻的。见《临安唐昌喻氏族宗谱》卷首。同谱文天祥赞吏部主事喻良弼的赞诗曰："天官陪贰，铨选儒林。或陟或黜，所至无侵。当厥土事，鹗荐登临。牙签玉简，到今仰钦。"也是摹刻手书而成。

第二大系统，也是喻氏家族宗支最多，人口最多的系统。这个系统的远祖是周宣王的异母弟郑桓公的次子彬，因不满其父射王中肩，造成周郑交恶局面而改姓喻。这个系统的谱书虽然多而杂乱。但仔细寻绎，仍有规律。这就是早期的大宗谱书上面有周宣王的画像，有公子友，公子兰，喻周祯，喻猛，喻合等祖先的画像。但这样的谱书现在在南昌很难看到。我看到的只有奉新遏富即喻大纪后裔所传承下来的谱书上有这些老祖宗的画像。下文还会重点剖析。绝大多数谱书上的祖先画像则只有猛公以下的祖宗画像。这说明郑桓公次子，后来的喻彬这个系统在历史发展过程中有很多次分派即迁徒。到南昌定居后世公认的多数尊喻猛为始祖。也有一些谱书尊喻周祯为始祖。也许是唐朝，也许是宋代，南昌这一支大宗也就是喻猛的传人喻迪冲因灭隋兴唐有大勋，受封伯爵。被后世子孙尊为喻猛之后的百世不迁之祖。这也就是为什么很多南昌的喻氏谱书上最前面的祖先画像第一是喻猛，第二就是喻迪冲的原因。

第三大系统是后唐明宗朝赐姓的喻药公系统。该系统的谱书像赞系统也自呈特色。

另一个影响喻氏族谱修撰的系统是明朝万历年间喻思恪、喻国人等江西丰城、河南光山，湖南郴州和四川荣昌喻良叔、喻良懋、喻良佐、喻良才四兄弟的后裔进行的喻氏统宗谱修撰。该次统宗谱的祖先像赞，较之宋代后期统宗谱的祖先画像和赞诗，发生了一些变化。主要有三点：一是只有四张画像，分别为喻迪冲的父亲喻重华、儿子喻凫，以及喻之楚和喻旸的画像，画像后面没有附名人像赞。二是赞诗统一为明代后期的兵部员外郎郴州袁子让一人所撰。且很奇怪的不遵循传统做法而是另外像一篇文章一样,逐一按时代先后顺序写赞诗。而不是一幅画像后面一首赞诗。这个袁子让,在喻国人主持修撰的谱书上自称后学,很可能是喻国人的学生。三是这个像赞系统里面第一次插入了喻汝砺、喻樗、喻良能那个系统的代表人物。但很显然画像没有采用旌德、唐昌喻氏宗谱上的画像造型,也没有采用原来的赞诗。喻氏家族历史上属于世家大族。修谱有自己的规矩。一般修统宗谱总是要像模像样绘制祖先图像的。这个传统直到现在的各分支修撰族谱,都还保留着。何以根据明万历丁酉(1537)夏六月喻思恪喻国人所整理的《喻氏二十六世宗派大略》修成的喻氏族谱,却没有祖先图像呢?且一张都没有。这是为什么呢?因为战乱烧毁了,失传了?不是的。喻思恪在《喻氏二十六世宗派大略》中说过,他为了整理这份谱纲,曾经参考过很多喻氏谱书。他说:

思恪备阅喻氏宗谱。唯良叔良佐良懋良才四大派皆出元珍公裔,为最亲迩。其他虽云同姓,实系疏远。敢妄为攀附,使支派混淆哉。今另图修明,先为谱纲以贻四大派之子孙。

他的这份谱纲对明朝以后的喻氏族谱修撰,具有广泛的影响。很可能是因为某种原因,他的像赞计划未得实现。因而后世世仁堂谱书在像赞系统上形成缺憾。大体说来,世仁堂系列的喻氏谱书,在涉及唐朝到明朝这1000余年时间长度的家族世系排列上,基本都错成一个样。像赞系统也不例外。要没有都没有。

就笔者目前所看到的谱书,基本不出上述三种类型。

我觉得,这本富溪喻氏族谱和奉新遐富喻氏族谱的世系世表结合起来,就可以搞清楚很多问题。遐富谱的世系,自喻迪冲以下世系完整,第一,可以纠正世仁堂谱喻思恪所弄的那份喻氏宗派略。因为那份宗派图是首次将喻凫的世系年代搞错,也是首次将喻从政的世系年代搞错。还将喻汝砺、喻樗、喻良能那一支也杂糅到《世仁堂二十六世宗派略》中。其实,喻汝砺一支虽然是喻凫的后人。但显然他们是喻德修那一支的后裔。有谱书世系,有迁徙地点记载为证。也有遐富谱的世系可以确证喻汝砺系列根本不是喻迪冲的直系后人。

我们来看看富溪喻氏族谱中的像赞:

第一幅像画的是周宣王封弟桓公友。

第二幅像画的是郑穆公子兰的像。

第三幅画的是汉苍梧太守喻猛公像,后有像赞。即:

于维苍梧，交趾之域。

禹贡厥人，岛夷皮服。

大汉惟宗，迪以仁德。

出自中台，镇于外国。

威风光远，吏人从则。

这是老百姓自己编的歌谣。用于歌颂贤太守喻猛，没有署名作者。

第四幅画的是誊开国男加封伯敕镇西蜀忠宣公太保大夫像，也就是喻氏族史中的重要人物喻迪冲。后面的赞诗是尹知章所撰。诗曰：

于穆皇皇，开疆子男。

雄镇西蜀，威赫万邦。

开国柱石，统帅大唐。

紫金鱼袋，爵晋庙廊。

旌旆六彩，斧钺锵锵。

封谥忠宣，千载馨香。

这个尹知章是谁？

尹知章（约669－约718）绛州翼城（今山西翼城）人，唐前期大臣。尹知章性和厚，喜怒不形于色，从小勤学，精通六经，遂以儒学著称。

武则天长安（701）中，尹知章被选为定王府文学，官至太常博士。唐中宗时，有人提议将李渊七世祖凉武昭王李暠立为七庙始祖，尹知章认为昭武凉王距今遥远，与李唐王业关系不大，上书论其事，乃止。不久，尹知章外任陆浑县令，因事牵连，弃官在野。时有散骑常侍解琬也罢官归乡，与尹知章磋商经学，心情喜悦，乐而忘天下之事。后来在张说的极力推荐下，尹知章又被选为礼部员外郎，转国子博士。马怀素为秘书，奏尹知章为正字。尹知章终生专心学问，热衷于教育事业。他未任官前，就以讲授为止。任官期间，利用节假日讲授，从未停止过。尹知章以讲授《周易》《老子》《庄子》三书著名，弟子有贫穷者，常给予接济。尹知章一生从不问产业多少，儿子建议在集市上购买一年中的柴米，他谴责是与民争利，说："如而计，则贫人何以取资？且吾尚应夺民利邪？"尹知章卒于秘书省正字，一生所著书传流行于天下。门徒孙季良为了悼念他，在东都国子监门外刻石，以颂其德。

第五幅画像画的是唐世袭招讨使男峒亭公像。赞诗是陆宸所题。诗曰：

> 镇国雄藩，赳赳干城。
> 貔貅效命，戎敌专征。
> 矫矫铮铮，靖远边庭。
> 威震华夷，民安枕宁。
> 白旄黄钺，武库肃清。
> 穆穆公侯，缉熙光明。

这个嵋亭公是谁？他就是喻迪冲的次子喻叔梁。奉新遐富喻氏族谱卷三世表部分记载：

喻叔梁，伯洪次子。字世才。号嵋亭。行九。唐高祖武德元年戊寅十一月廿八生。袭父爵授招讨使，晋封辅国镇军上将。元娶秦氏。唐高祖武德三年庚辰七月廿五生。诰封一品夫人。生子一：喻季煇。

他和哥哥喻叔荣一起享受世袭子男的爵位。他的哥哥信息如下：

喻叔荣，伯洪长子。字荣才。号峨亭。行三。随仁寿二年壬戌九月十三生。袭父爵敕授右骁卫将军。元配王氏。大业三年丁卯七月生。诰封一品夫人。

这份富溪喻氏族谱没有喻迪冲长子喻叔荣的画像，说明这一分支是二房的，不是长房的后人。这叫各亲其亲，各祖其祖。这是古代家谱记事的方法之一。因为家族繁衍后，人越来越多，分支越来越复杂。将记不胜记。因此才达成一种共识。统宗谱记载全面，不遗漏一个分支。但分支谱就只详记本支，而于其他相关支系，则采取略记的办法。既给读谱人查找指明方向。如某支迁徙某处，始迁祖是谁，几句话就交代了，但线索还是留下了。古人修谱，有迁徙志，就是起这方面作用的。

我们再来看看陆扆是谁。

这个陆扆（847－905），本名允迪，字祥文。原籍苏州嘉兴（今浙江嘉兴），客居陕州。是唐朝名宰相陆贽之族孙，唐朝晚期的宰相。

曾祖陆澧，位终殿中侍御史。祖陆师德，任淮南观察支使。父陆鄑，任陕州法曹参军，徙家于陕州，遂为陕州人。唐光启二年（886），陆扆跟从唐僖宗视察山南，擢进士，为巡官，累官至翰林学士、中书舍人。陆扆工属辞，文思敏捷。唐昭宗曾作赋，诏学士皆和，扆最先就，昭宗赞叹说："贞元时陆贽、吴通玄兄弟善内廷文书，后无继者，今朕得之。"

乾宁初年，历任户部侍郎、兵部侍郎、尚书左丞，封嘉兴县男，徙户部侍郎同中书门下平章事，加中书侍郎、集贤殿大学士、判户部事。覃王兵犯凤翔，昭宗要派兵镇压，陆扆以为时局刚刚安定，不宜征战，触犯昭宗，贬为峡州刺史。乾宁四年（897）授工部尚书，后转兵部尚书，中书侍郎同平章事。光化三年（900）兼户部尚书，封吴郡开国公。9月，转为门下侍郎，监修国史。天复元年（901）进阶特进，兼兵（一作户）部尚书。

藩镇朱全忠逼昭宗迁都洛阳，时崔胤执政，贬陆扆为沂王傅，分司东都。唐昭宗被害后，陆扆被贬为濮州司户参军，最后被杀于滑州白马驿。有文集，已佚。

第六幅画像画的是唐节度使从政公像。后有26世裔孙喻逢甘的赞诗。诗曰：

体貌苍古，长髯丰颊。
儒雅可宗，俗尘不涉。
锦绣中藏，文章世慑。
云树望神，千秋万叶。

第七幅画像画的是河南侍御史，弘文阁大学士皂公秋霞先生像。后有令狐绹赞诗。诗曰：

天命昭烈，济济词宗。
金马玉堂，丕显丕承。
弘文翰苑，相业骏声。
侍才名世，盛唐之征。
祥麟威凤，万古蜚英。
雄飞贤哲，朝野扬清。

令狐绹，（795－879）唐朝宰相。京兆华原（今陕西省耀县东南）人。字子直。太尉令狐楚之子。性懦，精文学。唐文宗李昂太和四年（830）进士，开始从政。前后担任过弘文馆校书郎、左拾遗、左补阙、户部员外郎、右司郎中。

唐武宗时任湖州（今浙江省湖州市）刺史。唐宣宗大中四年（850），起任宰相。此后一直在这个职位上工作到大中十三年（859）唐宣宗去世。大中十三年秋八月，为山陵礼仪使。唐懿宗时，出为河中节度使。后来前后担任宣武、淮南等四镇节度使。后召入知制诰，辅政十年，拜司空、检校司徒，封凉国公。咸通九年（868）庞勋起义军攻占徐州，他受命为徐州南面招讨使，屡为庞勋所败。僖宗时召入任为凤翔（今陕西省凤翔县）节度使，后又被召为太子太保，徙封赵。卒于封地。

令狐绹执政的时代，已经是唐代的晚期，政权已经缺乏振作的生命力。他没有良好的政绩记录也并不奇怪。唐宣宗是晚唐最后一个比较强势的皇帝，而令狐绹以一种小心翼翼的态度处理了他们之间的合作关系。《旧唐书》上说他的性格胆小迟缓，这也许是他身居相位达十年之久的原因之一。

令狐绹的父亲令狐楚也曾经在唐宪宗元和年间担任过宰相。根据《资治通鉴》上的记载，令狐绹能够升任宰相，在某种程度上是宣宗感动于令狐楚对宪宗的忠诚。令狐绹之子令狐滈骄纵不法，受贿卖官，人称"白衣宰相"。令狐绹还有几个儿子：令狐澄、令狐专、中书舍人令狐涣。

第八幅画像所画的是宋博学鸿儒本学司铎始迁新吴遐富德棠公像。像后有赞诗，作者失载。诗曰：

> 先生之风，德并越峒。
> 龙跃天池，声震黉宫。
> 珪璋特达，头角峥嵘。
> 华林齐秀，班马名中。
> 文章事业，诗赋词雄。
> 孙枝裔叶，奕奕光荣。

第九幅画像所画乃唐录事诰授中大夫仲虚，无像赞诗。按仲虚即喻凫之父。
第十幅画像所画乃唐弘文博士喻铁公像。像后有韦丹赞诗一首。诗曰：

> 于昭铁公，允文允武。
> 运彼奇谋，学成绣虎。
> 瑞麟威凤，风高史祖。
> 华虫衮衣，名高天府。

这个韦丹是谁？我们来看看历史记载。

韦丹，字文明，京兆万年人。故事：使外国，赐州县十官，卖以取资，号私觌官。丹曰："使外国，不足于资，宜上请，安有贸官受钱？"即具疏所宜费，帝命有司与之。还为容州刺史。教民耕织，止惰游，兴学校，民贫自鬻者，赎归之，禁吏不得掠为隶。始城州，周十三里，屯田二十四所，教种茶、麦，仁化大行。以谏议大夫召，有直名。刘辟反，议者欲释不诛，丹上疏，以为"孝文世，法废人慢，当济以威，今不诛辟，则可使者惟两京耳"。乃拜晋慈隰州观察使，封武阳郡公。

第十一幅画像所画为晋理学名儒匡孙（喻合）先生画像。像后有熊鸣鹄赞诗一首：

> 先生之风，泰岱同宗。
> 隐居匡庐，著述五经。
> 河图洛数，淹贯博通。
> 理学名世，后代典型。
> 安车蒲轮，却聘不膺。
> 屡屡征召，拂袖羊城。
> 德高弥邵，纯粹英钟。
> 北阜布衣，万古遗风。

这个熊鸣鹄，是西晋时豫章人。他的父亲熊缙，曾当过鄱阳太守。其地即今之江西波阳县。熊鸣鹄信佛教，能文章，官知武昌郡太守。即今湖北鄂州鄂城县。著有《熊鸣鹄集》十卷。

我读族谱数百部，总结出来的经验有以下几条：1. 世系图、世系表互相验证；2. 世系和传记互相验证；3. 世系和诰敕互相验证；4. 世系和祖宗图像以及像赞互相验证；一个时期的世系，如发现问题，可多方求取同一时期的同宗谱书，兴许有保存完好的谱本在，则多数服从少数。

如此谱的价值，只要从像图以及赞诗就可判断出必然是较早保存下来的谱书。虽然祖先顺序并不是完全按时间先后排列。但这很可能是原谱保存不善所致。因为那些写赞诗的人，绝大多数都可考实是当事人的同时代或稍后的贤达。

族谱中的祖宗像赞，会自觉不自觉地给后世研究者提供许多历史信息。我们可以透过族谱中的像赞信息推测修谱人的编辑导向。

另一个影响喻氏族谱修撰的系统是明朝万历年间喻思恪、喻国人等江西丰城、河南光山，湖南郴州和四川荣昌喻良叔、喻良懋、喻良佐、喻良才四兄弟的后裔进行的喻氏统宗谱修撰。该次统宗谱的祖先像赞，较之宋代那次统宗谱的祖先画像和赞诗，发生了一些变化。主要有三点：一是全谱只有四张画像，分别为喻迪冲的父亲喻重华、儿子喻鼎，以及喻之楚和喻旸的画像，连喻迪冲的画像都没有，有画像的也没有像赞，像后面没有附名人像赞。二是赞诗统一为明代后期的兵部员外郎郴州袁子让一人所撰。且很奇怪的不遵循传统做法而是另外像一篇文章一样，逐一按时代先后顺序写赞诗。这个袁子让，在喻国人主持修撰的谱书上自称后学，很可能是喻国人的学生。三是这个像赞系统里面第一次插入了喻汝砺、喻樗、喻良能那个系统的代表人物。喻氏家族历史上属于世家大族，修谱有自己的规矩。一般修统宗谱总是要像模像样绘制祖先图像的，这个传统直到现在的各分支修撰族谱，都还保留着该传统。何以根据明万历丁酉（1537年）夏六月喻思恪所整理的《喻氏二十六世宗派大略》修成的喻氏族谱，却没有祖先图像呢？且一张都没有。这是说不过去的。

中国古代的著书传统实际上很重视图文结合，如《山海经》就有文有图。陶渊明饮酒诗："泛览周王传，流观山海图"，说明《山海经》是有图的。其他古代经典也是一样的。作为家族文化的重要载体，各姓氏的家谱，其构成要素越到后来越规范化。比如，几乎所有的家谱，都有谱序，且是历届修谱的谱序均予抄存。几乎所有的家谱，都有阳宅图（也称村居图）、阴宅图。几乎所有的家谱都有家训家规族规族训之类的训诫性质的篇章。几乎所有的家谱，都有关于始祖始迁祖的追述，都有关于始迁祖之前遥远世系的追溯和始迁祖以后的近世世系的比较完整的记录；当然，还有历代用以区分辈分尊卑的字派行第；用以寄托对祖先的怀念场所也是家族公共礼义空间的祠堂、祖坟等。其中还有一个要素不容忽视，这就是祖先画像。在一些古老的官宦人家、书香世家的家谱中，一般都会绘制列祖列宗中代表性人物的画像，且将其置于谱首，以便寄托子孙的水源木本之思。

首先我们可以根据谱书祖先画像的有无衡量该家族经济的强弱和文化积淀的厚薄。一般来说，大凡是房谱，支谱，或者实力不足的家族，修谱是不会绘制祖宗图像的。因为在古代中国的穷乡僻壤，作为农民，要想请人为祖宗画像，不仅花钱多，而且人也不一定容易请到。有的则因无旧谱祖像参考，不敢轻易绘制祖像。

其次我们可以根据家谱中祖先造像有无相匹配的像赞文字来衡量该家族读书做官的传统之深浅和社会影响力之大小。一般而言，读书风气很盛的家族，即使做官的不多。也会重视祖先画像和为祖先画像点赞。只不过他们没有广泛的社会交往，不曾交往当代有影响的学者和官员，因此像赞只能由家族内部的文化程度高的子孙进行。如秀才，贡生等来撰写。但如果这个家族有人在朝廷做官，或者在社会上有很大的影响的话，子孙修谱，为祖先画像后，一定会请当世名流写序，为画像题赞诗或赞扬文字。

如苏轼就曾应当时喻氏家族的邀请，为喻氏族谱题写了"江夏世家"；朱熹为喻氏家谱喻樗画像题写了"西洛渊源远，程门道学长"等诗句。

我们可以根据家谱祖先像赞的作者研究，而判断该谱书编纂者所在宗支的性质，即在家族中属于大宗还是小宗。一般而言，如果家族谱书中保存了较早年代的当时名流的像赞的，那这个房头一大半属于大宗。因为小宗一般只需绘制始祖、始迁祖以及本宗支的代表人物的画像如房祖即可。如浙江临安考坑喻氏宗谱上的祖宗像赞就是这样。

　　而一本谱书的祖先画像如果从得姓始祖开始画起，将该大宗支各朝各代有影响的开派祖先的像都画出来，且有当时名贤的像赞匹配。十有八九是大宗谱，或曰统宗谱。当代新修谱书中有些主修人不懂这个大宗小宗分工的道理。照搬全国性通谱上的祖先画像，把和本宗支完全不相干的其他宗支的祖先像也搬到自己的谱上。或者把虽然相关但不是一个小宗支谱所必需绘制的远祖画像也搬上自己这支的分支谱上。不仅浪费了篇幅，而且显得没有重点。老祖宗画像一大堆，自己这一宗支的祖像却缺如。更有甚者，还把全国通谱的世系和人物几乎原文照抄。这就更是大错特错了。一部家族谱书，定位一定要清楚，不可以做越俎代庖的傻事。极端的例子，有的人替人修谱。厚厚一本谱书，除了谱书书名，主编序言跟这个宗支有关外，正文对该宗支半字不曾提及。当然，那样的谱书只能归入欺世盗名的行列，不能算家谱。

　　我研究天下喻氏家谱，很重视像赞系统的研究。我觉得像赞系统是一个客观的存在。纵观全国喻氏目前所看到的 200 多部谱书，喻氏家族谱牒像赞系统基本可以分成三个系统。即祭公谋父之子相如公以下主干世系传承的系统，该系统像赞现在保存下来的有祭公谋父（《旌德仕川喻氏宗谱》主张谋父为喻氏得姓始祖；《临安唐昌喻氏宗谱》喻良能序言则主张祭公相如为得姓始祖）画像，唐朝喻鉴画像，喻汝砺，喻樗，喻良能等画像。而南昌金塘、濠溪和敷林这三个宗支谱书上的祖先画像则大多有始祖喻周祯或喻猛以及晋唐时期的喻合、喻纶和喻迪冲等画像。迥异于旌德临安谱系统。这说明他们的发脉始祖不是一个人。还有第三个系统，即皇帝赐姓喻系统，或曰非姬姓系统。主要是后唐明宗朝的南梁将军喻药为始祖的系统。这一系统仅见喻药一像，待考。这说明所谓统宗谱也是相对的。随着时间的消失，按照欧苏谱法，五代一提，亲尽服除，以后的关系就靠家谱维持了。但每次修谱，百世不迁的始祖像还是要绘制的。但如果把 3000 年来的发展史上有影响的祖宗都画出来，那不仅成本巨大，而且篇幅也难以承受。于是各个宗支在保存得姓始祖的前提下，一般就近取若干代祖宗绘制。如宋朝绍熙三年喻良能主持的续谱活动，他是把鄱阳老家的谱头找来看了抄录了，然后回到义乌香山续上后来的新支信息。他那本谱书中的祖先画像就只收了喻鉴，喻汝砺，喻樗以及自己。对于他在谱序中提到的唐前的喻合、喻伦、喻希、喻归，喻迪冲等都没有涉及，还有更早的喻相如像，也没有绘制。原因是各亲其亲，各祖其祖，否则太泛，就显得没有章法。

（2019 年 3 月 10 日）

《传家宝》序

　　近些年来，我们国家在经过 100 多年破坏传统和轻视文化的折腾后，开始出现了重视文化，重视传统的新气象。这种新气象具体表现在传统的家族文化复苏和创新上。传统的家族文化包括修纂家谱，建设宗祠和提倡家风家训等几个方面。现在绝大多数家族的宗祠建设和家谱修纂都中断了近 80 年，有的姓氏中断的时间更长。这个从各姓氏新修家谱的序言不难看出。传统的中断就是割断历史，其严重后果就是根本不知道自己三代以上的祖宗是谁。60 岁以下的国人能读懂家谱者千分之一可能都不到。至于祠堂祭祀祖先的程序，后人纵然找得到幸存的家谱，也未必看得懂。前不久，重庆市万灵古镇明代刑部尚书，有"天下清官"之美誉的喻茂坚，被中宣部看中，需要树立这个典型，拨款维修其府邸和坟墓。但其直系后代是学工科的，会建筑制图，但对没有标点的老谱深感头痛。因为是国家关注的项目，快到清明了，媒体要来采访，需要有祭祀仪式，电话找我帮忙。我只好把那篇古文译成今天的白话文供他参考。另外一个例子，浙江富阳新登一个叫观音礄的地方，有一支喻姓族人居住在那里。他们的祠堂——传经堂垮塌于 2008 年夏季那次大洪水。大水将存放在祠堂阁楼上的家谱冲进洪流之中。本家族的一位长者冒着生命危险，用长柄铁耙钩回了其中两册。另外两册被急流冲走，不知去向。当我们访谱访到他们那里时，族人拿着残存的谱书，开着车子，热情地带我们前去黄山岭看祖坟，因为残本家谱有手绘墓地图。车子到了黄山岭对面的公路上，他们却犯难了，因为自从 1949 年以后近 70 年时间，他们怕戴搞封建迷信的帽子，就一直不敢去祭扫祖先的坟墓。望着 500 米开外的跟族谱图大差不差的山体，他们傻眼了。到哪里去找自己祖先的坟墓？全国各姓氏估计类似的情况都会存在，因为我们属于同一个时代。我们都经历了"横扫一切牛鬼蛇神""大破四旧，大立四新"的"无产阶级文化大革命"。我们都经过了极"左"路线的思想禁锢阶段。前贤有言，30 不修谱，就是不孝。家族没有祠堂，祖先的牌位没有地方安顿，就像让祖先当流浪汉一样。一个家族，后人如果既不知道自己祖父以上先辈的名讳，也不知道自己的祖坟在哪里，该是何等悲哀的事情啊。但现在此类尴尬事却到处可见。

习近平同志为核心的党中央就职伊始，及时拨乱反正，强调留住乡愁的重要性，强调传承优秀家风家训的重要性。就连2017年的"春晚"也明显地在突出家庭的主题。2017年春天，中共中央、国务院还正式颁发了关于传承中华民族优秀传统文化的管理办法，将中断了近百年的传统文化教育正式重新接续起来，实在是有功民族文化生死存亡的重大战略举措。

在家族文化的建设过程中，和宗祠建设，族谱建设相伴随的是家风建设。家训诚然是家风建设的一个重要方面，但再好的家训需要人去践行，不践行，就是几句空话。有的家族，可能并没有留下明确的家训条文，但由于某一代先祖以身垂范，后人自然会向他学习，从而代代相传，影响无穷。王健民和他的表弟们编撰的《三舅百年》（最后定名《传家宝》）就是这方面的一个典型。在他们的怀念对象中，有民国时期沪松抗战牺牲的"飞将军蔡振坤"，在他们的回忆对象中，有学术界翘楚的环保专家，战略家王健民研究员，有优秀专家，优秀科普刊物《中国机械工程》杂志的灵魂人物，著名编辑蔡玉麟。当然还有他们蔡、王、张三家的琐细家史的追忆。众多的男男女女，老老少少，也许他们没有特别显赫的事业和成就值得特别称道，但有一点是共同的，这就是他们个个都在践行着一种由他们三家共同营造的家风，一种超乎一般家庭的理想亲情，一种在危急时刻帮助人的大爱境界。这种大爱境界既表现为大家庭内部扶危济困的行为，也表现为对真正需要帮助的陌生人的慷慨援手。如蔡玉麟笔下所提到的王健民用自己的工资资助蕲春一位困境青年6000元的事迹。当然更加光彩夺目的是蔡振坤那种为了民族解放大义，为了世界反法西斯大业，慷慨牺牲的仁勇精神。这些都是蔡王张三家宝贵的精神财富，是可以代代相传的精神遗产。

这本纪念集还有一个非常有价值的地方，就是真实性。孔子说，修辞立其诚。这是一切文章写作的金科玉律。但经过近百年的破坏，现在内容真实情感真实的文章很有限，充斥于报刊和回忆录的文章，由于意识形态的顾忌，不敢秉笔直书者有之。当年做了坏事，时届晚年不知忏悔，不肯给后人留下信史者有之。甚至歪曲真实的历史，企图欺世盗名者有之。看了这本回忆录，虽然事情琐细一点，所记录的都是普通百姓的日常生活，他们谁也无法左右历史，属于在历史的漩涡里挣扎的一族。但他们互相关心，互相帮衬，在困境中给亲人以慰藉，在顺境中给他人以帮助。但我敢肯定这些文字从内容到情感都是真实可信的。将来三家家族编修谱牒，可以直接采用。因为主要的作者王健民和蔡玉麟都是严谨的学者。其他作者的记叙也许在文采上存在某些不足，但都真实可信则没有问题。这种实事求是的文风令人赞叹。实际上这种求实的文风也是中国的传统。我们翻阅各姓氏的家谱，其谱例都十分清楚的规定，入谱信息必须准确可靠。任何一个家族，绝大多数人都是普通人，不可能都有十分辉煌的业绩为世人称道。但这些家谱中都保存下来了许许多多普通人的最基本信息，如姓名，生卒年月，在家族中的排行，妻子姓氏，子女情况，落葬地点名称。平生德行昭著者即使没有功业和学问，也会在传记中加以记载。这种文化传统体现的是一种朴素的平等观，也是一种尊严观，即对人的存在价值最基本的尊重。

家庭是社会的细胞。我国先贤早就总结了一条正确处理个体和家庭，家庭和国家关系的路线图。这就是正心诚意，修身齐家，治国平天下（详见儒家经典《中庸》"古之欲明明德于天下者"章）。只有每个人加强自身的修养，先为家里人做出榜样，然后一步步放大其榜样的效应，家庭和谐了，就可以进一步将影响扩大到邻里乡党，乡党和谐了，还可以扩大到更大的范围去，直到最后以德行影响天下。古代儒家心目中的最成功的楷模大舜就是这种路线图的成功实践者。古人称这种教育方式为教化。请注意：不是用家长威严和强迫手段，而是和风细雨，以榜样的力量感化人。从来就没有在上者为人不正，而单凭说教和高压就可以让臣民心悦诚服的。由家庭推广开去，治国也是如此。正如孔子所言：其身正，不令而行。其身不正，虽令不行。因为在上者没有正确的表率作用，在下者如何心服？

洋溢于这本家族回忆文集中的就是每个人都重视自己的修养，人人追求止于至善的境界，即使自己在困难中，也不忘帮助更困难的人。这种仁者情怀正是我们社会所需要的。晚清以来，西学东渐。固然有很多好的学说思想流入中国，但也有一些思想学说与中国传统的主流学说格格不入。比如欧洲文化中所提倡的物竞天择，适者生存。弱肉强食的丛林法则就和我国儒家学说中重视修身，重视克制私欲，重视己欲达而达人，己欲立而立人。己所不欲勿施于人，老吾老以及人之老，幼吾幼以及人之幼的仁者情操大相径庭。我们的一些学者和政治人物在摧毁一个旧世界的过程中，硬是将这些本来是民族文化基因性质的宝贝当作垃圾一并摧毁。其严重的后果是家庭伦常包括父子关系，夫妻关系，兄弟关系，朋友关系，师生关系，君臣关系（上下级关系）遭遇了数千年以来最严重的破坏。只重物质，不顾亲情。传统的父子有亲，夫妻有别，君臣有义，长幼有序，朋友有信的五伦传统遭到毁灭性的破坏。这一切造就了一群群层出不穷的贪腐分子，造就了一批批寡廉鲜耻的言行不一的伪君子。严重地毒害了社会风气，也使自己的家人和乡党蒙羞。这一切说明不对国民进行传统的价值观教育，而将国民导入唯利是图的泥沼是何等的可怕。

恩格斯在《家庭私有制和国家的起源》1884年第一版序言中曾经写道："依据唯物主义的理解，历史上的决定要素，归根结蒂，乃是直接生活底生产与再生产。不过生产本身又是两重性的：一方面是生活资料食、衣、住及为此所必须的工具底生产；另一方面是人类自身的生产，即种的蕃衍。一定历史时代及一定地区内的人们生活于其下的社会制度，是由两种生产所制约的。即一方面是劳动的发展阶段，另一方面，是家庭的发展阶段。"（见人民出版社1954年版第3页）这里所说的"家庭的发展阶段"，应该包括对家庭伦理以及扩大的家庭亲情追求这样的高级发展阶段。中华民族在自己数千年不曾中断的历史长河中，为人类社会创造和积淀了宝贵的家庭伦理遗产。这些家庭伦理的遗产实际上充满了修身的智慧，管理家庭的智慧以及治理国家的智慧。这三者构成了一条完整的由个人治理到家庭治理到国家治理的清晰的路线图。这是我们国家历代先民对人类文明的伟大贡献。

"任何人，无论在社会上是风生水起，还是默默无闻，都只有回归家庭才能享受到那份纯粹的情爱。所谓纯粹，就是没有'算计'，无需设防、美妙无穷、难于言表的亲情。家庭有大家与小家之分，大家有血缘关系，是浑然天成的情爱；小家初建时没有血亲，全靠自己经营，却是后代血缘关系的缔造者。人的一生处在大小家的交融之中，因不同秉性和修为，会演化出复杂多变的无尽模式，考验着每个人的情商和智商。深谙其理、严守其道者微乎其微，绝大多数人，终其一生也不明就里。"蔡玉麟先生的这段论述十分精当。个人是天地间的旅行者，家庭是我们的避风港，国家是我们的防火墙。我们要想自己的这趟人生之旅有意义，必须从自身修行切入。并进而影响和感化家庭，影响和感化社会。

从这本纪念文集中我们不难看出，这个大家庭的现实亲情是对传统的积极承续，是风清气正的一个家族群体。是我们建设新型的社会主义家庭文化的一个成功的案例的缩影。

期盼蔡、王、张三家的子孙保守这本小书，将其作为你们的传家宝。虽然它不是金钱，但胜似金钱。因为金钱有用尽的时候，而这种重视自身修为，积极进取，关心他人存在，在可能的范围内给予亲族需要帮助的人提供一些力所能及的帮助，并进而将这种亲族之爱扩大到一切需要帮助的人，则我们这个社会就是一个和谐的社会，就是一种天下大同的境界。我们也就会成为有高尚情操的人，成为有社会价值的人，成为受人尊敬的人。

（2017年5月28日）

第六编 06

修谱实践探索

砚石喻氏戊戌重修族谱序

壹

我中华喻氏，源自姬姓。郡望江夏，世居南昌。自周穆王因祭（音债）公相如能以德喻民赐祭公相如喻姓以来，其子喻芳出镇封地，从此喻氏以江夏名郡。在周朝晚期，喻宪曾任周朝末代天子周赧王司徒，负责土地赋税管理和兵役征集事宜。其人能以礼让化民，不以仕优废学因而受时人尊敬。汉晋以降，人才辈出。则大多可以厘清线索。如东汉苍梧太守喻猛、庐山高士喻合；东晋西河太守、尚书司徒喻归；唐初建国功臣喻迪冲；宋代喻浩、喻汝砺、喻樗、喻良能；明代喻茂坚、喻时、喻安性、喻龙德；清代喻嘉言、喻长霖、喻兆藩、喻文鏊；民国时期的喻血轮、喻守真；当代的喻宜萱、喻继高、喻树迅等等。在各自领域开拓创新，可谓群星璀璨，精彩纷呈。

对于任何一个家族，要想传承好家族文化，必须做三件事：即修谱，建祠和保护始迁祖等祖宗的坟墓。在刚刚过去不久的 20 世纪，我们遭遇了战争、动乱和运动，很多家族祖坟没有了，很多家族族谱被烧了，很多家族祠堂被拆了。子孙们像无根的浮萍，既不知道自己从哪里来，也没有场所祭祀自己的祖先。党的十一届三中全会以来，特别是现在以习近平同志为核心的党中央，旗帜鲜明地提倡弘扬祖国优秀的传统文化。续修家谱，复建祠堂以及保护祖宗丘墓，组织宗亲会，开展族史研究等成为这 30 年来民间最重要的家族文化活动。什么是文化复兴？这就是最具体而微的文化复兴！复兴传统，当从家族文化开始；敬畏先贤，当从尊崇祖先开始。

图 6 - 1　砚石喻氏宗谱书影

贰

自两宋之交金兵犯顺，兵连祸结，河山板荡。喻氏家族跟其他姓氏一样，同样分崩离析，各自天涯。在众多参与迁徙的喻氏家族各宗支中，其中有一支在宋代历史上影响很大，是为"砚石喻氏"。砚石是个古村名。宋朝的行政位置是浙江桐庐质素乡，位于北宋、南宋之交由江西等地通往南宋京都临安（今浙江杭州）的国道边上。今天砚石村的行政位置是浙江省杭州市桐庐县横村镇上唐村。自然村名今叫喻宅。历史上部分村民移居凤联，今称喻家。喻宅、喻家这一支喻氏后裔尊宋朝名臣喻樗为始迁祖。该宗支最近一次续修家谱时在 1926年，距离今天已经 92 年，且旧谱仅残存一册（卷二），收藏在桐庐县档案馆。这个残本砚石喻氏重修族谱，是桐庐砚石喻氏后裔，建德市财税局退休干部喻春明发现的。由于书缺有间，修谱难度很大。砚石喻氏请我帮他们梳理源流。虽然我明白这是一个难题，但出于对宋代一门三名臣（喻汝砺、喻樗、喻良能）的由衷尊敬，我还是把这个任务接受下来了。

在缺少必要的谱牒资料参考的情况下，我只有通过访求其他的相关谱书来旁证这条路可走。很快，我就为寻找砚石喻氏源流的工作确定了路线图：先到浙江访谱，阅读浙省各地喻氏宗支的谱牒。其次到喻樗担任过县尉（有的谱作县丞）的玉山县等江西地面进行调研，查找其后裔繁衍情况。还计划到重庆四川调研读谱，希望能弄清喻汝砺和四川等地的关系。

自 2017 年 4 月初到 2018 年 5 月，历时一年有余。先是在喻春明陪同下前往浙江省桐庐、富阳、绍兴、嵊州、义乌等地访谱。后来又到江西省南昌县、进贤县、玉山县等地访谱。2018年1月，我还曾前往重庆江津中华喻氏文化展览馆集中精力闭关读谱一个月。2018年4月，又先后到安徽巢湖喻少彬宗亲处和安徽黄山市屯溪老行吴敏先生等处访谱。所到之处，喻氏宗亲和外姓朋友都是热情接待，无保留地提供谱书借阅等方便，为我理清砚石喻氏的源流开阔了思路，增加了线索。

在桐庐，我们参观了位于关山（小后岭）的名臣第，拜访了关山谱的保管者之一喻根明。得知他所保存的名臣第喻氏宗谱2010年10月25日被某人借走后便一直没有归还。很幸运的是，那套谱并不是人间孤本。后来我们从其他收藏者那里还是看到了。在喻国金、喻梅洪的接待陪同下，我们也参观了观音礄喻家的传经堂，翻阅了观音礄的光绪谱书残本，还看到了沙潭村保存完好的喻氏宗谱。

在嵊州，浙江新昌—嵊州水务集团党委书记、副总经理喻国良得悉我们前来访谱，利用周末休息时间，亲自驱车到高铁绍兴东站迎接并宴请我们。又联系剡北喻湾以嵊州市裕盈金属冷拉型材有限公司喻家良董事长为首的宗亲们陪同我们实地考察剡县中心地带的孝子坊城隍庙遗址（该处就是明代名臣喻安性的故居所在地，现仅存喻氏宗祠的照壁一块。周围全系民居）。历史上叫了几百年的喻湾，撤村并组后，村名今已改为漩泽浒村。下午，村书记喻潮良等一行本村宗亲陪同我们考察了喻湾，凭吊了喻安性先祖的遗迹。翻阅了剡北喻氏族谱。该县公安局的一位叫喻军灿的宗亲专门开车回去找来乃父手抄的稿本喻氏族谱。当天晚上，我们还在当地宗亲陪同下去拜访了93岁的喻信棠老人。当地人传言他家保存有旧谱，结果老人说族谱早就遗失了。他说，"文革"初期，他家藏有几十本老谱，本地人都知道。但在那段特殊的岁月里，他害怕因此被迫害，就连夜摸黑悄悄地将一大堆族谱埋在村外一片空地里。当时也不敢做标记，结果下雨后一点痕迹都看不到，当时也不敢挖回家。后来村里搞建设，那块土地建了房子，无法找到那套对于他们家族十分重要的老谱，留下了无法弥补的遗憾。

在富阳，中华喻氏族史研究会副会长喻正其宗亲得知我们访谱，不仅热情设宴款待我们，还帮我们复印《香山喻氏族谱》等相关族史资料。我们的调研还到过义乌。这里是我熟悉的地方。从1997年到2007年十年间，我多次承接义乌市旅游发展等各种规划。来到义乌，感觉格外亲切。在义乌，香山喻氏后裔，市公安局退休干部，现在正在主持香山喻氏族谱续修和喻氏宗祠新建事宜的喻景泉宗亲和新香山寺管理干部喻群丰热情接待了我们，驱车陪同我们参观香山喻氏发祥地泽口以及香山古寺和香山新寺，还考察了义乌喻氏另一处重要的聚落黄高畈（又称"王高畈"。古代喻氏族人习称"高畈"）。在这里和村里的族长即前任党支部书记喻荷询进行了交谈。我们还借阅了他们的族谱翻阅拍照。在绍兴文理学院，我们根据《中国家谱总目》提供的目录线索，查阅了《萧山孝悌喻氏重修族谱》。该校图书馆唯一拥有高级职称的钱斌研究员，为了我们看谱，破例多为我们值班半天（按规定她们当天下午属于政治学习时间，可以不值班）。至于为我们提供家谱的宗亲更多，像浙江黄岩仙浦喻氏，江西玉山茅岗喻氏等，都令我们十分感动。

经过几个月的案头研究，感觉现有资料还是不足。于是 9 月份我独自一人前往江西南昌。这里也是我比较熟悉的地方。2000 年到 2015 年，为了编制南昌市旅游发展总体规划和进贤县，梅岭西山，温圳镇杨溪李家。文港镇沙河晏家的旅游规划、古村落保护规划，我们可以说走遍了南昌的山山水水。这次来南昌，江西省喻氏文化研究会的常务副会长喻晓总经理，喻致铭秘书长，喻长林、喻志强，新建县公安局的喻铭等宗亲热情接待了我。喻志强宗亲将自家保存的南昌岭头喻氏族谱借我阅读一夜，使我认识到江西玉山和南昌、桐庐等地的渊源关系。喻晓副会长等研究会宗亲一行还放下自己手中的工作陪同我前往敷林、罗舍，抚州大窠等地访谱，深情可感。江西之行，给我一个很深的印象，一是全国各地乃至世界各地喻氏家族跟江西的渊源很深，几乎没有几个喻氏宗支和江西南昌没有关系，喻樗宗支自然也不例外。二是大家的热情真的非常感人。我跟这几位喻氏宗亲都是第一次见面，感觉却像老早就熟识似的。

考虑到喻汝砺、喻樗、喻良能他们三代人的历史影响很大，我还希望总览一下全国各地喻氏分支的谱牒中是否会涉及他们这个宗支。因此我于 2018 年 1 月来到重庆中华喻氏族史研究会，在中华喻氏文化展览馆闭关读谱一个月。感谢族史会老会长喻贵祥的悉心安排和周到照顾，为我免费提供食宿。经过一个月的日夜奋战，我大体浏览了族史会保存的 200 余种喻氏族谱。也许是迁徙到东南等其他原因，宋代喻氏虽然在清朝编纂的《四川通志》上人才不少，却得不到四川、重庆相关喻氏家谱的记载之佐证。现在从四川重庆喻氏聚落所传承的宗谱看，四川、重庆的喻氏，基本上都是明中期以后和清代进入巴蜀大地的。

为了修好这部喻氏族谱，我和春明宗亲曾经前往上海圆通公司总部拜访过喻渭蛟董事长，他是本届砚石喻氏族谱重修的主要赞助人。见面洽谈后，我对从砚石村喻家走出来的这位具有传奇色彩的快递大亨以及他的兄弟们有了感性的认识。我们还曾两次前往砚石古村考察。在那里我们观山看水，研究宋朝的"国道"，思考喻樗和他的父辈他们从首都汴京来到临安时风尘仆仆的历史场景。想象砚石村当年鼎盛时节甲第相连、簪缨满门的情景。也想象喻樗在村旁砚石上摊书校对的风雅情景，想象他们分迁到临安、剡北等地告别故乡的情景。自然，历朝历代的先人们都已经远离我们，只有山川依旧，令人惆怅。在砚石村，我们还拜访过喻渭蛟的父亲，90 岁的喻明镜老人；喻志贤宗亲的父亲，90 岁的喻康惠老人；在距离桐庐约 80 公里的建德县，我还拜访了喻春明的父亲，年届九旬的喻德恒老人。我敬重这些族中耆宿，为他们每个人都写了一篇 90 寿言，记录了和他们见面的见闻。

4 月上旬，我又到了巢湖，承蒙少彬宗亲鼎力支持，让我看了清朝乾隆二十四年仕川喻氏宗谱所载的世系图（复印件。后来，我访谱访到杭州临安，又从杭州昌化考坑喻氏宗谱中看到了这份统宗谱的世系图），解决了我的源流考部分世系不够完善的问题。

4 月中旬，我们又根据中国家谱总目上提供的十分简单的收藏者信息，冒着大雨，驱车前往安徽黄山市屯溪老街，几经周折找到收藏该谱的吴敏老馆长，承蒙他慷慨允诺，让我翻阅了《临安唐昌喻氏宗谱》。虽然该谱收藏时就缺第三册世系部分，是个不小的遗憾。但有诰敕、谱序、题跋等资料也可还原一些重要的族史真相。

叁

经过一年的研究，现在我可以负责任地告诉砚石喻氏族人，砚石喻氏的得姓始祖是祭公相如。是周穆王时代的上卿。因为他对周王朝贡献卓著，周穆王看重他能"以德喻民"，就赐他姓喻，封他采邑，封地就是现在的湖北省云梦安陆潜江等地，也就是汉朝初年的江夏郡地域。砚石喻属于江夏喻系统。相如公之父祭公谋父晚年卧病在家，周穆王还曾率领群臣到他卧榻前问政。周穆王和祭公谋父关于治国理政的谈话，被记录在《逸周书·祭公解》中。（见《中华喻氏通谱》第二部上册巴蜀书社 2012 年版第 474 – 475 页）

砚石喻氏喻樗以前的世系虽然没能完整的流传下来（其中个别地方父子两代的代际时间长度不合常理），但这毕竟是个别情况。总的看来，结合喻良能宋绍熙三年所撰谱序和乾隆版仕川喻氏宗谱所传承的统宗世系图两份历史文献，从喻相如到喻良能的世系总数基本清楚，历代的人物名讳也都有记载。总共 66 世（指我依据现存文献上的世系统计所得，不一定就是真实的完整的总世系数），其世系传承脉络详见《喻良能宋绍熙三年谱序综说》。而桐庐喻氏从始祖喻归至砚石始迁祖喻樗前喻汝砺这 20 世的谱系，在砚石谱里，编纂者说这份世系图是家谱遭火焚后大家回忆起来的内容。一开始,我也不敢完全相信这份20世世系,后来因为今年四月访求到《临安唐昌喻氏宗谱》后而得到佐证。说明砚石喻氏残谱所载自喻归至喻汝砺20世世系的记载是准确的。这一部分内容详见《砚石喻氏源流考》。在砚石喻氏的世系认定上,还有一个绕不过去的坎,就是如何看待《宋史·喻樗传》喻樗是喻药16世裔孙的观点。我研究的结论是《宋史·喻樗传》是错误的。这个问题详见《宋史·喻樗传纠谬》。

由于宋代绍熙三年新安喻氏宗谱(统宗谱)的世系记载和砚石喻氏宗谱(分支谱)有大宗和小宗的区别,因此新安统宗谱世系记载和砚石喻氏宗谱所记载的自始祖喻归到喻汝砺的20世世系中迁浙始祖以下的记载,出现了一些不完全吻合的现象。具体说来,有以下差异:

仕川喻氏宗谱所保存的新安统宗谱世系记载:得姓始祖喻相如以下直到喻良能66世。砚石喻氏宗谱所保存的桐庐分支谱世系记载从第46世分派始祖喻归到砚石喻氏始迁祖喻樗的父辈喻汝砺共20世。这都不是问题。宗谱的性质范围不同,记载的代数不同,实属正常。仕川喻氏宗谱所保存的统宗谱世系记载和砚石喻氏宗谱所保存的分支谱世系记载在相同的世系层次人名不同。比如说,仕川谱所载统宗世系里46世看不到喻归的名字,这是因为喻归这一支分派,在晋代朝廷官修的喻氏家谱的谱序上明明白白定为大宗(详见《砚石喻氏源流考》),说明喻归虽然在南昌分派时相对祖先喻合而言,他还是小宗。但到了建康(今天的南京),由于他的官位和贡献,他自然就是这一支的百世不迁之祖了。

细看仕川谱和砚石谱的两份世系图,我们还发现其在喻汝砺上下三代的记载上多有不同。如喻汝砺的父亲在仕川谱里名喻志高,在砚石谱里叫喻启元;在喻志高的子嗣记载上,仕川谱说喻志高生喻汝砺和喻汝砧两个儿子;而在桐庐砚石谱上则说喻启元生了三个儿子:喻汝成、喻汝砺、喻汝美;仕川谱上说喻汝砺生喻荣,喻荣生喻良能,喻汝砧生喻樗。而这种记载和喻良能绍熙三年谱序中所言"汝砧,吾祖也"是吻合的。砚石谱上则说喻汝砺生喻楷、喻樗。喻樗隐居桐庐。喻楷迁喻湾。简言之,喻樗在仕川谱上是喻汝砧的儿子,到砚石谱上变成了喻汝砺的儿子。这是很令人费解的事情。出现这些差异,从目前研究的情况看,至少有以下几种可能:一是一个人不同时期使用的名字不同,如现在人经常出现的曾用名等现象。二是两种谱书修撰时间有早有晚。三是因为这个家族在北宋末南宋初年曾经出了一个大名鼎鼎的半路出家的高僧喻弥陀。会不会是因为他的原因,两地族谱才会出现这些差异?那么这个在新安统宗谱上位居老大,到砚石谱上就不见踪影的喻汝砧会不会就是那个大名鼎鼎的喻弥陀呢？

其实，我为砚石喻氏整理源流，完全可以回避如此复杂的话题，就按砚石谱和唐昌谱上的远纪世系讲，不会引起争议。但我想告诉族人的是，我希望从整个中国喻氏族史研究的高度来探讨喻良能宋绍熙三年所撰新安统宗谱谱序的后三代何以和迁往浙江桐庐砚石的喻氏之前三代名字长幼顺序多有不同的深层原因。

我们知道，宋代以来，国人重视欧、苏谱法。欧、苏谱法有一个共同的价值取向，就是各亲其亲，各祖其祖。一句话，跟自己这个宗支稍远一点的世系就不涉及。因为时间久远，记载缺漏，问题多多。用这样的指导思想修谱，当然省事。但我们必须明白，欧、苏置身晚唐五代之后，各大家世族的谱牒多数散失无稽。在这种时代背景下提出只记血缘关系明确的世系，不清楚的或者断层的搁置勿论，当然是明智的选择。但欧、苏的谱法只适用于小宗，不适用于大宗。而我喻氏家族是"帝王贵胄，元圣苗裔"（帝王，指周文王昌；元圣，指周公旦）。我们的祖先重视保存家族世系档案，这可从东晋朝廷修撰《喻氏家谱》的历史记载看出。东晋尚书侍中钟雅在喻氏家谱序中写道："臣钦奉敕旨，命臣权知谱事。观在廷臣工所进先世名宦事迹并支出原由，独尚书司徒喻归家传其先本帝喾之后，实帝王之贵胄，元圣之苗裔。更历秦汉魏以来名公巨卿代不乏人。夫当世搢绅之士，或身居辅弼，或食采屏藩。簪缨蝉联，冠盖相望。当时犯颜谏净，见危授命。孤忠贯日，壮气凌云。至若留心典籍，着意篇章，乡间擢秀，儒学蜚声。洁身高蹈，却征聘于庐阜；仁德为怀，留清白于苍梧。凡有行之新书，岂容私而弗录！得使高风播乎万古，美誉动乎千秋。派衍增辉，源流可考。"另外，我们也可以从宋人喻良能的绍熙三年谱序看出。喻良能谱序中对得姓始祖喻相如的记述，就可得到多种历史文献的佐证（详见《喻良能宋绍熙三年谱序综说》）。而喻樗生前手订的家谱范式就是详小宗略大宗，大、小宗并存。这种谱法模板能够使人源流并重，本末兼记。后人所看到的就是一个相对完整的家族世系树，而不是仅仅让后人看到自己这一支却看不到主干。更何况小宗大宗也是一个发展变化的概念。我们知道，中国的家族文化，有百代不变的大宗（始祖），也有五代一变的小宗。今日之小宗，五代后就是大宗。因此，谱法应该兼顾大宗小宗，才比较全面。如果从族史研究的角度考虑问题，欧、苏谱法的局限性就十分明显的呈现出来了。

总之，这里我先把问题提出来。即宋代新安统宗谱的后三代和迁浙始祖的前三代名字、长幼不尽吻合的问题。准确的结论有待族中贤达进一步深入研究。从研究方法上讲，我觉得我们应该把新安统宗谱和桐庐砚石等分支谱结合研究。

要把安徽地区的喻氏宗支和浙江地区的喻氏宗支结合研究，才有可能把这些祖先名讳记载的区别，兄弟人数多少的差异，妻室姓氏的不同等族史悬疑彻底弄清楚。

族史研究是一个十分复杂的问题。我们的研究既需要给族人呈现"树木"，也需要给族人呈现"森林"。既要有微观的细线条展示，也要有宏观的粗线条勾勒。

深望我喻氏子孙珍惜家谱，珍惜祠堂，珍惜祖坟。以科学的态度研究族史，以科学的精神研究族史，以科学的方法研究族史。常存水源木本之念，永葆爱家爱国之心。毋致数典忘祖之讥，毋招乱认祖宗之骂。

（2018 年 6 月 8 日）

砚石喻氏源流考

砚石，古村名。位居今浙江省桐庐县横村镇。包括今上唐行政村之喻宅以及凤联村之喻家。是因该村喻氏始迁祖喻樗而得名的村落。喻樗任职史馆校勘期间，家居此地。村旁有石台如砚。喻樗当年为朝廷校勘古书，喜欢在这块砚型石台上摊书比看。因此得到了这样一个风雅的村名。现在，该村名在日常交往中已经很少使用。砚石是一种文化记忆，是一个家族发源地的古称。

砚石村子虽然不大，但却是中华喻氏族史研究上的一个重要地标。因为它上接江夏喻氏得姓始祖喻相如一脉，中续江西鄱阳始迁祖喻鉴以及喻鉴的曾孙，安徽歙县问政山始迁祖喻承勋，承勋的六世孙、迁浙始祖喻志高启元公，下衍浙江省桐庐、临安，安徽省玉山喻氏数支。还涉及江西、福建等地喻氏宗支，是一个承前启后的地方。

一、砚石始迁祖喻樗以前的世系

砚石喻氏始迁祖之前的世系，有一长一短两个版本。

长者见宋绍熙三年喻良能所撰《喻族始修家谱源流序》，载该宗支得姓始祖喻相如以下 66 世世系。见 1926 年三贤堂藏《唐昌喻氏宗谱》。《唐昌喻氏宗谱》的始迁祖喻大寿来自安徽旌德仕川喻氏。关于这段时间跨度最长的喻氏家族世系，详见《喻良能宋绍熙三年谱序综说》，这里不再展开。

短者见光绪二十八年名臣第藏《临安唐昌喻氏宗谱》，该份世系上起喻归，下到喻汝砺。总共 20 世。

砚石喻氏尊喻归为始祖。尊喻樗为始迁祖。从东晋喻归到南宋喻樗，这段世系共有 21 世：

一世祖喻归。仕东晋。生子喻斐。二世祖喻斐。三世祖喻慈。"公有存本之思，遂诺东迁之策。"四世祖喻卫真。五世祖喻胤。六世祖喻希，字有望，仕南齐。七世祖喻柬，字近儒。八世祖喻诚，字叔真。九世祖喻凫，字伯禽。十世祖喻麒，字世祥。十一世祖喻逊，字文尚。十二世祖喻僖，字公用。十三世祖喻祀，字宗厚。十四世祖喻严，字凤来。十五世祖喻德元，字民望。十六始祖喻谅，字于信。十七世祖喻由，字惟义。十八世祖喻节，字以礼。十九世祖喻明，字启元。二十世祖兄弟三人：长汝成；次汝砺；幼汝美。汝成生一子：喻梓。迁喻湾。汝砺生二子：长子喻楷，迁居喻湾。喻樗隐居桐庐，为砚石始祖。

砚石喻氏谱上尊喻归为始祖，意味着在喻氏得姓以来的大统宗谱世系（指66世世系）发展到第46代时曾有一次分派。该次分派的标志性人物就是喻归。而砚石喻氏就是喻归这一派的后人。

我们在唐昌喻氏宗谱中看到了这20世的世系（从喻归到喻汝砺）。内容和砚石谱相比，要详细。推原其故，是砚石谱上的这20代世系乃遭遇火灾后凭借族中耆宿回忆而成，因此虽然没有大的错误，但记载比较简单。为了保存原真性世系，这里全文照录唐昌谱所保存的原砚石谱上的世系：

始祖第一世喻归。行智二。东晋。官至司徒。撰西河记三卷。配齐氏。生一子：喻斐。

第二世：喻斐。行梦一。字惟盛。配伍氏。生二子：喻慈，喻芮。

第三世：喻慈。行明一。字天德。是公有存本之思。遂诺东迁之策。配顾氏，生一子：喻卫真。

喻芮。行明二。字天英。配吕氏。生一子：喻卫元。

第四世：喻卫真。行保一。字养初。配王氏。生一子：喻毓。

喻卫元。行保二。字养和。配方氏。生一子：喻胤。

第五世：喻毓。行孙一。字茂孙。配赵氏。无传。

喻胤。行孙二。字启孙。配葛氏，生一子：喻希。

第六世：喻希。行京一。字有望。仕南齐。配赵氏。生二子：喻柬；喻束。

第七世：喻柬。行束一。字近儒。配李氏。生一子：喻诚。

喻束。行束二。字近情。配陈氏。生一子：喻谏。

第八世：喻诚。行武一。字叔真。配周氏。生二子：喻凫、喻鸿。

喻谏。行武二。字叔美。配莫氏。生二子：喻鸾、喻凤。

第九世：喻凫。行周一。字伯禽。登开明二年进士。配鲁氏。生四子：喻麒；喻麟；喻獐；喻麐。

喻鸿。行周二。字伯翔。配朱氏。生一子：麇。

喻鸾。行周三。字伯康。配卢氏。生三子：喻麓；喻麀；喻麑。

喻凤。行周四。字伯章。配王氏。生一子：喻逵。

第十世：喻麒。行瑞十。字世祥。配方氏，生一子：喻逊。
喻麟。行瑞十一。字世祯。配孙氏。生二子：喻仪；喻像。
喻麄。行瑞三。字世用。配陆氏。无传。
喻麕。行瑞五。字世挺。配濮氏。生二子：喻迩、喻踪。
喻麇（喻诚次子）。行瑞四。字世奇。配汤氏。生四子：喻遂；喻达；喻运；喻迟。
喻麓。行瑞六。字世积。配卢氏。生二子：喻连；喻逖。
喻麄。行瑞八。字世广。配戴氏。生三子：喻途；喻暹；喻迴。
喻丽。行瑞七，字世华。配王氏。生一子：喻迳。
第十一世：喻逊。行文二。字文尚。配葛氏，生三子：喻俨；喻你；喻僖。
喻道（喻麟之子）。行文一。字文通。配杨氏。生二子：喻仪、喻像。
喻遐（喻麟之子）。行文五。字文远。配钱氏。生一子：喻仁。
喻迩。（喻麕之子）。行文三。字文本。配刘氏。生二子：喻住；喻但。
喻踪。无传。
喻遂。行文六。字文颖。配陈氏。生一子：喻仰。
喻达。行文七。字文显。配吴氏。生子一。喻企。
喻运。行文九。字文兴。配冯氏。生子一。喻供。
喻迟。行文十。字文宽。配王氏。生子一：喻俸。
喻连。行文十一。字文斋。配王氏。生一子：喻佐。
喻逖。行文十二。字文宠。配姚氏。生一子：喻仗。
喻途。行文十三。字文进。配董氏。生一子：喻伯。
喻暹。行文十四。字文福。配何氏。生一子：喻伊。
喻迴。行文十八。字文明。配方式。生一子：喻侯。
喻仙（喻迳之子）
第十二世 喻俨。
喻你。
喻僖。行保五。字公用。配沈氏，生一子，喻祀。
喻仪。行保一。字公孝。配沈氏。生一子：喻禘。
喻像。无传。
喻仁。无传。
喻住。无传。

喻俚。

喻仰。

喻企。

喻供。无传。

喻俸。

喻佐。行保十四。字公辅。配娄氏。生一子：喻祈。

喻仗。无传。

喻伯。无传。

喻伊。行保廿二。字公传，配袁氏。生一子：喻福。

喻侯。行瑞九。字世敬。配石氏，五传、

喻仙。

第十三世　喻祀。行宗一。字忠群。配王氏。生一子：喻岩。

喻祶。行宗二。字宗孝。乡荐授迪功郎。配沈氏。生二子：喻歧；喻嶷。

喻襘。

喻祈。行宗三。字宗泽。配何氏。生一子：喻嵩。

喻僖。行宗十。字宗惠。配喻氏。生一子：喻崇。

第十四世　喻岩。行歧四。字凤来。配章氏。生二子：喻德元；喻德渊。

喻歧。行歧一。字凤鸣。配王氏。生一子；喻德洪。

喻嶷。行歧三。字凤翔。配王氏。生二子：喻德新、喻德宠。

喻嵩。行歧六。字凤昂。配吕氏。生一子：喻德本。

喻岳。行歧十一。字凤荣。配诸氏。生二子：喻德请；喻德泾。

第十五世　喻德元。行洪四。字民望。配姚氏。生一子：喻诞。

喻德渊。

喻德洪。行洪二。字民悦。配陈氏。生三子：喻谅；喻谊；喻诏。

喻德新。

喻德宠。行洪一。字民仰。配王氏。生二子：喻浩；喻证。

喻德本。行洪七。字民脉。配诸氏。生一子：喻谟。

喻德清。

喻德隆。行洪十一。字民恩。配汤氏。生一子：喻评。

第十六世　喻训。

喻谅。行信一。字于信。配陈氏。生一子：喻由。

喻谊。

喻诏。

喻诰。

喻证。

喻谟。行信八。字于证。配李氏。生一子：喻宝。

喻评。行信十。字于宁。配张氏。生一子：喻宣。

第十七世　喻由。行义一。字惟义。配孙氏。生二子：喻节；喻策。

喻宝。行义二。字重一。配娄氏。生一子：喻简。

喻宣。行义三。字重誉。配蒋氏。生一子：喻（竹卤）。

第十八世　喻节。行理一。字以礼。配王氏。生二子：喻明；喻胥。

第十九世　喻明。行胜二。字启元。配孙氏。生三子：喻汝成；喻汝砺；喻汝美。

第二十世　喻汝成。行汝一。字希圣。配俞氏。生一子：喻梓，迁会稽。

喻汝砺。行汝二。字迪孺。靖康初为礼部员外郎。后赠秘阁直学士。配方氏。生二子：喻楷；喻樗。

喻汝美。生一子：喻樟。

第二十一世　喻梓。会稽派。

喻楷。迁喻湾。

喻樗。隐居桐庐为砚石始祖，事迹见下。

喻樟。迁外。

从这份世系图看，《仕川谱》所载喻汝砺之子喻荣，喻荣之子喻良能这条线和砚石喻是平行的兄弟关系。因为喻荣那一支是长房大宗，而喻樗这一支是次房小宗。明白了这个关系，我们就不难明白，为什么《砚石谱》《唐昌谱》均不见记载喻良能。这就是说《新安谱》是大宗谱，《砚石谱》是小宗谱。而在《砚石谱》系统中，《砚石谱》又属于大宗谱，而玉山唐昌等分支谱则属小宗谱。我们看《怀玉喻氏宗谱》的谱例，上面说得很清楚："吾族自南宋樗公由浙江桐庐迁居玉山以继别为宗之义例之，樗公即迁玉之始祖也。今纂修家乘，断自樗公为第一世祖。樗公以前概置勿论者，略所不得不略。樗公以后广为联络者。详乎所不得不详也。"这就是规矩。作为小宗，他们只需尊喻樗为始祖就可以了。至于上面更久远的世系，那是大宗的事情。《唐昌谱》之所以还会保存《砚石谱》上的老世系，也就是喻归至喻汝砺的 20 代世系。那是因为他们的谱在明朝曾经被烧毁过，从砚石找到老谱才对接上，为了防止今后失联，才有意识地将此前老谱的世系等资料抄录在谱书上。如依据传统的谱例，他们也只需从喻樗开始就行了。

该份世系中各辈命名有些许重复，如第九世喻凤的儿子名喻迳，后面第十世喻丽的儿子也叫喻迳。

仔细比较《仕川谱》和《唐昌谱》，我们发现关于迁浙始祖喻启元以及他儿子的妻室和子嗣记载存在若干差异，如《仕川谱》所载新安统宗世系图迁浙始祖叫喻志高，而砚石支谱上这个迁浙始祖叫喻启元；《仕川谱》所载新安统宗世系图中喻志高生有两个儿子，即喻汝砺，喻汝砧。而砚石支谱上喻启元生了三个儿子，即喻汝成，喻汝砺，喻汝美。《砚石谱》上的这个迁浙始祖生有三个儿子的记载在整个浙江各地相关支系的谱书上都是基本一致。

造成这种记载的差异，我认为主要是因为修《新安统宗谱》的时间在前，修桐庐《砚石谱》的时间在后。《新安谱》是绍熙三年（1192）修成，而《砚石谱》修成的时间要比《新安谱》晚八九十年。现据临安《唐昌谱》所保存的最早的谱牒文章判断，《砚石谱》的始修时间当在南宋德祐元年，即西元1275年，有魏新之《砚石喻氏纂续宗谱序》可资佐证。另外，这个修谱时间距离上轮《新安统宗谱》修撰已经时隔83年了，期间经历南宋末年的战乱，修分支谱的人很可能没有机会看到统宗谱。加之人事变迁，名字改称等因素也会造成影响。如有的记名，有的称字。如修统宗谱时，某人还只有第一个妻子和他们的儿子。到修分支谱时，时局发生变化，人地关系发生变化，配偶发生变化，子嗣也发生变化，而后面的谱书则只记载现在的妻子和儿子，也可能是造成记载不统一的原因。

二、始祖喻归和东晋朝廷官修《喻氏家谱》

为了弄清楚喻归这一支何时分派，我们翻阅了很多喻氏谱书，都未能找到直接的答案。但很显然，桐庐砚石、唐昌等谱书尊喻归为始祖必有原因。他们的祖上都是江夏人，后来迁居豫章郡。在豫章最初的分派见于记载的是以喻合为标志（见资溪《喻氏宗谱》所载《历代江夏统宗图》），那么喻归是何时开始成为新的分派代表人物呢？等到我们寻到临安《唐昌喻氏宗谱》后，这个疑团就解开了。

看了《唐昌谱》，我们才知道在东晋成帝司马衍主政期间，尚书侍中钟雅曾经给晋成帝上过修谱奏疏，晋成帝同意在全国范围内为世家大族修谱。该谱完整保存了当时的尚书侍郎钟雅的修谱奏疏，晋成帝同意修谱并委任钟雅负责此事的圣旨，还有尚书司徒喻归回应皇帝修谱的奏折。这些历史文件经历近1700年的漫长岁月，还得以保存下来，并且是在家族谱牒中被保存下来。这说明砚石喻是喻归的后裔确凿无疑。因为东晋朝廷的修谱文件传世，至今尚以此次发现为首次。这里，我们将尚书侍中钟雅为东晋朝廷所修的第一部世家大族谱牒即《喻氏家谱》所写的序言抄录在这里供族人参考：

臣闻天子建国赐姓，诸侯受命立邦，族氏之别名姓者，诚以分封之不一也。《春秋·传》曰：同姓从宗合族。属其所以。合宗族分昭穆以统百世则有谱。谱者补也。谱之于家若网之有纲。衣之有领。统绪相连，百裔归之一祖；本枝益茂，千叶同乎一根。或耕锄荷蓧于田野之间，或垂绅搢笏于庙堂之上。要之富贵贫贱固难一致，而支派源流同出一本。则联芳续谱终不得而泯也。谱之为义大矣哉。

臣恭闻皇帝陛下应天顺人，丕承列祖。华夷混一，四海来王。君臣相需，阀阅相尚。臣钦奉敕旨，命臣权知谱事。观在廷臣工所进先世名宦事迹并支出原由。独尚书司徒喻归家传其先本帝喾之后，实帝王之贵胄，元圣之苗裔。更历秦汉魏以来名公巨卿代不乏人。夫当世搢绅之士，或身居辅弼，或食采屏藩。簪缨蝉联，冠盖相望。当时犯颜谏诤，见危授命。孤忠贯日，壮气凌云。至若留心典籍，着意篇章，乡间擢秀，儒学蜚声。洁身高蹈，却征聘于庐阜；仁德为怀，留清白于苍梧。凡有行之新书，岂容私而弗录！得使高风播乎万古，美誉动乎千秋。派衍增辉，源流可考。臣等谨序。

时大晋咸和二年岁次丁亥吉日奉敕尚书侍中钟雅权知谱事臣钟雅序

东晋咸和二年为西元327年，距今1691年。我们可以肯定地说，钟雅的谱序是迄今为止我们喻氏家谱中保存至今最为古老的一篇序言。喻归当年在东晋京师建康（今南京）为官，且官至尚书司徒。这自然是家族的荣耀。很显然，这次修谱是六朝时期的一次官方修谱，是一件大事。当时钟雅所修的喻氏宗谱毫无疑问是统宗谱。而自喻归开始，他这一支在东南发展的后裔必然尊喻归为始祖。这份重要史料足资证明砚石喻氏就是喻归的后裔。但喻归的后人何时迁到东南（今天的江浙地区）则史无明文。可供参考的是砚石谱20世系表对喻归的孙子喻慈的记载。"第三世：喻慈。行明一。字天德。是公有存本之思。遂诺东迁之策。"另外，湖南宁乡蒿溪喻氏族谱，有关于喻归为钱塘开派始祖的记载。

这个喻慈很可能是最早的迁往江浙的始迁祖。因为世系记载说：当年修谱人特别交代说：这位祖先有保存根本的认识，于是答应东迁江浙。什么叫存本之思？祖宗就是我们做后人的根本。喻归在东晋首都建业做官，自然会留下住宅等家产。更重要的是美好的名声。虽然正式东迁是从长孙喻慈开始的，但喻归毫无疑问应该被尊为东迁之始祖。这就像喻相如虽然得到周穆王的赐姓，但直到他的儿子喻芳才前往封地定居，而新安喻氏宗支仍旧必须尊喻相如为得姓始祖一样。

唐代后期，喻鉴为代表的先祖选择鄱阳乐平定居。喻鉴的后裔，以平定黄巢之乱著名的宣歙池饶节度使喻德修和他的长子喻承勋为代表的先祖则看中了新安（也就是今天黄山市歙县）一带山水，在歙县东门外问政山定居。这些都有喻良能绍熙谱序的记载为依据的。总之，喻氏家族从南昌分派，迁往江浙皖等地。时间最早在东晋（喻归），其次在唐代（喻德修），再次在宋代（喻启元手里）。空间最早是由江夏（今湖北）而豫章（今南昌），其次为杭州西湖侧钱塘郡；再次为新安（今黄山市歙县），南北宋之交则为临安（今杭州市）。当然，这只是就迁苏、迁皖、迁浙的大关节而言的迁徙路线略图。

今杭州市昌化区湍头镇考川《唐昌喻氏宗谱》中还记载了一道明代洪武四年的圣旨，该圣旨名曰《喻姓合同》。一式七份，各相关省几个喻姓聚居地距离较近的分别共同保管一份。如安徽省境内旌德、太平等地共同保管一份。圣旨内容是为了核查喻氏家族的族史根由。经过专门的工作班子审查，最后得出结论：喻氏确系世家巨族。喻氏是周文王之后周公旦第五世孙祭公的后人，七世孙祭公相如因为能以德喻民，获周穆王赐姓喻。审核人员还依据谱牒等历史文献研究了喻相如和东汉前期的喻猛、三国曹魏后期的喻合，东晋的喻归，宋代的喻汝砺、喻樗、喻良能等历代名贤。其所述历代喻氏先贤和东晋钟雅的《喻氏家谱·序》基本吻合。

接下来，我需要在这篇源流考中将北宋末年因金兵犯顺喻启元护驾南迁以来自桐庐开枝散叶的过程逐层呈现出来。

三、迁浙始祖喻启元的迁浙基址：临安洞霄宫喻宅

说到喻氏迁浙时间，据相关谱牒记载，有晋朝迁浙说、唐朝迁浙说、宋朝迁浙说等不同说法。至于迁浙宗支也说法不一。这里不做展开。本文只叙述喻启元这一支迁浙路线。

浙江杭州市富阳区新登镇观音礓《喻氏宗谱》上所载喻家旧图记显示：浙江喻氏先祖喻启元宗支在随驾从当年的北宋京师汴梁（今天的开封），迁居严州

和婺州等地之前，最先卜居地为临安洞霄宫傍一个地名喻宅的地方。喻宅地理位置处在距离临安城东 13 公里处的大涤山峰中岭下。萧山孝悌喻氏宗谱记载，当时随驾迁徙的喻启元，已经是 84 岁的老翁。但他身体康健，精神健旺。"帝每招饮，犹善用饭。观其从容治第，相宅经营。帝尝曰：'矍铄哉老翁，真封君也！'今为两浙第一始祖"（出萧山谱乾隆三十四年岁进士詹士贵所撰启元公行传）。洞霄宫阶段喻汝成、喻汝砺、喻汝美三兄弟中喻汝成、喻汝砺已经在朝为官，唯汝美不见读书做官的任何记载。但却很有可能是在杭州舍宅为寺半路出家的宋代名僧喻弥陀，也即出现在新安统宗谱中的喻汝砺的弟弟喻汝砧。新安统宗谱对喻志高的儿子只记载了喻汝砺和喻汝砧两兄弟，而不见喻汝成，喻汝美。在新安谱里，喻汝砺是老大，喻荣是其子，喻良能是其长孙。到了观音础谱则两兄弟变成了三兄弟，且三兄弟中有两个名字不一致。这些抵牾，是何原因导致，暂时不得而知，待考。

四、临安分派：绍兴王城、桐庐砚石、浙江萧山

我曾经奇怪，为何统宗谱上的长幼关系清清楚楚，到了浙江后，后裔所修的谱书就不尽吻合了呢？按照浙江谱，喻汝成是老大，其子喻梓迁往绍兴王城，为会稽之始迁祖。后来，喻良能的孙子喻暹由祖荫监浙税，亦迁居会稽王城。

二房喻汝砧的儿子喻樗迁居桐庐砚石，为砚石一世祖。

三房喻汝美的后人迁居浙江萧山，见《萧山孝悌喻氏宗谱》。"我喻氏自江夏，桐庐而迁王城固已。后先相继分三派而隐居者也。厥后虽一居王城（喻梓），一迁喻湾（喻樗）。一迁于剡城（喻暹之子喻滨）。然其始，总不越乎启元公之所自出，则三派皆属于同宗也。"（明喻思化《剡北喻宅喻氏宗谱·序》）

喻汝砺在新安谱中是老大的位置，在剡北谱中变成了老二。而喻汝砧在新安谱中本是老二，是喻樗的父亲，但在剡北谱里却连名字都看不见了，而变成喻汝美。出现这样的问题只有两种可能：一是喻汝砧就是后来的喻弥陀。由于半路出家，不好入谱。故后世修谱者将喻樗移花接木，放在喻汝砺的名下。一则可避免祖先为僧道的尴尬，同时也便于喻樗和喻汝砺生物基因和文化基因的双重继承。另一种可能就是喻启元在浙江这边另有妻室，为了和问政山争嫡，把喻汝成当作长子，而将喻汝砧改名喻汝美。

当然，关于新安大宗谱和浙江小宗谱的祖先名讳记载的出入之理解，只能是在证据不足情况下的一种推测。科学的结论有待于可资佐证的相关家谱的发

现，以及地下文物如墓志铭等的出土。

五、桐庐砚石喻与相关直系喻氏支系

（一）桐庐砚石

一世祖：喻樗。二世祖：喻熬；喻樵。三世祖：喻崈。四世祖：喻铎。五世祖：喻奚。六世祖：喻惠。七世祖：喻庆童。八世祖：喻玺。九世祖：喻旦。九世以下世系从略。详见本谱世系部分和世传部分。

至于喻樗以前的世系，砚石喻氏尊东晋喻归为始祖。

据浙江桐庐档案馆所藏砚石喻氏族谱残本卷二所载远纪世系，现在整理如下：

一世祖喻归。仕东晋。生子喻斐。二世祖喻斐。三世祖喻慈。"公有存本之思，遂诺东迁之策。"四世祖喻卫真。五世祖喻胤。六世祖喻希，字有望，仕南齐。七世祖喻柬，字近儒。八世祖喻诚，字叔真。九世祖喻凫，字伯禽。十世祖喻麒，字世祥。十一世祖喻逊，字文尚。十二世祖喻僖，字公用。十三世祖喻祀，字宗厚。十四世祖喻岩，字凤来。十五世祖喻德元，字民望。十六始祖喻谅，字于信。十七世祖喻由，字惟义。第十八世祖喻节，字以礼。十九世祖喻明，字启元。二十世祖兄弟三人：长汝成；次汝砺；三子汝美。汝成生一子：喻梓。迁喻湾。汝砺生二子：长子喻楷，迁居喻湾。喻樗隐居桐庐，为砚石始祖。

从现在保存下来的残本砚石喻氏宗谱看，这一支是喻樗和妻子袁氏、赵氏所生的两个儿子喻熬、喻樵传承下来的。其世系清晰，迄今为止，共传28世。

（二）江西玉山支系

据《怀玉喻氏宗谱》，喻樗在玉山的妻子李氏为他生育了喻焕、喻炤、喻燏三个儿子和初姑、贞姑两个女儿。其世系如下：

一世：喻樗。二世：喻焕；喻炤；喻燏。三世：喻增。四世：喻原。五世：喻正。五世以下从略。

世表部分对喻樗的记载如下：喻樗，第一世，字子才，号湍石。御赐别号玉泉。行兆。登建炎二年李易榜进士。历官翰林，谪居玉山县丞。旋升秘书省正字。历任两浙茶盐提举太常寺丞，兵部右侍郎转礼部左侍郎兼修国史，升授礼部尚书。以足疾休志。御赐驰驿归终。后追赠金紫光禄大夫。生终失考。葬十八都花坟蓬，坐北向南。娶李氏，封清源郡夫人，右丞相纲公之女，生终失考。葬十八都花坟蓬，与喻樗同向。谱上还记载了喻樗三个儿子的生平简历：喻焕，字文章。以郊祀推恩补承事郎，雄州防御推官，生终失考。喻炤，由上舍钦授国子助教，生终失考。喻燨，字元辉。由太学生登第。历官礼部郎中。生终失考。娶妻赵氏，忠简公赵鼎之女，诰授夫人。族谱还特别记载了喻樗的两个女儿："长初姞，适状元官端明殿大学士封伯进爵上饶侯汪应辰；次贞姞，适浙江状元张孝祥。"喻樗玉山后裔第八世名喻则成，生于洪武丙辰九年八月二十三日。中永乐癸未科举人，甲寅曾荣榜进士。授翰林院改吏科给事中。以言事举，历官徐州同知，升河南提刑金宪。终于明正统丁卯十二年（见该谱卷三）。喻樗玉山后裔宗支迄今为止已经传到第30代。

喻樗开始担任玉山县尉，时在21岁的光景，也就是他刚中进士不久。查《玉山县志》，自宋元至明清，喻樗子孙先后有喻则成、喻京、喻琪昌、喻瓒等见诸县志。玉山县北乡有喻樗、喻则成墓地，见诸县志记载。玉山县城附近还有喻樗开发的休闲场所——尤美轩。他和朱熹等朋友在那里进行过诗词唱和。

（三）临安唐昌支系

该宗支始迁祖为喻清，字清斋。乃喻樗砚石后裔第九世孙。

始迁祖：喻樗。二世祖：喻樵。三世祖：喻坦。四世祖：喻釜。五世祖：喻苞。六世祖：喻悬。七世祖：喻庆司。八世祖：喻朗。九世祖：喻清。

喻清明于永乐年间因贸易的缘故徙居临安唐昌传承至今。

一世祖：喻清，字清斋。二世祖：喻文通，字道亨。三世祖：喻伦，字敦序。四世祖：喻益治，字继源。五世祖：喻秉泰，字顺之。六世祖：喻国贤。七世祖：喻照，字克明。

需要说明的是，喻清斋在老家桐庐砚石孙家园生活时和发妻生有两个儿子，即喻顺福、喻顺海。我们在上面整理的世系中没有把他们放进去，主要考虑的是：喻顺福、喻顺海当系喻清斋在砚石老家的妻子所生，于理属于长房，不会离开老家来到唐昌，而唐昌谱是尊喻清斋为始迁祖的。因此第二代应该由来唐昌后另娶的妻室所生的儿子来承袭。而正妻所生的两兄弟当作孙家园老屋支系看待。这个世系是我结合谱序，题跋等材料整合而成。

后来看到另一种唐昌支谱，属于喻顺福、喻顺海的后裔。该房房谱世系如下：

始迁祖：喻樗。二世祖：喻樵。三世祖：喻坦。四世祖：喻釜。五世祖：

喻苊。六世祖：喻悬。七世祖：喻庆司。八世祖：喻朗。九世祖：喻清。十世祖：喻顺福、喻顺海。十一世祖：喻世雄。十二世祖；喻克伦（生五子者）。

唐昌是一个古老的地域概念。故地在今杭州市临安区昌化镇域。所谓唐昌古镇，现在名为河桥街道，位于昌化北邻安徽省的宁国市和旌德县。明朝中后期，新安（今黄山市歙县）喻氏多有迁徙来杭州临安一带定居的。

清朝康熙二十五年那次砚石喻氏家谱纂续实际主持人喻嘉言在谱序中说过一段话："旧谱于正德间遭毁。如临安派，建德派，剩（当为'嵊'）县派，富阳派，要皆同源异流，不能分析其详。"可见砚石喻氏作为大宗，其相关信息损失不少。上述临安派等同源异流的宗支所传承的谱书是我们彻底弄清楚砚石喻氏开枝散叶的有价值参考资料。我们期待喻氏家族各地宗亲能有更多的人像观音礅喻国金、喻梅洪两位宗亲那样关心自家的家族史研究，能够提供更多的谱牒资料以便喻姓学者们研究。从而共同努力，在新时代把喻氏族史研究推向新境界。

（2018 年 6 月 8 日）

族史答疑

背景

    2017 年，我受浙江桐庐砚石喻氏宗谱修编委员会的委托，担任该谱修编的总顾问。我的主要任务是梳理砚石喻氏的源流。此外，常规性的工作是随时接受该谱主修喻春明等的咨询。经过一年的努力，2018 年 3 月下旬，砚石喻氏宗谱（戊戌重修宗谱）编修工作告一段落。我负责的《砚石喻氏源流考》工作也大体完成。为了广泛听取族人意见，砚石族人征询我的意见，可否将《砚石喻氏源流考》在微信公众号上发布？我说当然可以。于是，砚石宗亲将我撰写的砚石喻氏源流考上中下三篇在世界喻氏宗亲总会的微信公众号上发布了。经过一个多月的网上征求意见，共收到四份意见。一篇是喻几凡宗亲的《〈砚石喻氏源流考〉商榷》，是从网上看到的，写成的时间最早，刊出的时间是 4 月 2 日。一篇是喻儒林宗亲的《论砚石谱的世系源流》，一篇是喻少彬宗亲的《祭公谋父是喻氏始祖》。最后收到的一篇意见是义乌喻景泉宗亲的，他的文章标题是《探讨〈砚石喻氏源流考〉中的几个问题》，是我动身前来富阳参加族史研讨会前夕在楚雷宁雨轩收到的。

    需要说明的是，自从世界喻氏宗亲总会微信公众号发布我的《砚石喻氏源流考》上中下三篇之次日，我即开始了安徽黄山屯溪、巢湖、临安、昌化等地的访谱工作。也就是说，我提交了那三篇文章后，关于这个问题的研究工作还在继续。直到 2018 年 5 月 19 日世界喻氏宗亲总会族史研讨会在浙江富阳东方茂开元名都大酒店召开前一日，我还在唐昌古镇（今名河桥镇）和湍口镇访谱。这期间，我又先后得以阅读清朝乾隆二十四年的仕川喻氏族谱的相关内容，清朝光绪年间的临安唐昌喻氏宗谱和考坑喻氏宗谱等谱牒资料，对《砚石喻氏源流考》初稿有部分修正。

现将本人修订后的《砚石喻氏源流考》刊发于此。此稿系据原来的《砚石喻氏源流考》中篇压缩补充而成。另外两篇（即《砚石喻氏源流考》上篇和下篇）我将分别改为《喻良能宋绍熙三年谱序综说》和《〈宋史·喻樗传〉纠谬》发表。请族人批评指正（这两篇文章请少待数日，敬请留意）。族人如欲比较，可到世界喻氏宗亲总会微信公众号上去查阅初稿。初稿刊出后，感谢湘潭大学的喻几凡宗亲随即撰写近万字的商榷意见，发布在喻氏相关微信群中。

现按照各位宗亲撰写文章的时间先后，分别作答。因为虽然是砚石喻氏的源流梳理，但事关喻氏族史，故将其命名为《族史答疑》。疏漏或理解不准确的地方，还望族中贤达和各文章主人批评指正！

答喻几凡宗亲

喻几凡宗亲看了征求意见稿后专门撰写了近万字的长文和我商榷。

几凡宗亲的文章特点是提出疑问。他几乎把他对这三篇文章的疑问，也可以说是我喻氏族史中的许多疑问都连珠炮似的端了出来。学问贵疑。不疑则断难深入。这种敢于质疑的严肃认真的学术精神，本人非常喜欢。但鉴于几凡宗亲的文章写成后，曾在多家喻氏微信群里发布过。因此，有必要以答疑的方式，就几凡宗亲的疑问做些回答，也便于更多的族人了解事情的真相。因为砚石喻氏宗谱的修撰关系甚大，我当初接受任务时就曾对该谱主修喻春明宗亲说过，这次修谱让我梳理世系，如果梳理清楚了，它既是对桐庐喻氏世系的梳理，也是对严州喻氏世系的梳理，还可以说是对浙江喻氏世系的梳理。现在看来，范围可能还要扩大。比如说，我们考证清楚了喻良能绍熙三年谱序，则为天下喻氏找到了迄今为止最完整也是最古老的传世世系，其中还记载了众多的喻氏先贤，以及迁徙经历和聚居地点，是喻氏族史研究绕不过去的坎。因此，我觉得让天下喻氏了解砚石修谱的前因后果，很有必要。

第一部分：答关于研究方法的怀疑

几凡宗亲对我这三篇源流考的批评，我归纳了一下，从方法论上看，它主要有以下三点意见。第一，批评我"考证基础似有所偏"；第二，批评我"所持依据未必准确"；第三，批评我"偏信误信"。

现逐一作答于下：

（一）答"考证基础似有所偏"说

通观几凡宗亲跟我商榷的文章，其核心着力点有二：一是想力证喻良能绍熙三年谱序系伪托。二是想想力证《宋史·喻樗传》喻樗系俞药十六世裔孙的说法没有错。

经过一年多时间的研究，我确信自己得出的两大结论是经得起时间检验的正确结论。这两大结论是：

安徽旌德《仕川喻氏宗谱》所保存至今的喻良能绍熙三年谱序是原作而非伪托；《宋史·喻樗传》关于喻樗是喻药十六世孙的结论是谬说而非定论。

几凡宗亲的商榷文章提醒我说，"学才先生该文既是应砚石喻氏之请而作，要考证的自然是该支喻姓的源流。砚石尚有旧谱存在，虽然略有残缺，但主体基本完整，所以相关考证当以其旧谱所载为基础，再以各种史籍和其他近支旧谱为参照，明其是非，纠其偶误，补其缺失"这话看起来很有道理。但我并不认同几凡宗亲的指教。因为我的研究，就研究方法而言，正是以旧谱为基础展开的：第一，砚石喻氏尊喻启元为迁浙始祖，这是我的研究基础。第二，喻汝砺是喻良能的祖父。这也是我的研究基础。第三，砚石喻氏尊喻樗为始迁祖。这更是我的研究基础。我上穷碧落下黄泉地访谱，读谱，中心目的都是为了解决砚石喻氏的源流问题。但要理清砚石喻氏的源和流，的确要像几凡宗亲所言，要以砚石残谱，桐庐等地浙省其他相关谱牒为关注对象。但我研究源流，视野绝对不能局限于砚石这一个宗支，甚至也不满足于只搞清楚严州的宗支分布情况。在阅读历代各地200多种喻氏宗谱过程中，我也见到过不少尊祭公谋父为喻姓始祖的说法，当然，更多的是尊喻猛为始祖。我觉得学者研究族史，应该实事求是，不能有主观偏见。我们大悟喻氏向来尊喻猛为始祖，天下喻氏确实绝大多数都是猛公的后裔，这是有谱牒可资证明的。但我在没有看到足够的谱书之前，我是不会轻易怀疑喻良能绍熙三年谱序那样的经典谱序的。

至于几凡宗亲建议我"再以各种史籍和其他近支旧谱为参照，明其是非，纠其偶误，补其缺失"。这是一般常用的研究方法。我自然也晓得的。实际上这正是我的研究路径。几凡宗亲你难道看不出来吗？"不识庐山真面目，只缘身在此山中"。这个道理我自然也是懂得的。所以我从一开始就提醒自己，要想把砚石喻氏的源流弄清楚，既不能忽视砚石残谱的价值，也绝对不能让自己陷在那本砚石残谱里面不能自拔。这就是研究的辩证法。既要深入庐山，又要跳出庐山，才能看清庐山真面目。我正是从砚石残谱中看到喻樗的信息，想起前几年读江西玉山县志的印象，才顺藤摸瓜地一路从浙江桐庐找到江西玉山，又从安徽旌德找到重庆江津。找到仕川喻氏族谱所保存的那篇喻良能撰于宋绍熙三年的谱序。我在《砚石喻氏源流考》中篇里详细罗列了砚石喻氏和相关喻氏的源流关系。这难道还不是"以各种史籍和其他近支旧谱为参照，明其是非，纠其偶误，补其缺失"吗？顺便说明一下，为了研究西蜀孔家垄那个族史地名，我阅读了南昌周边的数十部县志。我是一向重视地方志的。有兴趣的族人可看我的族史考证文章《西蜀孔家垄乃江西古地名说》。

经研究得知，喻汝砺、喻樗、喻良能祖孙三代（喻良能不是喻樗的儿子，而是喻樗的亲侄儿）曾致力于修撰喻氏江夏统宗谱的历史信息。所谓统宗谱，也就是通谱。因为天下喻氏，在六朝以前，都是一个姬姓的来源。其流虽异，其源实同。南朝梁武帝赐安州俞药姓喻，晚唐明宗赐桐庐俞本姓喻。从此，喻氏的来源就稍微复杂一点。之所以在这里谈喻汝砺祖孙三代致力于统宗谱修撰，是为了回答几凡宗亲文章中的疑问即为什么砚石喻氏的喻启元之前的世系和旌德仕川谱所保存下来的喻良能谱序中的世系不能吻合的问题。仕川谱相对于砚石谱而言，仕川谱里承载的统宗谱信息更多一些。而观音磡谱、唐昌谱，萧山谱，玉山谱相对砚石谱而言，砚石谱又属大宗谱也就是统宗谱。但这两者的关系又有些不一样，由于砚石谱不全。倒是小宗谱承载的历史信息比大宗谱承载的信息多一些。如唐昌谱就保留了喻归至喻良能21世的世系。唐昌谱还保留了东晋成帝司马衍咸和元年到咸和三年期间尚书侍中钟雅上奏章请求朝廷主修全国大家巨族的家谱，晋成帝下诏同意，时任尚书司徒的喻归率先响应圣旨，钟雅等文臣在不到三年的时间里率先修成喻氏家谱。唐昌谱甚至还保存了钟雅奉旨撰写的《喻氏家谱·序》。这个过程提示我们，研究族史，大宗谱要重视，小宗谱也不要忽视。

（二）答"所持依据未必准确"论

宋代欧、苏谱法的可贵之处在于只记有明确世系传承的。对于代远年湮的祖宗则置而不论，或者另外处理，总之不能直接认作可靠的世系。纵观天下谱牒，都有一个共同的特点，这就是所有姓氏的谱书，世系部分实际上都由两个模板组成：一个是有明确的代际传承的血缘关系清晰的世系。即父子相继，继继承承。一个是不能用明确的代际传承来衡量的，即文化认同性质的世系。这种"世系"父亲和儿子相隔两百年的都不足为奇。喻氏虽然在周代，汉晋、唐宋辉煌后，明清不再有那样的显赫。但这并等于喻氏所有唐宋时期保存下来的序言都是后人伪托。认别人的祖宗为自己的祖宗是诬祖。没有十足的证据，轻易否认祖宗留下的文字也是诬祖。

几凡宗亲说："学才先生文中却几乎置砚石旧谱于不顾，而以安徽旌德仕川谱所载作为考辨的基础，似乎难免舍本逐末之嫌。"这个批评我不能接受。因为我的考证基础是一个系统，不是一本谱，不是一篇谱序，不是一个宗支。包括砚石喻氏残谱的世系，还有浙省其他宗支的世系以及仕川喻氏世系。我既重小宗的分支支谱的世系研究，也重视大宗统宗谱世系的研究。你不能说我置砚石旧谱于不顾，这不符合事实。只是你可能觉得我的基础太宽了一点，搞到安徽去了。但事实证明，仕川谱中的世系，包括南宋绍熙三年前的世系和乾隆以前的世系都和砚石喻氏关系极大。如果我不深入考证喻良能仕川谱的世系，不深入研究仕川谱。我永远也走不出下述诸谜团：1. 喻氏多部宗谱说喻良能是喻樗的儿子。既然喻樗是砚石始迁祖，何以桐庐谱的世系中看不到喻良能的名字？2. 砚石喻氏世系中说喻樗和袁氏夫人等两个妻子生了喻熬、喻樵两个儿子。谱牒上说喻熬字良佐，喻樵字良能？古人的命名和命字不是随心所欲的乱命的。名和字之间一定会有内在的对应关系。如屈原自述他的父亲给他他取的名是"正则"，而给他取的字是"灵均"。正则也好，灵均也好，都有平均的意蕴，而原的本意也就是平。又如我们熟悉的毛泽东，泽东是他的名，润之是他的字。泽是水乡。有水才能润物。这里泽字当动词用。润字也是当动词用。我们再来看"熬"这个字和"良佐"有何关系，"樵"这个字和"良能"有什么关系。很显然是后人修谱，因为看不到统宗谱的世系，被浙省谱书喻良能乃喻樗之子说所误导而增写所致。因此想当然地给他们两兄弟各自安个字，以为这样就把问题解决了。我们经过研究，已经弄清楚了喻汝砺生有两个儿子，一个叫喻荣，是老大，一个叫喻樗，是老二。良能是喻荣所生，属于大宗，因此牵头修谱。喻樗有砚石和玉山两房子嗣，谱书上记载得很清楚，他的儿子名字都带火字偏旁。桐庐，玉山概莫能外。3. 浙省观音础、金谷等地宗支谱书皆说喻樗生喻良能。喻良能自己在绍熙谱这个大宗世系表中只说汝砺是他祖父，并没有说喻樗是他父亲。而到义乌谱中，喻良能的父亲则很明确地被写成喻葆光。一开始我也很困扰。后来从仕川谱中看到他是喻荣的儿子，心里马上明白。我们说到荣耀，都知道是一件很光彩的事情。因此，荣这个名和葆光这个字的逻辑联系就很清楚了。喻良能被封为开国男，食邑三百户，封地就在浙江义乌。喻良能等众兄弟在义乌的社会影响，或者说宋朝喻氏家族在义乌乃至整个金华地区的家族影响很大，这是铁的事实。但为什么谱书上记载多有不可理解的地方？我们认为这就是因为战乱等多种原因使义乌人看不到统宗谱的世系造成的。研究谱牒，我认为当事人留下的原始文献最为重要。喻良能的母亲在仕川谱上是河南乐氏，到了义乌谱上变成了黄氏呢？喻良能的父亲在仕川谱上叫喻荣，何以到了义乌谱上又叫喻葆光呢？喻荣和喻葆光的关系是名和字的关系。乐氏和黄氏是先娶和后娶的关系。推测喻荣前妻乐氏很可能早逝，也许其时良能还年幼。大孝如喻良能者，如果已经成年，他的香山集中或香山谱书中不会只留下一篇黄夫人行状。

我讲这么多，只是为了说明我所依据的大宗统宗谱从大处看没有问题。这个我选择的依据事实证明不错。他帮我澄清了一大堆悬疑。

（三）答所谓"偏信误信"论

几凡宗亲文章在批评我的砚石喻氏源流考第三篇文章时，用的标题也是《下篇似有偏信误信之嫌》。几凡批评我的"宋史喻樗传喻樗乃喻药十六孙的结论是错误的"的结论是"偏信误信"。我不知道什么叫"偏信"什么叫"误信"。所谓偏信误信，是听了某人的话，就相信不疑，不做思考研究。而在我之前，并没有谁怀疑宋史喻樗传所说的喻樗乃喻药十六世孙的结论，包括几凡宗亲也是认同宋史观点的。既然我是第一个怀疑宋史结论的，那我就不是偏信误信。我认为，我的关于宋史喻樗传中世系错误的道理已经讲得十分明白了。我从史籍中发掘出两个喻药（南北朝时期梁武帝侍从云骑将军安州刺史喻药以及后唐明宗时浙江桐庐籍原名俞本后得赐姓喻，因纪念主帅而更名为药的喻药），廓清了族史研究中1500年来一直无人理清的一段公案。我从正史的记载，族谱的传承，逻辑的推断等多个角度分析研究，怎么会是"偏信误信"呢？我只不过是发表我对这一谱牒遗产的自家见解而已。说话写文章，大家都可以摆事实讲道理。道理讲明白了，证据确凿了。谁能不尊重事实呢？但不宜轻易否定别人的研究成果。

第二部分：答对文章所涉及具体问题的怀疑

几凡宗亲对砚石喻氏与喻氏族史的具体问题质疑，概括起来主要有六个方面。第一是因为喻良能谱序中提到的部分祖先不见于正史记载的问题。第二是官位名头的合理性问题。第三是代与代之间的合理性问题。第四是江夏地理位置问题。第五是喻良能为何自称新安人的问题。第六是几凡宗亲认为喻良能是义乌人，何以修谱不提义乌的问题。以下我尝试逐一回答。

（一）关于喻相如等历史人物不见于史籍记载不可相信论

中国历代文献分官方文献和民间文献两个部分。正史地方志属于官方文献系统。族史家谱属于民间文献系统。周代的官方文献如果不见记载祭公相如，一种可能是文献遗失。一种可能是在地下。还有一种可能是古代文献记载表述不明确，给后人理解上带来困难。祭公谋父在父亲祭公稷陪侍周昭王南征荆楚死于汉水后，继承父亲的爵位，辅助新立的穆王。这是可以从《逸周书·祭公解》看出的。《逸周书》明确记载周穆王到老病缠身的祭公谋父病榻前听取训话，这是周代文献的记载。祭公相如继续辅佐周穆王。王嘉其能以德喻民，赐姓喻。这是见诸喻氏家谱记载的。

类似的问题还有《隋书》无喻仪传问题。几凡宗亲的这个疑问和前面提到的喻相如等不见于正史记载是同一性质的问题。不足为奇。国史不载方志载，方志不载家谱载。这是文献记载的一般规律，不能用国史方志的尺子来度量。因此，隋书上没有记载很正常。

我们知道，由于多种的原因，我们的历代正史都不可能把有重要影响的历史人物——记录在案。比如说，晋书是唐朝鼎盛时期朝廷组织的顶级学者所撰写。情况如何呢？尚书侍郎钟雅，那个在东晋初政局不稳定的时节明确主张全国性修撰大家世族谱书，并得到晋成帝同意，当时的尚书司徒喻归率先响应，将喻氏家族的世系等档案送交尚书省。第一部喻氏家谱在咸和三年修成，钟雅还奉旨撰写序言。成帝还降旨表彰。这些事情在文化史应该是大事吧？但你看看晋书钟雅传上有半个字涉及吗？喻归作为朝廷要员，深得晋成帝信任。在朝做京官做到尚书司徒，不算小吧？出任地方，担任西河太守。不仅写了《西河记》三卷，还成功制止了西部边将张重华的分裂活动。不能说没有政绩吧？但你看《晋书》还有喻归的传啊？不仅喻姓人，各姓各代这样的例子很多，做出杰出贡献的，往往名不见史传。再举个例字。东汉建和年间奉旨开凿褒斜道石门隧道的四川籍太守杨孟文，还有那个山东籍的叫郡君的太守。他们身为太守，奉命开凿沟通秦蜀两地的国道，攻克褒斜道施工最困难的石门隧道。他们的功绩不小吧？你看《后汉书》还有他们的传记啊？哪怕是一行字。没有。若非当时施工结束后他们在那凹凸不平的石壁上摩崖记事，他们的丰功伟绩后世能有谁知道呢？因此，我们要明白，历史人物的事迹，除开国史，还有方志。除开方志，还有家谱。除了家谱，还有历代的个人文集，笔记等图书，还有摩崖石刻，还有地下出土的碑碣等等，绝对不能以不见正史记载就一笔抹杀其存在。

（二）关于喻相如世系传承代际时间合理性问题

至于喻相如的后裔世系传承的合理性问题。砚石喻氏自喻相如传至喻樗，66 世平均 33 年一代并非不可能。因为古代允许一夫多妻制，而我们知道，生不生儿子往往男性责任占了一大半。一个人 20 岁结婚，如果只生女儿不生儿子。到了年纪大了，自然要考虑过继承嗣的问题。当然也有女性的问题，女性如果没有生育能力，男性可以一娶再娶。代际区别不至于那么悬殊。因此别说 33 年一代，40 年一代也不是没有可能。有的是先生女后生男，有的是一直没有孩子。中年或晚年开始考虑过继兄弟的儿子承续香火。没有绝对 30 年一代的事，那只是一个平均参数。

由于家谱有大宗和小宗的区别。比方说，某代兄弟三人。老大这一支就是大宗。他这个房头的谱书会记载三兄弟之前的世系，对另外两个兄弟的接下来繁衍发展的世系传承，就不会记载了。另外一个兄弟也是一样。如果他们到不同的地区发展，由于交通等原因互相失去联系，后人要衔接这三个兄弟后裔传承的关系就比较麻烦。我们中华喻氏，喻相如至喻樗这66世世系的传承属于江夏世家大宗世系。中间有没有缺失呢？很可能有。比如几凡宗亲提出怀疑的关于八百年只传八代的问题就是一个例子。

几凡宗亲这个问题提得好。从一世祖喻相如到八世祖喻纲，一头在西周，也就是西元前960年左右周穆王的晚期，一头在西汉武帝时，也就是西元前140年左右。看下面的世系图：第一世（喻相如）→第二世（喻方）→第三世（　）→第四世（　）→第五世（　）→第六世（喻广）→第七世（喻琬、喻琰）→第八世（喻纲）。

800多年只传八代，显然中间有缺漏。何况喻良能序言从宋绍熙三年传到今天，谁能断定历史上兵荒马乱里没有损毁？这显然不合逻辑的世系间隔。跟几凡宗亲前面怀疑的从西周穆王到南宋喻樗，这么长一段，不应只有66世也不无道理。就目前情况看，我们不能将其作为一篇从来没有损毁的完整谱序看待。如果那样看待，就有不少说不通的地方。所幸66世的代际传承数目是我统计出来的，并不是喻良能自己在序言中写定的。如果是他写定66世，那就没有任何回旋的余地了。也就是说，如果喻良能在谱序中直接说明总计66世，那就连脱漏掉页这样的可能都不可能有了。感谢几凡宗亲的细心，替我看出了这个疏漏。另外，资溪谱中保存了一篇《江夏历代统宗图》。其中第一世祖先名喻宪，是周赧王时的司徒。即辅佐周天子负责土地管理和兵役征集工作的官员。喻宪身处周王朝末代天子的时代，世系表记载他是一个很有人望的好官。不以仕优废学，能够以德化民。他的儿子中有一个很有学问的儒生，听说秦始皇焚书坑儒，就自杀了。他的另一个儿子背着老母亲躲避贼寇，被贼寇所获，因感叹该孝子的以身替母的大孝而释放了他们母子。从喻宪到喻猛，共六世。喻猛为第六世祖。这一个支系对喻相如那个支系而言，显然不是大宗。但喻宪这个支系恰好可以接续喻相如那个支系从喻琬、喻琰兄弟到东汉之间的世系断层。这只是从时间上而言，并不能说喻宪就是直接喻琬喻琰的世系。从喻宪到喻猛，也就是说从秦始皇统一天下到东汉和帝时300余年间传六世也不正常。因此那个江西历代统宗图也有缺漏。可见，由于时代久远，加之族谱保存的不慎，战乱的破坏等原因，现在清朝以前的谱书，世系保存完整且完全合理者绝少。

（三）关于周朝江夏是否为楚境和以德喻民问题

江夏是汉高祖所设郡名。这是常识。博闻强记如喻良能者岂有不知晓的道理。但我们不要忘记，我们在写文章时，当谈到某个地名或地域范围时，如无特别需要，一般不会舍今从古。良能公是南宋人，当他记述这一段历史时，特别是在一篇谱序中，是没有必要详加考证。说明西周穆王时节那里的地名是云梦泽中的某个板块，汉朝开始才叫江夏什么的。至于今天的云梦安陆潜江一带即汉朝的江夏郡范围，在西周是否属于楚国，也是查无实证的事情。西周前期，楚国不过是南方蛮夷。在周天子的眼中，地位很低下。只是在祭祀天地时负责管理祭坛的火焰燃放和火种保管事宜，根本没有爵位。一个子爵，能封多大一块土地？后来慢慢强大了，才不肯买周天子的账。到了春秋时期，甚至有人跑到周天子那里问主管者九鼎的重量。我们必须明白，讨论历史问题，必须以特定的时间和空间为依据。楚国强大到这个地步，那距离周穆王封祭公相如至少有 400 年的时间跨度。前几年，我们做徐州的一个县城的环城公园项目，因为该地历史上叫作钟吾，我还专门研究过周穆王和徐偃王、钟吾国的关系，写过《周穆王生平事迹考》和《钟吾国源流考》。周穆王是中兴之主，又得祭公相如辅助，因此国力较之乃父周昭王要强大得多。如果那块地盘不在西周王朝的控制下，穆王如何会将其封赐给对自己帮助很大的叔父祭公相如呢？后来随着楚国实力的强大，周朝实际控制能力的减弱，喻姓先祖谋求迁徙避祸是必然的选择。到目前为止，就我所接触到的喻氏族谱，有明确世系记载的除开喻相如这一支，还有喻宪一支。这两大支系一个是受赐到封地的，一支可能是留在朝廷继续辅佐周天子的那位后裔。当然喻宪这一支也可能就是喻相如的后裔中跟喻樗他们那一支平行发展的。不过喻宪这一支的起始时间是周朝的末代天子即周赧王时期。这些宗支还需要深入研究，现在还不能轻易就下结论。

至于为什么不写"以德谕民"而写"以德喻民"，我认为不成其为问题。因为在古代中国，谕、喻、愈、预均可通假。宋人沈括的《梦溪笔谈》中记载著名木工喻浩就写作预浩愈浩。这不足为奇。

（四）关于汉文帝时不可能有骠骑将军的问题

几凡宗亲说骠骑将军是汉武帝时才有的。这当然正确。但一种制度从诞生到定型，总会有一个过程。从实际存在到正式列为制度也需要一段时间。这种现象，在中国古代人物传记中可谓比比皆是。几凡宗亲不要以为《中国历代官制词典》一类的工具书就完全准确。这种工具书只能说明作为制度正式确立的时间以及废止的时间，但却并不包括此前已经在实施但还没有正式确定为制度的那个时间。作为个人，在自己的著作里，是可以根据实际情况写出的。比如我国 1953 年将人口分为农村和城市二元的人口制度，周恩来总理通过政务院正式下文是在 1953 年。但事实上中共建政后接管城市和农村就是二元并存的做法。当时的榜样就是苏联。城市和农村不可能一刀切。这是因为城市和农村的区别客观存在，而我们共产党是要废除私有制的，因此不得不考虑城市人口的生活供给问题。这才想出一大二公，牺牲乡村保证城市的二元人口制度。我们不能说，政务院的文件是 1953 年下发的，那么此前的中国共产党新政权就没有城市和乡村的二元人口现象存在。道理是一样的。再比如，江苏省和安徽省在乾隆四十年才正式分省。但此前康熙六年就已经将江南省分为安徽、江苏两个布政使，分开办公。江苏省和安徽省事实上从康熙六年就已经存在，但你要到清朝文献中去找江苏安徽正式建省的制度依据，那还得到乾隆四十年（说详喻学才《江苏建省时间考》，见《三元草堂随笔》一书）。因此，在汉武帝时才正式确立的骠骑将军制度，在汉文帝时用"封"，在汉武帝时用"授"是完全可能的。封是不常有的赐官做法，而授则是可以常有的授官制度，只要符合条件就可授予这个称号。我们不能以正式的制度定制时间去否定还没有定型的封赏制度。

　　和本问题属于同类性质的还有关于喻尚忠中书令的可信度问题。几凡宗亲认为中书侍郎作为官名始于晋代。这只是就该官职定型作为制度而言，与汉文帝时不可能有骠骑将军属于同一类问题。就官制定型的时间而言，中书侍郎确实是在晋代。真正深入读阅史书原著，就会发现并不尽然。比如《三国志·魏志》卷二十七就有"大将军司马宣王辟王基，未至。擢为中书侍郎"的记载。当时三国尚未归晋。时在魏明帝时期。又如，魏国才子钟繇的小儿子钟会在魏正始中由秘书郎迁官尚书中书侍郎（见《三国志·魏志》卷二十八）。中书侍郎的职责是为皇帝起草文件。因此制度演变，由使用到定型有个过程，不可轻易怀疑古人记述的真实性。

　　为了帮助族人了解汉代的尚书官署设置情况，这里不妨做点简单的追溯：尚书是秦代就已设置的官署，汉代沿袭不变。办事机构设在皇宫内。官员设置尚书令（主官）和仆射（副职）。下面还设有办事人员丞、书吏等。职责是收发文书，传达记录章奏等档案文件。西汉中期开始，尚书的地位日重。成为宫廷官署中能直接参与国家机密的机构，经常由中朝大臣兼管。从武帝开始，设中书令，仆射。掌管皇帝诏命机密奏章等文件的出入。尚书奏事，需经中书令转呈皇帝。他们参与议政决策，宣示诏命，责成丞相列卿执行。汉宣帝时为了收霍氏之权（因霍山领尚书事），遂令百官上书，不送尚书，由中书令出去直接从大臣手中取回。因此，到了西汉后期，权力渐渐转移到中书令手里。尚书官职的重要，到了汉成帝时发展到三公九卿皆难得见到皇帝。中央郡国百官有章奏需要上达，皆须经尚书之手才能到达皇帝那里。因此，从其所实际拥有的权力来看，尚书令和尚书令的副手仆射都是权重九卿之人。我说尚书位列九卿之首是从其权力之大而言，也未必过分。

（五）关于公孙贺等人荐举喻甘的可信度问题

几凡宗亲认为公孙卿不过是一个方士，他怎么能推荐喻甘为荆州刺史，更不应该被排列在丞相公孙贺的前面。殊不知当年的汉武帝是个迷恋神仙，企望长生不死的皇帝。公孙卿固然只是齐地的一个方士，但他的胡编乱造正好契合了汉武帝的心事，因此深得汉武帝的宠幸。他的名字排在前面，有两种可能：一是公孙卿最初提出荐举喻甘，按顺序应该第一：一是因为他正得武帝宠信。大家考虑上报获得武帝赞许的概率大些，因此让他署名前置。几凡宗亲只是按照常情推断，而忽视了汉武帝好神仙这个特别的历史背景。当年的方士地位之高，你很难想象。这个只要看看《史记》武帝本纪就清楚了。

关于太史令司马迁荐举贤能，这也完全可能。因为司马迁在遭受腐刑好多年后，他的朋友，乜是师长辈的任少卿还给他写信，奉劝他"以慎于接物，推贤进士为务。"他回顾自己当年为李陵仗义执言的往事时写道："夫仆与李陵俱居门下，素非相善也，趣舍异路，未尝衔杯酒接殷勤之欢。然仆观其为人自奇士，事亲孝，与士信，临财廉，取予义，分别有让，恭俭下人，常思奋不顾身以徇国家之急，其素所畜积也。仆以为有国士之风"（《报任少卿书》）。意思是说我和李陵都曾经是您的门下士，我跟他也没什么私交这你是知道的。我只是觉得此人"有国士之风"，因此为他说话。现在我是刑余之人，您要我荐举人才，这不是太难为我了吗？可见他没有遭受腐刑之前荐举人才是经常的事情。

至于丞相公孙贺署名最后，这很可能是当时的官场惯例。说明荐举人才的人是由下而上，而不是由上而下。如果是由上而下，那就是任命，而不是荐举了。丞相府如果下文任命某人做某官，给皇帝拟的报告署名可能就是另外一个样子了。

（六）关于喻良能既然是江夏人何必又到鄱阳访谱的问题

喻氏子孙最初食采于江夏，多部谱书皆作如是说，当然不会是空穴来风。那么是何时开始由江夏迁徙到江西的呢？据我目前所掌握的资料看，其最早迁徙时间当在周朝末年周赧王时期。据江西抚州资溪喻氏族谱江夏历代统宗图记载：周赧王名姬延，一生当了 59 年的末代天子。他病逝于西元前 256 年。喻宪是周赧王的司徒。他何时生，何时卒谱无明确记载。但我们知道他"字万邦，号景峰。能以礼让化民。不以仕优荒学。时皆敬服。年八旬而殁。"他的长子喻度在秦始皇时曾经"遇寇，负母而逃。"时间符合常情。但他们家当时是否就是跑到了江西，家谱无明文。不过谱书既然是江西抚州喻姓后裔延修（2005 年八修），则喻宪他们失官后也许就来到了江西。不过这个喻宪和喻琬、喻琰是否为同一宗支，暂难确证。但我们知道他是姬姓血脉，他是喻猛的第六代先祖。而江夏统宗图上有喻樗的名讳，只不过位居三十七世。

另外，仕川喻氏宗谱载有清代周赟撰《喻氏郡望世家考》一文，其云："按喻氏系出祭公谋父。为周卿士。天子之卿，授地视侯，其秩与诸侯等。祭公并不封江夏侯。祭是所封采邑。江夏郡名始于吕秦。周世无江夏郡。秦以后，喻氏郡望于江夏。故子孙虽分迁，必以江夏郡为称。"

喻良能自称江夏人。这是就郡望而言的，是说自己祖宗是从那里来的。并不等于说他就是江夏出生的。至于他为什么要到鄱阳访谱，这个问题需要做几个层次来回答：从近处说，因为喻良能的祖上落籍今安徽黄山市歙县东门外问政山，时间在唐昭宗后期，当时任宣歙池饶节度使的喻德修在随同李克用平定黄巢后，他跟随侍身边的大儿子喻承勋看中了新安山水（即新安江歙县段），就在新安城东问政山定居下来。这一定居就是300年，直到南宋时期喻良能的祖父和父母还居住在那里。迁浙始祖喻启元（喻志高）夫妇的墓地，喻良能的父母亲喻荣和乐氏的墓地也在问政山。至于鄱阳访谱，那是因为鄱阳是喻良能家族比问政山更早的老家。事情是这样的：喻承勋的祖先有个叫喻鉴的，"（唐）僖宗乾符初拜饶州刺史。生二子，长滔、次溶。滔迁乐平大木街。溶从父宦于鄱阳千秋乡，家焉。溶生德修，自少颖悟，有文武才。昭宗大顺庚戌登武榜，初授武进校尉前保义郎，终宣歙池节度使。修生二子：长承勋，次承福。承福诏封浮梁令。承勋侍父，从李克用征黄巢有功，授招讨使。道经新安，喜其风景。遂于城东问政山下居焉。"因为喻良能退休时的老家究竟在歙县问政山还是义乌香山，这还需要研究，不能贸然作答。喻良能前往鄱阳访求的旧谱，要看望的族人，是比喻承勋还要高几代的祖先，鄱阳应该是问政山之前的该喻氏家族的老家。

喻良能致仕后自觉挑起修谱的担子。修谱就是敬祖收族。他前往鄱阳，既是访谱，也是收族。后来他还把自己的长子喻仁派往鄱阳，让他回去守护祖坟。这个祖坟包括唐代先祖喻鉴和问政山一世祖喻承勋的父母喻德修夫妇墓。

（七）关于仕川谱为什么是重修，何以不提为什么要重修的问题

我们读安徽旌德仕川喻氏族谱，从保存下来的众多谱序上的记载，以及历次修谱机构的信息，可知喻良能审定的那次重修即绍熙三年版家谱是现在所能看到的比较早的谱序。该谱还保存有唐代喻凫序。北宋初年喻铭崑序。另外浙江剡北萃焕堂藏谱中还保存有唐人郭子仪赠序和北宋状元王十朋赠序。当我们看到一本谱书里保存有某人的序言时，不能孤立地看待这篇序言，也不能认定

这篇序言就是为这本谱书所撰。因为喻氏自周至宋，上下 2000 余年，其间枝分派别，世远代湮……代修家谱，凡各支系源流，靡不详实。有资料显示，喻汝砺，喻樗叔侄曾有志于修撰江夏统宗谱。则良能公此序，未必专为仕川谱而作。只是偶然被该分支保存下来罢了。在我看来，从仕川喻氏族谱中保存的宋人旧序看，喻良能的序言明显晚于喻铭崑的序言。因为喻铭崑的序言落款时间是大宋四年己卯，按诸宋代皇帝纪年的年号，符合这两个条件的只有宋太宗太平兴国四年，也就是西元 979 年。这个时间自然比绍熙三年即西元 1192 年早许多。而喻铭崑在序言中就曾说过："第旧著载虽亲疏可据，尚疑生死葬所未明。予也不揣浅陋，又从而增其所未逮。"因此，这一条就足以回答几凡宗亲的为什么喻良能审定的谱是重修而不是创修的疑问。至于为什么不提要重修的理由。我认为这个是强人所难。因为当年重修时，不可能只有喻良能一篇序。其他在谱局做事的人，还有其他有社会名望的，可能已经在序言里写过，喻良能没必要重复别人。如果一定要问为什么要重修，喻良能其实也说了：他之所以"征其古谱录归"，是为了"继接后支，以成实录。庶几数典无忘，而亦有以启其后也。"他之所以重修宗谱，是源于他对宗谱重要性的深刻认识："盖闻人之有祖，犹水之有源，木之有本也。源深则流远，本固则枝蕃。故必有谱以明先世之源本，著后代之支流。"这难道还不是在说为什么要重修喻氏宗谱的必要性吗？更何况喻良能的这篇谱序主要是针对统宗谱而写，仕川谱不过是利用罢了。就像我们修统宗谱会把述说世系源流的谱序抄录在谱前便于读者查阅一样。

需要说明的是，几凡宗亲混淆了两个概念：喻良能所重修的是《新安喻氏宗谱》，不是《仕川喻氏宗谱》。仕川这个地名是他的后裔发展到明代才有的名称。喻良能的序言明明白白说新安喻良能，并没有说仕川喻良能，也没有说义乌喻良能。

据我所知，从仕川以及安徽歙县一带迁到浙江的喻氏族人的谱牒中，基本都保存了喻良能撰写的绍熙三年喻氏宗谱序。说明这是他们家族的共同记忆。

（八）关于喻良能何以不称桐庐人而自称新安人的疑问

与之相联系的是几凡宗亲提出的另一个疑问：即喻良能何以不称桐庐人而称新安人的问题。

喻良能绍熙三年（1192）所撰谱序中落款自称新安喻良能。不要小看这个籍贯的称谓。因为其中蕴藏着重大的家族文化信息。喻良能是哪里人？要说祖先，他在序言中讲得很清楚。是祭公相如的后裔。是江夏郡人。他的祖先是受封江夏地方的西周穆王时期的喻相如。他的那一分支又是从什么地方来的？请看他在序言中的说明和交代："承勋侍父，从李克用征黄巢有功。授招讨使。道经新安，喜其风景。遂于城东问政山下居焉。迨四世孙曰世贤，宋太宗端拱己丑登进士第，官至杭州太守。又五世孙曰志高，生二子，长汝砺，次汝砧。少游学于睦之桐庐，美其风俗，遂居之。生一子曰樗。绍兴中为太学丞。汝砺，予之祖也。登宣和元年进士。初授礼部员外郎。终为秘阁学士。予承先泽，忝登淳熙乙未科，备员国子监主簿。重述前人《忠义传》以进上，上善纳之。付入翰林考正，颁行于世。绍熙元年三月十五日上章乞求致仕，再幸沐皇恩赐归。是秋假日，考其先代源流，及往访鄱阳之族，征其古谱录归，继接后支，以成实录。庶几数典无忘，而亦有以启其后也。是为序。"这段序言述说祖先迁徙的几个聚居地，有三处：最后说的鄱阳实际是比喻承勋选择问政山还要早的喻鉴选择的鄱阳，以及问政山之后的杭州。但杭州是否是该宗支的聚居点，还需要研究。但我们要记住担任杭州太守的喻世贤是喻承勋的四世孙。即使定居杭州，也只能是问政山的一支。问政山大本营还在。

这个新安是哪里呢？就是历史上的徽州歙县。今属黄山市歙县一带。

喻良能自称新安，说明这里是他们家族的重要居住地。让我们来利用相关各分支喻氏谱书佐证喻良能的祖上，或者说义乌喻氏的祖上是从哪里来的。

首先是喻良能自己的文章，即谱序中所引用的那一段。原来是他的祖上喻承勋征讨黄巢有功。路经新安，爱其山水，在城南问政山落户。也就是说，他的祖上是唐末才在新安定居的，套用一般的做法，也可称其为喻承勋这一支为新安派的始祖。

从喻承勋到喻樗，历时十世，也就是接近300年的岁月。考黄巢起义的时间在公元884年左右，宋光宗绍熙三年也就是1192年，中间相差刚好302年，严丝合缝。由此益发可以证明宋史喻樗传的说法是错误的。

除了喻良能本人的这个世系说明外，我们还可以找到很多旁证：

义乌喻氏八世孙喻津在《嘉定癸未初创宗牒序》中谈到家族迁徙过程中，说祖上"熙宁间有自富春而徙居于婺，实为余宗始祖。阅七世，开国锦园公始以食贫积学，兄弟联名发轫"。十世孙喻先祖嘉定癸未冬月序："吾族自拱三府君由富春徙居义乌，是为喻氏始祖。今派别为五，传十有一矣。"（王高畈喻氏族谱第39页）则拱三府君就是从富春迁居婺州的，时间在北宋前期熙宁年间，也就是王安石变法那段时间。

而据仕川喻氏宗谱所载其他序言有记载关于喻樗家族分支居住在黄山市歙县堨田村（该古村落现在还存在，名字没有改），清朝乾隆年间该村还有族人来仕川一块修谱。另外，序言中有记载说新安喻氏有做生意的，在元代前往富春，看中那里的山川环境，就在那里定居了。这个显然是另一个自新安前往富春的族人。读《富春喻氏家谱》清康熙戊午年阮文声原序称："喻氏自乔二公由徽郡歙县营生至富南，行十数里，见亭山之麓峰秀水灵，喻氏乐而居之。"清乾隆二十四年喻凌云重修序则明言："予族喻姓始于相如公食邑江夏……叔奇公修于宋。陶邻吉斋公养礽公仕川公宜之公修于明。至今百有余载……乙亥春族人聚议，竞争相鼓舞，慨然乐输。因得堨田礼公，兰川智公之后裔同续修焉。"这说明富春喻氏就是从歙县堨田迁去的。也许他们是当年从问政山分支的。这是乾隆时修谱的事情。说明乾隆时喻良能新安这里的后裔还有往来联络。

有人认为义乌喻氏来自四川仙井监即仁寿县和井研县区域。但经我们研究发现，那里虽有喻氏居住的聚落，但谱系记载显示基本都是清朝大移民入川的，没有更早的世系记载。但清朝雍正朝所修的《四川通志》偏偏罗列了几乎宋代所有喻姓历史名人。这个疑团是怎么形成的呢？假设四川井研仙井以前早有喻姓聚居，即使张献忠屠川，把那里的喻姓人口全部杀光。宋代文化那么发达。既然有那么多喻姓人都来自井研仙井，何以不见诸公私记载？只有喻汝砺等个别历史人物在四川做官的记录。因此我推测当年可能是朝廷出于鼓励两湖两广地区的国民破除恐惧，避免文化沙漠的不良心理影响，才这样把很多跟四川有关系的历史名人都列入《四川通志》之中以壮观瞻。

而实际上，仙井临邛，简称仙临，是一个地名，在杭州附近。和古老的杭州处于毗邻的位置。请看元代的喻崇为义乌喻氏宗谱所撰写的序言：

盖仙井临邛毗邻古杭之喻氏，皆同出一脉。由其登科第食天禄绵绵不绝六十有六人也。今居婺之义乌者，又古杭之分派。而拱三府君实基于此。至七世孙开国朝议讳良能立石于墓表，为义乌喻氏始祖。盖欲子孙见而知之，虽百世之下亦可见而知之。"（喻崇在元至治改元之年给义乌续修的喻氏宗谱所写序言，见义乌王高畈喻氏族谱民国版第43页。）

今杭州弘道经邦品牌营销策划有限公司为杭州仙临农业科技产业园董事长策划的品牌大米"仙井小红米"就是以杭州附近的仙井临邛命名的。可见元代喻崇所言仙井临邛毗邻古杭喻氏是正确的空间定位，绝对不是远在四川的井研和仙井监那个地方。当然，这只能说明该分支是和义乌的祖上聚居古代杭州并列的一支。义乌喻氏是古杭喻氏的分派之一。关于"仙井临邛"何以"毗邻古杭喻氏"的问题，这是因为古人迁徙至新居地仍不忘故地，故意保留原地名的一种侨置地名现象，如西晋王导等人渡江来南京建都，而在南京幕府山附近还保留了"临沂"的地名。我这样讲丝毫不怀疑喻汝砺他们这一支此前在四川仙井生活过。

喻崇说他的祖父日常间经常跟他讲，"自始祖已降，历三世祖。葆光有子五人，今所谓五支是也。"则这个始祖当属从古杭分派的始祖。如果上溯三代，则这个古杭分派始祖就是喻志高也就是喻启元。

昆山朱玉川香山燕谷喻氏重修宗谱序中说，"吾邑喻氏始自拱三君奠居泽口"。按拱三公奠居泽口，应该是喻良能考定的。喻良能及其后裔居住泽口，但喻良能却是安徽塌田派的始迁祖。义乌这边自然不适合由他做始迁祖。于是他请出了古杭分派时迁婺的始祖做义乌始迁祖。至于这个拱三公，或曰是良能公上面的七世祖，或曰是三世祖，说法不一。很可能也是没有看到新安统宗谱的原因。而良能公所考定立碑确定的义乌始祖至今没见碑文传世，这也是诸说不一的原因所在。

家谱中从喻浩或拱三公到喻樗，中间世系虽然残缺了几代。但这个拱三君当年从富春那边迁居义乌，其线索还是大体可以还原的。

喻良能的父亲是喻荣，和喻樗是叔伯兄弟。喻樗是喻汝砧的儿子，喻荣是喻汝砺的儿子。所以喻良能说"汝砺，吾祖也。"喻樗为砚石始祖。喻良能怎么可能是桐庐人？几凡宗亲之所以提出这个疑问，是因为浙省好几个宗支的谱序都说喻良能是喻樗的儿子。这个错误误导了很多人。你只要仔细研究喻樗的桐庐后裔和玉山后裔两房子嗣就清楚了。喻良能是喻樗的侄儿，不是儿子。严格地讲，我为砚石喻氏梳理源流，可以不过多涉及义乌等宗支。但事实必须正视。

（九）关于喻良能籍贯义乌香山，谱牒何以不名义乌谱的疑问

几凡宗亲认定喻良能是义乌出生的，因此它的籍贯应该是义乌。我不知道你的依据是什么。凡宗亲还说，喻良能他修的谱不应该叫仕川谱而应该叫义乌谱。我认为，这里有两个问题需要辨明。第一，喻良能的出生地是否果然在义乌。若在，依据为何？第二，即使喻良能是义乌出生的，他也完全可以写作新安。因为中国古代的农耕文化造就了一种家族文化传统。这种文化传统就是要子孙永远记住两个地方，一个是本家族的郡望；另一个就是自己出生的籍贯。郡望是该姓氏的发源地，籍贯是该分支的发源地。我们看喻良能的谱序，讲到江夏，那是郡望。江夏一词在该谱序中出现过两次，第一次是说喻相如被周穆王赐封江夏，那就是郡望。后面汉朝时喻甘被封为江夏伯，那是给大臣喻甘封赐爵位伯的地域名。而到了唐朝后期，良能的祖上喻德修剿灭黄巢后看中了新安问政山，便落籍新安。而喻良能也在该篇序言落款处写明新安喻良能，说明他是认新安为自己的籍贯。至于喻良能为什么不称桐庐人而称新安人的问题。这是中国文化的常识。因为中国人安土重迁，对于祖居地总是难以忘怀。喻良能晚年被朝廷封为开国男，食邑三百户，当然是很大的荣誉。但我看各地谱书，皇帝的诰敕中有三种版本：一种版本是只说食邑三百户，开国男，并无明确的

封地标志。第二种版本是增加了东阳地名。第三种版本是增加了义乌地名。姑且不论这三种版本的孰真孰伪。即使义乌是确凿无误的封地，那么作为当事人，喻良能自己也不宜自我作古，将自己的籍贯署为义乌或乌伤。因为孝亲敬祖不可分割。一个人做了大官，就忘掉根本，那是不可取的，会被识者讥笑。这就是为什么喻良能明明被封为义乌开国男而不肯自署义乌的原因。

由新安分支旌德的先祖，据旌德县志记载，最早为南宋绍熙年间（1174）自新安堨田迁来。该村最初没有名字。明万历十三年喻希尧（字仁夫）出仕担任浙江金华通判，村名取为仕坑。后来改为仕川。相沿不改。

亦有自堨田前往浙江富阳的，开创了富阳分支。

这个迁仕川的始迁祖叫喻仲宜。万历己酉（1609）江廷寄所撰谱序中云："喻之姓始自相如公，嗣后由鲁山东徙籍豫章鄱阳，又徙籍新安歙邑。传十四世而迁旌之仕川。"这个迁徙路线图十分清晰。

总之一句话，古人对籍贯的理解不同于今人。我们今天的人以身份证上的地名为籍贯，这只是今人的习惯。古人是以父母之邦的地名为籍贯。为的是记住祖宗丘墓，故乡风物。因此喻良能这样记录自己的籍贯没有任何问题。

补充一点，就是前面也提到过的诰敕问题。各谱所载包括萃焕堂、关山、义乌谱，皇帝诰敕并不完全一致。这是一个很耐人寻味的问题。如萃焕堂剡北喻宅喻氏宗谱所载《朝议大夫开国男喻良能敕》，全文如下："尔朝议大夫喻良能，善承家学、高擢贤科。幼切廊庙之思，长尽君臣之义。历官民牧，屡弥盗贼之奸；再转国簿，每进忠义之传。其为人质直平正，厥心乃龙逢比干。有臣若此，诚可表励风俗。模范臣工者也。故特封尔开国男，食邑三百户……淳熙十三年八月二十四"（西元1186年）。这份诰敕是不言封地的。

（十）关于喻启元和喻志高问题

根据研究，砚石喻氏1922年重修宗谱的世系中，始祖喻樗之前的世系，有喻启元，喻汝砺两代信息完整。因为这个世系可以得到迁浙以后各分支世系传承的证明。但此前诸远纪因为谱书被焚烧后系修谱者凭记忆拼凑起来的，只有名字，缺少生卒娶葬等完整信息。2018年4月13日我在屯溪看到临安唐昌喻氏宗谱，才知道他们这一分支是于明朝永乐年间由砚石迁往唐昌的。该谱书完好保存了自喻归至喻樗的二十世世系，可补正砚石喻氏谱书之缺略。

考喻良能绍熙三年谱序所言喻汝砺喻汝砧的父亲名叫喻志高，则这个志高就是砚石喻氏、新登观音礴喻氏、玉山喻氏、关山喻氏、剡北喻氏、义乌喻氏等浙省多个分支共同的迁浙始祖喻启元。喻良能绍熙序中的志高和浙省诸喻氏分支的始祖启元，实属同一个人。一个是称名，一个是称字。当然，启元也很可能是喻志高后人给他的私拟谥号，尊重其迁浙第一人的历史地位。总之，喻志高和喻启元实为同一人。

（十一）关于喻槱与喻葆光问题

因为义乌喻氏是宋代当地的巨族。当地地方志有记载，有当地同时代人物对香山喻氏的记载。实物载体有香山寺，郎官湖等喻氏名胜古迹。民间有五子登科的美谈，但义乌喻氏世系中喻良能的父亲却变成了喻葆光。喻良能在富阳新登谱里是喻槱的儿子。他是喻良倚的弟弟。王十朋的谱序可证他们俩是兄弟，同榜考中进士。喻良能自己在绍熙三年喻氏重修族谱序言中也说得很明白，喻汝砺是他的祖父，而喻汝砺只有喻槱一个儿子。不至于混淆。为什么到义乌谱里他的母亲变成了黄氏，他的父亲变成了喻葆光，而且父亲还有几个兄弟，都是葆字辈的。这是怎么回事？原来喻汝砺是老大，生子喻荣。喻荣和乐氏生子喻良能、喻良俊。而贤母黄净德当属喻荣的第二个妻子。她名下的儿子家谱上都记载得清清楚楚。喻良能自己也说得再清楚不过。总共是五兄弟，问政山那边的乐氏生子两人，义乌这边的黄氏生子三人。不然的话，很难讲通同一个喻良能，为何既见于新安谱上喻荣和乐氏的名下，又见于义乌喻葆光和黄氏的名下。唯一令人不解的是新安谱中的弟弟喻良俊在义乌谱中却变成了另外的名字。至于这个弟弟我认为应该就是喻良能在黄夫人行状中提到的他的弟弟喻良倚，但不知怎么到了义乌谱里，喻良倚却变成了老大。后面的三个弟弟当系黄夫人所生。

合乎逻辑的推测是喻荣字葆光。喻荣和喻葆光是同一个人，就像喻凫字实鸿之一样。

对族史研讨会上喻几凡宗亲新补充意见的不同看法

2018 年 5 月 19 日世界喻氏宗亲总会族史研讨会上，几凡宗亲又做了些补充。归纳一下，大致有以下几点：

1. 他认为砚石喻氏宗谱上有世系。照说就是了。没有必要做那么详细的考证。

学才回答：砚石喻氏是残谱。是孤本。我既然接受这个任务，就有必要把它弄个水落石出。我的《砚石喻氏源流考》之所以费老大的气力，历时一年多时间，考察浙江、安徽、江西、重庆等数省多地喻氏族谱，紧紧围绕喻槱这个砚石始迁祖，从小到大，由砚石而浙江，由浙江而江西，由江西而安徽，就是为了通过系统研究，还原历史真相。

第二，几凡宗亲说，砚石喻氏谱中的喻归后裔只有一个喻汝砺，仕川谱里世系中也只有一个喻汝砺，他手中有50多种谱牒里面有喻汝砺，但籍贯年龄父亲儿子都不同。结论应该是只有一个是正确的，其他都是错误的。我期盼几凡宗亲能尽快写出关于50多种谱书中唯一正确的喻汝砺研究文章。据我研究，从安徽新安迁往浙江桐庐的喻汝砺，喻荣的父亲，喻良能的祖父这个喻汝砺是正确的。

3. 几凡宗亲说：我认为只有《宋代登科录》《四十七种宋代人物传记综合索引》，宋人陈亮的《龙川文集》以及《何恪文集》才是靠得住的。因为这是宋代文献。最靠得住。

学才回答：喻良能的序言难道不是宋代的文献吗？陈亮虽然写了《喻夏卿墓志铭》以及《喻夫人王氏改葬墓志铭》，但墓志铭的主人不是喻良能的父母，而是另有其人，且这些名字和传世的宗谱包括义乌香山谱都不尽相同。这能说明什么呢？说明这篇墓志铭的主人喻夏卿和王夫人是义乌喻氏，但并不是喻葆光，喻良能一系。且陈亮所撰两篇墓志铭主人在现在传世的义乌喻氏谱书上都没有对应的世系依据。义乌喻并非只有喻良能一系，此前这里早就有喻氏居住。我们不要想当然说到义乌喻，就以为只有喻良能一系。若喻夏卿、王夫人果真是喻良能一系的先人，他们的后人现在还生活在义乌。900多年来为何一直没人关注《陈亮集》中的这两篇墓志铭？为何义乌谱上都看不到这么显而易见的"事实"？难道义乌历代修谱的主持人都不知道墓志铭这种第一手史料的价值？

喻夏卿，南宋永康陈亮有篇文章，题为《喻夏卿墓志铭》。里面有句曰："绍熙辛亥（1191），夏卿年九十有一（应是虚岁）……未几八月十有九日，夏卿死。"由此可以推测，喻夏卿生于1101年，卒于1191年。另有《祭喻夏卿文》，这个喻夏卿会是喻良能的父亲吗？显然不会。因为喻良能的父亲在仕川旧谱上叫喻荣，义乌谱中的记载都是喻葆光，字如晦。在仕川旧谱中喻荣和妻子乐氏生有两个儿子，即喻良能和喻良俊。在义乌谱上，喻荣变成了喻葆光，妻子是黄氏。他们俩所生儿子也不止一个。显然，喻夏卿不是喻荣喻葆光。而是另有其人，并非喻良能的那个分支。

这个喻夏卿和陈亮的关系是"夏卿一子三孙从余学"（陈亮《喻夫人王氏改葬墓志铭》）。他有一个儿子，三个孙子都师从陈亮（《陈亮集》卷之二十九，中华书局1974年版第431－432页）。如果喻夏卿的这个儿子是喻良能，陈亮也用不着不说明白。喻良能是他欣赏的人物啊。当然，我们还可以从年龄层面来证明此喻夏卿不是喻荣喻葆光，喻葆光的卒年喻良能的黄夫人行状说得明白，和这个喻夏卿的卒年不吻合。

至于几凡宗亲说徐松《登科录》的可靠性超过家谱，也要具体问题具体分析。因为要看什么样的登科录，如果是考生考试前填写的履历表保存下来的，那真实性绝对超过家谱。但如果是后人根据各种文献整理的登科录，其真实可靠性就要大打折扣。《清代科举人物家传资料汇编》上面的进士履历表都是考生自己填写的作为考生档案被保存下来的。当年主管部门印刷的痕迹还清晰可见，那是用不着怀疑的。我曾利用这种考生本人的自传纠正了江西进贤温圳杨溪李家六修族谱中关于晚清名人李瑞清字号和妻室的记载之错误。《登科录》不属于这种情况，因此可信度不可能超过家谱。

我们知道，国家历史的记载渠道，有国史，方志和家谱三种。而家族历史的记载，自然应该以家谱为第一载体。舍弃家谱而求诸其他，难免有舍本逐末的嫌疑。

至于几凡宗亲说，仕川谱中喻良能有个儿子叫喻智，但他发现明朝鄱阳有叫喻智的，其实这个喻智和宋朝的喻智不是一个人，是偶然同名，不宜相提并论。类似的例子很多，比如砚石谱喻归以下20代世系，其中就有几个晚辈跟长辈重名，当然也就是同名。那又怎么解释呢？

至于你说："砚石喻里涉及喻汝砺的是错的。喻樗根本就没有到过砚石。"我更是不能同意。说喻樗根本没有到过砚石，你举出谱牒依据来，我就服气。因为我看到的多种谱牒记载喻樗隐居桐庐，为桐庐始迁祖。

你说：喻良能根本不具备修谱的条件，说喻良能只在问政山住了60年，修什么谱？这个观点我也不能认同。喻良能在问政山居留过多少年，这并不重要。他是新安这个宗支的长房子孙，加上他的地位和学养，舍他其谁？如果我们连宋代先祖本人的谱序都不愿意承认，那还怎么深入进行族史研究？

答喻景泉宗亲

景泉宗亲的文章，三个小标题已经把问题突出出来，或者说把他对《砚石喻氏源流考》的疑问归纳出来了。

第一个疑问：喻良能的父母究竟是谁？

第二个疑问：绍熙三年喻良能谱序是真的吗？

第三个疑问：喻汝砺喻良能迁徙路线是如何走的？

现在我来逐一简略作答。

第一个疑问：喻良能的父母究竟是谁？

喻良能的父亲是喻荣（仕川谱所保存的新安统宗谱上的名字）；喻葆光（义乌谱上的名字）；喻良能和喻良俊的母亲是河南乐氏（仕川谱上的姓氏）；喻良能另外三个弟弟的母亲是黄净德（义乌谱上的名字）。

　　至于为什么判断喻葆光就是喻荣。这是从字义上推测的。荣字的本意是草木生长旺盛，显示光泽和充满生机的样子。引申义为光荣、荣枯等义项。儒家重视个人修为，强调修身。小则可以保身，中则可以旺家，大则可以强国。因此无论是个人的光荣，还是家族的光荣，都需要我们通过修身精进才能做到可持续发展，或者说才能保持那一份光荣。我们今天还常用的永葆青春之类的说法，就是这个意思。

　　我们读仕川谱，千万不要以为那是安徽一个山区县的普通村庄的谱牒。其实不然，那本谱上保存了唐宋以来新安喻氏统宗谱的历史信息。因为那本谱书乾隆二十四年版本上还相对完整地保存了从祭公相如到喻良能的世系。那个世系旁边分页栏目里有《统宗至万字年表》字样，那就是统宗谱的标志。因为统宗谱是从一个达成共识的总源头开始，由源及流，每个分支各为一册。统宗谱自然也有谱头卷，那里面的信息自然最为丰富。但后面各个分支的分册里也会收录谱头中重要的源流世系。这样做为的是便于各分支由流溯源，也是防止谱头丢失或路远联系不便而找不到祖宗的来龙去脉。

　　喻良能的父亲母亲的简历，包括墓葬位置，都被记载在统宗谱的世系中。因为他父亲是长房。喻良能的父母合葬在新安问政山下。新安不是仕川，是唐宋旧行政区名，也就是今天安徽省黄山市的歙县。仕川只是喻良能在新安和早年所娶的河南蔡氏所生的五个儿子中的老二喻义选择的一个居家乐业的地方，距离新安问政山有大约150公里的样子。

　　这里就有一个问题。喻良能的父亲喻荣有两个妻子，两房儿女。而从喻良能所撰黄夫人行状看，她十分贤淑，是为喻葆光的贤内助。既然如此，他身后为什么还要回到故乡问政山去安葬？是为了和发妻团聚？还是喻良能为乃父制作的衣冠冢，用以安慰寂寞的母亲？因为在义乌香山，黄夫人和喻葆光的墓地都有记载，位置就在老香山寺出口右侧。

　　喻良能何时随父迁居义乌？现在还没有足够的史料足资考证。但我们知道，喻葆光在义乌的这一支共有三个儿子。是他和黄夫人所生。他们是喻良显，喻良材，喻良弼。加上前面的喻良能，喻良俊，刚好是五个儿子。

　　喻氏在义乌乃至在整个婺州都属于名门望族，有五子登科的传奇故事流传。但这个五子登科的事实不假，是不是一个母亲所生的五个儿子就不敢断定了。

　　第二个问题，绍熙三年谱序是真的吗？

　　这个问题，我的回答是，喻良能绍熙三年所撰写的喻氏重修总谱序是真的。我的理由如下：

　　（一）绍熙谱序为我们记载了一个历代祖先的世系简图。该谱序因为是为统宗谱写的序，因此才将得姓始祖祭公相如以下历代先祖的学问官场重要经历做简单回顾。为的是提纲挈领，激励后昆。而祭公相如为姬姓周文王之后，得周穆王赐姓。这件事不仅见诸多部常见的喻氏宗谱，而且还见于东晋王朝喻归主修的《喻氏家谱》和钟雅奉旨所撰的《喻氏家谱·序》。那上面说："臣等修撰喻氏家谱，考其由来，实帝喾之后也。至周公七世孙食采江夏。锡姓为喻。历秦汉魏以来并有名状。遂用品题喻氏以为天下大姓。备于今录。"周公姬旦是周文王的儿子，周武王的弟弟，周成王的叔父。西周武王主政时间很短，只做了七年天子就病逝。享年93岁。儿子姬诵7岁即位，坐天下37年崩。享年44岁。成王的儿子姬钊即位，是为周康王，二十六年戊子崩；康王的儿子姬瑕立，是为周昭王，坐天下51年崩；昭王子姬满立，是为周穆王，50岁即位，坐天下55年崩。

这么看来，周穆王赐姓喻氏的这代祭公，距离周公旦的长子伯禽被封在鲁地已经七代了，距离稷公封于祭地也已三代了。这也符合逻辑。因为从周武王到周穆王，天子主政的时间加起来共176年。减去6年，即假定周穆王封祭公相如食邑江夏，赐姓喻的时间是周穆王晚年95岁以后。则这段时间总长170年。按30年一世的平均值计算，则每代人约需34年的样子。基本合乎常情。而且，东晋喻氏家谱的这个姓源和得姓始祖记载，还可以从周代文献《逸周书》的《祭公解》得到印证。可以从清华大学所保存的先秦竹简得到印证。可以从明朝洪武四年朝廷所订立的《喻氏合同》得到证明（见临安湍口镇考坑喻氏所收藏的唐昌喻氏宗谱残本）

（二）绍熙谱序记载了喻氏家族历代的著名人物。这些历史人物虽然未能被正史记载下来，但这丝毫不能说明他们的贡献不大，而是历史的原因，由史官对文献档案的占有和掌握情况，选择眼光等多方面的因素所决定。我们都知道中国正史有所谓二十五史。我们还应该知道，中国有二十五史补编。并且随着人们阅读范围的扩宽，随着地下文物的出土，将来还会有二十五史再补编之类的补充史书问世。因此不要妄自菲薄，动辄以为是伪作。这篇谱序中记载下来的江夏就有不同时代的江夏治理史信息。如有西周封给喻相如的采邑，其范围相当于汉代的江夏郡。后来汉武帝时先祖喻贵被封江夏伯。相信随着地下出土文物的面世，喻姓历代先贤的学问功业必将逐渐得见天日。

（三）绍熙序记载了喻氏家族的几个重要聚居地。这就是：鄱阳千秋乡、乐平大木街、新安问政山。还记载了仕川、兰川、竭田等分支聚居地。这些聚居地和相关的祖先名讳，人生重要经历，身后坟墓等信息，是我们研究喻氏族史和迁徙历程的重要历史依据。

（四）绍熙谱序中所记载的官职、历代名贤乃至考试科目都是可以从科举史、官制史等历史档案中得到实证的。如果杜撰这样一篇历数本姓氏 1800 多年历代先贤事迹世系，需要花多少心事，这个人的学问该要多大才能完成这个任务？

诚然，一篇序言流传 800 多年，在刻写流传的过程中不可能百分之百的保持原样，中间出现缺字或捡错字没有校对出来的肯定会有。被雨水侵蚀霉烂后世续修谱牒的人以意填补都可能会造成谱序传世至今的版本出现硬伤。我们发现了序中的错字或疑问，这当然值得赞赏。但我们首先应该从大处着眼。比如，几凡宗亲对这篇谱序提出的若干怀疑就有利于研究这篇谱序。景泉宗亲提出的几处硬伤，也有利于我们研究这篇重要的谱序。关于几凡宗亲的意见，我在前面已经分别做了答复。不赘。这里主要就景泉宗亲提的问题做些简单说明。

《绍熙谱·序》所说的喻汝砺之父亲的名字和《砚石谱》不一致。《绍熙谱·序》上喻汝砺兄弟数目和《砚石谱·序》上的也不吻合。《绍熙谱·序》上喻志高生汝砺汝砧两个儿子，而到了《砚石谱》上变成了喻汝成、喻汝砺、喻汝美三个。这就是问题的复杂之处。这或许是大宗谱和小宗谱的详略差异。也可能是《新安大宗谱》的标准严，桐庐砚石小宗谱的标准宽的缘故，也可能《新安谱》修谱时那个喻汝美（我怀疑是喻弥陀）半路出家的事迹影响很大，故不予登录其名字，而八十几年后桐庐喻氏修谱时则录其名且记下儿子过往之地名。于半路出家的这件事，以及喻思净是不是就是喻汝美，也不着一字，未留下线索供后人研究。

《绍熙谱·序》喻良能自述致仕后前往鄱阳认祖归宗，访求旧谱，抄录以归编辑宗谱。景泉宗亲认为喻良能既然曾经在鄱阳当过县丞，为什么当时不把老谱抄回来，还要等到退休后才跑过去抄录？这样怀疑当然可以。但我要反问一句，您身在义乌，应该早就知道自己是喻良能的后代，为什么不在你年轻工作时就着手修谱和建造祠堂呢？以我个人的经历，我也很早就听大人讲家谱的事，我也知道村里有喻氏家谱，但直到 2014 年清明，我快退休的前夕回老家扫墓才下决心到几个藏谱的人家去访谱。这才第一次系统了解了我自己这一宗支的历史和分支。2008 年，中华喻氏族史研究会给我写信。我按上面的电话给他们打电话。喻思文告诉我，你们大悟的谱总会还没有，要赶紧送来。我当时忙，自己没时间，就电话交代老家的堂弟喻伍，让他连夜复印开车送往指定的地点。即便这样，我也一直没有时间去看那套谱。我们以今人度古人，都差不多。在职忙工作忙事业时，一般是不可能放下手里的工作去做修谱这样的事情的。这就可以回答景泉宗亲的喻良能为什么非要等到退休了才去抄录旧谱的疑问。

关于喻良能绍熙三年从鄱阳抄录的老谱世系为什么不给儿子用？为什么要给仕川？为什么嘉定年间他的儿子喻思钦创修的第一部义乌喻氏宗谱上没有古谱的影子？因此他断定喻良能退休后没有去鄱阳。关于这个问题，喻良能绍熙三年所修的喻氏宗谱并非叫仕川喻氏宗谱。因为仕川这个地名是明朝以后才有的。原来是个无名山村，后来明朝出了个金华通判喻陶邻，他主持修了一次谱。这个山村因为有了当官的，才得到仕坑这个名字。后来大概嫌仕坑不雅，才改为仕川的。因此，喻良能当年所修之谱绝不可能叫仕川谱。叫什么谱呢？应该是叫新安喻氏宗谱。那本谱属于统宗谱性质。至于景泉宗亲说嘉定义乌创修谱上看不到老谱的影子。可以这样考虑，宋嘉定谱是义乌的创修谱。此前喻良能修绍熙谱，已经记录了他祖父父亲到自己的几代人的情况。但为什么统宗谱中不涉及义乌的母亲和义乌的兄弟。也许是统宗谱只记长房发妻的原因。也许义乌支有先后之见，不愿意记载新安那一支也未必没有可能。关于喻良能绍熙三年谱序中所说去鄱阳访谱事，其时喻良能绍熙元年得到皇帝批准让他退休。当年秋天去的鄱阳。从杭州去鄱阳或者从义乌到江西，他的待遇是赐归。应该是有驿马等服务配套的，并非没有可能。

关于喻良能只顾忙着修谱不救好友陈亮是否不合常情的疑问。我认为，在浙江，义乌喻家和永康陈家的友谊我是知道的。喻良能和陈亮的知己交情我也是知道的。我最先购买的古人文集就是《陈亮集》。但我以为当时出面营救身陷囹圄的陈亮，由陈亮的学生南强和喻良能的儿子喻侃出面比喻良能亲自出马要合适些。喻良能对朋友不可能袖手旁观，只是他比较策略罢了。

关于《忠义传》这本书喻良能是述汉献帝时老祖宗喻良佐所著《忠义传》献给宋孝宗还是喻良能自己独立的著作。我还是宁愿相信绍熙序的说法。老祖宗喻良佐的《忠义传》当时没有被重视，那是因为他遇到的是曹操当权，汉献帝泥菩萨过河自身难保。而喻良能选择的上祖宗《忠义传》给朝廷，是南宋的孝宗皇帝。我们不要忘记了，岳飞的沉冤昭雪，就是在孝宗皇帝手里实现的。要是再晚几年，等到光宗即位，《忠义传》就没法上了。《忠义传》自序是喻良能所写。我也读过。当然知道的。序等于是献书的报告。主旨当然重在讨论人臣操行与家国祸福，不可能说得太琐碎。但在谱序中交代则显示做子孙的对先祖的尊敬和对祖先的学术成果不肯掠美的德行。至于说这么长时间，喻家何以一直保存有这么一本古书，这不是没有可能的。比如说，清朝光绪年间修纂的唐昌喻氏宗谱中就记载了他们这一支是喻良辅三兄弟的后人。谱书的人物像有喻良能，而祠堂记十分清楚的就是三贤祠。

想想看，纪念汉献帝时的喻良辅等三兄弟的三贤堂从东汉后期一直被传承到清朝末年。这是一个什么概念？

喻良能和兄长喻良倚同榜于绍兴二十七年中进士，是王十朋的同榜进士。王十朋在喻氏宗谱予中写得很清楚（见剡北喻宅喻氏宗谱卷首）。喻良能这里是说的被选拔担任国子监主簿这回事。不可能是讲中进士。不要把两者混为一谈。因为喻良能的祖父喻汝砺和叔父喻樗都曾有过值秘阁，替朝廷掌管图书校勘和文档管理类的工作。自己被选拔担任国子监主簿。官虽然不过七八品小官，但却是为国家造就人才的重要岗位。历史上有个记载，说良能公担任国子监主簿期间有一次否决了一个学生的作文。那个学生不服气，下课后在回家的路上拦住喻良能理论。喻良能下马后，用随身带的小几案区分师生。落座后，他先是告诉那个学生，我为什么否定你的文章的道理。随之，全文背诵了那个学生的文章。然后指出问题在哪。那个学生被镇住了。说明他博闻强记，超乎寻常。另外，喻良能担任国子监主簿，前后有两次。第一次任职因家里丁忧而中断。第二次又让他继续担任前面的职务。喻良能说自己的祖父曾做过秘阁学士，自己是沾祖父的光。他说："予承先泽，忝登淳熙乙未科，备员国子监主簿。"这个淳熙乙未科应该是国子监官员考试的年号科目。如果他是想说自己中进士，明明白白他是和喻良倚同榜考中的，且是王十朋那一榜的，王十朋是状元（王十朋还专门有篇文章记述喻良倚喻良能兄弟同榜中进士的事情）。王十朋和喻良能是好朋友，两人诗歌唱酬不少（详见四库全书《梅溪集》）。怎么会不提及兄弟同榜这件事呢。显然，此处是说国子监管理官员的入门考试年份。对他而言，进士考试是不言自明的事情。因为没有进士资格，不可能参加国子监主簿的入职考试。不难想象，国子监教职也不是那么容易获得的。历史上凡是要进入国子监任教者，均需过这一关。直到清朝末年还是这样，清代被曾国藩欣赏的张裕钊道光二十六年举人，授内阁中书。道光三十年为了竞争国子监学正，还得参加考试呢。我们现在干部选拔，即使你有名牌大学的博士学位，要想当官，还得接受入职前的笔试和面试。

关于写序落款为什么不把自己的官名写全的问题。我认为这个是各人的习惯。古代中国人并非个个都是一定把自己的实职和虚衔度全部写上。

第三个问题：喻汝砺喻良能迁徙路线是如何走的？

根据我不完全的研究，喻启元喻汝砺这一家子的迁徙背景是金人犯顺、宋室南渡。至于他们的迁徙路线，基本路线是这样的：在宋室南渡之前，他们这一支的先祖有个叫喻鉴的，在唐僖宗乾符年间曾任饶州刺史，后来便定居鄱阳。喻鉴是为鄱阳始迁祖。到他的曾孙喻承勖担任招讨使期间，受其父喻德修的影响，选择定居歙县东门外之问政山。是为新安始迁祖。由新安问政山→临安洞霄宫→桐庐→义乌。这里面有几点要说明。第一，宋室南渡之前，义乌就有新安喻氏迁居，只是是哪个支系不得而知。今天的义乌喻不是也有好几派吗？良能公这一派只是其中之一，是为茂厚派。第二，喻启元祖孙一路从河南开封随驾南渡，来到临安。先就近找地方落脚是必然的。后来访得更理想的地方，再行迁徙也属正常。因此杭州西湖，临安洞霄宫，并不一定就是这次宋室南渡喻启元他们才首次落脚该地。也有谱书记载，喻氏迁居杭州早在唐代就开始了，也有骆坞谱上李梦征序言说唐朝就有喻姓先祖担任乌伤县令，在县衙旁边自己建房定居。但总的看来，南方中国的开发有两个高峰，一在晋室东渡，一在宋室南渡。这两次大迁徙将北方的世家大族的文化都带到南方中国来了。喻姓也不例外。东晋时有喻归从江西来南京，其时他的家就安在西湖边上的钱塘郡（详见蒿溪喻氏族谱》世系部分）。南宋时有喻启元这一支迁来浙江。萧山孝悌喻谱书中还记载了喻启元随驾南渡自己选地造屋，和高宗一起吃饭等一些很有意思的细节。

　　当然，富春这个地名，也是一个历史的概念。不要理解为只有今天的富阳才是富春。历史上富春包括的范围比较广，新城、富春、东阳、金华等地可能都在富春的范围内。这些族史问题，有待大家慢慢研究，逐步理清。

答其他宗亲

答喻少彬宗亲：

　　少彬宗亲将依据清朝乾隆二十四年重修的《仕川喻氏宗谱》中所刊载的《统宗至万字年表》这个史料的复印件给我看了，弥补了我的《砚石喻氏源流考》初稿中上篇所排列的世系简表中的缺略部分。因为喻良能在谱序中不可能把66代的世系名字一字不落地写上，那是没有必要的。许多没有功名政绩的普通先祖的名字就被他略掉了。感谢少彬宗亲热情打电话告知这一重要信息并邀请我到他家查阅有关资料。让我能够将喻相如之后，喻樗之前66世的世系完整呈现。5月18日，开会前一日，我到临安唐昌访谱，看到了明朝嘉靖年间从仕川迁徙到临安湍口镇考川的一个分支所保存的家谱，该谱残损严重。但该谱保存有喻良能绍熙三年所作序即仕川谱所载那篇谱序，名称为《喻谱始修家世源流序》，另外还有些细微的区别。但总体看都是喻良能所作。该谱的好几篇谱序都作于乾隆二十四年。该谱也保存了和少彬宗亲给我看的那个复印件同样的66世系表。

　　但喻少彬宗亲给世界喻氏宗亲总会提供的《祭公谋父是喻姓始祖》的文章，我看了。在学术观点上，我不能认同。因为祭公谋父是周昭王的辅政大臣，属于第二代祭公。后面接着辅佐周穆王的祭公叫相如，是祭公谋父的儿子。历史上由于《竹书纪年》的记载错误，误导了很多学者，包括当代学者黄怀信等所撰《逸周书汇校集注》一书也错误地将周穆王的辅政大臣祭公相如当成了祭公谋父。实际上，祭公谋父和祭公相如，先后辅佐周穆王。穆王赐姓喻的祭公是第三代祭公相如。

我个人认为，就目前所掌握的资料看，如果要确定喻姓得姓最早的始祖，当以喻相如为妥。因为他是得姓始祖。尽管他实际上没有到封地去生活过。祭公谋父可以作为喻姓远祖来祭祀和崇拜。

答喻儒林宗亲：

喻儒林宗亲的文章是针对我在《砚石喻氏源流考》（征求意见稿）中在没有其他佐证情况对砚石谱中喻归到喻樗的二十世世系这个孤立的说法不敢完全相信而发。我在文章中明确说过，不能怀疑这个世系的真实性。但我看到砚石喻氏民国谱修谱诸族人在题跋中所讲的关于因失火烧毁后大家凭记忆整合而成这个说法，因此在文章中说了一句话，即不太敢相信这个世系的真实性。感谢儒林宗亲，你从各种能看到的喻氏谱书找到了好几个内证，并且一一复印资料举证。如富春双溪喻氏宗谱乾隆元年喻铭序言，还有南昌府志关于喻猛、喻归的信息。说明砚石谱尊喻归为始祖是有根据的，是可信的。你还说，数年前正其问他香山喻氏的祖先是谁，他回答说是喻猛。他的证据可以支持砚石喻氏喻归以下二十一世世系。

顺便说明一下，在我 2018 年 3 月 27 日夜晚将《砚石喻氏源流考》初稿三篇提供给世界喻氏宗亲总会的次日，我已经到安徽黄山屯溪区访谱去了。在那里，我很幸运地找到了收藏家吴敏先生，看到了《临安唐昌喻氏宗谱》。这本谱书虽然缺失了第三册世系部分，但很庆幸的是，在溯源砚石喻氏旧谱的世系部分，居然还保存下来了从喻归到喻樗这 20 世的世系。我仔细对照了砚石谱，那份世系是完整的。因为得到了这个佐证，加上儒林宗亲会上所列举的几个证据，砚石喻氏民国谱残本中的这 20 世世系就铁板钉钉的没有问题了。

答喻大翔宗亲：

喻良能绍熙序并不是孤立的存在。在浙江临安地区有多家喻氏分支的谱书中都有绍熙三年谱序。此其一。其二，喻良能所序的谱书是新安喻氏宗谱，属于统宗谱或曰大成谱性质。这个谱是创始谱。名曰新安喻氏宗谱。对仕川谱而言，属于初创，而对于《鄱阳谱》而言就是重修。《仕川谱》记载很清楚，南宋绍熙那次，随后的明朝中期喻希尧修了一次，清朝乾隆二十四年修了一次，清朝光绪年间修了一次，当代喻少彬 1998 年整理出版过一个整理本。

（2018 年 5 月 22 日）

中华喻氏总祠三议

天下喻氏迄今无总祠。建设喻氏总祠，安顿始祖以及各个宗支的分支始迁祖。展陈他们夙兴夜寐，振兴宗族的事迹和贡献。借助总祠弘扬喻氏文化传统，为创新中国特色社会主义新时代家族文化做出贡献，是我们天下喻氏的共同心愿。要建好总祠，首先需要端肃祖宗崇拜的心态。其次要知道族史研究严重不足的现状。关于祠堂，希望族人明白，最重要的是在全国范围内构筑一个由房祠，支祠，宗祠和总祠构成的祠堂体系。没有这些小型祠堂，中型祠堂支撑。大祠堂建得再大，也是缺少基础支撑的建筑，不可持续的。

一、议祖宗崇拜

人谁无父母？父母之父母是我祖父母。祖父祖母之父母是我曾祖父母。如此类推，百代以上则为始祖父母。父母养我育我，我知其不易。故须自觉履行孝道。祖父祖母乃父母之父母，自然也须恪尽孝道。然则由流溯源，吾辈未曾得见之曾祖父母，高祖父母，乃至历代先祖，直至始祖。能不恪守孝道？

年轻夫妇，虽家境十分贫困，养育儿女也绝不含糊。所谓再苦不能苦孩子，再穷不能穷教育。砸锅卖铁，毫不犹豫。此自然进化之规律，否则人类文明就会倒退。然则，社会进步，果真可以连祖宗都不要吗？曰：不可。人类之所以区别于其他动物者，正在人类有感恩之心，有报本之情。推而广之，则为仁爱思想，由孝敬自己的父母和慈爱自己的孩子，进而达成"老吾老以及人之老，幼吾幼以及人之幼"的博爱境界。英国学者达尔文所揭示的"物竞天择，适者生存"的自然界丛林法则，不适用于人类社会。因为人毕竟是高级动物。为什么要跟普通动物等量齐观？读者试想，如果人类社会公然出现以强凌弱，以众暴寡的弱肉强食现象，而大家都认为这很正常。你难道认为这是历史的进步吗？这是倒退。都倒退到丛林里去了！重视修身，孝敬父母，帮助族众。推而广之，帮助一切需要帮助的人，这才是人高于一般动物的境界。

也许有人会说，祖父祖母以上，孙辈能见到者绝少。活着的长辈，我们照顾好他们，让他们吃饱穿暖，寂寞时有亲人陪伴，生病时有医生看护。这个好办。至于那些死去了很多个世纪，我们连面都没见过的祖先，又该怎么尽孝呢？答曰：对自己没见过面的列祖列宗尽孝，当然和对健在的父母和祖父母或者曾祖父母尽孝方式不同。保持诚敬的心态，是孝道的基本要求。无论对于生者还是逝者，都是一样。必须心存敬意。但对待逝者的尽孝，形式主要是祭祀，内容则为纪念。比如祖先留下的家风家训，是我们后人的精神财富。我们要自觉传承。祖宗传下来的家谱，我们至少要能读懂，要每过一段时间（30年内）续修一次，将本家族的世代传承脉络一代一代接力棒般传递下去。而从形式上看，则是逢年过节，特别是清明冬至这样的祭祀先人的日子，我们需要祭祀祖宗。借助一定的祭祀程序和仪式感让后辈不忘祖德，继往开来，创新生活。同时每年清明或其他约定俗成的族人聚会的日子，登记本族人丁的变化，如谁家生了小孩，男孩还是女孩，叫什么名字，谁家娶了媳妇，是哪个村庄的，叫什么名字。谁家死了老人，活了多少岁，葬在何处。谁家的孩子上了大学，获得硕士博士学位，或者在各行各业做出了成绩，受到表彰。或者某族人虽然没有学历，没有做官，但其德行高尚，人人敬佩。这些信息就是家族文化的最基本的信息。具有社会认知，前传后教的教化意义。也是对个体生命存在之最基本的尊重。

古代中国人，十分重视对祖宗功德的追思。对祖先留下的经验和教训的总结。说到追思和祭祀，必须要有相应的场所。这个场所，在远古时代，叫作宗庙。宋代以后叫作祠堂。即使是建造皇宫，也得首先把宗庙建好，然后再建造其他宫殿。过去规划建造村庄，也是先定位何处建祠堂。祠堂位置确定后，再安排其他建筑。因为祭祀祖先的场所是重中之重。先把祭祀祖宗的空间安顿好了，再来安排现在子孙的生活空间。这就叫慎终追远，继往开来。

昔日修通谱，天下只有一个中华喻氏族史研究会。今日建总祠，天下多出了中华喻氏宗亲会，世界喻氏宗亲会，江西喻氏文化研究会、江苏喻氏发展促进会等多个家族组织。研究机构多起来，说明关注族史的宗亲多了。这是好事。但大家一定要本着团结喻氏宗亲，弘扬喻氏文化，创新中华文明，而千万不要互相拆台，把能量消耗在内耗上！

二、议族史研究

中华喻氏的族史研究，我们可以说还刚刚开始。如果从周康王封周公长子伯禽派下第五代裔孙子稷公为祭（zhai，音债）公开始算起，喻氏历史有3000年长短了；如果从祭公相如因为辅佐周穆王有功，被赐姓喻，且受封采邑于江夏地区算起，至今也有2800多年的历史；如果从周赧王的司徒喻宪算起，至今也有2200多年的历史；如果单从喻猛公开始，族史也有1900多年了。

我国的文化，周朝是一个黄金时代。那个时代的文化都是本土的，没有外来影响。都是对祖宗创造的历史经验的总结。比如处理人与人关系的五伦文化（即父子有亲，君臣有义，夫妇有别，长幼有序，朋友有信）和普及修身齐家治国平天下的修身文化，如《论语》《孟子》《大学》《中庸》《孝经》，《左传》等经典；总结历代王朝兴亡经验教训历史规律的文化就有《尚书》《洪范》。周朝八百年，在中华文明史乃至世界文明史上的贡献，都是有目共睹的。而在八百年的周文化建设过程中，我们喻氏家族一直是重要的参与者。其历史贡献也不容忽视。追溯族史，喻氏源于姬姓，系周王室的后裔。第一个被封为祭公的人是周公姬旦长子伯禽派下第五世孙稷。他辅佐西周第四位天子周昭王。第五代周天子穆王时期，辅佐穆王的祭公叫谋父，是著名的政治家。他病逝后，其子相如继续辅佐周穆王。因为对周王室贡献大，祭公相如被穆王赐姓喻。自此以后，直到周朝最后一代天子周赧王姬延手里，辅佐他的司徒叫喻宪。为了日薄西山的周王朝竭尽全力。就喻氏家族在周朝的代表人物而言，周朝开国名臣周公姬旦对待工作兢兢业业。辅佐年幼的成王披肝沥胆。一沐三握发，一饭三吐哺。出差路上，还带很多图书以便随时学习。到了末代天子周赧王时代，司徒喻宪又是一个不因仕优废学终生学习型的名臣。至于汉代喻猛，喻甘，晋朝跟徐孺子齐名的喻合。著作西河记，凭借一腔正气和三寸不烂之舌制止西凉地方军阀张重华的叛乱之喻归。唐代喻迪冲，喻陟，宋代喻浩，喻汝砺，喻樗、喻弥陀、喻良能；明代喻茂坚、喻时、喻安性、喻龙德；清代喻长霖、喻兆藩、喻文鏊；民国喻血轮、喻培伦等杰出的先祖，他们的事迹大家都熟悉。这些列祖列宗，都是能经受时间检验的伟人名人，都是我们家族的宝贵遗产。

图6-2　明兵部右侍郎总督三边军务喻时像　　　　图6-3　喻龙德像

我们不从祖先亲自实践总结出来的精神遗产中寻求智慧，是不是有点舍本逐末？20世纪30年代，北京大学有位著名学者作家后来成了汉奸的某某，他写了一篇文章，叫作《祖宗崇拜》，他的核心观点是：祖宗崇拜是落后的东西，应该摈弃。2015年，我专门写了一篇文章批他，题目叫《论祖宗崇拜》，收在我的《三元草堂随笔》里。我的观点是中国本土没有基督教，佛教等宗教。一定要找，我们也有，那就有是祖宗教。教义就是《孝经》，教主就是历代圣贤。中国近百年之所以偏离传统文化的正轨发展，跟这些认贼作父的家伙误导有很大的关系。

喻氏的族史，如果只是这样不讲世系地数风流人物，还比较轻松。但若真正深入下去，我们就会发现到处都是问题。我们先举喻猛公做例子。到目前为止，我们都是以东汉的喻猛为始祖。即使是喻猛公，这位先祖究竟有几房妻子，多少儿子？十几年来，随着谱牒文献的浮现，我们最初的认识是梁夫人生八子，即喻约、喻绲、喻䋷、喻绵、喻丝、喻纶、喻经、喻纬。到后来，我们发现了猛公还有继配钱夫人生的一个儿子，即喻纯。九子说流传了上十年。2010年左右，大窠喻氏宗谱现身，我们得知猛公还有一位吴夫人，她还给猛公生了四个儿子，这就是：喻仍、喻纪、喻晨、喻洽。2018年1月份，我在重庆江津中华喻氏文化展览馆阅览馆藏喻氏族谱又有新的发现：猛公还有第四个妻子陈氏为

329

他生了三个儿子，即喻璘、喻嵓、喻岳。世系图上只有喻嵓、喻岳的字号和生卒婚娶，没有喻璘的记载。则长子喻璘可能为早殇。而谱上明言喻岳乃猛公幼子，则喻嵓乃其次子可知。今阅世系。嵓字定轩，生于建元壬辰年，殁葬未详。（此据南昌蛟溪《喻氏族宗谱》）

又据抚州资溪嵩市谱上载有的《江夏历代统宗世系图》，据该图可知猛公还有一个李氏夫人，生有简、筹、篷、简、简五子。

这样一来，喻猛公先后有五房妻子，生子21人。江西丰城北湖喻氏谱书还有猛公后人的世系记载（详见本书《喻猛生平考》）。至于喻猛公的先祖，也有不同的版本。后人中如喻樗，喻良能，他们的后人也是各种谱书记载错误复杂。一时很难理清。类似的情况在喻樗，喻良能等人身上都存在，且错综复杂得让人莫名其妙的事情还有很多很多。

至于各分支迁徙史研究，各分支始迁祖的研究，喻氏历代贤达的研究。喻氏学术史研究，喻氏地理研究，喻氏谱牒研究，科学谱牒修撰研究，等等。我们真正进行了卓有成效的研究还太少太少。这也是在考虑修建中华喻氏总祠之前必须考虑的问题。否则的话，没有族史研究做支撑，就算祠堂建造好了，请问你展陈什么？历代家谱，全国1000多个分支，不研究就是一堆乱麻。一堆乱麻能为你展示提供帮助吗？

三、议总祠建设

要建造总祠，大家心情可以理解。但必须把相关的问题搞清楚，才知道该怎么建，不该怎么建。

中国国民由于具有祖宗崇拜的信仰，因而很早的古代就有到墓地前面祭祀的习俗。《礼记·檀弓下》记载孔子外出旅行前，总是先到父母以及祖宗墓地前去哭而后行。返国则到墓前祭祀一番。等于是报告自己安全归家。这是墓祭阶段。到了汉代，开始出现墓祠这种建筑，一般三开间，建筑在墓前，以便展祭。武梁祠是其代表。到了宋代，官员们可以立家庙，可以建祠堂。家庙也好，祠堂也好，都是祭祀祖宗的场所。自宋代先贤倡导修撰家谱和建造祠堂以来，人必归族，族必有祠。效法先祖，不违祖训。便成为国人精神生活的一个重要方面。明朝嘉靖十五年（1536），礼部尚书夏言上《请定功臣配享及令臣民得祭始祖立家庙疏》，自此嘉靖皇帝彻底放开普通百姓建造祠堂的限制，于是各姓宗祠遍布城乡，成为比孔庙县学还更为普及的文化现象。

在我国东南部的江西、福建、湖南、湖北，乃至浙江金华等地，历史上都有聚族而居的习惯。这些村落大多以某一姓氏命名，如喻家冲、陈家河、卢宅等等。这种家族聚居的极端例子是位于九江的陈氏家族。该家族的始祖陈伯宣，他是一个喜欢隐逸的名人。有《史记注释》问世。又是唐玄宗的驸马。他的后人聚族而居，甚至发展到17代不分家，一个大家庭4000多人吃饭。从南唐李后主开始，朝廷就开始表彰这个家族为和谐的典范。到宋朝太宗朝，仁宗朝，都曾一再表彰。我们看义门陈氏的家谱，发现在仁宗嘉佑七年（1062），由于家庭人口太多，社会影响太大，朝廷下圣旨命令义门陈氏分家。委派官员组成类似今天的工作组监督执行。分家活动从头年八月直到第二年四月才就绪。这么大的聚族而居的大村落，肯定有好多个支祠，也可能有宗祠。在聚族而居的村落里，家族宗法制度凭借三样法宝维持：一曰家谱，二曰宗祠，三曰祠田。可以凭借家谱敬祖收族，传承世系。可以凭借宗祠和祠田实施族规家训，保证家族成员的人品教育，对家族的鳏寡孤独残疾人进行抚恤，对穷困家庭的子孙教育进行帮扶。在我国，历史上建造宗祠数量最多的应该以江西一省为最。据清朝乾隆二十九年江西巡抚的统计数据，截至1764年，江西全省共有各类宗祠9083处。其中有89处系同姓合修，大约属于宗祠性质。而其他8994处则为支祠。

祠堂的建筑类型计有以下几种：

1. 由祖宗故居演变而来的祠堂。如曲阜孔庙就是孔氏祖庙。它就是在孔子生前所居住过的老宅子基础上逐步扩建而成。孔子逝世后300多年，司马迁为了写《史记》，前往孔子老家考察，看到孔子的弟子们的数传弟子还在孔子老宅子里演习孔子所教的六艺，还看到保存完好的孔子坐过的车等遗物。其他各姓氏类似的以祖宗故居为祠堂的例子也不少见。

2. 南宋以采按照《朱子家礼》的规定，在逝者生前居住的主屋东侧建造的供奉祖宗的祠堂。朱熹的这个设计也不是凭空而来，而是对唐宋以来三品官家庙制度的世俗化应用。但这类祠堂或家庙主要限于宋元和明朝初年。传世实物已经很少见到。位于江西进贤县文港镇沙河村晏殊故居的晏氏家庙可能是一个孤例。虽然该家庙已经数次维修，但根据族谱记载，其位置和基本形制并未改变。

3. 明朝嘉靖朝后期祠堂平民化背景下出现的祠堂，大多独立于祖先居室之外，一般选址在村落中央空地或村落附近的空地。这种性质的祠堂直到今天仍没有根本的改变。换句话说，今天全国各地特别是南方中国到处可见的祠堂，绝大部分都属于这种性质的祠堂。

祠堂的宗族类型有以下几种：

用所供奉祖先的地位和宗下人口多寡做标准，则天下各氏祠堂都可纳入以下三个层次之中。

1. 宗祠。也就是一般人心目中的总祠。这是一种供奉某一姓氏公认始祖的场所，在该姓氏所有的祠堂中，规格最高。具有垄断性和唯一性。另一种是供奉某一姓氏重要分迁始祖的场所。该分迁祖必须是开枝散叶，在全国一定区域内人口众多，影响甚大者。

2. 支祠。所谓支祠，主要是供奉某一分支基祖的场所。这种支祠通常会包含若干房祠。

3. 房祠。所谓房祠，也叫家祠。是某一姓氏某一分支某一房头在所聚居的村落里所建造的祠堂。一般而言，所供奉的祖宗也是本房分的房祖，这样的房祠人数一般不会太多，100 人到 200 人的样子。

实际上，为全国性甚至全球性的某一姓氏的公认始祖建祠纪念的不是很多。比较特殊的如孔氏家族，毫无疑问会以曲阜的孔府作为总祠。这是因为孔子的影响太大的缘故。实际上，很多家族的所谓总祠，还是依据祖先实际影响的大小做依据的。例如陈氏家族，虽然得姓始祖是陈胡公，但世人熟知的还是江西九江义门陈氏的始迁祖陈伯宣。顾名思义，真正的某一姓氏的总祠，因为下面宗支衍流数以百计甚至数以千计。即使整合起来，也有几十个分支。在总祠里如何安排其子嗣的位置，如何布置各路祖先的位置，就是一门学问。

根据朱熹《家礼》中的描述，祠堂必须位于正寝之东，总为三间。正寝之外为中门，中门外为两阶，阶各三级。两阶之下，随地之广狭，以屋复之，使可容众家众亲站立为度。又另立遗书、衣物、祭器及神厨等室于其东。又于具东缭，以周垣别为外门，常加扃闭。祠堂之内，以近北二架为四龛，每龛之内，置神主于桌上，主皆藏于柜中。置于桌上南向，各龛垂小帘，帘外置香桌于堂中，置香炉、香盒于其上。两阶之间，也要设置香桌。从这种建构的布置上可以看出，中国的祠堂是一种具有鲜明的世俗宗教特点的文化形式。

祠堂中的祭祖活动，形式极其复杂，根据不同的祭祀时间和程序，又可分为常祭、专祭、大祭等类型。常祭在每月朔日（初一）和望日（十五）的早晨进行；专祭在子孙遇有婚娶、生子、升迁等喜事时进行；而大祭则是在元旦、春分、清明、端午、中秋、重阳、除夕等节令中进行。其中春秋两次大祭最为隆重，届时家族中所有成年的子孙都要进入祠堂参祭，无故不到者都要受到处罚。但是那些不忠不孝、奸淫赌盗、职业低贱的不肖子孙则没有资格入祠堂祭祖。祭祖的主要程序，有焚香、拜揖、瞻礼、告祝等，而每月的朔望以及每岁的正、至之日，祭祀仪式则尤为隆重。祭祀前一日，要先行洒扫、斋戒。到了祭祀当日，全家早早起床，家长先在祖先神龛前放置新鲜果品，摆设盥盆、帨巾等物奉于祖先像前，然后回到自己原来的位置。接下来是家长诣香桌前，降神、搢笏、焚香、再拜，然后复位。在位其他人再拜、参神。接下去再由家长执注，向神位斟酒，主妇执茶，执盘事者执汤瓶随之，上茶如前，再拜，然后复位。之后是在位其他人再拜，辞神而退……经过这样一套繁缛复杂的祭祀程序后，祠堂祭祖的仪式才算告毕。仪式结束后，还要举行宗族宴饮活动，这种活动在福建等南方地区被称作"吃祖"，在湖北等地则叫"吃清明"。

我国的祠堂主要是明后期发展起来的。在 1949 年前，祠堂的规制基本都是遵循朱子《家礼》的制度。虽然各地各族富裕程度重视程度审美水准不一，但基本格局相同，即最简单的祠堂是一个四合院。从平面角度看，可简称口字形建筑；人多一些，分支多些的祠堂，则是两个四合院组成，可简称日字形建筑。再大一些的祠堂则可称之为目字形建筑，也就是多一进罢了。

至于总祠，也就是合天下某氏始祖，各分支始迁祖，各分支迁徙史，各分支发展史，各分支文化史，各分支教育成就史等多种族史信息展陈于一处的集大成之祭祀场所。实际上，这样全国性的总祠，历史上是很少的。除了极少数几个大家旺族，绝大多数姓氏只是某些大的宗支牵头修个宗祠就可以了。

本人以为，喻氏族人若真正想敬祖尊宗，就当逐层推进。首先是有条件的建造房祠。一个大村子可以分房头建造。同一分支的几个村子串联起来，修个支祠。每年春秋两季，大家在一起祭祖联谊。范围更大一点的，某个老宗支下面的若干个分支大家联合起来修个宗祠，祭祀共同的祖先，缅怀列祖列宗的功德。若有有力者举全国同宗之力，共同建造一个可以把全国各个分支都放进去的总祠，那当然是功德无量的好事。但是，一定不要急于求成。要和族众的文化素质提升，族史的研究普及结合起来综合推进。而不要急急忙忙把房子建成，热热闹闹让庆典开幕，但随后便是空空如也地让它成为养蚊子的地方。

至于天下喻氏各分支的祠堂，选址当根据祠堂规格大小而定。比如房祠，就是五六代人的范畴，因此建筑不需要大。两三间房子，一个可容纳百十人的院子就足够了。至于选址，自然是本房有纪念意义的地方。而支祠和宗祠的规格，自然需要大些，因为需要容纳的人众多些。至于选址，自然是选该分支族众公认重要的地方。而在范围更大些的宗祠，建筑空间可以略大些，选址自然是更大范围的共同祖先发迹地，这样才有价值，但关键是内容展陈要科学可靠。至于全国总祠的选址，自然是始祖受封地最佳。至于建筑，考虑到后世的可持续发展，要么选址在喻姓聚居人口多的地方，要么和相关上档次的风景名胜景区结合。这样日久天长，管理不至落空。至于规模，有条件造大点，没条件造小点，都不是问题。关键是族史展陈内容要丰富，信息要可靠，手段要先进，管理经营要可持续。像某姓氏把总祠建得像北京故宫那样大，实无必要。修祠堂为的是敬祖，不忘根本；编家谱，为的是收族，不使一个老祖宗下来的后人散掉。说白了，也就是增加家族文化的凝聚力，为祖国的强盛，中华文化的复兴多做贡献。这才是我们最应该关心的事情。

（2018 年 9 月 15 日）

大悟喻氏族谱的错误举例

    大悟喻氏，历史上大多耕读传家。文化人不多。且谱书编写连续性不强。现在所能找到的谱书，最早的就是清朝同治十年喻中琳、喻中伦、喻中秀等人所修纂的喻氏续谱。光绪十年，光绪二十五年，民国十年，民国三十五年曾有续修。1949 年中共主政以来，只有 1993 年今大悟县新城镇大畈村喻家冲退休干部喻学超主持修纂过一套湖北河南两省大悟、云梦、桐柏信阳等十三市县联修的《喻氏宗谱》。

    大悟喻氏族谱属于典型的各亲其亲，各祖其祖。只记载有根据的，绝不拖泥带水，旁牵远绍。我看了全国各地三百余种家谱，像大悟喻氏谱书这样自尊自爱的并不是很多。

    近来，为了完善《喻氏族谱提要》书稿，我全部重读了所能看到的大悟喻氏各种年份编修的宗谱。发现了谱书中的若干错误。这些错误都是比较重要的。为了今后的族贤能修纂出高质量的喻氏宗谱。我将读谱笔记稍作整理。梳理成若干问题。便于有心祖功宗德传承的族人参考。

一、混淆了喻骄孙和喻骄生

    我们知道，喻骄孙是东汉始祖喻猛的字。喻骄孙一般写名即喻猛。他是天下喻氏八百多个分支的得姓始祖。后代子孙约 60 余万。喻骄生，是黄陂、大悟、云梦、汉川以及河南信阳、桐柏等湖北河南两省十三市县喻氏子孙的南宋江西始祖的名字。他的后裔总数加起来也不会超过 6 万。这位宋代江西始祖的名就叫喻骄生。和东汉始祖喻猛的字号骄孙只有一字之差。但如果写错，就相差千年以上。真是差之毫厘，失之千里。

    民国十年大悟喻氏族谱中的《江西远祖说》就错误地将东汉喻猛和南宋喻骄生混为一人。谱上按语写东汉始祖名字并没有错。但写南宋江西始祖时却将我们湖北河南两省十三县市的喻氏南宋江西始祖的名字喻骄生写成了喻骄孙。此其一。其二，该谱还把喻猛即喻骄孙的籍贯写错，其按语说："谕猛，字骄孙。为汉和帝时苍梧太守，江西吉水县人。公始更谕为喻。遂至今相遵不易。"（敬修堂喻氏族谱民国十年版）在这一句话里面，谕猛改言字旁谕为口子旁喻。这是没有问题的。但说他是江西吉水人。暂时我还没有找到谱牒依据。详见喻学才《喻猛考》（《族史管窥》，中国书籍出版社 2019 年版）。在 1993 年喻学超主修的湖北河南大悟、桐柏等地两省十三市县《喻氏宗谱》上的总序和《寻流溯源》（即源流考）中，仍旧沿袭了光绪十年谱的错误。仍存在把南宋喻骄生写成喻骄孙的错误。

二、关于东汉始祖喻猛介绍的错误

1993 年联谱谱序上说："谕猛号匡庐，江西吉水县人。因不满朝政弃官归里，隐居庐山。"这是将三国末年西晋初年的南昌先祖隐士喻合的信息张冠李戴地错在东汉始祖喻猛身上。南昌等全国各地喻氏族谱载明：喻猛为南昌人。即使写祖籍，也应写作江夏人。不会是江西吉水人，且该谱说喻猛老家江西吉水县，并无任何文献依据。且喻猛在当年的豫章郡城所在地南昌被地方举荐，一生都在做官。晚年才从苍梧太守任上卸任归来，在南昌病逝。关于喻猛的记载，从来没有关于他不满朝政，隐居庐山的说法。

三、将喻德茂始迁地西陵城错解成湖北宜昌

喻骄生的六世孙喻德茂在元至正年间（1341 – 1368）从江右迁来西陵城内居住。1993 年联谱说西陵就是今天的湖北宜昌。这是对历史地名的误解。西陵这个地名，第一次出现在历史书上，见于《汉书．地理志》。汉高祖刘邦得天下后，建江夏郡。郡治就在西陵。这西陵城就是今天的武汉市区一带（含武昌江夏黄陂）。这个说法可从几个层面得到支持：第一，《汉书．地理志》的记载。见中华书局校点本第 1567 页。西陵，是江夏郡的首县。也就是说，是当年江夏郡的郡政府所在地。从《汉书》记事的体例看，江夏郡首县西陵县名下，还有一句话，"有云梦官"。意思是在这里，还兼带有云梦地方的管理衙署。那应该是充分利用这里的江汉水交汇水上交通便利的优势。相当现在在省城设办事处

的性质。总之，西陵是江夏郡汉代的郡政府所在地。第二，江夏郡西陵县即今武汉市江夏区和黄陂区一带。这种推测还可得到一些武汉市老地名的印证。在今天的华中高科技大学有喻家山。现在的武汉东湖其前身名叫喻家湖。青山区还有喻家巷子等居民点老地名。这几个老地名可以说明喻氏家族和武汉市渊源甚深。第三，从湖北境内现存喻氏家谱看，今天还有居民定居的喻氏居住聚落主要分布在武汉市黄陂区蔡榨、姚家集、大悟澴河沿岸以及附近地区。族谱上保留的古老地名至今尚可追溯。如黄陂蔡榨土门坳，陂北（历史上的黄陂县以北，包括石磶社下喻家冲，桐梓岩下喻家冲，喻家河等地名。也就是今天大悟喻氏的几个代表性村名。总之，西陵城决不是宜昌西陵峡一带。

顺便说一句，汉书地理志对江夏郡的记载，在首县西陵的名下，所注明的"有云梦官"，我推测"官"字可能，是"宫"字之误。因为这两个字极易混淆。说是云梦宫，是可以讲通的。因为汉朝距离战国并不远。楚国的宫殿建筑残留下来一二也是可能的。也可能正因为楚国宫殿幸存极少，班固才会特别加个注释。治《汉书》者可能缺少楚国建筑这样的知识背景，因此不敢擅自改正。当然，无论做哪一种理解，都不会影响老喻家当初迁徙定居的西陵就是现在的武汉市区。

四、关于大悟云梦等地一世祖认定的商榷

一世祖或曰始迁祖认定是个很复杂的问题。并不是简单的将最早迁入某地的老祖宗定为一世祖就完事了。在元朝至正年间，喻骄生的后人喻德茂、喻德宗等人迁入今天的湖北地面。这是有家族谱牒记载的事实。但问题是记载很是模糊。我们只知道这些祖宗的名讳，大致的时间段。连具体的是哪一年迁入都没有记载，像喻延旺、喻千禄、喻华三、喻延实这些当年迁入湖北的祖宗们的生平，即使是生卒年都没能传承下来。1993年湖北河南两省十三县市联谱，大家找到了这些元初进入湖北的祖宗，自然是高兴。但将他们尊为各地相关宗支的始迁祖，则未必妥当。原因有以下几点：第一，不合规矩。我们今天修谱，普遍采用的是北宋欧阳修和苏洵两家遗留下来的谱例。欧阳修为家谱定下不祖七世的规矩。为什么不祖七世？因为距离修谱的人时间太久远了，记载缺如。第二，始迁祖确定只认记载详实者。前述元初诸祖没有一个有准确的生卒年记载。若论世系，都在"学"字辈前面三十代。如何适合做始迁祖？缺少具体的生卒年月日记载，也就无法进行祭祀。第三，我们已经有一个南宋江西共祖喻

骄生了。现在在湖北河南又立数个始迁祖。显得叠床架屋。要立迁鄂始祖，也应该立喻骄生。因为他有功名，是进士。虽然身遭乱世，没有做官。但身份在那里。另外，湖北河南前述十三县市喻氏都是骄生公的后代。有各地谱书所载远古世系和"骄滕国政、遗德传延，文章最乐，万代宗流"的字派可证。四，1993 年谱还不是真正的统宗谱。充其量只是一些小宗谱的整合。我们还有好多族史问题没有弄清。最谨慎的做法是各亲其亲，各祖其祖。也就是按照原来各地认定的一世祖祭祀。如新城大畈村喻家冲尊喻道大为一世祖，大畈村喻家凹尊喻道统为一世祖，童子岩下喻家冲等澴居喻氏尊喻道隆为一世祖。是历史上认定的。这些祖宗都有生卒年记载，有明确的坟墓位置。家谱中有生平史略。有的还有功名，如喻道隆是明朝孝感邑庠。他们距离清代确定这些人为一世祖的时间尚比较靠近。宣勋公倡尊道隆公为一世祖，时间在清朝康熙初年。其时距离喻道隆生活时代还没有超过七世的时间段（宣勋为道隆公第五世孙）。更何况喻道隆被尊为澴居喻氏一世祖则是根据"别子为祖"的古老规矩。那个规矩早在三千年前就制定了。几千年来大家遵循不改。

五、民国喻氏谱书开始出现变乱血统的现象

一部家谱，很重要的功能是真实记载家族传承播迁的历史。真实记载无分贵贱只论血缘的世系脉络。包括对始祖，始迁祖的记载，对族中历代贤达的记载。各个分支包括最普通的老百姓的记载。舍此而篡改家史，攀龙附凤，不是诬蔑祖宗就是谄媚权贵。我大悟喻氏不存在攀龙附凤谄媚权贵的问题，但民国以来，随着五族共和，民族平等的价值导向，部分族人误以为家谱中对家族血统的客观记载是对某些从异姓过继或其他原因进入家族历史的宗支的歧视。其实，这是误解。因为家族的历史有如国家的历史。我们中国历史上曾经有好几个少数民族入主中原，如蒙古族，满族。这些民族都曾经统治中国百年以上。但我们的史官还是客观的记载了他们民族历史。并不曾因为他们曾经主宰中国就把他们非汉族的身份抹杀铲除，因为如果抹杀了历史上相关少数民族和汉族的融合，那样的历史谁信？国史记载必须真实，家史记载也是这样。

下面我以大悟喻氏存世的几种族谱为例略加说明。

大悟喻氏是元朝至正年间由江右麻邑卜吉西陵城内。唯传礼公一支为最盛。继迁邑之北石碳社将军山北麓下喻家冲居焉。道大公一分则祖居喻家冲，道统公一分则东迁喻加凹，道隆公一分则远徙澴川散居各地。（民国十年道大公十四

世孙喻辉廷序言中语)。

考大悟同治十年,光绪十年,二十五年等喻氏族谱,我们知道大悟喻氏一支是南宋末年喻骄生的后代。喻骄生是江西麻邑人。他创下骄媵国正,遗德传延,文章最乐,万代宗流十六字字派。该宗支在宋末元初从江西迁徙到江夏西陵,祖上传说是在今天的武汉市武昌区或汉口区做木材生意。其最初住在江夏郡的郡城内。后来迁到今天的武汉市黄陂区蔡榨一带居住。后来又有分支从今天的黄陂蔡榨分迁到石磙社将军山下的喻家冲即今天的大悟新城大畈村喻家冲居住。在今大畈村居住的先人于明永乐年间又有喻宗元祖宗迁徙到喻家堂,即今天的高铁孝感北站所在地——喻家河。到喻道隆的时代,因为遭逢乱世,喻家河的房子被贼人所焚,乃毅然迁居童子岩下喻家冲。道隆公这一支即族谱上所说的濡居喻。即沿濡水居住的道隆公后裔。道隆公的后裔以童子岩下喻家冲为祖居。附近杨家河、晁家河、喻家丕子、杨家垅、层次园、张家田一带喻氏都是从童子岩下喻家冲分迁出去的。

在本文中,我想依据存世的族谱,说说大悟喻氏谱书的唯一缺憾,即混淆血统的问题。事情是这样的:明正德年间,道隆公因贼寇焚毁了他位于今喻家河下面陈家寨的房子。于是迁居童子岩下喻家冲。他的一个叫喻子文的儿子留在喻家河,他带着另一个儿子喻子哲来童子岩下喻家冲定居。发展到第五代喻朝汉手里,其妻系从陈氏再醮而来,带来一个儿子。取名良材。自然随继父姓喻。这就是家谱上的良材公。不久,妻子怀上了朝汉公的孩子。他就是后来临终前夕在族谱上留下《辨宗遗言》告诫后人不可乱宗的喻良智。良智公长大后,兄弟关系和睦。本来鼓励良材公认祖归宗(此类事情在古代很是常见。如著名政治家范仲淹小时候随母亲改嫁朱姓人家。考中进士后认祖归宗就是一例)但良材公生父早死,叔伯兄弟都没有人,加之生父也没有留下田产屋舍。自然是回不去了。良智公为人宽厚。便给兄长一栋屋舍,还给了他田地山场等。对给与兄长的房屋的位置(四至八到)都作了准确的描述,甚至连日常出入所走的道路,都有明确的约定。为的是担心年深日久出现变乱血统的事情。血统问题在今天可能只有统计学的价值。但在古代农耕社会,有规矩的家族十分看重。这就是童子岩下喻家冲道隆公为一世祖派下的喻氏宗谱,每次修谱都把喻良智所写的《辨宗遗言》列在谱首的原因。道隆公十三世孙喻中秀,喻中伦主持修纂清同治十年喻氏族谱,仍旧严格遵循祖训,不将良材公名下子孙世系和良智公名下子孙并列。

这种井然有序的家族历史记载一直维持到民国十年(1921)。因为同治十年喻氏族谱上仍旧是这样,即首载《辨宗遗言》。然后瓜藤图上不列喻良材派下的世系。光绪十年的喻氏族谱上还清楚的记载有喻良材生父所在地门前湾陈姓祖坟图。在清查旧谱的过程中，我们看到了民国十年喻良材派下喻宗成、喻宗楷修纂的房谱（但名称仍采用喻氏族谱），首次发现修谱者将喻良智和喻良材兄弟俩的子孙并列在一张瓜藤图上，也就是改变了历史上喻良材的谱牒单立的老规矩。该谱祖坟图首列喻良材墓图。还有门前湾陈姓祖坟图中之化公墓图。但没有列道隆公墓图。需要说明的是，良智公的曾孙国栋、国梓兄弟俩无后，之化公乃系国栋国梓兄弟从门前湾过继来继承香火的。后来这位之化公还考取了秀才。该房后人多名医。如喻天命，喻宗达。近40年来，多有在地县级政府任职邮政局长者，如喻泽康，喻东明。还有高校教授，如西南政法大学喻少如。

进入民国三十五年的喻氏族谱，便将民国十年喻宗成喻宗楷主修的良材公派下房谱的世系直接纳入朝汉公派下的兄弟世系图中。也就是说，改变了此前坚持了长达一百八十五年之久（从喻良智病逝之年1661年起算，到1946年谱书上朝汉公嫡子喻良智和陈姓血统的喻良材兄弟子孙世系并列止）的老规矩。作为族谱，民国三十五年的那次修谱总的看来还是很不错的一次续谱活动。不过，也还是留下了一些遗憾：遗憾之一，不该删除了喻良智《辨宗遗言》。因为这毕竟是家族发展史上的历史真实，是重要的历史文献。遗憾之二，不该采纳喻宗成、喻宗楷主修房谱的世系图表达方法。因为作为族谱，有的是办法处理此类入继者传承的血统和嫡子血统的区别。比如，可以在各房瓜藤图后专门列一图。名曰《良材公派下瓜藤图》。既承认了良材公派下子孙在家族谱牒中存在的合法性。也卓有成效的区分了血统的差异。遗憾之三，不该对良智公派下第五世（无传）从门前湾过继陈之化为嗣事不做说明。遗憾之四，不该删除了喻（陈）之化公门前湾的墓图。因为他既是陈氏家族有影响的人，又是喻氏家族历史上血统变动的当事人。理应在族谱中加以说明。这样后人才有一个清晰的概念，才能为后世保存一份真实的家族历史。同时，也可便于族人理解何以祖传字派"道子柏朝良於宣国"之后，这一支的字派开始出现不尊原派另起炉灶的原因。实际上，在之化公下传"昌""世""正""大""光"五代后即回归原字派。从第六代光字辈后，即接用"辉""宗""泽"。这次先后五代字派变动实际上是喻之化认祖归宗的表现。他中秀才后后人引以自豪，仍用门前湾陈姓字派。这是问题的根本。

1993年十三县市联谱延续了民国三十五年的错误。最离谱的错误是，将良材公派下瓜藤图和世系图提到第一卷，置于谱首。没有任何谱牒依据。实属对道隆公为一世祖派下历代喻氏族谱的不尊重。我们不妨简单回顾一下喻道隆派下子孙的构成情况：喻道隆（一世祖）生二子：长子子文（居喻家河）；次子子哲（随父迁居童子岩下喻家冲）。子哲生伯秀。伯秀生二子：长朝俸，幼朝汉。朝俸生良识。朝汉生良智。良材虽是长子，但系从陈姓带来。不属嫡子。因此，无论从哪个角度看，都不应该将朝汉公名下的世系置于谱首。以次充长。而应该承袭老谱的做法，将长子良识公派下子孙置于谱首。

为了便于后世子孙了解家族历史。我撰写了这篇文章。并无任何个人成见。朝汉公后裔中我有好多朋友。多年来一直保持着良好的关系。我想申述的观点是，家谱是家族的历史。记载必须真实，不能变乱历史，让后人丈二和尚摸不著头脑。因为地方史是以家族史为依据写成的，国史是以地方史为基础写成的。家史是最基础的历史。如果我们不能负责任地留给后人客观的家族历史。后人的研究就没有基础了。家谱也就没有研究价值了。

（2019 年 7 月 5 日，于楚雷宁雨轩）

第七编

07

家谱祠堂与祖坟规范研究

家谱规范之初步研究

前言

一、范围

本规范规定了家谱编修的种类、编修要点等内容。本规范适用于喻氏家族的各种层级的家谱编修工作。也可供其他姓式编修家谱参考。

二、术语和定义

（一）姓氏

姓的历史久远，氏的历史则要近许多。姓，产生于母系氏族社会。女子处于主导地位，人们只知其母，不知其父；氏，产生于父系氏族社会。人们既知其母，亦知其父。随着男权社会的出现，同一姓中获得支配权的男子所生的后裔必须有个标志性的东西区别于其他族群，这时"氏"就顺应而生了。

一般认为，炎帝黄帝时期，中国就开始形成父系氏族社会了。姓是源于同一始祖，具有共同血缘的人。炎帝姜姓，号称连山氏，烈山氏；黄帝姬姓，号称轩辕氏，有熊氏。

氏族的出现，标志着家族对土地等财产的占有，标志着身份贵贱等级差别的出现。黄帝时的"胙土命氏"，舜时的"赐姓命氏"，是"氏"形成的标志。

在现实生活中，家谱的写法是正确的，如喻氏家谱。但我们日常说话，都是把氏当成姓的时候多。这个错误最初是由汉高祖刘邦开的头。他得天下后，赐姜敬姓刘。按传统，帝王所赐应该为氏而非姓。和某人初次见面，我们会问："您贵姓？"这时你实际想问的应该是"您贵氏"？大家都约定俗成，也就将错就错了。

（二）家谱

家谱是一种泛指。除了帝王的谱牒叫玉牒外，其他人包括达官显贵的谱牒后世一般都称家谱。所谓家谱，是记录同宗共祖的血亲集团家族世系和事迹的历史文献。它是家族历史的载体。它记述的是本家族的发源，人物，名号，生平简历，本家族的生存环境，治家规约等内容，且按照一定的文字和图表模式系统表述世系衍流等情况的图书。就家族信息的载体而言，有口述，有甲骨，石碑，青铜，纸张，光盘，网络等。载体会随时代进步而变化，但内容则大体不会有太多的变化。只是会与时俱进，内容会更加丰富。司马迁在《史记·十二诸侯年表》中曾经指出，先秦家谱体例的基本特征是"独记世谥，其辞略"。周代的谱牒著作《世本》的体例也大体如此。例如《世本》记载周先公世系的体例是这样的："后稷生不窋为昭，不窋生鞠陶为穆，鞠陶生公刘为昭，公刘生庆节为穆……"。汉代，中国家谱进入发展时期，家谱的体例也有新的发展。这表现在两个方面：第一，记事范围有所扩大。汉代家谱不仅记世谥（即人名），而且记得姓的起源，不仅记字号，而且有官位者还记其官位，这样就打破了先秦家谱"独记世谥"的局限而有新的发展。第二，在表现形式上，汉代家谱已有三种形式。据陈直先生研究，这三种形式分别是：一为横格制，分代分格顺序写；二为以姓为单位，先叙得姓的起源，再叙世系及官位；三为一贯连叙。这种家谱体例，比先秦家谱体例完整得多了。魏晋南北朝时期，家谱体例又有新的发展。这也同样表现为两个方面：第一，婚姻集团的综合家谱开始流行。魏晋南北朝时期，门阀制度盛行，豪门士族在政治与婚姻上享有极大的特权。此时家谱的纂修宗旨是用以选官和婚姻。为适应这种修谱宗旨的需要，以一个宗族为中心，同时记载婚姻集团的世系人名、官位的综合家谱就盛行起来，这样，家谱的记事范围又有了进一步扩展。第二，在书写形式上，一般是分行写，也有的是连行写，每一代低空一格。此时家谱总的体例特征是，纵向世系记载较略（只记祖、父、本人及子女四代），横向亲戚名位记载详（追叙每位姻亲祖、父、子三代），因此，家谱记事范围就极广。从当时家谱中，我们可以看出，其体例至少由五项组成：宗族世系、姻亲世系、墓地、官位、承嗣。

（三）宗谱

宗，是指一个祖宗的后裔，同一祖宗下面各分支都齐全的家族共修之谱牒，才能称之为宗谱。如果只记其中一支的情况，这样的谱可名之为支谱，但不能叫宗谱。因为宗支不齐全。

（四）族谱

族者，凑也。族者，属也。因为没有不分析的宗。一个祖宗的子孙，可能因某些原因不得不迁徙分开。分迁走的同宗之下的某个族体。其基本单元为家。记载这个新族体衍沅情况的谱书就是族谱。也称支谱。因为其谱牒定位就是局限于该祖宗之下的某个独立分支。如大窦喻氏重修族谱，其中有豫章派，西蜀派，长城派，莆田派，江夏派等分支。这些分支的子孙所修谱，就属于支谱。汇集相关各支谱的大家谱称族谱。

（五）谱名

谱名就是谱书旳名称，一般多称家谱、宗谱、族谱、家乘、世谱、会谱、统谱、大成谱、房谱、支谱等。为了明血统、序昭穆，防止乱宗，谱名前多注明籍贯和郡望以示区别。如《《遵义礼义坝喻氏族谱》，为了区别同一家族的谱书修编时段，修谱人会在谱书的封面名称上加上"X 修"字样，如《黄岩仙浦喻氏四修宗谱》。有的谱书封面只写某某宗谱，不加写编修时段。读者需要深入谱书卷首阅读相关序文才能明白属于几修。特别是很多谱书放在一块，不容易识别，还是加上几修字样或时地标志更便于读者检索。

（六）谱序

谱序主要阐述修谱的意义、修谱缘起、修谱的目的、家族的历史源流及迁徙经历、修谱人员构成、历次修谱概况、以及主修者所认可的谱学理论等内容。是家谱必不可少的内容。谱序的数量多寡不一，少则一篇，多则十数篇甚至数十篇。按修谱时间，谱序可分为新序、旧序，新序为本次编修时所撰写的序文，旧序是前人所编旧谱中的序文。一般情况下，续修的家谱都会将以往旧谱中的序文全部保留，因此有些续修次数较多的家谱。其中序文所占篇幅往往较大，有的谱书序文多达二三十篇，长达三四万字。如《世仁堂喻氏族谱》。

（七）凡例

凡例又称谱例、例言、修谱章程、修谱条约等，主要阐明家谱的体例、纂修原则、记叙方法，诸如收录范围，各类可入谱与不可入谱人物的标准，各种著录规则，结构特点，谱中各类目的设立缘由，如何避讳等行文规范等内容。凡例少则数条，多则数十条，是修谱时必须遵循的原则。一般来说，为了维护家族荣誉，家谱采取了书善不书恶的手段，几乎所有家谱的凡例中都有"不书"的规定，诸如不道、乱伦、乱宗、绝义、辱先等，都不准修入家谱，以免使家族蒙羞。

（八）目录

也称"总目"，说明谱的卷数、每卷的主要内容，前人修谱，多不注明页码。现代人修谱应该按读者习惯注明页码以便检索。凡例和目录是识谱的入门指南。

（九）谱论

谱论又称谱学论略、谱说等，专门收录古代经典中有关家谱的论述及先贤有关谱论、谱说、谱议的篇章语录，主要是对修谱的作用、功能、意义、历史、原理、方法等加以阐释。过去被引用最多的谱论是苏洵和欧阳修的观点。

（十）像赞

家谱中一般都绘有家族祖先和历代英贤的画像，并配有押韵的赞词，通常有两种模版：一种是像赞安排在同一页，或像下赞上，或像右赞左。或者正面是画像，背面是赞词。家谱中设置先贤画像和赞词，主要是为了让后世子孙了解先人的功绩，培养后世子孙对先贤的崇敬之情，同时也有夸耀家族门望的目的。家谱中的画像一般数量有限，大多为三五幅，常见的是得姓始祖、始迁祖和家族中名望最为卓著的先贤。如吴姓家族中最常见的便是得姓始祖太伯、先贤延陵季子的画像。但也有些大族的家谱收罗较多，从黄帝像到得姓始祖像，从始迁祖像到本房或本支祖像，再加上本族历代先贤的画像，排列有序，蔚为壮观。如《中华喻氏通谱》第一部，《世界苏氏统宗谱》。

（十一）诰敕

又称告身、赐谕等，内容主要是历代皇帝对家族中做官的成员以及他们的父母和祖父母之褒奖或封赠文字，如敕书、诏命、赐字、赐匾、赐诗、赐联、御制碑文、御制谥文等，此外，还包括地方官员的赠谕文字。编辑恩荣录的目的，是通过炫耀朝廷对家族及家族成员的表彰和奖励，显示家族的地位与身价。由于恩荣录被视为装饰和炫耀家族荣耀历史的重要手段，因此在修谱过程中，各家族都尽力搜罗相关的内容。如江西、浙江多家《喻氏宗谱》载有北宋南宋皇帝以及大臣给喻樗、喻良能的诰命、赐匾、像赞、赐诗多种。家谱中的恩荣录是我们了解本家族政治背景、文化背景的重要史料，同时也是了解帝王政治思想、治国方略的重要史料。例如江西南昌罗舍瑶湖喻氏族谱就保存了一份晋武帝褒封庐阜高贤喻合的《特恩宠诏》敕旨。

新修家谱，对于中共主政以来受到各级党委政府嘉奖的相关证书和奖状，应该列入历史上家谱的诰敕栏目。

（十二）源流考

源流考主要用来反映宗族的历史，包括本姓来源、本族的历史渊源、始祖、世派、迁徙、各支派间的亲疏关系等。明清以来的家谱中大多有源流序，是家谱中重要的内容之一，是确认家族姓氏来历、迁徙源流的重要依据。如大宋乾道元年喻大常所撰《豫章喻氏宗谱源流考》和宋喻良能宋绍熙三年所撰喻氏宗谱谱序（被保存在《仕川喻氏宗谱》旧序部分）就是两篇很有价值的喻氏源流考。

（十三）世系

世系是家谱的主体部分，分为图、录两部分。图又称世表、世系表、世系图等，是以图表的形式记录家族成员的世系，反映家族成员的血缘关系。世系录又称为世录、齿录、世纪等，包括父名、行次、字号、生卒年月、享年、功名、官职、葬地、妻妾、子女等内容。世系是家谱中最重要的内容，是家谱的生命。家谱之所以能区别于正史与方志，主要就由这部分内容来体现。它有三种基本的记述格式：

1. 古代玉牒式世系表格式（简称牒记式）
2. 欧阳修所创世系表格式（简称欧式）
3. 苏洵所创世系表格式（简称苏式）

牒记式：不用横竖线连接世代人名间的关系，而是用纯文字来表述这种关系。每个人名下都有一个相关的简介，如：字、号、功名、官爵、生辰年月日、葬地、功绩等。牒记式的世系形式固定，次序分明，比较节约纸张。如抚州桐源大窠《喻氏重修族谱》就是取的牒记式办法记叙历代世系信息的。总之，世系表要易看易懂、内容真实、层序分明，这是最为重要的。

欧式：欧式又称横行体，最初出现在被称之为近世宗谱鼻祖欧阳修所创的家谱中。欧式世系表达的特点是：世代分格，由右向左横行，"五世一图"，一般原则是从高祖到玄孙这五世为一图。从始祖到五世、从五世到九世、从九世到十三世，以五世划分为一段，看起来很方便。但之后的宗谱中，有很多省去了从始祖到五世、从六世到十世、从十一世到十五世这样的重复。还有不少从五世一图演变为三世一图、四世一图、六世一图、九世一图，十世一图等多种形式。欧式中，每个世代人名左侧都有一段生平记述，介绍该人的字、号、功名、官爵、生辰年月日、配偶、葬地、功绩等。

苏式：又称垂珠体，是北宋文学家苏洵创立的。苏式世系表的特点是：世代直行下垂，世代间无横线连接，全部用竖线串联，图表格式也是由右向左排列的，主要是强调宗法关系。正宗的苏式世系表是自第一世到第五世一图。到了第二图，开始第一行是重复前一图的最后一世。如此循环，像车轱辘一样。清朝乾隆年间修撰的《东南晏氏重修族谱》保留着这种古老的格式。后人多省略那些重复的内容。这两种世系表主要限于过去用宣纸印刷家谱的版式。近30年来，很多家族修谱，特别是修撰全国性通谱，很多都自己创造更节约篇幅更便于阅读的新世系表。如《中华喻氏通谱》的世系图就改成横排。自左而右，五世一排。在每一世的下面垂直对应的部位，分别自左而右地排列对应的某某世的各分支人名。这种布局方法适用于通谱这种大型的谱书。因为不如此则篇幅得不到充分利用。

宗支图和世系表的区别：宗支图即俗称的瓜藤谱，也称吊谱。篇幅中只有人名和用于说明彼此关系的直线。五代一提。一般不附注任何文字。也有少数在瓜藤图上相应位置旁注迁往某处等字样。但世系表则不同，它要求对所有的族人都要刊登其最基本的信息。如名、字、行，生卒年月日，妻子生卒年月日，本人葬地位置山向等。

（十四）传记

传记又称谱传、家传、世传、内传、外传、行状、行述、行实、事状、志略等。"传记"记述一个人一生的功绩品德，从对国家、民族、社会的贡献，到对地方、家族做的每一件业绩，如：出资修建祠堂、祖墓等，全部记述在内，以作为后人学习的榜样，并荣耀家族。家传一般分为：列传、内传和外传。列传是记录家族中有功绩男子的传记；内传是记录家族中有品行女子的传记；外传是记录家族中已出嫁有品行女子的传记。实力雄厚的家族传记中多配有该人的画像或关于该人的故事图画，让后代读起来倍感生动形象。

与每个家族男性成员均有的世系录不同，传记只有家族中有功名贤能、特殊事迹或丰功伟业者才能入传，且无论男女，也就是一般所说的忠臣孝子、节妇义夫之类。家谱中的传记，有的是辑录自正史、方志、文集中的列传，有的是记载家族成员言行的一般传记文，如行状、寿序、墓志铭、祭文等。有的家谱中还将传记按事迹分类，如宗德、闺仪、德行、宣淑、忠义、节孝等。明清两代的家谱中，传记是不可缺少的部分，有些家谱中的传记数量相当大，甚至达数百人之多，规模可与正史一较高下。由于家谱中的传记遵循"书善不书恶"的原则，因此传记内容基本上都是一片颂赞之声，甚至有不少阿谀不实之辞。当然，例外也是有的。部分姓氏家谱对于本家族历史上欺师灭祖的坏人，特别是干尽坏事、后来断子绝孙的那种恶人，还是有秉笔直书加以记载的。由于家谱中的许多传记为其他史料所不载，也为后人保存了大量珍贵史料。进入民国，有的家谱主张对家族中不成器的族人作为坏典型加以记录，以警效尤。但都是雷声大雨点小，如义宁陈氏族谱凡例中就有类似的见解。但实际传记里还是对邪恶采取回避态度。因为这类记载会使族众蒙羞。一般采取不书的办法。

（十五）仕宦录

仕宦录又称宦绩考、缙绅录等，内容是记载历代家族成员中官宦名人的事迹，包括履历、科第、政绩、功勋、著作、学说等，主要侧重于传主的功勋业绩和学术见解等方面，与传记不尽相同。有些世家望族的家谱中还列有"荐辟录"、"科第录"，专门记载有功名的家族成员。

（十六）族规家训

族规家训在家谱中名称各异，如家约、家戒、家法、家规、家议、家典、家范、家训、宗禁、祖训、族规、族约、祠规、祠约、规范、规条、规矩、诫谕等，是各家族制定的约束和教化族人的规章制度和希望、要求。大约可分为两类：一是强制性的法规。一是诱导性的说教。内容几乎涉及家族生活的各个领域，包括财产继承、婚姻、职业、买卖租赁、祭祖祀宗、忠君孝亲、家庭教育、日常生活，父子如何相处，兄弟姑娌如何相处，甚至水源保护、森林保护等内容，应有尽有。如被宋真宗赞誉为"聚居三千口人间第一，合炊四百年天下无双"的江州义门陈氏的家法中，仅关于吃饭问题的家规就有六条之多，从烧饭到吃饭、从日常吃饭到节日会餐都有详细的具体规定，令人叹为观止。详见《义门陈氏族谱》。

在这些族规、宗约中，对不服从者设置了制裁规定。宋代王标的《燕翼贻谋录》卷五中记载有裴承询的一族族长用代代相传的竹草鞭挞犯错者，说明家谱中很久以前就有对犯错族人进行制裁的规定。作为宗族的制裁办法，对于轻者，从训诫到罚跪、罚钱、赔偿、停胙、停米、不准入祠、锁祠等，一旦过失严重，就要除谱、黜族，最终发展到处死。安徽桐城地区的宗谱中尤为醒目的是在宗族中有死刑规定。（《安徽省合肥风俗记》（《中华全国风俗志》下篇卷五）。也有族人在宗祠召集会议进行处分，作为处罚方式，或课以金钱酒席，或用杖责打，重者要被绞死。其他地方的宗谱中也有不少这样的记载。对于宗族族人的制裁中，也有"送官惩究"、"禀请律究"的，甚至也有"禀官处死"的情况。但是民国初期，对这种同族裁判，国家设立了种种制约。据民国八年（西元1919年）大理院判例，对作奸犯科，不容许私人处罚，只是对于那些玷辱祖宗名誉的，准许削谱除名。

家训、家范也叫宗训、祖训、遗训、家教、家戒等，可以说表现了作为族人人品形成的规范。家训、家范中，被称为某公家训或某公遗训的不少，由此可见有不少是根据个人意志制定的。另外，家规、宗约中，根据宗族的共同协议决定的也很多。家训、家范中，对族人教育的色彩很浓；而家规、宗约中，法制的色彩很强。有关家训、家范的制定，以著名的《颜氏家训》、《柳氏家训》、《告诸子书》、《劝亲睦》、《司马氏书仪》、《家训笔录》、《郑氏规范》等为主，并都参考了当时流传的家训类家谱。其中也有根据陈弘谋的《五种遗规》和司马光的《居家杂仪》等照原样采用。如《吴门袁氏家谱》把同姓的《袁氏世范》附加收集在一册里；《江都卞氏族谱》的规范录也大部分辑录了异姓现成家训。所以各族家训、家范中类似的很多。《萧山渔临华氏宗谱》、《缪氏宗谱》、《余杭吴氏宗谱》记载了同样的"遗训"，就是最好的实例。

（十七）排行

排行又称班行、班次、班派、宗派、派语、字辈等，是用以记载家族成员辈行、世次的排行字语。一般情况下，同一辈分的家族成员都用事先统一规定的某个字或偏旁起头，再与其他字结合而成名字，不同辈分用不同的字或偏旁，世代相传，以示不同辈分间的区别。这样，同一家族的成员即便遭遇社会大动荡、家族大迁移等重大变故，依靠排行这一线索，日后无论散处何方，相遇时只要查对名字，就可以知道是否同宗，可以重新认祖归宗。而且，通过排行，可以知道相互之间的辈分关系，互相称呼也不会出现失礼的情况，因为，随着家族繁衍，长幼关系并不是可以简单地以年龄为标识的，民间所谓"白胡子孙子摇篮爷"的说法，正是这种情况的客观反映，排行作为一种身份的标识是有其存在的价值的。

排行一般由祖先确定，或请名人拟定，有的家族由于地位特殊，排行由皇帝御赐，如曲阜孔氏的排行，明清两代统治者都曾先后御赐，明太祖朱元璋御赐的排行十字是："希、伯、色、彦、承、宏、闻、贞、尚、胤"（后避雍正讳，改"胤"为"衍"）。排行的字语一般都有寓意，多用表示宗族繁荣昌盛或提倡正统伦理道德的联句。有的甚至用来表示取派语者的心愿，如晚清著名的洋务派人物张之洞为子孙定下的排行则为一首五言绝句：

仁厚遵家法，忠良报国恩。通经为世用，明道守儒珍。

除了用于纵向区别的排（派）语外，还需要用于横向排列大小或曰长幼的行语。一个家族或一个村子里同一辈分的，比如某姓的派语中有"学问可肥身"这五个字。而学字辈的兄弟有十人，如何通过谱牒命名看出谁长谁幼呢？办法就是在修谱之初就设计好行语。一般都是创作一首诗。按出生时间的早晚，依次使用。比如该村学字辈谱书上设计"敬祖归宗好，希贤上进多"这十个字作行语。那学字辈的人名字除姓氏字派外，各取一字加以区别。只要不互相重复就可以。而这十个人出生时间有差异，就可以分别称谓，如敬一，敬二，敬三。

（十八）祠堂

祠堂也称家庙、宗祠、宗庙、家祠等。所记录的"祠堂记"被叫做宗祠记、家庙记等。分祠的情况下，则称之为分祠志等。祠堂除了一族聚集进行祭祀外，祭祀结束后的聚餐、族中会议、宣讲圣谕、解决宗族纷争，或处罚扰乱宗规的族人，以及举行文会、购入图书进行阅读、教育子弟、处理宗族事务、编辑印刷宗谱、接待客人等活动也多在宗祠中进行。总之，祠堂是宗族活动的基地。那么祠堂的创建和重建，对该宗族的发展和维护宗族体系就成为有计划的事项。

祠堂记又称家庙记、宗祠记等，主要反映祠堂建立的过程。祠规，主要反映祠堂的各种制度，如神位、配享、祭仪等，也有对族人的要求，有时与族规有类似之处。祠产，主要记载宗族的共有经济财产，如祭田、义庄、义田、义塾、房屋等，有时还辑录有关的文书和契约。有些家族集体产业数量较多，为便于记录管理，专门设立记载族产的家谱分册，以加强对祠产的管理力度。祠堂记很多带有祠堂图，祠堂图主要反映祠堂建筑样式。"祠规"是以祭祀为主、以祠堂为中心有关宗族管理的规程，也叫宗祠条约、祠堂条约、祠堂禁例、祭祀规条等。从广东省的宗谱来看,有不少是作为汇总祠堂记事的祠宇谱。

(十九) 坟茔

用以记载家族公共坟地的情况,包括墓地图、坟向、祖坟及各支派墓地分布等,常以图、记、志的形式出现。家谱之所以要列"坟茔",原因在于"坟墓所以藏祖宗之形骸,为子孙根本之地也",为防备"时远世迁,桑田沧海,城郭且为之丘墟,祖坟淹没",便"于各传内书某山某向,而坟墓后复为绘图,葬穴冢数,了若指掌,使后人易于稽考"。其中特别是始迁祖的坟茔,甚至连买地地契都被载入家谱,目的是防止后世邻里争夺土地。

坟图、墓图、坟山图主要记载墓地四至、形胜、墓位等形状;坟墓记是记载墓地和墓祭情况的记叙文字,墓地志、坟茔志则包含图和记的内容,往往还记录墓田、墓地树木、坟山的买卖契据等。由于祖墓与公共坟地对家族的内部凝聚力具有重要的意义,坟墓在家谱中占有重要的地位,有的家族甚至将这部分内容单独编制成册,以示重视。如安徽无为昆山乡程氏宗谱,谱书中甚至刻印了当时风水师的各种坟地风水图式。

(二十) 艺文

艺文又称著述、文苑,主要内容是辑录家族成员的著述及由名人撰写的与家族成员有关的著述,包括奏疏、诗词、文章、简帖甚至书信等各种文体。家谱中的艺文有的辑列原文,如《东南晏氏重修族谱》就辑录了晏殊晏几道父子的词集,也有的仅开列目录。有些家族保存的文献较多,艺文一门蔚为壮观,如《南海学正黄氏谱》所载艺文细分为经、史、子、集,并附文、诗、词、赋等,颇有"黄氏四库全书"的意味。

(二十一) 五服图

五服图又称服制图。"五服"是指古代丧服制度中规定的五种丧服,即斩衰(cui)、齐衰(cui)、大功、小功、缌(si)麻。中国古代"五礼",是五种礼制的合称,即吉礼、凶礼、宾礼、军礼、嘉礼。丧礼是凶礼的重要组成部分。在丧礼中,晚辈给长辈穿孝主要是为了表示孝意和哀悼。这本来是出自周礼,是儒家的礼制,后来,又被人们引申成为亡人"免罪"。每个家族成员根据自己与死者血缘关系的远近,和当时社会所公认的形式来穿孝、戴孝,称为"遵礼成服"。

"斩衰"是五服中最重要的一种。"衰"是指丧服中披于胸前的上衣,下衣则叫做裳。斩衰这种丧服的规矩是：上衣下裳都用最粗的生麻布制成，左右衣旁和下边下缝，使断处处外露，以表示未经修饰，所以叫作斩衰。对"衰"的解释，就是指不加缝缉的意思。凡诸侯为天子、臣为君、男子及未嫁女为父母、媳妇对公婆、承重孙对祖父母、妻对夫，都要穿斩衰。

次重孝服叫做"齐衰"，是用本色粗生麻布制成的。自此制以下的孝衣，凡剪断处均可以收边；下摆贴边都可砸边。孙子、孙女为其祖父、祖母穿孝服；重子、重女为其曾祖父、曾祖母穿孝服；为高祖父、高祖母穿孝服均遵"齐衰"的礼制。孙子孝帽子上钉红棉球，长孙钉一个，次孙钉两个；余者类推。孙子媳妇带三花包头，插一小红福字。未出嫁、且未梳头的孙女用长孝带子在头上围一宽衰，结于头后，余头下垂脊背，头上亦插一小红福字。孙子、孙女的孝袍子肩上钉有红布一块，有的剪成蝙蝠、有的剪成其它图案。按亡人性别，男左女右，谓之"钉红儿"。重孙子孝帽子上钉粉红棉球，亦长孙钉一个，次孙钉两个；余者类推。孝袍子肩上钉有红布两块，亦男左女右，谓之"钉双补丁儿"。元孙肩上钉三个"钉丁儿"。

"大功"是轻于"齐衰"的丧服，是用熟麻布制作的，质料比"齐"用料稍细。为伯叔父母、为堂兄弟、未嫁的堂姐妹、已嫁的姑、姐妹，以及已嫁女为母亲、伯叔父、兄弟服丧都要穿这种"大功"丧服。

"小功"是轻于"大功"的丧服，是用较细的熟麻布制作的。这种丧服是为从祖父母、堂伯叔父母、未嫁祖姑、堂姑、已嫁堂姐妹、兄弟之妻、从堂兄弟、未嫁从堂姐妹，和为外祖父母、母舅、母姨等服丧而穿的。

最轻的孝服是"缌麻"，是用稍细的熟布做成的。现在大多用漂白的布做成，称为"漂孝"。凡为曾祖父母、族伯父母、族兄弟姐妹、未嫁族姐妹，和外姓中为表兄弟、岳父母穿孝都用这个档次。

可见传统礼仪是根据丧服的质料加工程度和穿丧服的时间长短，来体现血缘关系的尊与卑、亲与疏的差异的。

五服之外，古代还有一种更轻的服丧方式，叫"袒免"。在史籍中记载：朋友之间，如果亲自前去奔丧，在灵堂或殡葬时也要披麻；如果在他乡，那就"袒免"就可以了。袒，是祖露左肩；免，指不戴冠，用布带缚髻。

到了近现代的时候，中国的丧葬习俗受到西方的影响，丧服有了很大改变。通常是在告别死者、悼念亡魂时，左胸别一朵小黄花，左臂围一块黑纱。有些妇女死了亲人在发际插一朵白绒花。这些象征的志哀方式，比起古代丧服，要大大简化了。

（二十二）族产

记录族中集体产业，有祀田、坟地、义庄、学田、义塾、山林、房屋等。如徽州府祁门县六都善和里程氏仁山门宗族族产十分丰厚。该家族於族谱之外，专门立有记载族产的家谱分册，"名曰《窦山公家议》，因梓以传，共为永守之规"，每十年大造之时编印一次。族产，是我们了解古代宗族经济、教育及其管理制度等项的重要资料。

（二十三）契约

登载与族产有关的契据文约及宗族内部关于承嗣、婚姻、分家等的契据文约。例如洪秀全家族的广东《洪氏宗谱》就载有"卖田出账"、"买田出标帖"、"领会写田订签"、"领会写田"、"买田立定帖"、"买田契式"、"卖屋地字"、"借银按田字"、"按田过耕字"、"卖谷子地"、"批牛字"、"写继书"、"卖小儿"、"继书式"、"娶女人字"、"赏帖"、"保领字"、"替换田字"、"兄弟分家写分单"、"立禁签字人△村"等契据二十二张。《义门陈氏族谱》则记载了宋仁宗嘉佑年间下圣旨，派专门官员监督陈氏家族分家的情况。该家谱详细记录了义门陈氏4000多口人如何分成291股，且记载了当时的各股所必须前去的地名。

家谱的体例除了以上这些常见的，还有些家谱会有些不同的内容。比如不少家谱都有纂修人名表和捐资人名表，用以表彰对纂修家谱有贡献的家族成员。还有的家谱中设名迹录，记载与家族有关的山水桥梁、亭台堂阁、庵寺书院等，以夸耀家族对乡里的贡献。还有些家谱专为宗族中一位或少数几位影响大的人物而作"年谱"，按照年月日专门记载其生平事迹。

（二十四）领谱字号

古代的家谱只允许在家族内部收藏，严禁随便外传。为了确保族人能够悉心收藏，不遗失，不外传，家谱修成以后，每部家谱都编定一个特定的号码，各房的领谱人按号码领取家谱，称为领谱字号。领谱字号就是家谱的编号，与此相对应，家谱上还记载着印谱的总数、分发各房谱数及领谱人的姓名等内容。由于领谱字号具有惟一性，一旦出现外传或损坏，就能清楚地找到责任人，同时，领谱字号也能有效地防止外族的人伪造家谱，冒认宗亲。领谱字号有的套用现成的字书如《千字文》，也有的用周易卦名做编号，或用唐太宗凌烟阁十八学士姓名做编号。

（二十五）修谱的困难

一般而言，修谱是件很不容易的事情。原因有三：首先是因为时代久远，或者因为战争等天灾人祸的影响。知情人去世了。谱书遗失或被烧毁。而修谱这项工作又要求我们穷流溯源，还原本来面目，因此工作起来困难重重。其次，族众贫富不一，人心难齐；居住分散，统计困难。而修谱必须计日程功，还要刻成图书，藏诸族中，时间上压力很大。第三，家族历史，一本万殊。修谱就要沿波讨源，会合众流。一支不明，即为憾事。

（二十六）修谱的误区

误区一：嫌贫爱富，遗弃社会地位低的族人。家谱最大的价值就是真实的记载世系传承脉络。若遗弃贫弱，信息就不完整；巴结富贵，信息就难真实。

误区二；记载世系不严谨，将昭穆关系搞错。有的将儿子错成了父亲。有的父亲和儿子相隔百年甚至几百年。

误区三；由于记载残缺，修谱人擅自以意增补。修谱的正确态度是信以传信，疑以传疑。随意改动残缺的记载，是最要不得的做派。因为疑点空在那里，以后有旁谱还可补正。若滥改之后，后人如何分辩。

误区四；不负责任，有美不扬，有过不贬。丧失谱牒的奖励和警示功能。

误区五：妄书葬地，谋占风水，导致后人诉讼不睦。这种情况在明清至民国的谱书中多有存在。

误区六：一切向钱看，多派重敛。把修谱当成圈钱的机会，祸害贫弱。引起族人反感。则修谱就不是尊祖收族，实际上是分裂家族，破坏团结。

误区七：攀附造伪，祖人之祖；贪人贿赂，裔人之裔。主要出现在早期祖先的世系之中，大概分二种情况：一是冒认历史名人为祖先。这种情况往往表现在两个方面，一方面是始祖大多推至古代的帝王或古代的圣贤，如李姓多奉李耳为始祖。另一方面是将前代的同姓名人一网打尽，都纳入本家族的世系之中，如贵州《清河张氏宗谱》中，张良、张飞、张九龄、张载等历代名人都被纳入世系之中，明显与历史事实不符。另一种情况则是假造前期祖先的官职，往往是早期世系中将相云集，而近世的世系则多为普通百姓。如此之多的簪笏蝉联的体面先祖，常令后人也感到难以相信。喻姓谱书中也有这样的情况。许多早期的名人跟本宗支的无法接续。

误区八：滥收养子，搞乱血统。家谱的目的就是通过文字图表对世系的不间断记载，保证血统的纯正。讲规矩的家谱对于收养的异姓养子或者来历不可信的遗腹子，记载都很谨慎，为的是规避杂冒。

（二十七）谱道

家谱修撰，其中也有自己的深刻用意。古人称之为谱道。这个谱道也就是我们今天所说的修谱的意义。修谱对于人生，对于社会有什么意义呢？答曰：修谱有三大意义：第一，可以借助谱书，让人明白自己从哪里来。哪些人跟自己是一个老祖宗的后裔了，这样就会自觉地尊敬宗亲。第二，如果不修谱，用不了一个世纪，一个老祖宗下来的后人就会像陌生人一样，没有认同感。因为没有谱书，大家都不知道彼此有多亲，有多近。因此，修谱可以起到联络宗族感情的作用。第三，修谱有利于弘扬孝道。孔子说过，孝悌是人与生俱来的德行。修谱，大家看见历史上的几千年几百年连绵不断的世系。就会明白儿子有父亲，父亲还有父亲，父亲的父亲还有父亲。这样上推以至于始祖。大家都是一人之后。下一辈孝敬上一辈的责任感就会油然而生。同辈人中年幼者尊重年长者，年长者爱护年幼者就会蔚然成风。这样看来，修谱有利于社会和谐安定。因为人类的爱是从爱亲开始的。只有从爱自己的父母兄妹的人，才会推而广之地去爱周边所接触到的人。才会热爱自己的乡邦，热爱自己的祖国。一个社会，如果所有的人都孝敬自己的父母，都尊敬自己的长辈。天下就会出现大治的太平景象。

三、基本要求

（一）文字记录

家谱最重要的价值在于保存本家族成员的最基本的信息，如姓名字号，生卒年月日，葬地位置朝向，娶妻生子，生平事迹等。这是家谱的核心信息。如果不能连续不断地记录保存，及至修谱时当事人就会抓瞎。因为写篇谱序，编点家规家训，有学问者都做得来。唯独这个最普通的关乎家族每个人的基本信息，没办法创造，必须实实在在的记录下来。古人有墨谱之说，也称草谱。就是宗族的主事人，给每个分支房头准备一本有格式无内容的空白谱书。要求各房的房长将逐年添丁命名及婚殁葬地载入其中，小孩周岁时族长或房长汇总则命名。这样族人的名字就不容易雷同。如果各房房长都能坚持不懈。下一次续谱，只需把这些来自各个房头的草谱收拢来汇总誊正，再叫上各房的成年人，当面校对清楚，加上几篇谱序，记录本届续谱人员的名单，将老谱谱序抄录上来，就可以了。问题恰恰最容易出在这个环节。因此，凡我族人，从每个家庭的成人，到各房长，都要自觉负起责来。平素做好各相关家庭成员变化的记录，为编修家谱或续编家谱做好资料准备工作。

（二）图绘记录

古人左图右史，互相补充。图表在家谱中有着重要的作用。图绘方面需要做的工作大致如下：

祖先之图像。古代缺少技术手段，修谱时对于家族有影响的祖先，如始祖，始迁祖，有特殊贡献见于国史方志，或者在保护地方家族有卓越贡献者，总要请人绘制画像以冠卷首。除此之外，还有祖先坟茔，家族墓地，宗祠村居，书院八景等，都需要绘制图像以传后世。即使当今之世，技术手段发达，要想修好家谱，如村居的地理位置，行政位置，祖坟的位置和形状，周边的环境，碑刻的字样，八景的写照，家族贤达的照片采集等等，也是需要精益求精的认真负责才能编成上乘的家谱。每阅人家家谱族谱或通谱，欲求图片清晰，绘制的画稿品位高超者实属罕见。盖因主事人中没有内行的缘故。解决的办法是延聘本姓或外姓高手，将聘请费用列入开支，确保图绘照片质量上乘。

（三）影像记录

进入 21 世纪，人类进入了互联网和多媒体时代。除开纸谱，各个姓氏其实还应该编制同内容的电子谱书。电子谱书，也有人称之为网谱，是指可以在互联网上传播的家谱。这类家谱当然不应局限于纸质谱书的绘图和照片，还应该有相关历史场景如修编族谱会议的录像资料，重要的族中名人的视频资料。族中名人的作品，传统的谱书艺文志也不应局限于纸质的书名和文章，还可以将相关人员的作品做多媒体保存。如歌唱家的视频，作家的著作之电子文档，武术家，书法家之练功或书写时的视频，都是未来艺文志的走向。修谱者应该用数据库保存这些族之精英的全方位的信息。

四、谱书修撰的春秋笔法

家谱也是历史。只不过它只是家族的历史，比国史和地方志的层次低一档罢了。但其重要性和基础性不容忽视。因为没有家，哪有国？家庭是国家这个有机体身上的细胞，各级政府机构的官员都是从千千万万个家庭走出来的，中华民族的历史也是千千万万个家庭和家族共同书写的。

为了修好家谱。需要掌握以下笔法：

1. 谱图以直为经，以横为纬。直者为世系，横者为世派。直者为父子辈，横者为兄弟辈。

2. 关于本族各家人丁变化的信息记录。每年在祠堂的春秋两次祭祀之际，有谱之子需要带谱入祠堂，一边填注查对，一边自行将名字号及世次、居住情况变化等报告主事人。或者写在祠堂的享堂上，三年一换。或者直接将有关人丁居住信息报告族中主事人，直接记录在草谱上。对于祠堂族祭，凡三次不到者，族众议决由该缺席族人负责筹措下一次续谱的经费，借以惩处怠惰。

3. 女书子后。已经出嫁者则书适某，还在读书或者已经毕业获得学位者则书其祖、父。有官职者亦书。未嫁者书待字。

4. 家族成员有迁徙他省外国者，俱于其名下注明迁居某地或某国某地某单位，以备日后稽查。族人迁居别处以及外县外省外国者，书曰迁。因当官或其他职业而落户外地外国者，书曰侨寓。出赘者书曰赘于某家。

5. 国家级省部级县团级表彰文件、重要领导人书信，与旧时谱牒中的诰敕一样看待，影印载入谱书中以作为本人成绩和家族荣誉。

族中男女早殇入谱的规定：出于尊重生命的考虑，同时也考虑到社会学统计的需要。对于族中男女成员早殇者入谱年龄规定：16 岁成年以前死去者皆为殇。7 岁以下为无服之殇。8 岁至 11 岁为下殇，12 岁到 15 岁为中殇，16 岁为上殇。谱书中可在宗支图内注明属于那种级别的殇。而在世系表内仍注明世次并详生卒年月，以重成丁之意。或者在世系表中于殇者生父名下注明子某殇，不复载入世次。女孩早殇只可注明于生父名下，曰某女殇。年若干。不可入世系表或世次表。

6. 苏洵所创五世一提的宗支图表示法。为避免后人看不明白次页和前页的连续关系，特别重复一次上页之第五世。这样做的好处是翻阅着看到每一页都是五世。第一页是一至五世，第二页是五至九世。第三页是九至十三世。如此像车轱辘般环环相续。好处是不必看到前页找后页。看到第二页的宗支图，便知道第六世是从哪里来的。看到第三幅宗支图，就知道第十世是从哪里来的。但缺点是重复出现的内容太多，浪费篇幅。因此，后世绝大多数谱书不采纳这种表示法，而是采用一世到五世为一图，六世至十世为一图。因为担心读者头绪不清，一般的做法是在六世格顶上再注明某房五世某公支。11 世至 15 世，仍注明某房某公支，再添载某人后。这样就像丝联绳贯一样，把宗派的线索交代清楚了。世系表也应该遵循这个办法。

7. 谱牒重视的是血统的记录。因此对于外姓过继进来的不予记录，防止乱了血统。如果出继为人后者，宗支图上于本人名下注明出继给何人为子。世系表内注明在他的父亲名下，本人名字不再出现在世次表内。

8. 家谱的保护。古代修谱，是木刻刷印。新谱印刷后，将板片装箱送祠堂收藏。每年祠祭之日，主事者和族众文化人需要查看板片有无虫蛀朽毁。这样做是为日后续修节省经费。当代印刷技术进步，谱牒编修已经进入激光照排和互联网时代，但依然有个文件保管和保护的问题。鉴于当代储存技术快速发展的现实，主事者应采用多备份，随时注意更新储存载体，以确保家谱信息完整传承。这也是为后续续谱节省人力物力的需要。

9. 世系考也叫小传。在人物小传名下，书名是为了正名。书行是为了序昭穆（例如某名下注明某几子男女异。长殇者补入行），书字以责成人。书生卒年为的是慎终始。书原配书继配、侧室是为了彰显伦常。

10. 长子不能为人后。如果有家庭把长子过继给他人，不书。

11. 世系图书正妻于本人之左（如采用横排格式，则书正妻于自己名字之下），继娶次之，妾又次之。此一则按先后顺序记录，二则也是对正妻的尊重。

12. 先世生卒年月日未查实者的，先空在那里。此后子孙若能考正，即当按照程序增补进去。

13. 入谱者的生卒年如有错伪，一定要考正名字。古人有名，有字，还有号，比现在复杂，但也有自己的规律。一般说来，名和字都有相呼应的关系。如正则是屈原的名，灵均是屈原的字。毛泽东，润之是他的字。过去一般人是不能直呼某人的名的，只能呼其字。例如，一般人不能直接称呼毛泽东，而应呼润之先生。但他的父亲，他的老师那是例外。现在已经不讲这些了。可是你研究谱书，编写谱书，还是要懂这些。有的人后来改了名字，修谱的人就应该采用后名，而不宜采用前名。

14. 先室与继室俱有子者，先书配某氏，生子某。次书继娶某氏，生子某。

从前谱书，对于因信仰道教和佛教的出家族人，采取不书的办法。实际等于从族谱上除名。今本着宪法人人有宗教信仰之自由的精神。对于有宗教信仰的族人，除有特殊规定者（例如中国共产党党员不得有其他信仰）外，出家为道士为僧人者家谱应做实事求是的记载。可在其父亲名下注明某子或某女出家为僧尼，或出家为道士道姑。本人若他年还俗，有子嗣，续谱者应该在世系表中予以反映。

15. 从前谱书，对于为非作歹的族人本着家丑不肯外扬的心理，采取说好不说坏的态度。对于族人中的败类不予鞭挞，此非科学客观的态度。家谱也是历史，同样有警示世人向善远恶的劝惩功能。例如当今之世，有些家族出了贪赃枉法的官员，动辄上千亿的赃款，上百个情妇。难道对他们的劣行就只能装聋作哑？正确的做法是客观地将他们的行实记入家谱，以警效尤。只劝不惩的态度不是科学的历史的态度。

修谱原则：详其所出而非繁，缺其所疑不为略。也就是说，修谱要坚守有几分证据说几分话。对于没有依据的缺漏，一定要本着实事求是的精神，有一说一，有二说二，不随便添改。因为弄乱了世系，则罪莫大焉。

16. 小传处理原则。有的家族特别是支谱。有影响的人不多。只需把几个重点族人写点小传即可。其他绝大多数族人的生卒年月，生平简历等信息，可以简括其核心信息，注入本人世派内，这样更便于查阅。

17. 名字雷同的处理原则。名字相同者应该更换。原则是长辈不改，晚辈改。办法：可取同音字，或者加减偏旁。

（2017 年 7 月 10 日）

祠堂修建管理规范之初步研究

一、本研究的意义

本研究有助于帮助全国各地喻氏宗亲明白祠堂文化的由来，祠堂建设的必要性，祖宗祭祀的必要性。并为大家提供一份从祠堂类型确定，祠堂建设规制到祠堂管理、家族祭祀的程序方面的系统指南。

二、术语

（一）族

宗族的产生，源自父系氏族中父子间的血缘关系传承，如《白虎通·宗教》释"族"："族者何也？族者凑也，聚也，谓恩爱相流凑也。上凑高祖，下至玄孙，一家有吉，百家聚之，合而为亲，生相亲爱死相哀痛，有会聚之道，故谓之族。"父子相继的家庭单位是宗法制度赖以成立的基础。

（二）宗法

宗法是指一种以血缘关系为基础，标榜尊崇共同祖先，维系亲情，而在宗族内部区分尊卑长幼，并规定继承秩序以及不同地位的宗族成员各自不同的权力和义务的法则，而祭祀则是基于父系氏族家长制前提下，继承父系家长权力与财产的实际需要而产生的一整套程序仪式。

（三）世

中国自夏启家天下后，王位皆世袭。其中子继父为"世"，弟继兄为"及"。按夏王朝世系可知，以父子相继为主，辅之以兄终弟及。与王位嫡子世袭相伴随的是庶子分封诸侯的制度。

（四）宗庙

宗法既发达，尊崇祖先的场所——宗庙也就随之受到重视。《说文》"宀部"释宗曰："宗，尊祖庙也"，"宀"代宫室，"示"代祖先神主，"宗"字的原意就是祭祀祖先的场所。《周礼·冬官考工记第六·匠人》称"夏后氏世室，堂修二七，广四修一"，郑玄注"世室者，宗庙也"，偃师二里头夏代都城遗址中也有宗庙建筑遗址发掘出土，足见夏王朝已有完备的宗族观念、宗法制度和宗庙建筑。

（五）宗子

商代称宗族之长为"子"，是为"宗子"一词之始。殷王与各子族之族长，正是后世大宗与小宗的关系，子族之内，又分大小宗的不同层次，如《左传·定公四年》提到周初分封诸侯，成王分周公以"殷民六族：条氏、徐氏、萧氏、索氏、长勺氏、尾勺氏。使帅其宗氏，辑其分族，将其类丑"，其中"宗氏"即族长本支子弟，"分族"为族中旁支子弟，"类丑"则是附属于该宗族的奴隶或平民。相对而言，"宗氏"是大宗，"分族"是小宗，大小宗在各个层次不断分化，直到最基层的单个家庭，落实到嫡与庶的关系上去。嫡庶制度，至迟在商末已经确立，如《史记·殷本纪》记载"帝乙长子曰微子启，启母贱，不得嗣。少子辛，辛母正后，辛为嗣"，即是说帝乙立幼（纣）不立长（微子启）的理由在于长为庶而幼为嫡。在称谓上，庶出者称为"介"，是"副"的意思，如《礼记·曾子问第七》称庶子为介子，《礼记·内则第十二》称嫡长子外的众子之妻为介妇。周代宗法制度同样严格，如《诗·大雅·公刘》提到公刘率领周人迁居豳地后，周人"宗之君之"，便是宗统和君统合一的证明；又如《史记·周本纪》记载古公亶父欲立少子季历，但为季历之上有太伯、仲雍二兄而感到为难。太伯、仲雍于是亡奔荆蛮，季历方得即位。

关于嫡庶地位与义务的界分，《礼记·大传第十六》所述最详："庶子不祭，明其宗也……

别子为祖，继别为宗，继祢者为小宗。有百世不迁之宗，有五世则迁之宗。

百世不迁者，别子之后也，宗其继别之所自出者，百世不迁者也。宗其继高祖者，五世则迁者也。尊祖故敬宗，敬宗，尊祖之义也。"《礼记·丧服小记第十五》所记略同，都是明确大小宗的不同地位与责任。（战国）吕不韦《吕氏春秋·当务》则说微子启与纣同母，只是其母生微子启时尚为妾，生纣时已正位为妻，帝乙想立微子启为太子，"太史据法而争之曰'有妻之子而不可置妾之子'，纣故为后"。二书所述略有不同，但都强调立嗣时嫡子优先。同一个女人，同一个母亲，在怀微子启时，她的身份是妾，而在怀纣时已经升格为妻了。一母同胞，两人命运竟这样不同。

（六）大宗与小宗

大宗就是前面讲到的天子的长子一系。诸侯虽和天子同为兄弟，但因不是长子，因此，跟天子比较而言，诸侯都属于小宗。诸侯虽然跟天子比较属于小宗，但他的子孙中又会按照前述规则分成大宗小宗。也就是说，诸侯的长子自然也就成了他这一系的大宗，而其他兄弟及其后裔就变成了小宗。小宗有四种：同高祖者，同曾祖者，同祖者，同祢者。小宗向下只传五代，第六代就不能与同高祖之父的族人列为一宗了，所谓五世则迁，就是指小宗传到五代后再分一宗出来的意思。

诸侯嫡子世守祖庙，以下诸子则受封为大夫，旁迁另立一系，成为自己子孙的始祖。他的嫡子就成为他这一支的大宗（所谓"继别为宗"），其余为小宗，小宗的嫡子无权继"别"，但可继祢，是其父亲的法定继承人（郑玄注为"父之嫡也，兄弟尊之，谓之小宗"）。这样就不断产生新的小宗，而基于庶子宗奉嫡子的原则，继祢小宗受亲弟的宗奉，继祖小宗受同祖昆弟的宗奉，继曾祖小宗受同曾祖昆弟的宗奉，继高祖小宗受同高祖昆弟的宗奉，而所有小宗又一起宗奉大宗，这就是班固（等撰）《白虎通·宗族》所谓的"大宗能率小宗，小宗能率群弟"。但正如一仆不能多主，一人也不能同时宗奉过多小宗，所以有五世亲尽的规定，即一个人只要宗奉继祢、继祖、继曾、继高四个小宗。

（七）祠堂

秦始皇废封建而行郡县。这个制度延续了2000多年，至今没有从根本上改变。郡县制跟封建制不同。它不是借助宗族血缘关系来管理国家，而是借助集权手段，通过由中央王朝安排官员来控制全国各地的财政税收，通过国家控制的军队维护国家安全。很显然，在这种体制下，强宗大族的出现会严重威胁到中央政府的统治。我们汉代后期的历史，和魏晋南北朝的历史，国家选拔人才不是中央王朝说了算，实际上世家大族在其中起着掌控的作用。这个统治者肯定是不喜欢的。因而自唐朝起强宗大族便成为皇室控制和打击的重点对象，到宋初，寒门士族在政治经济生活中已成为社会主流，新兴地主阶层成功地取代了旧贵族曾有的地位，全国范围内的宗族体系呈现出分散化、小型化的特征。与此同时，租佃契约制的地主经济迅猛发展，土地买卖盛行，地权转移迅速，多子平均继承制使得地主阶层的财富很容易在一两代间就迅速分散瓦解。为使财富得以长久传承，便有了重建古代宗法制度的必要。此时的重立宗法，已不再是简单地恢复周秦的宗法传统，而是以修宗谱、建宗祠、置族田、立族长、办义学、订族规为基本特征，以地域血缘集团的经济一体化为内在本质的一整套新的社会生产生活制度，由于它切实契合统治阶层巩固政权和运营政权的需要，因而在封建晚期的八百年间发挥了持续深刻的影响作用。

祠堂也称家庙、宗祠、宗庙、家祠等。"祠堂"一词正式见诸史册，时在汉代。《汉书·张安世传》云："赐茔杜东，将作穿复土，起冢祠堂"。当时的一些王公贵族和士大夫阶层，大都在祖先坟墓旁边建立庙祠，而一般的庶人则仍然只能在自己家中厅堂上举行祭祖活动。祠堂除了一族聚集进行祭祀外，祭祀结束后的聚餐、族中会议、宣讲圣谕、解决宗族内部的纷争，或处罚扰乱宗规的族人，以及举行文会、购入图书供族中子弟阅读、教育子弟、处理宗族事务、编辑印刷宗谱、接待客人等活动也多在宗祠中进行。总之，祠堂是宗族活动的基地。那么祠堂的创建和重建，对该宗族的发展和维护宗族体系就成为有计划的事项。

（八）祠堂记

又称家庙记、宗祠记等，主要反映祠堂建立的过程，祠规，主要反映祠堂的各种制度，如神位、配享、祭仪等，也有对族人的要求，有时与族规有类似之处。祠产，主要记载宗族的共有经济财产，如祭田、义庄、义田、义塾以及其他族产房屋等，有时还辑录有关的文书和契约。有些家族集体产业数量较多，为便于记录管理，专门设立记载族产的家谱分册，以加强对祠产的管理力度。祠堂记很多带有祠堂图，祠堂记主要反映家谱的编修、印刷与保存，自然也有祠堂建筑样式。"祠规"是以祭祀为主、以祠堂为中心有关宗族管理的规程，也叫宗祠条约、祠堂条约、祠堂禁例、祭祀规条等。

（九）祠田

是家族修建祠堂修编族谱以及进行本族宗亲慈善活动的经济保障。各个家族只要有宗祠的，一定会在祠堂附近买有祠田。凭借一代又一代的族长为代表的管理班子集体监督使用祠田的收益来维持家族公益事业的开支。祠田最初由北宋退休宰相晏殊开其端。他当时便在沙河，即今天的江西进贤县文港镇晏殊村附近买田一千余亩，是为义庄。其功用一则安排本族穷困无告之人耕种以解决他们的生计。二则利用收益延请高水准的教师如周敦颐、胡瑗等人来教育本族子弟，也包括附近他姓子弟。三是用盈余奖励族人生子、娶妇，进学以及其他慈善事宜。义庄太大，年深日久，管理不易。故后世慢慢演变成祠田。祠田功用要小许多。一般局限于祠堂维修，春秋例行的祭祀开支以及修谱等费用。因此管理也就简单许多。

（十）　家训

家训，族训，宗约，义方，其实都是一个东西。是祠堂的教育警示功能之体现。欧阳修在他老师晏殊死后不久，有一次因故去了老师的书房。在晏殊的书房里，他看到了晏殊留给后人的《义方》六条。这个六条就是家训，也可以说是族训和宗约。欧阳修看后感慨不已。他说难怪晏殊的八个儿子个个成才，人人品学兼优，原来是老师的家教使然。后来各家族修谱，都会将自己的家训或宗约之类的训条放进谱书之中，就是学习晏殊的做法。详见（喻学才《晏殊的义方六条》《三元草堂随笔》第 15 – 27 页。）

这种重视家训的做法确实很有深意。因为一乡一邑之中，始而富贵，有一再传而变为邱墟者，必然因为其子孙不贤能。又见夫一家一族之中始终而贫贱，有一再传而兴起者，必然因为其子孙贤明。子孙之贤明与否，其行迹在家庭，其成败之所由实基于教育。为家长者苟能于平时穷其子孙贤不肖之故而以家训教育之，以族中英杰之事迹鼓舞之，其继起者必定会积极奋发。

（十一）　祠规

祠规就是对同一家族的所有族众在祠堂活动的规定。这种规定跟家规有相同的地方，但有很多内容是关于祠堂事项的特别约定。因此，并不等同家规或家训。其中一般需要涉及祠堂祭祀经费的筹措和管理，祠祭主持人的选择以及相关各房头每年值年人员的选择约束。被公众推举的主持人和值年人员不得嫌麻烦而拒绝。祠堂空间的平常管理，参加每年春秋二祭各家各户的席费数目，对主祭和值年人员的优惠以及素质要求，对参祭族众的仪表态度的要求。对祠堂里每年祭祀都要用到的器物管理手续的规定，关于利用祠堂公费为家族贫寒子弟提供资助的承诺。等等。

（十二）祠联

祠联，就是祠堂悬挂的对联之简称。祠堂的对联是祠堂文化的有机组成部分。它应该由两部分对联组成。一部分是以整个家族的始祖和家族史上其他有名望的事件和杰出人物的故事为内涵。另一部分是跟本分支或本房头的历史或所居住的自然环境人文环境有关系的事物为内涵的对联构成。当然，除此而外，还有激励家族成员奋发上进，蹈仁履义的励志联，或者启发族人智慧处世的醒世和警世对联。都是可以的。但总以提醒子孙不忘祖德，不忘祖居，不忘祖功为主要内涵。

三、中国传统文化的四大特征和传统的祭祀文化简介

（一）中国文化的四大特征

我们国家是农耕文明大国，几千年来形成了一套独特的文化体系。具体说包括以下几个方面：一是祖宗崇拜的信仰特征；二是修身齐家治国平天下的实践路线；三是读书做官，光宗耀祖的价值取向；四是家国一体的管理模式。中国人从天子到庶人，都崇拜祖宗，都有专门的祭祀场所。骂人祖宗，挖人祖坟，是对人最大的侮辱。中国人从天子到庶人，都重视家谱。重视从始祖以来的历代传承。国家是由很多大家族组建而成的，而大家族是由千千万万个小家庭构成的。中国有汉藏蒙回等 56 个民族。这些民族，也是由千千万万个家庭构成。在传统的中国人看来，家就是一个小国，国就是一个大家。家有家规，国有国法。家有尊卑等级，国家也有尊卑等级。在古代中国，家长在家庭具有绝对权威，国君在国家具有无上权威。

（二）中国传统的祭祀文化简介

古代中国，十分重视祭祀。"国之大事，唯祀与戎。"意思是说，国家除了打仗就是祭祀。可见祭祀的重要。在传统的祭祀文化中，祖宗祭祀是最重要的一块，也是国民参与程度最高的一块。人人都有祖宗，祭祖不言而喻是最重要的，也是参与程度最广泛的祭祀。

考察我国的祭祀文化，大致说来经历过三个历史阶段：

第一个历史阶段，西周到春秋之前。这一时段的家族制度可称之为宗法式

家族制度。这种宗法制度的特点是家长即天子。天子的嫡长子继承王位，是为大宗。而天子的其他儿子则被封为诸侯，是为小宗。这种封建制度是政治权利的大小，视其在宗族血缘中所处的位置而定。宗庙的等级规格也是按照血缘关系的远近来确定。

我们知道，《周礼》是西周王朝建国伊始由周公旦主持制定的。周公旦是周文王的儿子，周武王的弟弟，周成王的叔父。他一生勤勉敬业，建树极多，其中很重要的一个贡献就是祭祀制度的确立。周礼的祭祀制度，简单而言，就是一种关于从天子到庶人祭祀规格的等级规定。这就是：周天子可以设立七庙，诸侯可设五庙，大夫可设三庙，士可设一庙。庶人不可立庙。七庙的意思是天子可以建七座庙，分别祭祀自己的父、祖、曾祖、高祖四代，加上周文王、周武王和太祖。这样就是七庙了。诸侯五庙，就是自己上面的父、祖、曾祖、高祖四代，加上太祖，或者叫始祖。大夫只允许建造三庙，也就是自己的父、祖以及始祖。士只允许建一座庙，这庙显然只能祭祀自己的父亲。

第二个历史阶段，郡县制度背景下按官阶高低确定家庙的等级规格。秦始皇统一六国，废除封建制度推行郡县制度，在祭祀领域里也出现了以官阶高低来确定家庙等级的新趋势。这可以看成是郡县制对祭祀领域的重大影响。如唐代祭祀制度规定：一品、二品官，准许设四庙，如果是始祖嫡传，可以设五庙；三品官准许设三庙。四品、五品官有兼爵者准许设三庙。六品官以及六品以下者，跟庶人一样祭于寝。五庙就是始祖加上父、祖、高祖和曾祖。如果不是始祖嫡传的，则只许祭祀父、祖、高祖和曾祖四代。以下类推。所谓祭于寝，意思就是在逝者正寝设龛祭祀。现在一般农村家庭客厅张贴"祖宗昭穆之神位"的神龛即是庶人祭祀祖先的场所。

值得说明的是，在这个漫长的历史阶段，实际上还有魏晋至晚唐五代的世家大族宗法制度。这个历史时期，特别讲究门第。出身寒门的人很难走上政治舞台。换句话说，社会资源被那些名门望族或曰世家大族所把持。"世胄蹑高位，英俊沉下僚"这样不平等的现象成为当时的常态。梁武帝为爱将俞药赐姓喻就是一个突出的例子。须知这在当时是一种殊荣，意味着出身寒门的俞药子孙从此就可以和作为世家大族的喻姓享有同样的社会地位了。其祭祀制度也必然与其宗法制度匹配。一般寒门的人没有资格设庙祭祀祖宗，但赐姓以后，就又当别论了。

第三个历史阶段，官管谱牒制度瓦解背景下的按宗族血缘关系确定的祠堂族长式祭祀制度。由于晚唐五代兵连祸结，此前一直由国家管理的谱牒机构和文献被烧毁，整个社会的谱牒文化和祭祀文化失范。北宋时期，平民文化发展到巅峰状态。以欧阳修、苏洵、晏殊为代表的杰出人士，开始重构中国的谱牒文化和祭祀体系。关于晏殊欧阳修苏洵在谱牒文化建设方面的贡献，我们将在家谱规范研究中详细说明。平民的祭祀文化制度确立，端赖南宋朱熹。朱熹在其生命的最后时段，完成了一份名为《家礼》的文章，实际上那篇文章就是当时的平民祭祀规范。《朱子家礼》的要点有三：一是正式承认普通民众祭祀祖先的合法性、二是确定祠堂为具有同一血缘关系的族众之祭祀场所。三是祭祀礼仪采用世俗的仪式。具体说，祠堂分四龛，供奉高、曾、祖、考四代神主，龛前各设供桌。置香炉、香合之类。一年之中，每个季度都要举行祭祀活动。祭祀的礼仪有参拜、降神，进酒馔，受胙等。朱子家礼最大的好处就是普通老百姓在祠堂里祭祖，程序不太复杂，比较好操作。

朱子家礼所设计的祭祀仪式真正大面积应用，还需要等到明朝嘉靖十五年。

四、祠堂的由来以及建筑规制

（一）祠堂的概念

中国国民由于具有祖宗崇拜的信仰，因而很早的古代就有到墓地前面祭祀的习俗。《礼记．檀弓下》记载孔子外出旅行前，总是先到父母以及祖宗墓地前去哭而后行。返国则到墓前祭祀一番。等于是报告自己安全归家。这是墓祭阶段。到了汉代，开始出现墓祠这种建筑，一般三开间，建筑在墓前，以便展祭。武梁祠是其代表。到了宋代，官员们可以立家庙，可以建祠堂。家庙也好，祠堂也好，都是祭祀祖宗的场所。自宋代先贤倡导修撰家谱和建造祠堂以来，人必归族，族必有祠。效法先祖，不违祖训。便成为国人精神生活的一个重要方面。明朝嘉靖十五年（1536），礼部尚书夏言上《请定功臣配享及令臣民得祭始祖立家庙疏》，自此嘉靖皇帝彻底放开普通百姓建造祠堂的限制，于是各姓宗祠遍布城乡，成为比孔庙县学还更为普及的文化现象。

（二）聚族而居和宗祠

在我国东南部的江西、福建、湖南、湖北，乃至浙江金华等地，历史上都有聚族而居的习惯。这些村落大多以某一姓氏命名，如喻家冲、陈家河、卢宅等等。这种家族聚居的极端例子是位于九江的陈氏家族。该家族的始祖陈伯宣，他是一个喜欢隐逸的名人。有《史记注释》问世。又是唐玄宗的驸马。他的后人聚族而居，甚至发展到17代不分家，一个大家庭4000多人吃饭。从南唐李后主开始，朝廷就开始表彰这个家族为和谐的典范。到宋朝太宗朝，仁宗朝，都曾一再表彰。我们看义门陈氏的家谱，发现在仁宗嘉佑七年（1062），由于家庭人口太多，社会影响太大，朝廷只好下圣旨命令义门陈氏分家。委派官员组成类似今天的工作组驻地监督执行。分家活动从头年八月直到第二年四月才就绪。这么大的聚族而居的大村落，肯定有好多个支祠。也可能有宗祠。在聚族而居的村落里，家族宗法制度凭借三样法宝维持：一曰家谱；二曰宗祠；三曰祠田。可以凭借家谱敬祖收族，传承世系；可以凭借宗祠和祠田实施族规家训，保证家族成员的人品教育，对家族的鳏寡孤独残疾人进行抚恤，对穷困家庭的子孙教育进行帮扶。在我国，历史上建造宗祠数量最多的以江西一省为最。据清朝乾隆二十九年江西巡抚的统计数据，截至1764年，江西全省共有各类宗祠9083处。其中有89处系同姓合修，大约属于宗祠性质。而其他8994处则为支祠。

（三）祠堂的建筑类型

1. 由祖宗故居演变而来的祠堂。如曲阜孔庙就是孔氏祖庙。它就是在孔子生前所居住过的老宅子基础上逐步扩建而成。孔子逝世后300多年，司马迁为了写《史记》，前往孔子老家考察，看到孔子的弟子们的数传弟子还在孔子老宅子里演习孔子所教的六艺。还看到孔子坐过的车等遗物尚保存完好。其他各姓氏类似的以祖宗故居为祠堂的例子也不少见。

2. 南宋以来按照《朱子家礼》的规定，在逝者生前居住的主屋东侧所建造的供奉祖宗的祠堂。朱熹的这个设计也不是凭空而来，而是对唐宋以来三品官家庙制度的世俗化应用。但这类祠堂或家庙主要限于宋元和明朝初年。传世实物已经很少见到。位于江西进贤县文港镇沙河村晏殊故居的晏氏家庙可能是一个孤例。虽然该家庙已经数次维修，但根据族谱记载，其位置和基本形制并未改变。

3. 明朝嘉靖朝后期祠堂平民化得到朝廷允许背景下出现的祠堂，大多独立于祖先居室之外，一般选址在村落中央空地或村落附近的空地。这种性质的祠堂直到今天仍没有根本的改变。换句话说，今天全国各地特别是南方中国到处可见的祠堂，绝大部分都属于这种性质的祠堂。

（四）祠堂的宗族类型

用所供奉祖先的地位和宗下人口多寡做标准，则天下各氏祠堂都可纳入以下三个层次之中。

1. 宗祠。也就是一般人心目中的总祠。这是一种供奉某一姓氏公认始祖的场所，在该姓氏所有的祠堂中，规格最高。具有垄断性和唯一性。另一种是供奉某一姓氏重要分迁始祖的场所。该分迁祖必须是开枝散叶，在全国一定区域内人口众多，影响甚大者。

2. 支祠。所谓支祠，主要是供奉某一分支基祖的场所。这种支祠通常会包含若干房祠。

3. 房祠。所谓房祠，也叫家祠。是某一姓氏某一分支某一房头在所聚居的村落里所建造的祠堂。一般而言，所供奉的祖宗也是本房分的房祖，这样的房祠人数一般不会太多，100人到200人的样子。

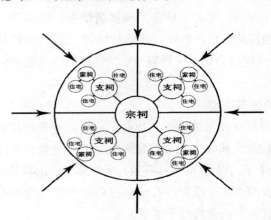

图7-1　祠堂类型示意图

（五）不同层次的祠堂规制

1. 文字说明

实际上，为全国性甚至全球性的某一姓氏的公认始祖建祠纪念的不是很多。比较特殊的如孔氏家族，毫无疑问会以曲阜的孔府作为总祠。这是因为孔子的影响太大的缘故。实际上，很多家族的所谓总祠，还是依据祖先实际影响的大小做依据的。例如陈氏家族，虽然得姓始祖是陈胡公，但世人熟知的还是江西九江义门陈氏的始迁祖陈伯宣。顾名思义，某一姓氏的总祠，因为下面宗支衍流数以百计甚至数以千计。即使整合起来，也有几十个分支。在总祠里如何安排其子嗣的位置，如何布置各路祖先的位置，就是一门学问。

2. 建筑格局图示

根据朱熹《家礼》中的描述，祠堂必须位于正寝之东，总为三间。正寝之外为中门，中门外为两阶，阶各三级。两阶之下，随地之广狭，以屋复之，使可容参加活动者站立为度。又另立遗书、衣物、祭器及神厨等室于其东。又于具东缭，以周垣别为外门常加局闭。祠堂之内，以近北二架为四龛，每龛之内，置神主于桌上，主皆藏于柜中。置于桌上南向，各龛垂小帘，帘外置香桌于堂中，置香炉、香盒于其上。两阶之间，也要设置香桌．从这种建构的布置上可以看出，中国的祠堂是一种具有鲜明的世俗宗教特点的文化形式。祠堂中的祭祖活动，形式极其复杂，根据不同的祭祀时间和程序，又可分为常祭、专祭、大祭等类型。常祭在每月朔日（初一）和望日（十五）的早晨进行；专祭在子孙遇有婚娶、生子、升迁等喜事时进行；而大祭则是在元旦、春分、清明、端午、中秋、重阳、除夕等节令中进行。其中春秋两次大祭最为隆重，届时家族中所有成年的子孙都要进入祠堂参祭，无故不到者都要要受到处罚。但是那些不忠不孝、奸淫赌盗、职业低贱的不肖子孙则没有资格入祠堂祭祖。祭祖的主要程序有焚香、拜揖、瞻礼、告祝等，而每月的朔望以及每岁的正、至之日，祭祀仪式则尤为隆重。祭祀前一日，要先行洒扫、斋戒。到了祭祀当日，全家早早起床，家长先在祖先神龛前放置新鲜果品，摆设盥盆、帨巾等物奉于祖先像前，然后回到自己原来的位置。接下来是家长诣香桌前，降神、搢笏、焚香、再拜，然后复位．在位其他人再拜、参神。接下去再由家长执注，向神位斟酒，主妇执茶，执盘事者执汤瓶随之，上茶如前，再拜，然后复位。之后是在位其他人再拜，辞神而退……经过这样一套繁缛复杂的祭祀程序后，祠堂祭祖的仪式才算告毕。仪式结束后，还要举行宗族宴饮活动，这种活动在福建等南方地区被称作"吃祖"。

3. 地域性特点需尊重

我国的祠堂主要是明后期发展起来的。在 1949 年前，祠堂的规制基本都是遵循朱子家礼的制度。虽然各地各族富裕程度重视程度审美水准不一，但基本

图 7 - 2　印山陈氏祠图

格局相同，即最简单的祠堂是一个四合院。从平面角度看，可简称口字形建筑；人多一些，分支多些的祠堂，则是两个四合院组成，可简称日字形建筑，再大一些的祠堂则可称之为目字形建筑。

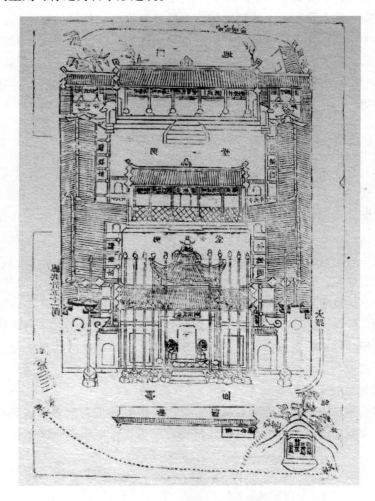

图 7-3 九江义门陈氏祠图

清代以来，富家大族的祠堂也有在规模和装修上有大突破的，但总的看来，一个是进深加长，一个是层次加高。清朝民国有不少家族祠堂是两层楼的建筑，楼下举行仪式，楼上存放族谱等图书文献和祭祀用品等等。

我们的时代新建祠堂不能没有章法，一味地求规模大，追求楼层高。我们原则上还是应该坚持朱熹家礼的规范，但同时也要因地制宜，在基本规制不变的情况下，如用材、如造型、装修，各地可以百花齐放。但总体基调不可改变，否则一个家族全国各地的祠堂就不易辨识。

　　下面是供参考的有关姓氏的几张祠堂平面图、横剖面图、纵剖图以及轴测图。

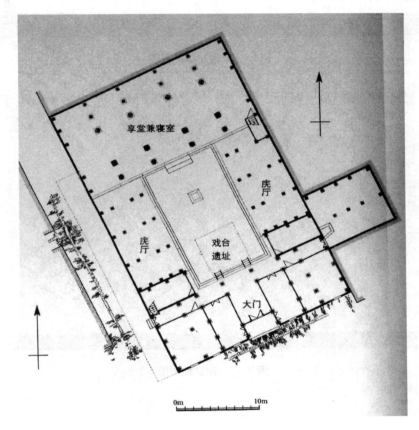

图 7-4　祠堂平面图

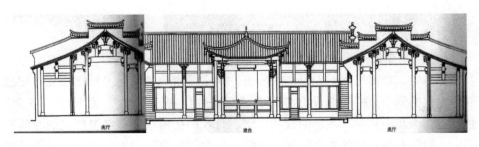

图 7-5　祠堂横剖面图

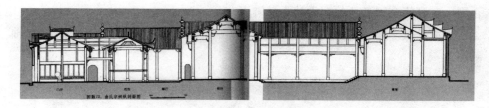

图 7－6　祠堂纵剖面图

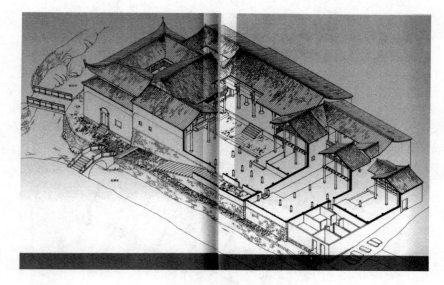

图 7－7　祠堂轴测图

五、祠堂祭祀空间及仪式

（一）祠堂的祭祀功能

祠堂者，祭祀祖宗或先贤之场所也。祠堂的第一功能就是纪念祖先。纪念有固定化的陈设，祠堂都设有专门安放祖宗神位的"寝堂"，在祠堂"享堂"悬挂祖画像及彰显祖宗功勋荣耀的匾额、对联。在祠堂举行祭祖仪式的时间不固定，但以春祭和冬祭最为隆重。祭祖在祠堂"享堂"即大厅进行，其仪式程序复杂，各地各祠不尽相同，但一般有以下程序：一、仪式前准备。如推举主持人、主祭人、场地布置等；二、仪式中。（一）入祠。主持人致辞并宣布开始、参加祭祀人员依次入场；（二）祭祀。请神位、神像、进供品、上香、上酒、诵读祭文、鞠躬叩拜、辞神；（三）退出。仪式后往往还有分发物品、聚餐。各环节配有一定的鼓乐。

《红楼梦》第五十三回"宁国府除夕祭宗祠，荣国府元宵开夜宴"中，对贾府年末岁初的祭祖从仪式准备，仪式程序，直到仪式结束都作了极为详尽的描述。

中华喻氏的祠堂祭祀仪式，可以世仁堂保存下来的每年春秋二季家庙祭祀仪式为模板：

1. 祖宗牌位制作方法

大家知道，古代各个家族的祖宗祭祀，都会遇到缺少祖宗画像的麻烦。因为古代普通人很少有请人画像的。除非官员富翁。因此，明朝朱元璋坐天下，曾经下过圣旨，取消包括孔子在内的古圣先贤偶像崇拜，一律改为供奉木主的模式。所谓木主，也就是用栗木板做成的祖宗牌位。这种牌位通常正面写逝者的信息，背面写祭祀者的信息。或者右侧写逝者的姓名辈分等信息，左侧写孝子某某奉祀。关于制作祖宗牌位，北宋程伊川所规定的制作方法最为权威。录在这里作为我中华喻氏各地祠堂制作祖宗牌位的参照："作主取法于四时，日月星辰。则去其上两角各五分，俾其上作圆形。从上量下一寸余，横勒深三、四分为额状。方四寸，象岁之四时；高尺有二寸，象十二月；宽三十分，象月之日；厚十二分象日之辰。"（四川马边县旧版《喻氏族谱》）

2. 祠堂等级系列构成

由大到小，"祠堂"应包括从统宗祠到宗祠、支祠、房祠，直至香火堂的整个序列。朱熹撰《家礼》，规定"君子将营宫室，先立祠堂于正寝之东，为四龛以奉先世神主，前门屋，后寝堂，设遗书衣物、祭器库及神厨于寝堂之东，周缭以垣，堂三间，前二阶"。"正寝之东"实际是"正寝之左"，对于绝大多数坐北面南的正寝而言，左即东，在正寝呈其他坐向的情况下，祠堂只要保证在正寝之左即可。

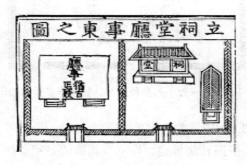

图 7-8 立祠堂厅事东之图（一）

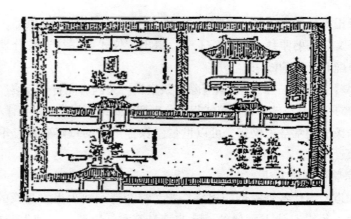

图 7-9　立祠堂厅事东之图（二）

《家礼增补》"通礼一·祠堂"："凡屋之制，不问何向背，但以前为南，后为北，左为东，右为西，后皆仿此。"总之，就祠堂与住宅的位置关系而言，早期大都依据《朱子家礼》规定设于宅左，后期比较灵活多变，趋于随意；就祠堂本身坐向而言，大多与正寝一致，但也有偏出一定角度的，总的来说仍以南北朝向为主。

此外，祠堂虽然位于宅院内部，但自成一隅，地势上也常较其他房屋为高，以凸显其神圣性。

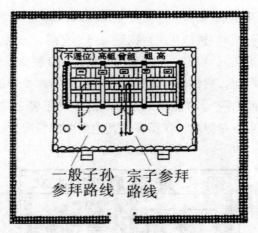

图 7-10　一般子孙参拜路线、暨宗子参拜路线图

3. 祠堂祭祀动线组成

空间使用方面，按照礼法规定，祠堂有明确的祭祀动线。以最典型的三间祠堂为例，门扇按间数分为三组，其中供人使用的是当中和（背向祠堂方向的）

右侧两间。行礼时从中门入，右门出，左门则视为神门，轻易不予开启。同样的，祠堂前的道跸也分两道，（背向祠堂方向的）左侧为神道，供祖先灵魂通行，右侧为人道，供子孙祭祀行事使用。

4. 祠堂的室内陈设及非物质文化要素

（1）堂号与堂联

①堂号

堂号具有高度的概括性，从中可以提炼出一个家族的历史传承和文化积淀，其命名规则大致可分三类：

A. 以郡望名

这种命名最为直接和常见，如胡氏"绩溪堂"、黄氏"江夏堂"之类。韩国也颇多见，如"义城金氏宗家"。惟中国祠堂之堂号可能指代始祖所出之地，不一定即宗族现居地。

B. 以典故名

此类命名往往暗含了祖先的字、号、生平掌故、著述、封地、谥号等，如浙江武义俞源村的俞氏宗祠又名流水堂，取的是伯牙子期高山流水遇知音之意，此外陶氏"五柳堂"纪念陶渊明；郭氏"汾阳堂"纪念郭子仪；周氏"爱莲堂"纪念周敦颐等，不一而足。韩国则多以儒家学养境界命名，如"霁月堂"、"实习斋"之类。

C. 以愿景名

此类命名反应了一族祖先对于子孙后代的期望，如浙江永嘉花坦村朱氏宗族所藏《珍川朱氏合族副谱》中的《桂馥堂记》谈到房派命名依据时解释作"意者欲使后嗣子孙顾名思义，上体父祖培植之勤，下笃子孙思勉之念，将书香振起。承俎豆者，玉树芳兰，翰墨生辉；答蒸尝者，金蝉紫诰，科甲连登。家声不坠，簪缨继美，世泽常新矣！"，全然是对家族人文取向的表白。韩国此类祠堂名称亦属常见，如"养真堂"、"无忝堂"、"同春堂"等。

②堂联

堂联贴（刻、挂）于祠堂门柱或神龛两侧，内容基本是反映本族的发祥地、迁徙源流及历代名人的嘉言懿行、逸闻趣事，如邹氏宗祠的堂联："源出邾娄，望出范阳"，上联讲受姓始末，下联讲郡望出处；"鼓琴自荐受相印，究学成功观阴阳"，上联意指邹忌，下联则是说的邹衍。总的来说，按适用范围不同，可以将堂联分为两类：

A. 通用联

可用于任何一族的祠堂，并无具体所指，只是单纯反映尊崇祖先和追根溯源的愿望。如浙江永嘉塘湾村郑氏大宗祠楹联"萃子孙于一堂，序昭序穆；享祖宗以万稷，报德报功"，就是对宗祠基本功能的概括。

B. 史迹联

只能用于特定姓氏，以反映先祖的德行功业，及本族的历史。如浙江兰溪诸葛村大公堂后厅金柱楹联"溯汉室以来，祀文庙，祀乡贤，祀名宦，祀忠孝义烈，不少传人，自有史书标姓氏；迁浙江而后，历绍兴，历寿昌，历常村，历南塘水阁，于兹启宇，可从谱牒证渊源"回顾了诸葛亮的功绩和诸葛大狮迁宗的过程；又如浙江温州芙蓉陈氏大宗祠的堂联"河山如许，悲观最伤心，半壁难支，内地变胡尘，只剩芙蓉困铁血；冠带凛然，生气放大胆，戈光祖国，独臣抗元军，先为武汉鼓风潮"，讲述宋末陈虞之率宗族子弟抗击元军殉难的故事。

（2）神主的奉安与藏置

神主起源于偶像崇拜，先民以刻塑成死去亲人形象的陶罐、木偶之类物件为祖神，文字发明之后则简化为在木牌上书写祖先名讳以作代替。又为了祭祀时神主能够直立，在木牌底端加上底座。卜辞之中，神主称作"示"，字型写成"T"、"⊥"、"工"、"壬"等，都是原物的象形。神主的材料与尺寸也因人而异。如《礼记·祭法第二十三》孔颖达疏云"夏后氏以松，殷人以柏，周人以栗"、"虞主用桑，练主以栗"，但实物遗存和考古发现都以柏木为主；尺寸形状方面，《公羊传·文二年》何休注"作僖公主"称"主状正方，穿中央，达四方；天子长一尺二寸，诸侯长一尺"，《谷梁传·文二年》"作主坏庙"杨士勋疏引卫次仲注称"宗庙主皆用栗，右主八寸，左七寸，广厚三寸。右主谓父也，左主谓母也"。

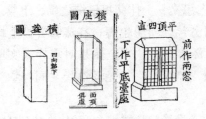

图 7－11　椟座、椟盖示意图

5. 祭祀类型与程序

四时家祭典礼程序

我们知道，普通百姓个人没有资格立家庙。但人皆为父母生养，报本之心人心所同。于是在普通百姓家可以于正寝也就是客厅靠墙正中的位置安置神柜，也称香火堂。墙上用红纸写上"祖宗昭穆之神位"字样，供桌上正中设香炉。逢年过节，子孙祭祀先人一般限五世。即一位老祖宗，然后四位祖宗就是自己上面的父母亲，祖父母，曾祖父母，高祖父母。这种家祭实际上跟请活人吃饭是一样的道理。因此，程序比较简单：

（1）设位——请出神主，左为考位右为妣位，设香炉香案；

（2）降神——主祭官落座焚香，执事者坐于主祭官之右方，斟祭酒，主祭官接酒再三奠于香炉，最后滴于茅沙之上；

（3）参神——主祭官带领男女参祭人等依次序揖拜祖先；

（4）初献——献官（初献由主祭担任献官）落座，其右手边的执事者斟酒，其左手边的执事者接过酒盏，奉于神位前，祝官坐于献官左侧，向东方念祝文，此后献官再拜，归位；

（5）亚献——献官由主（宗）妇担当，无主妇时由弟妹或近亲担当，顺序与初献一样，但无须念祝文；

（6）终献——由兄弟或亲宾担当（如此则所有与祭者都能完全参与其中），顺序与亚献一样；

（7）伸匙——添酌后在饭里插上汤匙，主祭官再拜；

（8）阖门——所有人众离开斋厅（享堂），关门静候片刻（意在先人用膳，生人回避）；

（9）启门——片刻后，祝官咳嗽三声，重新开门入内，祭官归位；

（10）进茶、除饭、告利成——意在祖先用食完毕，奉茶漱口，此后即可收拾碗筷，祝官前往主祭官左侧，申告利成，各祭官纷纷回到自己座位再拜；

（11）辞神——将祭文与纸榜（纸制的临时性神位）投入火中；

（12）纳主——将神主重新归还于祠堂原位。（这是在家里没有香火堂的情况下才需要从祠堂里请回自己的祖宗祭祀。祭祀完毕，送回祖宗的木主。）

这个飨宴祖先的过程，正是儒教一切祭祀行为的核心所在：事死如事生，饮食对于生者而言最为要切，因而也就成为生者侍奉死者的关键。

祠堂祭祀典礼程序

祠堂祭祀是阖族的集体行为，分春祭和冬祭两次，冬至祭始祖。之所以选择祭祀始祖，这是因为冬至这天是一阳之始，阳气开始一点一点增加，生命开始逐渐积蓄能量的缘故。

程子解释说："此厥初生民之祖也。冬至一阳之始，故象其类而祭之。"那么，为什么要在立春这个节气祭祀先祖呢？所谓先祖是个什么概念呢？还是程子的解释简明扼要：程子曰："初祖以下，高祖以上之祖也。立春生物之始，故象其类而祭之。"

行家祭礼

参加者各执其事。鸣鼓，奏乐，献牲（祭祀祖先用的猪头等祭品）。各依辈分和年龄排队陪祭。嗣孙就位，主持祭祀的长房长孙就位。

到家庙西北角迎接祖宗神。祖宗神降临，主祭鞠躬，众孙鞠躬。回到原来站立的队伍班序中。

行参神礼

行三跪九叩礼，起立，奏乐，大家一起唱《明德之章》。

行初献礼

主祭孙到洗手处洗手，托着干净毛巾，前往放酒樽的地方。管理祭祀祖宗用酒的人便将祭祀用酒递与主祭人。主祭人端捧着酒壶（古代称酒樽）升阶，前往写有先人姓名的牌位前跪下，众孙皆跪下。进香，上香。进帛，上帛。进酒杯，斟酒敬上。进祭祀用饭，上祭祀用饭。磕头。主祭孙起立，众孙皆起立。主祭孙前往读祝文的位置跪下，众孙皆跪下。读祝文毕，磕头。起立，众孙皆起立，平身。下堂复位。奏乐，大家一起唱《世馨之章》。

行亚献礼

主祭孙前往放酒壶的地方。管理祭祀祖宗用酒的人便将祭祀用酒递与主祭人。主祭人捧着酒壶升阶，前往写有先人姓名的牌位前跪下，众孙皆跪下。进香，上香。进帛，上帛。进酒杯，斟酒敬上。进祭祀用饭，上祭祀用饭。磕头。主祭孙起立，众孙皆起立。下堂复位。奏乐，大家一起唱《允赉之章》。

行终献礼

主祭孙前往放酒壶的地方。管理祭祀祖宗用酒的人便将祭祀用酒递与主祭人。主祭人端着酒壶升阶，前往写有先人姓名的牌位前跪下，众孙皆跪下。进香，上香。进帛，上帛。进酒杯，斟酒敬上。进祭祀用饭，上祭祀用饭。磕头。主祭孙起立，众孙皆起立。大家前往饮福受胙的位置。主祭孙跪，众孙皆跪。进福酒，饮福酒；进祭肉，受祭肉。磕头。起立。众孙起立，下堂复位。奏乐，大家一起唱《思成之章》。

行辞神礼

行三跪九叩礼，起立。礼毕。散班。

祭歌模板

祠堂祭祖，应该有自家祭祀歌曲。这里引用的是世仁堂喻氏家庙当年祭祖所唱的歌曲文字的翻译版。

家祭歌曲

明德章：

伟大啊祖宗的功德，300多年前，发祥于荣昌，×十有×世。书香不断。列祖列宗啊您们高尚的德业，后世子孙望尘莫及。

世馨章：

能忠能孝，这是祖先实在的德行，没有丝毫的溢美。伟大的先祖啊，福禄寿您占全啦，朝廷给您谕祭葬的荣耀，一路上从京城到荣昌，到处都是朝廷的恩泽。地方乡贤祠、忠贤祠里都供奉着您的牌位，每年春秋二季地方官都会前来祭祀您。

允贲章：

大声地敲钟，使劲地击鼓。巍峨的家庙，华表高耸。祖先啊您们从南昌丰城迁来荣昌，子孙不忘根本，瓜瓞连绵，富贵无穷。

思成章：

打起鼓，敲起锣。列祖列宗请安坐。供品洁净味香美。祖宗可尽情享乐。先人请到东郭来，家庙已为您们作、敬请祖宗佑后人，祭祀不尽如长河。

祭文模板

家祭人少，又比较私密，一般没有那么多排场和讲究。在宋代朱熹的家礼里面，除了主祭，还有一个由本家小孩扮演的祝。即祖宗的代言人，古代又叫尸。后世这个手续也简化了，通常由主祭人直接跟祖先们告白。例如：

家祭的祭文

某年某月某日，儿子和长孙某某高兴地禀告老祖宗，高祖，曾祖和父母等先人，现在是春天了，万物欣欣向荣。我们十分怀念您们，现在用洁净的肉食和米饭，酒水等宴请您们，请您们尽情享用吧！

祠堂春、秋二祭祝文模板

×年×月×日，嗣孙××等谨以香烛冥币、祭肉、菜肴，汤饭，茶果，清酒，一些简单的祭品致祭于喻氏家庙（始祖十代）祖宗的牌位前并禀告说：我伟大的祖先啊，您来自江西，迁徙到四川，定居于荣昌。您的隐德多多，还没有充分的彰显。但您所开创的深厚基业，和出众的德行，使得我们这些后裔世代受惠，享用不尽。世系×××代，聚族×百余年。乡贤祠、忠贤祠里，都有我伟大的祖先，您们世世代代受郡县供奉，声名赫赫，这一切都是祖宗福德所成就。朝廷赐祭赐葬，这是皇帝对祖先眷念恩宠的体现，也是祖宗潜德幽光照耀的结果。老祖宗"克忠克孝"，"宜读宜耕"的遗训我们一刻也不敢遗忘，一年一度的春秋祭祀是我们众子孙应尽的职责。

今值三阳开泰万象更新的时节（今值一阳始复，半子初开的秋分时节）木有根，水有源，我们众后裔今天齐聚在这里祭拜先祖，借以表达我们尊祖敬宗的一点孝心。这些简单的祭品，深望自先祖以下××世以及您们的配偶（春、冬）都能高兴的享用。慢慢享用吧！我的列祖列宗！

这个祭祀程序和祭歌、祭文模板系依据世仁堂喻氏族谱保存下来的相关祭祀程序和祭歌、祭文翻译而成。

（二）祠堂的会议功能

祠堂对于一个家族而言，就是一个公共社交空间。过去宗族除开例行的祭祀、修谱等活动外，还有宣读皇帝圣谕，聚众宣讲国家的法律，聚众商议解决家族面临的突发事件，如战争爆发，国家征集粮饷，土匪骚扰，外敌入侵等。

（三）祠堂的教化功能

祠堂的功能或作用可以高度概括两个字：教育。纪念祭祀先人，是为了教育后人；立合约行族规，是为了惩治教育；搭台唱戏寓教于乐，是为了宣扬封建道德。在徽州祠堂的后面或旁边还往往建有族学、私塾，也是为了教育。一句话，祠堂在中国古代乡村扮演的重要角色就是教育。祠堂是古代农村自我教育，自我管理的一个重要平台，回忆历史，抚摸一座座古老的祠堂，想必对我们的美好乡村建设多少会有些裨益。

在宋朝和明清两朝的记载中，祠堂还是宣讲当朝皇帝上谕和对族人进行法律培训的场所。其做法有值得我们中共政权借鉴的地方。

祠堂也是家族中的长者向族中成员灌输家族意识、执行家教家法的重要场所，每月朔望，"子弟肃衣冠先谒家庙，行四拜礼"（《借月山房汇抄》七十二册引《蒋氏家训》）。对于违反族规家法的不肖子孙实行惩处，也大都在祠堂内进行。"全族中设有以卑凌尊，下犯上．甚至辱骂殴斗、持暴横行者，须当报明族长及各房宗正，在祠堂责罚示戒"（《鲒琦亭集》外编卷十四引《恒溪全氏祠堂碑文》）。由此可见，中国的祠堂具有鲜明的强化家族意识、延续家族血脉、维系家族团结等方面的重要作用。

徽州宗族事务实行自我管理的执法场所在祠堂。一旦族众违反族规家法，族长召集族人，大开祠堂大门，请来族长年老者和当事人的直系、旁系男性亲属，聚集祠堂的享堂，公开审理，决定对犯错者进行训诫、处罚。处罚种类有许多，或罚款、罚物、罚请戏班唱戏；或革出祠堂、或族谱除名、或逐出本族、或不得入祖茔；或顶香罚跪、或竹板责打、或剁指剜目、或尖埋沉塘。如徽州族谱中有许多这样的内容："不孝不悌者，众执于祠，切责之，痛治之"。很多影视作品对此有反映，如《烟锁重楼》，这让很多观众对族规家法有些直观的感受。

《歙西岩镇百忍程氏本宗信谱》卷一《族规》中规定："凡族人相遇于道，尊长稍立，卑幼进揖，仍立路旁，以俟其过，毋得傲忽疾行先长，以蹈不恭。"祁门《方氏宗谱》阐述了祠规家法："如不遵者，男则罚银，女则罚布，顽刚鸣公究治，决不宽恕。"在祠堂的第一个功能"祭祀"中往往有宣讲祠规祖训这一环节。祁门赤桥方氏宗祠正厅悬有对联："一家仁，一国兴仁；一家让，一国兴让。""敬五事，复五性，正五伦都从遵亲起见；修六德，敦六行，明六艺特为天地立心。""唯诗书可以传家，能读得富文遗篇才算鉴湖真派；必忠孝乃堪名世，须各尽纲常大节无惭正学后人。"可见"尊亲重孝""修性养心"是对方氏族人的要求。祁门历口环砂叙伦堂的院墙镶嵌着一块大清嘉庆立的"永禁碑"和"告示"，对毁林垦荒、砍树挖根现象予以禁止并有具体的罚则条目。

（四）祠堂的娱乐功能

祠堂第四大功能是娱乐，即文化活动的场所。祁门《王源谢氏宗谱》上说："朝夕聚于斯，出入由于斯，冠婚丧之礼行于斯，若官署然，肃而不哗，粹而不悖，雍雍有序而不紊，诚不愧于斯堂之名矣。"宗族中的演戏、舞龙、舞狮都在祠堂中操办准备。在祁门好多祠堂中有用于唱戏的专门固定戏台，如新安的叙伦堂、积庆堂、聚福堂古戏台和闪里的嘉会堂、敦典堂、会源堂古戏台，皆是国家级保护文物。应试中举，加官晋爵的庆贺活动也在祠堂进行。婚丧嫁娶、红白喜事都在祠堂里操办。唱得最多当数发源于祁门的目连戏了。

六、祠堂的管理和利用

（一）管理

1. 人的管理

建立祠堂目的是纪念，随着社会发展和实际需要，祠堂功能也在发展延伸。在中国古代，基层政权力量十分薄弱，官府只能管到乡镇以上的事务，社会基层虽有保甲制度，但一般只是行政管理。古代中国农村也要修桥铺路，也有不孝子孙，也有土地纠纷，也有邻里矛盾，也有杀人越贷，也有贫困生……政府管不到、管不了，怎么办？由乡村、宗族、家族自我管理，政府予以认可并支持。自我管理本宗族的诸多事务的办公场所在哪里？祠堂就成为了首选，祠堂相当于今天的村委会的房子。祠堂作为"村委会"，一可以借助祖宗之威严，赋予管理权力来源的合理性——禀承祖宗遗训。祠堂的第二大功能是管理。

徽州宗族事务实行自我管理多依祠规祖训或族规家法，祠规祖训或族规家法或书以族谱，藏于祠堂；或对联匾额，悬于祠堂；或勒石刻碑，立于祠堂。祁门明正德十五年（1521）的《奇峰郑氏祠堂记》中记载："祠之前有一本堂，堂有规，大率视义门郑氏之旧而损益焉，祭毕有燕，燕有训，训诸族人，各唯唯而退，此其大较也。……岁时奉祀之时，长幼燕集之际，布其家规而聆其训词。"祁门彭龙光庆堂享堂右墙上嵌有一石碑，对本祠堂的管理做了规定。祁门箬坑汪氏的敬敷堂祠内碑刻最多，有11块，其中"禁"字碑就有四块：《禁止赌博》、《奉宪示禁》、《奉宪严禁》、《加禁合文》。这里特别要提祁门文堂的永赐堂的乡约家法，《文堂乡约家法》共22条，内容涉及乡约家会的安排、立户长、约正、约副，遵守祭祀礼节、祭扫维修祖坟、尊重长辈，钱粮官事、捕拿盗匪、旌表名节，处置邻里纠纷、规范山田买卖、保护风水山场等等，曾在《新华文摘》全文转载。

徽州宗族事务实行自我管理有相应的组织。最高管理组织是以族长为中心的宗族议事会，宗族议事会下还有专门事务管理组织，如文会（读书之人的聚会活动）、路会（管修路，建茶亭、凉亭等）、桥会（木桥被告毁便搭建）、养山会（禁止滥砍滥伐、护林防火）、义祭会（外流客死本地加以埋葬）等等。

2. 物的管理

（1）建筑维护。

很多家族，祠堂建造了使用不到百年，或因为战乱，或因为天灾，或因人心不齐，祠堂多有衰败。祖宗精神栖息的处所天穿地漏。生者有识，见之难过。因此，祠堂的保护是一件很重要的事情。因为没有这个大载体，一切祭祀活动都没有地方进行。

（2）器物保管

祠堂是家族的公共礼仪空间。祭祀设备，诸如桌凳碗碟，衣物器材，每次祭祀活动之后，都应妥善清理，妥善保管。

3. 活动管理

祠堂活动，主要是祭祀活动。当然也还有一些跟宗族有关的活动，比如遭遇重大的社会变故，比如外敌入侵，土匪来犯。宗族在得到信息后，必须召集全族人前来议事，集体决议应对方略。平常如每月例行的族规祖训学习，也是在祠堂进行。有的家族还在祠堂进行普法教育，提升族人法律素养。有的家族读书人为了备考，会借平日闲置的祠堂温习功课备考。有的家族读书人因自己家境贫寒，房舍不足，有外地读书的朋友来家，会借用祠堂会友。这些都是允许的，但必须按照章法管理。

4. 财务管理

从前祠堂大多有祠田作为经济来源。祠田往往是族人中热心公益，有实力者所施舍。土地公有后，祠田养祠不可能了。但祠堂的存在仍旧需要经费维持，则是一样的。世仁堂清朝光绪十四年（1899）的族规中涉及祠堂财务管理。"凡当家庙首事，务守旧规。每年收租换佃必通知族长、总首公同著议，不得擅专。一人私断独行。至于每年卖谷祭祀，前十日会同族长总首商议，方可行事。否则，权管独吞。查出家法处治，并禀究不恕。"（《中华喻氏通谱》第一部上册270页）。现在时代变了，但围绕祠堂的财务管理，道理还是一样的。必须在有制度监督的情况下使用经费，绝对不能允许任何个人独断专行，渔利自肥。

（二）利用

1. 修谱

祠堂为家族的公共空间，修谱之类的宗族大事，一般都在祠堂进行。为了便于主修人掌握阖族男女的生卒嫁娶等信息。主修者可以准备空白谱书给各房房长。这种空白谱书可分红、黑两种。两色封面。内页宣纸用线格颜色以显示红黑。红者及时记录本房逐年出生者的姓名年月日时，结婚者的夫妻信息，姓名，出生年月日时，结婚的年月日时。本族女儿出嫁者，同样要写明对方姓名，学历，职业，家庭住址，供职单位等信息。黑色空白谱则记载各房族人死亡信息。包括姓名，死亡年龄，年月日时。包括正常死亡和夭折者，国殇者要写明死者生前供职的单位，死亡原因。每年清明，祠堂祭祀时各房房长将相关黑红两本草谱带到祠堂，由族中有文化的贤达转录入阖族总草谱中。每年合订一册，册内写明哪一支哪一房下。标明过录年月日，过录人，以利后来续谱者工作。

2. 藏谱

祠堂历来为存谱之所。按照传统习惯，每次修谱或续谱完毕，根据房头数决定印数，然后编订字号。绝大多数家族习惯用千字文做编号，如第一号就是天字号，第二号为地字号，如此类推。也有的家族用本家族熟悉的祖先的诗歌内容来编号。近30年来新修的家谱，更多的习惯使用数字编号。随着时代的进步，现在是数码时代，我们的谱书保存，祠堂里自然是要保存的。但除了纸质家谱外，还需要在高爽处存放移动硬盘，借助移动硬盘的介质来保存电子版家谱等信息。而各房分藏的家谱，除开纸质谱书外，也应保存电子版家谱。为了家谱的更大范围交流，每个祠堂新修的家谱，包括纸质家谱和电子家谱，应该向国家版本图书馆和北京上海南京等大图书馆，本省图书馆等文化单位赠送纸质家谱和电子版家谱，以便查阅，以便研究。

3. 社交场所

祠堂既是家族的礼仪空间，也是同族之人社交活动的场所。如果祠堂规模较大，可以容纳较多的人口。举凡族人中的婚丧嫁娶庆生祝寿考学谢师，族史研讨，学术报告等大型活动，都可在祠堂进行。让祠堂充分发挥其公共空间的作用。当然，管理应有规章。处罚应有条例。

4. 族众教育

宋朝苏洵为了教化族人。先是修编族谱，然后是在高祖墓旁立族谱亭。将其作为每年春节期间的族中教育场所：

"乃作苏氏族谱，立亭於高祖墓茔之西南而刻石焉。既而告之曰：凡在此者死必赴，冠、娶妻必告。少而孤则老者字之，贫而无归则富者收之；而不然者族人之所共诮让也。岁正月相与拜奠于墓下，既奠列坐於亭，其老者顾少者而叹曰：是不及见吾乡邻风俗之美矣。自吾少时见有为不义者则众相与疾之，如见怪物焉。慄焉而不宁，其后少衰也，犹相与笑之。今也则相与安之耳。是起於某人也。夫某人者是乡之望人也，而大乱吾俗焉。是故其诱人也速，其为害也深。自斯人之逐其兄之遗孤子而不恤也，而骨肉之恩薄；自斯人之多取其先人之资田而欺其诸孤子也，而孝弟之行缺；自斯人之为其诸孤子之所讼也而礼义之节废；自斯人之以妾加其妻也而嫡庶之别混；自斯人之笃於声色而父子杂处欢哗不严也而闺门之政乱；自斯人之渎财无厌惟富者之为贤也而廉耻之路塞。此六行者吾往时所谓大惭而不容者也。今无知之人皆曰：某人何人也，犹且为之。其舆马赫奕婞妾靓丽足以荡惑里巷之小人；其官爵货力足以摇动府县；其矫诈修饰言语足以欺罔君子；是州里之大盗也。吾不敢以告乡人而私以戒族人焉。仿佛於斯人之一节者，愿无过吾门也。予闻之惧而请书焉。老人曰：书其事而阙其姓名，佲他人观之则不知其为谁。而夫人之观之则面热内惭汗出而食不下也。且无彰之庶其有悔乎？予曰：然。乃记之。"（《嘉祐集》卷十四）

苏洵《族谱亭记》的不朽价值在于，他为保持宗族血缘联系的稳定性找到了具体的操作办法。这就是虽然在一个村里五服之内的亲族不过百余人。但要想强化这服内之族人的紧密联系，必须要通过日常婚丧嫁娶逢年过节的大事节点来体现，这就是喜相庆，丧相吊，守望相助，疾病相扶持。"少而孤则老者字之，贫而无归则富者收之；而不然者族人之所共诮让也。"另外就是定时的族长训话教育．每年正月大家相聚拜祖墓，在族谱亭集中，听族长训话。苏洵在文中详细记述的一段族长训话的内容原本有特殊的针对性，即针对本族某不良分子破坏族规旧俗，为的是教育族人学习正直为人。但对众多家族的谱牒而言，这种训话就演变成了家训或祖训族规等内容了。根据宋人周密的《齐东野语》，我们知道苏洵没有点名批评的渎乱族俗的坏人就是他妻子的兄弟程某。

到了明朝，朱元璋利用各姓氏有人望的老人来管理基层民众。他将大明律法以及其配套的案例著作安排到各个祠堂。由该姓氏的老人于农闲时节聚众宣讲。我们的时代家族文化制度，知道的绝少。今后建造了祠堂。应该利用好这个公众教育平台，帮助国家施行教化。

祠堂规范化内容还有很多，例如：

祠堂建筑徽标等的规范化构想

外墙颜色的规范化

徽标设计的规范化

各层级祠堂面积造型的规范化

各层级祠堂楹联内容的规范化

祠堂音乐的规范化

祠堂祭祀仪式的规范化

楹联规格的规范化

各层级家谱的编修用纸规格印刷版式内容编写格式的规范化

各层级家谱赠送保管的规范化

（2017 年 12 月）

祖坟保护和族葬管理规范

一、释词

（一）表墓石

立于墓前，就地埋定。上面题写某某人之墓，无墓词。和真正的墓碑不是一个概念。现在一般人都习称这种表墓石为碑，不是正确的叫法。这种标志墓主人埋葬位置的表墓石，不是真正的墓碑。真正的墓碑必然是一篇完整的文章。内容如墓表。简介死者的生平，所属家族世系等等。

这种表墓石的格式要求，墓主人的姓名居中，处在核心位置。字迹要求粗大。右侧为墓主人生卒年记载，左侧为立碑子孙的署名落款。有的地方，子孙立表墓石，习惯将子孙世系按辈分排列，密密麻麻。将老祖宗的核心位置挤到右侧边上。这种做法是不合礼法的。因为此乃为死者树碑，不是为活人立传。

（二）墓志

一种直述死者名字、行政位置（如城市街道名称，单位名称，农村县乡村名称）、世系。用于规避陵谷变迁，死者骨骸遗失的专用文体。

（三）墓表

用来记载死者生平和家世的文体，写成后刻在石头上，置于墓前地面。文字内容较表墓石和墓志丰富。

（四）墓志铭

用来记载死者生平和家世的文体，写成后刻在石头上，加盖保护，一般置于墓室之内。它和地面上的墓表、墓志互为表里。一旦地面发生变迁，墓中还有备用的。这样做便于后人对死者身份的认定。

　　规范的墓志铭包括志和铭两个部分。志就是传，也就是死者的生平简介，使用的是散文体。铭是对死者赞美的文辞，使用的是韵文体。通常是四字诗，也有写成杂体诗的。有的墓志铭没有人物传记，而只有赞美诗，这种文体属于变体，应该叫墓铭。如东汉谌仲所撰写的苍梧太守喻猛墓志铭，实际就是墓铭。因为全文都使用四言诗赞美喻猛的功德以及给故乡豫章增光的内容。他把小传的内容用诗歌表达了。家谱上人们因此习惯称作墓志铭。

　　也有些墓志有人物小传而无赞美文辞的铭，此类往往称墓志，如《唐代墓志汇编》的《君讳喜墓志》就属于一篇没有铭诗的墓志。

（五）祖坟

　　祖坟，又称祖茔。是安葬祖宗的墓地。祖坟有两种：一是百世不迁之祖；一是五世则迁之祖。因为周代的采邑制度有"君子之泽，五世而斩"的规定。也就是说周代的世袭制度并不鼓励懒汉。如果一个家族，第一代得到封赠，有了采邑。若后面的子孙不争气，那么最多这种特权也就只能到第五代便告终结。但如果后代优秀努力，在祖宗的基业上还能建功立业，不断进取，则朝廷还会另有封赠。五世而斩原本是防止家族退化的一个制度性安排。后世宗法制度虽然消亡，但五世而斩的制度却伴随嫡长子继承制而流传至今，这就是家谱里面的世系五世一提的传统产生的历史背景。宋代苏洵所开创的苏式世系图，五代一提的表达法就是继承自西周的分封制。这个五世而斩体现在后世的家族世系传承中，就是除开始迁祖属于百世不迁之祖，其坟墓应世代保护外，其他各房祖则是一个变化的发展的概念。也就是说，针对上一代而言，他需要祭祀的高祖是从他往上数第五代；那么，他的儿子如果要祭祀房祖，就只能从他儿子那一代上溯的第五代，也就是自他父亲上溯的第四代。他的儿子如果将来祭祀高祖，就祭祀自他上溯的第四代即可。这个制度在家族祭祀中被确定下来，是南宋朱熹在家礼中确定的。后世尊为文公家礼。其实质是从西周分封制度沿袭下来的。

（六）墓位

　　中国的孝道文化强调活养死葬，自然还包括祭奠。生死是人生两大节点。甚至有人认为死亡文化比生育文化还重要。墓位就是墓葬的位置，古人很重视，既葬之后，通常要竖立一个表墓石，即刻有某某之墓字样的石头标志。有条件有文化的家庭还会另外立碑，记述死者的生平事迹，歌颂死者的道德操守。等等。为了避免年久荒芜遗失，许多家谱上对各层次祖坟还会绘图并加文字说明。墓图上还写明座山朝向，四至八到。有的家族甚至还在族谱中附印购买坟地的合同文件，目的只有一个，就是保证祖坟不被攘夺侵犯，以防有朝一日打官司可以作为证据。因为家谱一般是 30 年一修。家族修谱是公开的事情，宋代以前，修成家谱后还要地方官验收，签字盖章画押。同时官府也会保存副本以备发生纠纷时查对。宋代以后，谱牒私修。但修谱是家族公开的事情。何况谱成之后，往往还要请当地县令等知名人士写序，因此，也可以说是公开的出版物。一旦发生祖坟被人侵占的事情。家谱中的墓图和位置说明，购置墓地的契约，就能作为法律文书使用。

（七）墓祭

指墓前祭祀活动。分春祭和冬祭。春日祭祀时间规定在清明节；冬日祭祀时间规定在每年的冬至日。包括祠堂祭祀和祖坟祭祀两个环节。

祭祖一般都是按照固定的格式先写好告祖文和祭祖文。然后按照固定的仪式祭奠。相关仪轨大体同祠堂祭祖之规范。

（八）义田

义田，是家族制度中的一种公益性质的土地，是族中贤达贡献给家族的公用土地。族人可利用这些土地耕种收租，变卖现金用于祖宗祭祀祖坟保护、族中贫寒家庭小孩读书，族中鳏寡孤独无生存能力的人之活养死葬的福利设施。义田规模有大小。小到十亩八亩，仅够祠堂开销。大到千儿八百，可派更多用场。

（九）义塾

义塾，通俗的说，就是家族慈善教育机构。是家族有钱人义务出钱建造的学校，义务聘请教师，义务培养本家族的贫寒学生求学上进。

（十）义庄

为家族穷人所建造的免费居住场所。这些房子无偿提供给家族中无居住场所的穷人栖身。

（十一）义方

即为了规范子孙后代的言行，激励其奋发向上而编写的家训类的读物。

（十二）义冢

即为了解决家族穷人死后没钱买墓地安葬先人的困难，有钱人花钱买来无偿提供给族中穷人使用的公共墓地。如江西新建县石岗镇金塘村五代后周时期的尚书喻虬（亦写作喻球）就曾为家族买了一座荒山作为家族穷人的坟山。

二、历代墓葬制度大略

（一）旧石器时代

人类已经有埋葬死者的习俗。通常是在死者躯体周围撒上赤铁矿粉。放置一些随葬装饰品。那时节的墓地一般距离聚居村落不远。无葬具。有仰身直肢葬、屈肢葬等葬式。

（二）新石器时代晚期墓葬

部分地区开始出现木棺木椁。幼儿死后则用陶土烧制的瓮当葬具。这个阶段仍为族葬。葬地距居民聚落不远。随葬品有劳动工具以及装饰品。

（三）夏商周时期墓葬

随着公天下向私天下制度性的变化，以往聚族而葬，墓地无差别的格局被打破。墓葬开始出现由传统的氏族公墓族葬模式向贫富分化的葬制模式转变。从商朝开始，墓室大小，殉葬者多少，成为死者生前地位的重要标志。商代墓葬，墓室有大至 400、500 平米者，且已经开始使用墓道。考古学家称之为甲字墓或中字墓。小型墓葬只有 10 到 30 平米。葬具一般是木棺木椁。

（四）周代墓葬

一般贵族墓葬开始呈现出鲜明的等级色彩。按墓主人生前地位高低，一般有 30－100 平米；10－30 平米；5－10 平米；4－5 平米几种规格。分别安葬各种不同身份的贵族。另一个可供鉴别死者身份的标志物是陪葬品。周代时兴青铜器。死者的陪葬品也模仿生前的排场。周代墓葬中无青铜鼎以及编钟编磬等礼器陪葬者，基本可断定不是君主。周代普通平民实施家族墓地埋葬制度。

（五）汉代墓葬

常见者为覆斗式高坟。普通百姓仍走家族墓地聚族而葬路子。帝王和贵族开始流行高大的洞室墓。陪葬品开始流行明器（也写作冥器）。帝王贵族随葬品除金银器皿外，一般以礼器和漆器为多。普通民众墓葬，随葬品多用陶土烧制的生产和生活用具，包括日常居所，仓廪厨灶，马牛羊鸡犬猪等常见动物。汉代厚葬成风。汉墓墓室多用画像砖。生活气息和文化色彩很是浓厚。

（六）南北朝时期墓葬

随葬品开始流行镇墓兽。墓葬里还随葬用于镇邪的魂瓶。南北朝时期墓葬随葬品生活气息也很浓厚。但从出土文物的情况看，用于生活的用品和学习的用具多了，如用于研墨的砚台。用于吐痰的唾壶；用于小解的夜壶。等等。帝王陵墓前往往打凿体量庞大的镇墓兽，如辟邪。墓前神道上还会树立高大巍峨的华表，实际就是志墓石。

（七）隋朝墓葬

常见为斜长坡墓穴，多天井穹窿顶。随葬品喜用金银器。

（八）唐朝墓葬

前期多为砖石墓和土洞墓。后期流行竖井式墓道。随葬品为唐三彩。

（九）宋朝墓葬

多为长方形砖筑洞室和土坑洞室墓两种。有双室墓和单室墓的不同。值得注意的是，随着风水学说的流传，晋代以来，社会上便开始重视墓地选择。到宋代已经深入人心。连大理学家朱熹都深信不疑。社会风气为之一变。

（十）元代墓葬

南方地区墓葬形制仍沿宋制。北方有仿木结构砖室墓。

（十一）明代墓葬

一般官吏富人多用砖券拱墓，帝王则用石券拱墓。

（十二）清代墓葬

大体同明代。

三、祖坟常见葬式

（一）古代族葬图式

1. 始祖中心，左昭右穆大族葬模式

本模式适用于空间开阔的大地面。如帝王陵墓群。

2. 始祖中心，左昭右穆小族葬模式

本模式适月于空间不大的地块。如民间祖坟山。

（二）当代公墓制度批判

当代墓葬制度主要是公墓制度。公墓制度的以区域为范围取代了以往的以血缘为范围。是对家族制度下定居文明背景下葬制的超越。体现出明显的移动文明色彩。但并非理想的墓葬制度。原因有二：

第一，这种现代公墓制度主要分布在城市郊区。公墓运营已经完全商业化了。公墓埋葬的都是一些素昧平生没有任何血缘联系的人，至多是工作关系认识的熟人。几千年凭借家族墓地祭扫所伴生的家族凝聚力荡然无存。而国家民族的大凝聚力是由千千万万个小家族的凝聚力所组成。

第二，现代公墓制度虽然可解城市市民祭扫的便利，却割断了城市市民和乡村祖坟的联系。且20年或30年调整一次收费，不付费的墓主人骨灰将被丢弃，很不文明。亟需改革。

（三）当代葬式建议

1. 同心圆圈层葬式

始祖居中。按顺时针方向，长子位在第一个直角处，次子位在第二个直角处，三子位在第三个直角处，四子则位在始祖后位，若兄弟超过四个，则对该同心圆按兄弟实际数目进行分割，然后确定墓穴。如此类葬式比较节约土地。每个圈层一代，比较好记。也容易清查。

2. 等腰三角形葬式

祖居三角之上尖。二世祖若止一人，则位于祖之垂直下位。若二世祖有二人，则分居三角形之底边两端。依此类推

此种葬式可在废弃的乡村村庄后或附近荒山野岭实施。最近几十年来，农村的墓葬部分遵守古制埋葬。还比较节约土地。大部分比较随意。有到处开花的趋势。亟待引导。

3. 互联网葬式

对于已经脱离农村很久，不想回到农村老家的城市人口，我们建议大家不要买公墓，干脆实行网葬。

具体做法是：在互联网上创建多媒体虚拟家族墓地。

（1）古代祖宗墓地呈现

祖宗们的墓地已经成为历史。可以借助 3Dmakes 技术采集祖坟山墓地地形建模，将祖宗坟墓在模拟的真山水格局虚拟呈现，辅之以相关的安葬仪式祭祀仪式，用动画的形式呈现。将后人的追思文字，祖宗的生平事迹，都链接在墓葬文化的相关部分。

（2）当代和以后的网葬

可以根据个人喜好，选择自己平生最动心的风景优美的山水格局处作为自己的灵魂栖息地。

在互联网上建设虚拟墓地。包括逝者生平简历，如生日抓周视频，参军照片，获得学位的视频等代表性视频，图片集，作品集，逝者生前最喜欢穿的衣服，最喜欢看的书等。总之，跟他有关系的一切有价值的物件都可以制作成视频或照片或音响资料保存。后人怀念，点开该墓地即可得到逝者诸多信息。且这种网葬的好处是容量可以无限，便于及时增补更新。

四、墓祭仪式

（一）墓祭仪式概说

墓祭前，也就是每年清明、冬至前，主事宗支负责人应先行榜示。也就是在本宗支主要居住聚落张榜公示，说明某月某日本族人在何处集合，前往祖宗坟墓举行祭祀典礼。此等公文需要言简意赅，明确时间、地点，以及对参加者仪表态度的要求。

（二）祖宗祖坟祭祀文书格式

1. 两至榜示样文

某某宗祠　为祭祀先祖事，兹定于某月某日前往某地祖坟（或祠堂）致祭先祖，合族各房长及各房子侄不论居处远近，须提前三日斋戒沐浴，务必衣着整洁于某日某时排队入祠。司仪执事恭候。定于某时举行祭祀典礼。事关尊祖敬宗，无故不得缺席。（网络未普及的地方，宜于用红纸写好或印好，务必字大醒目。贴于本族各家门上。若为网络普及之区域，则可发布于本宗族微信群中或 qq 群中广而告之。）

2. 中元焚烧冥币文

国人重视祖宗崇拜。每年中元节向有焚烧纸钱祭祀先人的做法。这类活动进行前，应该写一道文书，烧纸前先由主持人念诵一遍，然后焚烧掉。体例略同祭文。

例：时维某年月日，元孙某某（主持人或族长）等敢昭告于某某始祖等先人（祭祀涉及的相关祖宗的名讳）坟前：

祖宗创业维艰，为后裔创造无穷之福泽。修身齐家，为后裔提供世代学习之榜样。适逢中元，凄怆思祖。聊备节仪，敬献祖宗。您们快来享用吧。

3. 执事榜文

此种榜文实际就是给所有参与组织准备工作的头人和帮办做了一个备忘录。提醒大家要办好祭祖活动。必须事先做好的软硬件准备。

例如：某某宗祠清明、冬至祭祖所用的执事榜文示例：

某某宗祠为祭礼事，今将致祭先祖，执事名次，开列于左。

主祭人：某某某　代祭人：某某。

（1）通赞、引赞，宣读戒词。请祖宗牌位。致告词。盥洗、司尊，进撰，献爵，读祝文，关门，开门，歌诗，焚祝文，读箴词撤馔。纳祖牌位。致妥词，奏乐，助祭、承办。

（2）前一日设位陈器。设始祖考妣神位于堂上。次列昭穆。同享神位于堂东西；此列昭穆，附享神位于堂前；东西设香案于堂中。束茅聚沙于香案下。设盥洗所于东西廊下。设乐器于西廊下。设祝读位于祭所。设祭祖所用酒尊于东西阶下。集通礼于祠堂家长等。牲毕，以绅士代行礼。

（3）祭日，承事之人承设祭品如仪。列四鼓，鸣锣，放爆。合族子侄吉服吉冠，步趋合度参与祀事，不得怠慢。

（4）省牲。猪羊用纯色者，杂色不用。

（5）祭品。鲜荤、烟荤，海味，时蔬，糖食，酱食，面食，京果，时果，油、盐、酱、醋、茶、饭、汤、羹、面、酒。

（6）祭器。男女衣裳、炉瓶大小十四对。漆桌二十张。烛架十对，灯座十对。灯笼两对。满堂红两对。纱灯十架。牙筋两付。鼎对十五，酒尊五，茶盏五十。茶壶五。毛血盘、香炉五，香合五，木豆，木碗小楪五罩十果，红毯十床，红采，挂彩两匹，大瓶茶五对，小通花两盒，盥洗盆三，盆架三，乐器全副，祝文纸，告示纸，绢帛，香亭，桌团七副。

（三）始祖祭祀仪式

同祠堂祭祀仪式。

（四）各房祖祭祀仪式

同上，可以酌情减损相关程序。

（五）祭文格式

和祠堂祭文相似，略微变通即可。

（2019 年 3 月 26 日）

后记：我为什么要研究家族史？

2015 年底荣休之后，我不知不觉走进了族史研究的天地。三年来我除了外出旅游，编辑出版了一本《三元草堂随笔》外，其他时间几乎都花在阅读各地谱牒和研究族史问题上。现在我的第一本家族史研究的著作即将出版。我问自己，我为什么要研究家族历史？

一、与我早期生活环境有关

我自幼生活在大别山区的大悟县农村。家乡的文化传承从骨子里看，跟 1000 年前的唐宋时期家族社会没有多少差别。父兄们仍然是日出而作，日入而息，凿井而饮，耕田而食。我们自小所接受的都是以敬天地祖宗，敬老师长辈为特征的五伦教育。1966 年以前，村民家家户户客厅香火堂（俗称神柜）上方都会张贴红纸，那上面写的是："天地君亲师之神位"。我们的父母无论家里多么穷，都不会拖欠学费，都不会亏待老师。古老的乡风民俗一直传承着。

我们的父辈没有太多的文化，但教育我们所用的理论都是儒家的立身处世之格言。我在儿时喜欢读唐诗。诸如"四面云山谁做主？数家烟火自为邻"，"老妻画纸添棋局，稚子敲针作钓钩"，"七八个星天外，两三点雨山前。旧时茅店社林边，路转溪桥忽见""大儿锄豆溪东，二儿正编鸡笼。最是小儿无赖，溪头卧剥莲蓬"这些唐宋诗人的诗词意境，我一看就能领悟。不是我有多聪明，而是我生活中随处可见这等景象。好的诗词应该是眼前景心中情，真实自然能感人。我幼时还有机会接触中国农村的死亡文化，村上死了人，就会请来道士做法事。当时人死后第 49 天有法事，周年有法事，三年烧灵有法事。那年月农村没有多少娱乐活动，大家管老年人死亡叫白喜事。我们小孩子就喜欢凑热闹，看着道士唱死者的居所所在地的地址名称，唱死者祖宗多少代的人名，唱死者的亲戚姓名，七大姑八大姨家里的儿女等等。八九岁的孩子自然不太懂，但觉得好玩，晓得他唱是为死者而唱，是为了告诉死者死后要去的地方的相关人等，等于是给死者做介绍，开路条。我们有时看到道士在黄表纸上写字，自然会好奇的凑上去看。有的道士写累了，就拉我写。因为 20 世纪 60 年代初，小学生二三年级学生也有毛笔字写得不错的。后来我才知道这是苦差事，当时还以为是道士器重我呢。50 年后，当我着手研究家族史时，阅读族谱渐多，才知道有一种类似家谱的东西叫经单簿。说白了，就是道士们为了不唱错而写好的备忘录，即那些和死者有关系的人际世系简表。比如某人死了，道士一定会上溯死者的父亲母亲，祖父祖母，以及曾祖父曾祖母高祖父高祖母等等，也会念及死者的妻子儿子媳妇，孙子孙媳妇等。这是纵向层面上的世系。还会念及平行方向的弟弟，哥哥，以及他们的配偶子女等等。这是横向方面的世系，跟家谱中的世系是一样的。因此之故，改革开放以来很多家族修谱时找不到老谱（老谱毁于"文革"），幸运者能搜集到附近道士家族保存下来的经单簿，也是重要的家谱编修参照物。

二、与我上大学之前所读书籍有关

1966 年小学毕业后，1978 年上大学之前，我一直生活在故乡大悟。那时节读书除了《毛主席语录》《毛泽东选集》以及马列著作，再就是诸如《陈亮集》，李贽的《初潭集》，王充的《论衡》等有数的古人文集。但我却有一些特殊的因缘，还得以偷偷阅读了在当时还不能完全看懂的儒家经典。那年月，除了《周易》我没认真看过。其他诸如《论语》《孟子》《大学》《中庸》《尚书》《左传》我其实都反复看过。其中被韩愈讥之为佶屈聱牙的《尚书》，最能引起我的兴趣。因为《尚书》里充满了不相信鬼神，相信历史经验的精神。夏商周，一个个王朝其兴也勃焉，其亡也忽焉。这中间起决定作用的还是人的因素。得人则治，失人则乱；精进则治，怠惰则乱；爱民则治，虐民则乱；千古不爽。这本古书曾使我着迷。后来，我又有机会得到一套姚鼐编选的《古文辞类纂》，那是民国时期广益书局的新式标点排印本，可能是我们家族聘用过的一位叫段子才的私塾老师留下的。上面不仅有标点，还有简单的注音。在连字典都买不起的当年，我感谢那些编辑，他们的注音和简单的注释让我增长了不少知识。我特别喜欢苏洵和他儿子苏轼、苏辙的文字，也就是被人讥为战国策风格的文字。几乎所有这方面的文字都在总结历史的经验。历史的经验也就是规律层面的东西，人生读书，能臻此境界，就可执简驭繁，不为潮流趋势所迷惑。

后来调到东南大学，一次和南京工学院时期的老院长钱钟韩院士通电话时，我顺便请教他是否系吴越王钱镠的后人，得到肯定的答复。说到吴越王钱镠，老院士还跟我谈到他们钱氏家谱。我因此花了些时间，认真读过钱氏家谱，特别是其中的钱王家训。我觉得为什么有的家族兴旺千年而不衰，有的家族昙花一现即消失，说明家族和国家一样，也有值得总结的历史经验。再说，商王朝历史也好，周王朝万史也好，不都是掌控权力的这些家族之历史吗？

三、与我对中华民族凝聚力的理解有关

本人认为，治国必自治家始；治家必自修身始。而家谱的更新不断，祠堂的香火不断，祖坟的祭扫不断。中华民族的凝聚力之深刻根源正在这里。历史的经验，凡属重视这三者的时代，就天下太平，社会安定；凡是破坏这三者的时代，就私欲膨胀，世风日下。

在中国，从古到今，都有家国一体的说法。这当然和我们亚细亚生产方式有关，跟我们这个农耕古国数千年的连续存在有关。我们研读马克思主义的著作，从恩格斯乃至他之前的学者那里知道了家庭是国家的基础，是社会的细胞。研究家庭私有制和国家的起源，都离不开对家庭这个细胞的研究。当我们把视野返回到自己祖国数千年的文明史中，当我们去关注我们国家浩如烟海的家谱、地方志以及历代正史、野史的时候，我们惊奇地发现，维持中华民族历经劫难而未被分裂灭亡的文化基因竟然是家国一体这个东西。我们回头看二十五史，包括最受国人喜爱的《史记》，实际就是从黄帝以来到司马迁所生活的汉武帝时代的一部大家谱，这里包括五帝本纪，诸侯世家以及文武各界的奇杰之士，在历史上有重大影响的各界人杰的列传。熟悉中国家谱学的读者知道，司马迁写《史记》，除了他的实地考察外，主要还是靠国家档案馆保存下来的历代谱牒，而《史记》本身的写法也带有很浓厚的家谱色彩。在我看来，司马迁所开创的史记传统，就是一种放大了的大宗谱传统，而班固的《汉书》，很接近小宗家谱。前者关注的是纵横两个面，但纵向是其主要特色。后者虽然也会涉及一些纵向的东西，但侧重点毫无疑问在汉朝这个横断面上。

我们读历史，下到小老百姓，上到一国之君。真正善于治家和治国的，所走的路线图都是一样的。这就是重视修身，以身垂范，通过这种由内而外的修炼来影响周围的人。因为具有了这种影响力后，无论走到哪里，都不乏支持者。上古时代的尧、舜是这样，殷末周初的西伯姬昌也是这样。反面的例子也很多，比如商纣王并非缺少管理能力。最后之所以败在小小的西伯手里，是因为他不能修身，进而不能齐家。倒行逆施，民不堪命，天怒人怨，才鸡飞蛋打的。

历史的经验值得注意，大到一个国家政权的存亡，小到一个家庭的兴衰，起决定作用的都是家长和帝王等当家人的修为。忽视了这一点，作为家长，无论你如何巧用心计，这个家庭的衰败必然指日可待；作为国君，无论你如何利用权柄，大开杀戒，灭亡也是指日可待的。因为你舍弃了内在的修养和自律，

而一味地借助强权高压。这是不可持续的。就像家长必须爱护自己的子女一样，国君也必须爱护自己的人民。这样，一旦有了外患和内忧，子女和人民就会自然而然的和你同心同德，共度时艰，因为大家休戚与共，利害攸关。如果家长平时只顾自己吃香喝辣，国君平时根本不把人民的死活当回事，设有危难，还能指望大家齐心协力吗？

中国文化的真精神，强调的不是任性，而是克制。普通家庭也好，帝王将相也好，大家都在五种伦理关系中生存。这五种伦理关系及处理原则是：夫妻有别，父子有亲，君臣有义，长幼有序，朋友有信。凡是违背这五大原则为人处世的，最后都不会有和谐的人际关系。家人之间的互动，君臣之间的互动，都应该遵循这五大原则。通俗地说，做儿子的你不孝顺父母，榜样在这里，你能指望你的儿子孝顺你？做君的你把手下人当猴耍，以为你的权力是万能的，你还指望他们效忠于你？在上者你欺世盗名，言行不一，你如何能指望在下者对你忠诚无欺？子曰：其身正，不令而行；其身不正，虽令不行。做一家之长如此，做一国之君也是如此。

历史的经验值得注意。如果我们都能认识到做人的重要性，都能自觉舍弃言行不一，欺世盗名的劣根性，重视历史上家国一体和谐强大的正面经验，人人都重视修身齐家，大家都诚实守信，积极进取，我们就可以把家国一体这个文化基因彻底激活，中华民族的凝聚力将空前加强。

四、与我对乡村文化的消失之忧虑有关

我从1993年调入东南大学至今，其实所做的学术研究基本都在旅游文化方面。这些研究成果无论是《中国旅游文化传统》《中国旅游名胜诗话》，还是《中国历代名匠志》《中国历代名建筑志》，都可以说属于文化遗产研究。我们知道，中华文明是农耕文明，和爱琴海岸的希腊文明不一样，一个是安土重迁的定居文明，一个是性喜漂泊的移动文明。一个重视五伦，大家重视关系；一个重视契约，强调诚实守信。但中华数千年养成的农耕文明，有很多有价值的宝藏，值得充分地挖掘认识遴选利用。因为我的学问始终是和实际结合的。我了解农村。近30年来随着执政党对家族文化遗产的看法的转变，政策也随之发生了转变。在中国广大的农村，修谱，修祠，修祖坟，虽然不敢说蔚然成风，也确实颇具气象。因为这是人心所向，大势所趋。延续了千余年的家族修谱传统，本能地形成应激反应。这就是我们看到的许多家族修谱的主持人，出钱人都是文化程度不高的大大小小的老板。他们分到了改革开放的红利，富而思文，但他们水准不高，而高校文科教授们真心肯参与修谱等事务的又很少。一则因

为不熟悉，不专业；二则因为没好处，没利益。我曾经在多个场合呼吁高校文科教授，特别是搞历史和古代文化的教授们参与各大姓氏修谱事宜。因为有文化的不参与，谱书很难修出高质量。自己不懂可以学。那些在过去是只要受过基础教育的人都会的东西，本身并没有多复杂。我们如何能见难而退呢？这是一份责任啊。

我正是在这样的认识之下投身于族史研究的实践之中。

当我真正潜心进入家族史领域，阅读了大量的族谱后，我发现族史上的问题真正被当作学术问题来研究的绝少。大部分问题都无人问津，或者说没有人肯真正下气力去研究。在这本书中，虽然我主要解剖的是喻氏家族，但我想这些探索对于其他姓氏关心族史问题的有志之士，也是有参考意义的。抛砖引玉，或有可能。出乖露丑，在所不惜。

（2019 年 2 月 27 日）

图版目录